Leo N. Tolstoi

Das Töten verweigern

Texte über die Schönheit
der Menschen des Friedens
und den Ungehorsam

Band-Signatur
TFb_B003

Tolstoi-Friedensbibliothek
Reihe B | Band 3

Herausgegeben von
Peter Bürger

Leo N. Tolstoi

Das Töten verweigern

**Texte über die Schönheit
der Menschen des Friedens
und den Ungehorsam**

Neu ediert von Peter Bürger
und Katrin Warnatzsch

Tolstoi Friedensbibliothek

TFb_B003

Die TFb-Buchausgaben
folgen dem Editionsprojekt
www.tolstoi-friedensbibliothek.de

© 2023

Leo N. Tolstoi

DAS TÖTEN VERWEIGERN

Texte über die Schönheit der Menschen
des Friedens und den Ungehorsam

Neu ediert von Peter Bürger und Katrin Warnatzsch

Tolstoi-Friedensbibliothek: Band-Signatur FTb_B003

Herausgeber, Redaktion & Gestaltung: Peter Bürger
www.tolstoi-friedensbibliothek.de
Umschlagbild: W. G. Tschertkow (1854-1936),
bearbeitet von Bernd Schaller

Herstellung & Verlag: BoD – Books on Demand, Norderstedt
ISBN: 978-3-7519-1925-8

Inhalt

Drei Darstellungen zur Geschichte
der Kriegsverweigerung in Russland

VORWORT
DES HERAUSGEBERS

„[Es] ist nicht wichtig, wie viele Menschen sich weigern, an den Gewalttaten teilzunehmen, sondern warum sie das tun. Deshalb ist ein einziger Verweigerer unvergleichbar mächtiger als Millionen, die ihn quälen, gefangen halten, hinrichten werden. Und seine Tat ist wirkungsvoller und folgenreicher als sämtliche Parlamentsreden und Friedenskongresse, als Sozialismus und als alle möglichen Kinderspiele und Mittel, die Wahrheit vor sich selbst zu verbergen."

LEO N. TOLSTOI: Fragment
„Über den Sozialismus" (O socializme, 1910)[1]

Der vorliegende Band erschließt alle ‚kleineren Schriften' von LEO N. TOLSTOI (1828-1910) zur Verweigerung des militärischen Mordhandwerks – soweit von ihnen gemeinfreie Übersetzungen vorliegen, zwei Texte aus dem dichterischen Werk des Schriftstellers (→I und VX) sowie Darstellungen zur Geschichte der Gegner des Soldatendienstes in Russland (→XVII-XIX).[2] Tagebuch- und Briefeditionen[3] enthalten zahlreiche weitere Selbstzeugnisse zum Thema unserer Sammlung. Beispielhaft dargeboten werden hier jedoch aus diesem Quellensegment zunächst nur wenige, schon früh übersetzte Briefdokumente.

TOLSTOI betätigte sich gezielt als Wehrkraftzersetzer. Die unmissverständliche Botschaft in einer kleinen Flugschrift aus dem Jahr 1901 wider die offizielle ‚Dienstanweisung' der Armee richtet sich an die schon ‚unter den Waffen Stehenden' und lautet: „Wenn

---

[1] Die Übersetzung der Passage stammt von Dirk Falkner (FALKNER: 2021*, S. 181). – Alle mit *Sternchen gekennzeichneten Kurztitel im vorliegenden Buch verweisen auf das Literaturverzeichnis im Anhang auf →S. 289-291.

[2] Mit Ausnahme des Textes *Du sollst nicht töten* von 1900 (→II) erfolgt die Darbietung in chronologischer Reihenfolge.

[3] BIRUKOF 1906*, BIRUKOF 1909*, BIRUKOFF 1925*, NÖTZEL 1923*, TOLSTOI-BRIEF-AUSWAHL 1848-1910*, TOLSTOI-BRIEFE 1844-1885*, TOLSTOI-BRIEFE 1881-1910*, TOLSTOI-TAGEBÜCHER 1847-1919*.

du in Wahrheit Gottes Willen erfüllen willst, kannst du nur eines tun, den schmachvollen und gottlosen Beruf eines Soldaten abwerfen und bereit sein, alle Leiden, welche dir dafür auferlegt werden, geduldig zu ertragen" (→XIII; vgl. XIV).

Indessen lässt sich in einer Gesamtschau aller Quellen aufzeigen, dass der ‚Alte von Jasna Poljana' nur solche angehenden Verweigerer ermutigt hat, die aus einer *inneren* Gewissheit heraus – ohne Blick auf Außenwirkung, Beifall oder fremde Erwartungen – bereit waren, Schritte zu gehen, die eine bittere Verfolgung bis hin zum Letzten nach sich ziehen können.

LEO NIKOLAJEWITSCH TOLSTOI – der weltberühmte Dichter von *„Krieg und Frieden"* – kannte Militär und Krieg nur zu gut aus eigener Anschauung.[4] Im Frühjahr 1851 hatte er seinen ältesten Bruder NIKOLAJ auf der Rückreise zu dessen Regiment in den Kaukasus begleitet, später dort und dann auch im Krimkrieg (1853-1856) als Soldat gekämpft, zuletzt wegen sogenannter Tapferkeit eine Beförderung zum Leutnant erhalten und erst im März 1856 sein im November des gleichen Jahres angenommenes Abschiedsgesuch vorbereitet. Die frühen literarischen Arbeiten lassen z. T. bereits eine nonkonforme – jedenfalls nicht staatstragende – Betrachtungsweise der Menschenschlächterei auf den ‚Feldern der Ehre' erkennen.

Als Zeugnis der Lösung einer mehrjährigen existentiellen Krise muss die Schrift *„Meine Beichte"* (Ispoved', 1879-1882) gelesen werden, die dem Autor erstmalig das Verbot eines ganzen Werkes durch die Zensurbehörde beschert.[5] Darin schreibt er im Rückblick kurz und bündig: „Ich bin im Kriege gewesen und habe gemordet." Die ‚theologische' Rechtfertigung des Krieges und anderer Tötungsakte[6] des Herrschaftsapparates durch die orthodoxen Lehrautoritäten ist in jenen Jahren schon der maßgebliche Grund für TOLSTOIS

---

[4] Vgl. SCHKLOWSKI 1984*, S. 104-161 und 175-212; KJETSAA 2001*, S. 57-99.
[5] Leo N. TOLSTOI: Meine Beichte. Das Bekenntnisbuch in den Übersetzungen von H. von Samson-Himmelstjerna und Raphael Löwenfeld. Neu ediert durch Ingrid von Heiseler, mit einem Hintergrundtext von Pavel Birjukov. (= Tolstoi-Friedensbibliothek Reihe A, Band 1). Norderstedt: BoD 2023.
[6] Vgl. Leo N. TOLSTOI: Texte gegen die Todesstrafe. Über die Unmöglichkeit des Gerichtes und der Bestrafung der Menschen untereinander. Mit einem Geleitwort von Eugen Drewermann. (= Tolstoi-Friedensbibliothek Reihe B, Band 1). Norderstedt: BoD 2023.

kompromisslose Absage an jenes Kirchentum[7], das eine Symbiose mit dem Staat eingegangen ist.

Nach einer Studie zur ‚Kritik der dogmatischen Theologie', intensiver Bibelarbeit mit dem Evangelium, Darlegungen des eigenen Glaubens und dem Ringen um eine christliche Antwort mit Blick auf das seit Anfang der 1880er Jahre erkundete Leben der Armen im Land wird LEO TOLSTOI das 1890-1893 entstandene Buch „Das Reich Gottes ist in Euch ..." (1894) veröffentlichen.[8] Dies ist im Gefolge aller Schriften ab der „Beichte" sein grundlegendes Werk über die Unvereinbarkeit von Christentum und Soldatenhandwerk (bzw. staatlich-militärischer Gewalt). RAPHAEL LÖWENFELD fügt als Übersetzer „dem langen Werktitel den prägnanten Zusatz ‚Christi Lehre und die Allgemeine Wehrpflicht' an, den Tolstoj selbst in seiner Korrespondenz mit Löwenfeld zwar erwogen, aber schließlich verworfen hatte."[9] Im vorliegenden Band erschließen wir noch einmal Auszüge aus diesem Werk nach einer anderen frühen Übersetzung (→III und IV). – Aus heutiger Sicht ist mancher vielleicht geneigt, von einem ‚Kapitel politischer Theologie' zu sprechen. Doch dem Verfasser ging es nicht um Politik, sondern um Religion !

TOLSTOI war freudig erregt, wenn er seinen mit der ‚Bergpredigt des Nichtwiderstrebens' (Ergebung) untrennbar verknüpften Weg der Kriegsverweigerung (Nichtkooperation, Widerstand) wiederentdeckte bei viel früheren Lebenszeugen, so bei dem kaum bekannten tschechischen Laien PETR CHEL'ČICKIJ (ca. 1390-1460) im Umkreis der Böhmischen Brüder, ‚friedenskirchlichen Stimmen' aus Nordamerika oder Vertretern der wahren – d. h. die Einheit der Menschheit enthüllenden und somit gewaltfreien – Religion in allen Kulturkreisen.[10] Er erhielt Anregungen und Zuspruch von ‚heterodoxen'

---

[7] Vgl. Leo N. TOLSTOI: Staat – Kirche – Krieg. Texte über den Pakt mit der Macht und das Herrschaftsinstrument Patriotismus. (= Tolstoi-Friedensbibliothek Reihe B, Band 2). Norderstedt: BoD 2023.

[8] Leo N. TOLSTOI: Das Reich Gottes ist in Euch, oder: Das Christentum als eine neue Lebensauffassung, nicht als mystische Lehre. (Christi Lehre und die Allgemeine Wehrpflicht). Vom Verfasser autorisierte Übersetzung von Raphael Löwenfeld 1894. (= Tolstoi-Friedensbibliothek Reihe A, Band 9). Norderstedt: BoD 2023.

[9] SANDFUCHS 1995*, S. 238.

[10] Verwiesen sei summarisch auf den ausgezeichneten Überblick zu „Quellen und Einflüssen" in FALKNER 2021*, S. 19-46.

Gemeinschaften[11] in Russland, die man in großkirchlichen Kreisen verächtlich als Sekten abtat und wegen fehlenden Staatsgehorsams unbarmherzig verfolgte. Dazu zählen u. a. die Molokanen („Milchtrinker"), Duchoborzen („Geisteskämpfer"), die „Stundisten" in der Ukraine oder Bauerndenker wie der Steinmetz WASSILIJ SUTAJEW (1819-1892). Am Schicksal der ob ihrer Militärdienstverweigerung brutal drangsalierten Duchoborzen, die ihm als Lehrmeister eines *aktiven* Widerstehens ohne Gewalt begegneten, nahm TOLSTOI großen Anteil (→VI und XVIII). Seine Versuche einer wirksamen Hilfe erschöpften sich keineswegs in der Bereitstellung der Erlöse aus der Veröffentlichung des Romans „Auferstehung" (1899) für die Ausreise dieser „Geisteskämpfer" nach Kanada.[12] Kriegsdienstgegner wie der ehedem als Militärarzt fungierende Dr. ALBERT ŠKARVAN[13] (1869-1926) aus Ungarn wurden bedeutsame Vermittler von TOLSTOIS Schrifttums (→XVI.B/C). Für verfolgte Verweigerer wie PETER OLCHOWIK und KYRILL SEREDA verfasste LEO N. TOLSTOI eigenhändige Bittschriften (→VII). Über Briefwechsel ihm bekanntgewordene Vorbilder aus dem Ausland machte er durch seine Veröffentlichungen in aller Welt bekannt (→VIII).

In seinem Geleitwort zur Biographie des nach Gefängnistorturen umgekommenen Militärdienstverweigerers JEWDOKIM NIKITSCHITCH DROSCHIN (1866-1894) schreibt TOLSTOI: „Wir sehen, dass Obrigkeiten, die sich für christlich halten, bei jeder Gelegenheit gegen Menschen, die sich weigern zu morden, in der offenkundigsten und feierlichsten Weise gezwungen sind, jenes Christentum und jenes sittliche Gebot zu verleugnen, auf welches sich ihre Gewalt allein stützt. ... In früheren Zeiten bildeten das von den Herrschern gemietete Heer ausgesuchte, verwahrloste, unchristliche und unwissende Leute oder Freiwillige und Söldlinge. Früher hatte Niemand oder nur selten Jemand das Evangelium gelesen und die Leute kannten nicht dessen Geist, sondern glaubten alles, was ihnen die Priester sagten; aber auch schon früher – wenn auch selten – hielten manch-

---

[11] Vgl. u. a. neben den einschlägigen Werken zur Biographie Tolstois: ANONYM 1901*, DONSKOV 2015*, GRASS 1907/1966*, GRASS 1914/1966*, ZHUK 2015*.

[12] SCHKLOWSKI 1984*, S. 600-607.

[13] Er hat 1895 nach Lektüre der Schrift „Das Reich Gottes ist in Euch" seinen Militärdienst aufgegeben, worauf die österreichisch-ungarischen Staatsorgane u. a. mit seiner mehrmonatigen Inhaftierung reagierten.

mal strenggläubige Menschen, die man Sektierer nannte, den Militärdienst für eine Sünde und weigerten sich, ihn zu leisten. Jetzt dagegen gibt es keinen Menschen, der nicht verpflichtet wäre, bewusst mit seinem Geld, und im größten Teile Europas unmittelbar an den Vorbereitungen zum Mord oder am Mord selber Teil zu nehmen; jetzt kennen fast alle Menschen das Evangelium und den Geist der Lehre Christi, alle wissen, dass viele Priester bestochene Betrüger sind und Niemand mehr – außer den ungebildeten Leuten – glaubt ihnen; und jetzt ist es bereits so weit gekommen, daß nicht Sektierer allein, sondern Leute, die keine besonderen Dogmen bekennen, gebildete, freidenkende Menschen, sich weigern zu dienen und nicht nur in Bezug auf sich selbst, sondern offen erklären, dass die Menschentötung mit keinem Bekenntnis des Christentums zu vereinigen ist." (→V; vgl. auch XVI.A)

Am 23. März 1980 wird der salvadorianische Erzbischof OSCAR ROMERO den aus den Armen rekrutierten Sicherheitskräften seines Landes, die im Dienste eines Herrschaftssystems der reichen Minderheit das Volk unterdrücken, zurufen: „Kein Soldat ist gezwungen, einem Befehl zu folgen, der gegen das Gesetz Gottes verstößt!" (Mit dem landesweit öffentlichen Aufruf zur Befehlsverweigerung hat er gleichsam sein eigenes Todesurteil ‚unterschrieben'; der Militärbischof des Landes und die Kardinäle einer um sich selbst kreisenden Priesterreligion versagten ihm – wie zu erwarten – jegliche Solidarität.) An diesem Beispiel lässt sich TOLSTOIS Anliegen gut beleuchten. Mit ihrer Teilnahme an Repressionsapparaten wie Militär und Polizei stützen die Unterdrückten die Macht der Besitzenden (d. h. ihrer Unterdrücker), wobei sie sogar einwilligen, Ihresgleichen zu quälen oder zu töten. Erst wenn die Menschen an den Angelpunkten der Macht konsequent Gehorsam und Mitwirkung verweigern, ist eine Veränderung der traurigen Weltverhältnisse zu erhoffen (→XII). Die Herrschenden, machtgläubige Revolutionskader eingeschlossen (→XVII und XIX), fürchten indessen nichts mehr, als dass entsprechende Konzepte eines gewaltfreien Widerstehens ins allgemeine – öffentliche – Bewusstsein gelangen.

TOLSTOIS Schriften haben den ersten Weltkrieg nicht verhindert, jedoch viele tausend Kriegsdienstverweigerer auf den Weg des ‚frommen Ungehorsams' geführt und in gnädigen Zeiten das Antlitz der Erde durchaus mit verändert. Sie waren eine Inspiration für

GANDHI[14] in Indien und für jene religiösen Sozialisten bzw. Anarchisten[15] in Europa oder Nordamerika, die dem irrationalen Heilsversprechen der Gewaltgottheit widersagt haben. Zu den Unterzeichnenden des Manifests ,Gegen die Wehrpflicht und die militärische Ausbildung der Jugend' von 1930 gehörten die Tolstoi-Vertrauten PAVEL BIRJUKOV und VALENTIN BULGAKOV.[16] Nahezu unmöglich erscheint es, dass ein einzelner Forscher so etwas wie eine globale Wirkungsgeschichte der Friedenswerke TOLSTOIS schreiben könnte.

Die aus einer Hinwendung zu JESUS AUS NAZARETH kommende Botschaft des weltweit verehrten Russen, ohne die heute eine Zukunft der menschlichen Familie auf der Erde – *ohne grenzenlose Barbarei* – schier unvorstellbar erscheint, ist nicht verstummt. Bisweilen wagen sich auch in unseren Gegenwart Vorboten eines Frühlings ohne Blutvergießen und täglich höher werdende Leichenberge ans Tageslicht. Im Jahr 2022 – während des russischen Angriffskrieges in der Ukraine – haben Kriegsdienstverweigerer und Pazifisten aus der Ukraine, Russland, Belarus und Finnland einen Film gemacht, der inzwischen unter dem Titel *„Make Art, Not War"*[17] (2023) im Internet abgerufen werden kann – wahlweise auch mit Untertiteln in Englisch, Deutsch, Französisch und Italienisch. Eingerahmt von Dichtungen aus der Ukraine und Weißrussland steht das unvollendete Drama *„Das Licht leuchtet in der Finsternis"* (→XV) von LEO N. TOLSTOI im Mittelpunkt dieses künstlerischen Votums: Verweigert das Töten!

Düsseldorf, im März 2023   Peter Bürger

---

[14] BIRUKOFF 1925*; BARTOLF 2006*; UDOLP 2015*.

[15] Beispielhaft sei genannt die tolstojanische Bewegung in den Niederlanden (DE LANGE 2016*). Zur anarchistischen Tolstoi-Rezeption vgl. auch FALKNER 2021*, HANKE 1993*, KALICHA 2013*, KALICHA 2017*, KLEMM 2008*, SANDFUCHS 1995*, SCHMID 2015*. – Speziell zu den religiösen Sozialisten in der Schweiz: MÜNCH 2015*.

[16] Vgl. zu den Manifesten gegen die Wehrpflicht: BARTOLF/MIETHING 2020*.

[17] Alle Angaben zu diesem beeindruckenden pazifistischen Kunstprojekt im Anhang auf →Seite 287.

I.

Der einfältige Iwan und die Soldaten

Auszug aus dem „Märchen von Iwan dem Dummkopf"

(Сказка об Иване-дураке | Skaska ob Iwane-durake, 1885/86)[18]

Leo N. Tolstoi

Übersetzung von Raphael Löwenfeld, 1907

Im Jahr 1885 schrieb Leo N. Tolstoi „Das Märchen von Iwan dem Dummkopf", eine verdeckte Kritik an Zarenherrschaft, Militarismus und Weltgefüge im Dienste der Reichen. Dieses ‚politische Märchen' wider die Symbiose von Münze, Macht und Militär, das – aufgrund eines klugen Vorgehens – 1886 unerwartet die russische Zensur passieren konnte und erst 1892 den Behörden mit Blick auf die populäre Verbreitung missliebig war, erzählt die Geschichte der drei Söhne eines durchaus begüterten Bauern: Der Krieger Semjon und der wohlhabende Kaufmann ‚Dickwanst Taras', die im weltlichen Sinn als erfolgreich gelten, handeln so rücksichtslos, dass der Familienfrieden leicht zerbrechen könnte. Doch Iwan, der als einfältig geltende dritte Sohn, hindert dies. Er bestellt mit Zähigkeit den elterlichen Bauernhof, versorgt den Vater sowie eine stumme Schwester und fügt sich gutmütig gar den ungerechten Ansprüchen der gierigen Brüder. Diesen Familienfrieden wider alle Erwartung kann ein alter Satan nicht ertragen. Er schickt zunächst drei nur bedingt erfolgreiche Unterteufel, um die Brüder zu entzweien. Sodann geht der Oberteufel selbst ans Werk. Am Ende werden Semjon (Militär, Waffenindustrie) und Taras (Kapital), die im Zusammenspiel beide zum Zarenstatus (politische Macht) aufgestiegen sind, zugrunde gerichtet sein. Der dritte Sohn Iwan erweist sich jedoch durchgehend als immun gegenüber den zerstörerischen Verführungen der Teufel.

---

[18] Textquelle | *Das Mährchen vom einfältigen Iwan.* In: Leo N. TOLSTOI: Volkserzählungen. Von dem Verfasser genehmigte Ausgabe von Raphael Löwenfeld. Mit Buchausstattung von J. W. Ciffarz. Jena: Eugen Diederichs Verlag 1907 (hier geringfügig geändert anhand anderer Übersetzungen, u. a. den Namen „König von Tarakan" statt „König der Kakalaken"; Titel des Auszugs in diesem Band redaktionell hinzugefügt, *pb*).

Soldaten sind in seinen Augen allein nützlich, wenn sie den Menschen lustig zur Musik aufspielen (danach muss man sie sofort wieder zurück in ,Stroh' verwandeln). Goldmünzen verschaffen ihm nur ein Gaudi, wenn er sie in die Luft werfen und unter die Leute verschenken kann (sobald das Geldsystem den Leuten Not bringt, muss man es sabotieren). Seine allerletzte, von einem der Unterteufel überlassene Heilwurzel gebraucht der ehrliche „Dummkopf", der sich nicht korrumpieren lässt, zugunsten eines kranken Bettelweibs. Die Königstochter kann er merkwürdigerweise auch ohne das Zaubermittel heilen, was ihm den Königsthron einbringt. Der folgende Auszug aus dem Märchen handelt davon, wie der alte Satan erfolglos versucht, endlich auch den ebenfalls zur Königswürde gelangten Bauern Iwan zu ruinieren.

[…] Mit zwei Brüdern war der alte Teufel fertig und ging nun zu Iwan. Der Teufel verwandelte sich in einen Feldherrn, kam zu Iwan und beredete ihn, ein Heer zu bilden. Ein König, sagt er, kann nicht ohne Soldaten leben. Gib du mir den Befehl, so nehme ich aus deinem Volk Soldaten und bilde ein Heer.

Iwan hörte ihm ruhig zu. Schon recht, sagt er, bilde nur eins und laß die Soldaten hübsche Musik machen. Das hab' ich gern.

Da ging der alte Teufel in Iwans Reich umher und berief Freiwillige. Er verkündete, alle sollten sich die Stirn rasieren lassen – dann bekäme jeder ein Maß Branntwein und eine rote Mütze.

Da lachten die Narren. Branntwein, sagen sie, ist bei uns frei, wir brennen selbst welchen, und Mützen nähen uns unsere Frauen alle möglichen, sogar bunte und noch dazu mit Fransen.

So kam denn niemand. Geht der alte Teufel zu Iwan.

Deine Narren, sagt er, kommen nicht freiwillig, muß sie mit Gewalt zusammentreiben.

Schon recht, meint Iwan, so treib sie mit Gewalt zusammen.

Und der alte Teufel verkündete, alle Narren sollten sich in die Stammrolle eintragen lassen; wer aber nicht käme, den würde Iwan hinrichten lassen.

Da kamen die Narren zum Feldherrn und sprachen: Du sagst uns, wenn wir keine Soldaten werden, so wird uns der König hinrichten lassen; du sagst uns aber nicht, was geschieht, wenn wir Soldaten werden. Es heißt, auch Soldaten werden getötet.

Ja, ohne dem geht's nicht ab.

Als die Narren das vernahmen, widersetzten sie sich. Wir kommen nicht, sagen sie. Mag man uns schon lieber zu Hause töten. Dem Tode entrinnen wir ja doch nicht. Narren seid ihr, Narren! sagt der alte Teufel. Ein Soldat wird entweder getötet oder aber nicht getötet; wenn ihr euch aber nicht stellt, so überliefert euch König Iwan sicherlich dem Tode.

Da überlegten die Narren, kamen zu dem einfältigen Iwan und fragten: Da ist ein Feldherr erschienen, sagen sie, der befiehlt uns allen, wir sollen Soldaten werden. Wenn ihr Soldaten werdet, sagt er, so werdet ihr entweder getötet oder werdet nicht getötet; wenn ihr aber nicht kommt, so überliefert euch König Iwan sicherlich dem Tode.

Da lachte Iwan. Wie kann ich allein, sagt er, euch alle dem Tode überliefern? Wäre ich nicht zu einfältig, so würde ich euch das erklären, so aber versteh' ich's selber nicht.

So gehen wir also nicht zu den Soldaten, sagen sie. Schon recht, meinte Iwan, geht nicht.

Da gingen die Narren zum Feldherrn und weigerten sich, Soldaten zu werden.

Der alte Teufel sieht ein, daß die Sache so nicht geht; er zieht also zum König von Tarakan und beredet den.

Laß uns in den Krieg ziehen, sagt er, König Iwan bekriegen. Er hat zwar kein Geld, aber Korn und Vieh und alle Güter in Hülle und Fülle.

Da zog der König von Tarakan in den Krieg. Er sammelte ein großes Heer, setzte Flinten und Kanonen in stand, zog an die Grenze und brach in Iwans Reich ein.

Kommen Boten zu Iwan und melden: Der König von Tarakan überzieht uns mit Krieg.

Ei was, meint Iwan, laß ihn nur kommen.

Der König von Tarakan überschritt mit seinem Heere die Grenze und schickte Kundschafter aus, um Iwans Heer aufzuspüren. Man suchte und suchte – da war kein Heer. Man wartete und wartete, ob es sich nicht irgendwo zeigen würde. Aber es fand sich keine Spur von einem Heer, und war niemand da, um Krieg zu führen. Da schickte der König von Tarakan Soldaten aus, Dörfer zu besetzen. Als die Soldaten im ersten Dorf ankommen, springen die Narren und ihre Frauen heraus und schauen die Soldaten verwundert an.

Die Soldaten nehmen den Narren Getreide und Vieh; die Narren geben es her, und niemand verteidigt sich. Zogen die Soldaten in das nächste Dorf – genau das selbe. So zogen die Soldaten einen Tag und noch einen umher – überall dasselbe. Man gibt alles her, niemand verteidigt sich, die Narren laden die Soldaten sogar ein, bei ihnen zu wohnen. Ihr lieben Freunde, sagen sie, wenn ihr in eurem Lande ein schlechtes Leben führt, kommt doch ganz zu uns. Die Soldaten marschierten und marschierten – nirgends waren Truppen; dabei führt das ganze Volk ein gutes Leben, ernährt sich und andere, verteidigt sich nicht, sondern ruft noch Fremde ins Land.

Das wurde den Soldaten langweilig, und sie zogen zu ihrem König von Tarakan.

Wir können keinen Krieg führen, sagen sie, führ uns an einen anderen Ort; Krieg führen ist eine schöne Sache, aber das ist ja hier gerade als wenn man Brei schneidet. Hier können wir nicht länger bleiben.

Da wurde der König von Tarakan böse und befahl den Soldaten durchs ganze Land zu ziehen, die Dörfer, Häuser und das Korn zu verbrennen und das Vieh zu schlachten. Hört ihr nicht auf meinen Befehl, sagt er, so lasse ich euch alle hinrichten.

Die Soldaten erschraken und begannen nach dem Befehl des Königs zu handeln. Sie verbrannten die Häuser und das Korn und schlachteten das Vieh. Die Narren wehrten sich noch immer nicht, sondern weinten nur. Es weinten die alten Männer und alten Weiber, es weinten auch die kleinen Kinder.

Warum, sagen sie, tut ihr uns weh? Warum, sagen sie, verderbt ihr mutwillig unser Hab und Gut? Wenn ihr etwas braucht, so nehmt es euch doch lieber. Da merkten die Soldaten, wie abscheulich sie handelten. Sie zogen nicht weiter, und das ganze Heer lief auseinander.

[…]

II.

Du sollst nicht töten!

HE УБИЙ – Ne ubij
Aus Anlaß der Ermordung des Königs
Humbert von Italien 1900

Leo N. Tolstoi

Übersetzt von Albert L. Hauff[1]

Wenn Könige durch gerichtliche Urteile hingerichtet werden, wie Karl I., Ludwig XVI., Kaiser Maximilian von Mexiko, oder wenn sie in Palastrevolutionen ermordet werden, wie Peter III., Kaiser Paul und verschiedene Sultane, Schahs und Bogdüchane, so schweigt man gewöhnlich darüber. Aber wenn sie ohne Urteile und ohne Palastrevolutionen ermordet werden, wie Heinrich IV., Alexander II., die Kaiserin von Österreich[2], oder der Schah von Persien[3], und jetzt König Humbert, so erregen solche Mordthaten unter Königen und Kaisern und denen, die ihnen nahe stehen, die höchste Verwunderung und Entrüstung, als ob diese Herrscher nicht selbst an Hinrichtungen und Kriegen teilgenommen, sich nicht derselben für ihre Zwecke bedient und sie befohlen hätten. Und dabei waren auch die besten der ermordeten Souveräne, wie z. B. Alexander II. und König Humbert, dessen schuldig, daß sie, abgesehen von einzelnen Hinrichtungen, den Tod von Zehntausenden von Menschen veranlaßt haben, welche auf den Schlachtfeldern fielen. Andere Könige und Kaiser aber, welche nicht zu den guten gezählt werden können, machten sich mitschuldig am Tod von Hunderttausenden und Millionen.

---

[1] Textquelle I *Du sollst nicht töten. – Der Christ und das Verhältnis zum Staat. – Christenverfolgung in Rußland 1895.* Neue Schriften von Graf Leo N. Tolstoi. Aus dem Russischen übersetzt von L. A[lbert]. Hauff. Berlin: Verlag von Otto Janke [1901], S. 1-17. [Gesamtumfang des Bandes: 133 Seiten]
[2] [Kaiserin Elisabeth]
[3] [Schah Nasreddin von Persien]

Die Lehre Christi hat das Gesetz Auge um Auge, Zahn um Zahn abgeändert. Diejenigen Menschen aber, welche sich immer an dieses Gesetz halten und es auch jetzt noch in schrecklichem Maße anwenden, in den Hinrichtungen und in den Kriegen, wenden es überdies nicht nur einfach Auge um Auge an, sondern ohne jede Herausforderung befehlen sie, Tausende zu erschlagen, wie sie es selbst thun, indem sie Krieg erklären, und diese haben keine Ursache, empört zu sein, wenn dieses Gesetz auch auf sie angewendet wird, in so geringem, unbedeutendem Maße, daß kaum ein ermordeter König oder Kaiser auf Hunderttausende oder vielleicht Millionen Menschen kommt, welche auf den Befehl und mit der Einwilligung von Königen und Kaisern getötet wurden. Könige und Kaiser können nicht empört sein über solche Ermordungen, wie die des Kaisers Alexander II. oder des Königs Humbert; sie sollten sich im Gegenteil darüber wundern, daß solche Mordthaten so selten bleiben, nachdem sie den Menschen beständig und allgemein das Beispiel des Mordes gegeben haben.

Die große Masse der Menschen ist so hypnotisiert, daß sie die Bedeutung dessen nicht begreifen, was beständig vor ihren Augen vorgeht; sie sehen die eifrige Sorgfalt von Königen, Kaisern, Präsidenten um das disciplinierte Heer, und sie sehen diese Musterungen, Paraden, Manöver, welche sie veranstalten und mit denen diese voreinander prahlen, und die Menschen laufen zum Vergnügen dahin, um zuzusehen, wie ihre Brüder, gekleidet in eine einfältige, bunte, glänzende Tracht, unter Pauken- und Trompetenschall sich in Maschinen verwandeln, und auf den Ruf eines Menschen alle zugleich dieselbe Bewegung machen. Und die Masse begreift nicht, was das bedeutet! Aber das ist doch klar und einfach. Das alles bedeutet nichts anderes, als Vorbereitungen zum Mord!

Das ist die Bethörung der Menschen zu dem Zweck, daß sie mit ihren Waffen Mordthaten begehen. Und Könige, Kaiser und Präsidenten thun das, befehlen das und sind stolz darüber. Und sie selbst, die speciell mit dem Mord sich beschäftigen und ihren Beruf daraus machen, indem sie beständig kriegerische Uniformen und Mordwaffen tragen, sind entsetzt und empört, wenn man einen der Ihrigen ermordet.

Der Königsmord, wie auch die neuliche Ermordung des Königs Humbert, ist entsetzlich nicht nur wegen seiner Grausamkeit. Was auf Befehl von Königen und Kaisern geschieht, nicht nur in vergangener Zeit, wie die Bartholomäusnacht, die Ermordungen des Glaubens wegen, die schreckliche Niederwerfung der Bauernaufstände, das Blutbad der Versailler, sondern auch heutzutage die staatlichen Hinrichtungen, das Hinschmachten in Einzelhaft, und in den Strafbataillonen, das Aufhängen, das Kopfabschlagen, das Erschießen und Erschlagen in den Kriegen, das ist unvergleichlich grausamer als die Mordthaten, welche die Anarchisten begehen. Schrecklich sind diese Mordthaten, nicht deshalb, weil sie nicht verdient sind; wenn Alexander II. und König Humbert den Tod nicht verdient haben, so haben ihn noch weniger die Tausende von Russen verdient, welche vor Plewna fielen, und die Italiener, die in Abessinien umgekommen sind. Schrecklich sind solche Königsmorde nicht wegen ihrer Grausamkeit und weil sie nicht verdient waren, sondern wegen der Unvernunft derjenigen, die sie begehen. Wenn die Königsmörder unter dem Einfluß des persönlichen Gefühls der Entrüstung handeln, das durch die Leiden des unterdrückten Volkes hervorgerufen wird, für welche sie Alexander, Carnot, Humbert anklagen zu müssen glaubten, oder wenn sie aus dem persönlichen Gefühl der Rachsucht handelten, so sind solche Thaten begreiflich, so verbrecherisch sie auch sind. Aber wie ist es möglich, daß eine Organisation von Menschen – Anarchisten, wie man sie jetzt nennt – welche Bresci ausgesendet hat und noch andere Kaiser bedroht, nichts anderes erdenken konnte, um die Lage der Menschheit zu bessern, als den Mord der Potentaten, deren Vernichtung ebenso nützlich ist wie das Abschlagen der Köpfe eines Märchenungeheuers, dem an Stelle der abgeschlagenen Köpfe sogleich neue wachsen. Die Könige und Kaiser haben schon lange eine solche Ordnung eingeführt, wie bei den Magazingewehren. Sobald eine Patrone verschossen ist, nimmt sofort eine andere ihre Stelle ein. *„Le roi est mort, vive le roi!"* Warum also sie töten?

Nur bei der oberflächlichsten Ansicht kann die Ermordung dieser Leute als ein Mittel zur Errettung des Volkes von der Unterdrückung und von dem Kriege erscheinen, welche Menschenleben vernichten.

Es genügt, sich dessen zu erinnern, daß ebensolche Unterdrückungen und ebensolche Kriege immer entstanden sind, wer auch an der Spike der Regierungen stand: Nicolai oder Alexander, Joseph oder Franz, Napoleon oder Ludwig, Palmerston oder Gladstone, Mac Kinley oder ein anderer, um sogleich zu begreifen, daß nicht irgend welche einzelnen Personen diese Unterdrückungen und Kriege verursachen, unter welchen die Völker leiden. Das Elend der Menschen entsteht nicht durch einzelne Personen, sondern durch eine solche gesellschaftliche Ordnung, bei welcher alle Menschen so miteinander verbunden sind, daß alle sich unter der Gewalt einiger Menschen befinden oder, wie es noch öfter der Fall ist, eines Menschen, welche durch ihre Ausnahmsstellung über dem Schicksal und dem Leben von Millionen Menschen sich oft in einem mehr oder weniger krankhaften Zustande befinden.

Diese Menschen sind von frühester Kindheit bis zum Grabe von einem unsinnigen Luxus umgeben und von der diesen immer begleitenden Atmosphäre der Lüge und Kriecherei. Ihre ganze Erziehung, alle ihre Beschäftigungen konzentrieren sich auf eins: auf das Studium früherer Mordthaten, auf die beste Art von Massenmord in unserer Zeit, auf die besten Vorbereitungen zum Mord. Von Kindheit an werden sie in allen möglichen Formen des Mordes unterrichtet; immer tragen sie Mordwerkzeuge, Säbel, Degen, bei sich. Sie tragen verschiedenartige Uniformen, veranstalten Paraden, Musterungen, Manöver, machen einander Besuche und beschenken sich gegenseitig mit Orden und Regimentern. Und nicht nur findet sich kein einziger Mensch, der ihnen das, was sie thun, mit dem wahren Namen nennt und ihnen sagt, mit Vorbereitungen zum Mord sich zu beschäftigen, sei verbrecherisch, sondern sie hören sogar von allen Seiten nur Beifall und Ausrufe des Entzückens über ihr Thun. Wenn sie ausreiten, bei Paraden oder Musterungen erscheinen, läuft eine Menschenmenge herbei und begrüßt sie mit Begeisterung. Und so muß es ihnen scheinen, daß das ganze Volk seinen Beifall mit ihrem Thun ausspreche. Der Teil der Presse, den sie allein zu sehen bekommen und welcher ihnen der Ausdruck der Gefühle des ganzen Volkes oder der besten Vertreter desselben zu sein scheint, verherrlicht in sklavischer Weise alle ihre Worte und Thaten, wie dumm und sündhaft sie auch sein mögen. Die nahestehenden Männer und Frauen, Geistliche und Weltleute, lauter Menschen, welche die Menschenwürde nicht schätzen, suchen einander zu überbieten in feiner Schmeichelei, verstellen sich vor den Herrschern und betrügen sie in allem und lassen ihnen nicht die Möglichkeit offen, das

22

wahre Leben zu sehen. Diese Menschen können hundert Jahre leben und werden doch niemals einen wirklich freien Menschen sehen und niemals die Wahrheit zu hören bekommen. Man entsetzt sich zuweilen über die Worte und die Thaten dieser Menschen, aber man muß sich nur in ihre Lage hineindenken, um sogleich zu begreifen, daß jeder Mensch an ihrer Stelle ebenso handeln würde. Ein vernünftiger Mensch an ihrer Stelle könnte nur eine einzige vernünftige Handlung vollbringen: diese Stellung aufgeben. Aber jeder Mensch könnte in ihrer Stellung nur ebenso handeln wie sie. Was muß im Kopfe eines Herrschers vorgehen, wie der von Natur bescheidene und friedliche Nicolai II.? Er fängt seine Regierung damit an, daß er ehrwürdigen Greisen auf ihren Wunsch, ihre Angelegenheiten selbst zu entscheiden, zur Antwort giebt, die Selbstregierung sei unsinnige Phantasterei, wofür ihn die Organe der Presse und die Menschen, die er sieht, verherrlichen. Er legt ein kindlich-thörichtes Projekt zur Einführung des ewigen Friedens vor, während er zugleich Verfügungen zur Vermehrung des Heeres erläßt – und die Verherrlichungen seiner Weisheit und Tugend finden keine Grenzen. Ohne jede Notwendigkeit, sinnlos und schonungslos, beleidigt und unterdrückt er ein ganzes Volk – die Finnländer. Und wieder hört er nur Beifallsgeschrei. Endlich veranstaltet er ein in seiner Ungerechtigkeit und Grausamkeit entsetzliches Blutbad in China, das weit entfernt ist, mit seinem Projekt des ewigen Friedens zu harmonieren, und von allen Seiten wird er wieder verherrlicht, zugleich für seine Siege und für die Fortsetzung der friedlichen Politik seines Vaters.

Was muß in Wirklichkeit vorgehen in den Köpfen und Herzen dieser Gewalthaber!

Daraus geht hervor, daß an der Unterdrückung der Völker und an den Mordthaten und den Kriegen nicht Alexander und Humbert, nicht Friedrich oder Nicolai, noch Chamberlain, welche diese Unterdrückungen und Kriege leiten, die Schuld tragen, sondern diejenigen, welche sie in die Stellung von Machthabern über das Leben der Menschen gesetzt haben und sie darin unterstützen. Und darum also soll man nicht Alexander, Nicolai, Humbert und die anderen ermorden, sondern man soll aufhören, diejenige gesellschaftliche Gestaltung zu stützen, aus der sie hervorgehen. Die jetzige gesellschaftliche Gestaltung wird aber nur durch den Egoismus und die

Verdummung der Menschen gestützt, welche ihre Freiheit und Ehre für erbärmlichen materiellen Gewinn verkaufen.

Die Menschen, welche auf der untersten Stufe der Leiter stehen, geben zum Teil infolge der Verdummung durch den Patriotismus und durch pseudo-religiöse Erziehung, teils wegen persönlicher Vorteile ihre Freiheit und ihre Menschenwürde hin zu Gunsten von Menschen, die höher als sie stehen und ihnen materiellen Gewinn bieten. In derselben Stellung befinden sich auch die Menschen, die auf einer etwas höheren Stufe der Leiter stehen, und gleichfalls infolge von Verdummung und hauptsächlich des Gewinnes wegen auf ihre Freiheit und Menschenwürde verzichten. Dasselbe ist bei noch höher Stehenden der Fall, und so geht es weiter bis zu den höchsten Stufen bis zu jenen Menschen oder zu jener einzigen Person, welche auf dem Gipfel steht und welcher nichts zu erwerben übrigbleibt, für welche die einzigen Motive der Thätigkeit nur die Herrschsucht und Ruhmsucht sind, und welche gewöhnlich so demoralisiert sind durch die Gewalt über Leben und Tod der Menschen und durch die damit verbundene Schmeichelei und Kriecherei der sie Umgebenden, daß sie vollständig überzeugt sind, der Menschheit Wohlthaten zu erweisen, obgleich sie unaufhörlich Böses thun.

Die Völker, welche selbst ihre Menschenwürde des Vorteils wegen opfern, bringen diese Menschen hervor, welche nichts anderes thun können, als das, was sie thun, und dann werden die Menschen zornig über sie wegen ihrer dummen und verbrecherischen Handlungen. Diese Menschen zu töten ist ganz dasselbe, als würde man Kinder verwöhnen und dann dafür züchtigen.

Um die Unterdrückung der Völker und die unnötigen Kriege abzuschaffen, und damit niemand über diejenigen in Zorn gerate und sie töten wolle, welche daran schuld zu sein scheinen, dazu scheint sehr wenig nötig zu sein, nämlich nur das, daß die Menschen die Dinge begreifen, wie sie sind und sie mit ihrem wirklichen Namen nennen, daß sie erkennen, daß das Heer ein Mordwerkzeug ist, daß also die Ansammlung und Leitung des Heeres das, was die Könige und Kaiser mit soviel Selbstvertrauen üben, nichts anderes ist, als Vorbereitung zum Mord.

Also, wenn nur Könige, Kaiser und Präsidenten begreifen würden, daß ihre Thätigkeit als Heerführer nicht eine ehrende und wichtige Obliegenheit ist, wie ihre Schmeichler behaupten, sondern eine abscheuliche Sache, die Vorbereitung zum Massenmord, und wenn nur jede Privatperson begreifen würde, daß die Zahlung der Steuern, mit welchen die Soldaten bewaffnet und unterhalten werden, und also noch vielmehr der Eintritt in den Kriegsdienst nicht eine gleichgültige, sondern eine schlechte, schändliche Handlung, nicht nur Zulassung, sondern Teilnahme am Mord ist, so würde von selbst jene so empörende Gewalt der Kaiser, Präsidenten und Könige zerfallen, für welche jetzt die Menschen gemordet werden.

Daraus ergiebt sich also, daß man Alexander, Carnot, Humbert und die anderen nicht töten solle, daß man ihnen aber klarmachen muß, daß sie selbst Mörder sind und, was das Wichtigste ist, daß man ihnen nicht erlauben darf, die Menschen zu morden, welche sich weigern, auf ihren Befehl zu morden.

Wenn die Menschen noch nicht so weit gekommen sind, so zu handeln, so kommt das von der Hypnose her, in welcher die Regierungen, ihrer Selbsterhaltung wegen, die Völker zu erhalten suchen. Und darum kann man dazu mitwirken, daß die Menschen aufhören, sowohl die Könige als einander selbst zu töten, – aber nicht durch Mordthaten – denn der Mord verstärkt im Gegenteil die Hypnose – sondern durch Abmahnung von Mord. Das ist es auch, was ich durch diese Abhandlung bezwecke.

Jasnaja Poljana, 8. August 1900.
Leo Tolstoi.

III.

Das Reich Gottes in uns

(1893)

Leo N. Tolstoi

Übersetzung eines ersten Teils
von Wilhelm Henckel, 1894[4]

‚Erkennet die Wahrheit, und die Wahrheit wird euch befreien.'
‚Fürchtet euch nicht vor denen, die den Leib töten und die Seele
nicht mögen töten, fürchtet euch aber vielmehr vor dem, der Leib
und Seele verderben mag in der Hölle.' (Ev. Matth. 10. 28)
‚Ihr seid teuer erkauft; werdet nicht der Menschen Knechte.'
(1. Korinth. 7, 23.)

Im Jahre 1884 schrieb ich ein Buch unter dem Titel: „*Worin besteht
mein Glaube?*" Ich erklärte darin thatsächlich dasjenige, woran ich
glaube.

Indem ich meinen Glauben an Christi Lehre verkündete, konnte
ich nicht umhin, auch zu erklären, weshalb ich nicht an jene Kirchenlehre glaube, die man gewöhnlich das Christentum nennt, und
die ich für eine Irrlehre halte.

Unter den vielen Abweichungen dieser Lehre von der Lehre
Christi wies ich auch auf den Hauptunterschied hin, nämlich auf die
Nichtanerkennung des Gebots, daß man dem Bösen nicht gewaltsam widerstreben solle, eine Abweichung, die offenkundiger als andere auf die Verdrehung der Lehre Christi durch die Kirchenlehre
hinweist.

Ich und wir alle wußten nur sehr wenig von dem, was bezüglich
der Frage vom Nichtwiderstreben dem Bösen in früherer Zeit ge-

---

[4] Textquelle I Leo TOLSTOJ: Das Reich Gottes in uns (I.) / Eine russische Rekruten-
aushebung / Das Nichtsthun. Aus dem Russischen übersetzt von W. Henckel.
Nebst einer Rede von Emile Zola und einem Brief von Alex. Dumas. München:
Verlag von Dr. E. Albert & Co. 1894, S. 1-42.

schehen und gelehrt worden war. Was die Kirchenväter Origines, Tertullian u. a. über diesen Gegenstand gesagt hatten, wußte ich, ebenso auch, daß es einige sogenannte Sekten, Mennoniten, Herrnhuter, Quäker, gab und noch gibt, die den Christen den Gebrauch von Waffen nicht gestatten, und die den Militärdienst verwerfen; aber was diese sogenannten Sekten zur Erklärung dieser Frage gethan haben, war mir nur wenig bekannt.

Mein Buch wurde, wie ich das auch erwartet hatte, von der russischen Zensur inhibiert; aber teils infolge meiner schriftstellerischen Reputation, teils deshalb, weil dieses Buch interessierte, wurde es in Handschriften und lithographierten Abdrücken in Rußland und in Übersetzungen im Auslande verbreitet und rief einesteils – von Leuten, die meine Ansichten teilten – eine Reihe von Mitteilungen über Schriften, die denselben Gegenstand behandeln, andernteils eine Reihe von Kritiken der in dem Buche selbst enthaltenen Ansichten hervor.

Das eine sowohl wie das andere und auch die historischen Ereignisse der jüngsten Zeit klärten mich über manches auf und führten mich zu neuen Ergebnissen und Schlußfolgerungen, über die ich nun berichten will.

Zuerst will ich von den Mitteilungen erzählen, die ich über die Geschichte der Frage vom Nichtwiderstreben dem Bösen erhielt; dann von den Urteilen über diese Frage, die sowohl von geistlichen Kritikern, d. h. von solchen, welche die christliche Religion bekennen, wie auch von westlichen Kritikern, d. h. von solchen, die die christliche Religion nicht bekennen, herrühren; und schließlich will ich die Resultate mitteilen, zu denen ich durch diese und jene Kritiken und durch die historischen Ereignisse der jüngsten Zeit gelangt bin.

I.

Zu den ersten Äußerungen über mein Buch gehören die Briefe amerikanischer Quäker. In diesen Briefen, durch welche die Quäker erklärten, mit meinen Ansichten über die Ungesetzlichkeit jeder Gewaltthat und jedes Krieges für den Christen zu sympathisieren, machten sie mir Mitteilungen über ihre sogenannte Sekte, die seit über 200 Jahren die Lehre Christi vom Nichtwiderstreben dem Bösen bekennt und thatsächlich ausübt, und die den Schutz durch

Waffen weder früher anwendete noch jetzt anwendet. Mit diesen Briefen sandten mir die Quäker auch ihre Broschüren, Zeitschriften und Bücher. Ich erfuhr daraus, wie eifrig und für Christen unwiderleglich von ihnen schon seit vielen Jahren die Pflicht, das Gebot vom Nichtwiderstreben dem Bösen durch Gewalt zu erfüllen, und die Unwahrheit der Kirchenlehre, die Kriege und Hinrichtungen gestattet, bewiesen wurde.

Durch eine ganze Reihe von Betrachtungen und Texten wurde nachgewiesen, daß mit einer auf Friedensliebe und Wohlwollen gegründeten Religion der Krieg, d. h. Gewaltthat und Tötung von Menschen, unvereinbar sei; es wurde behauptet und bewiesen, daß zur Verdunklung der christlichen Wahrheit in den Augen der Heiden nichts so sehr beitrug, und daß die Verbreitung des Christentums nichts so sehr verhinderte, als die Nichtanerkennung dieses Gebotes seitens der Menschen, die sich Christen nennen, und als die Gestattung von Kriegen und Gewaltthaten für Christen.

„Christi Lehre, die nicht durch das Schwert, nicht durch Gewaltmaßregeln in das Bewußtsein der Menschen eingezogen ist," sagen sie, „sondern durch das Nichtwiderstreben dem Bösen, durch Sanftmut, Demut und Friedensliebe, kann sich nur durch das Beispiel des Friedens, der Eintracht und der Liebe unter ihren Anhängern in der Welt verbreiten." „Der Christ kann nach Gottes eigener Lehre im Verkehr mit den Menschen nur durch Friedensliebe geleitet werden, und folglich kann es auch keine Autorität geben, die einen Christen zwingen könnte, gegen Gottes Lehre und gegen die Haupteigenschaft des Christen in Bezug auf seinen Nächsten zu handeln."

„Das Prinzip der Staatsnotwendigkeit", sagen sie, „kann diejenigen, welche um weltlicher Vorteile willen sich bemühen, Unvereinbares zu vereinigen, zwingen, dem Gebote Gottes untreu zu werden, aber für den Christen, der wahrhaft glaubt, daß die Befolgung von Christi Lehre ihm Erlösung bringt, kann dieses Prinzip nicht ausschlaggebend sein." Die Bekanntschaft mit dem Wirken der Quäker und mit ihren Schriften von Fox, Payne und insbesondere mit dem Buche von Dymond (1827) zeigte mir, daß die Unmöglichkeit eines Christentums mit Gewaltthat und Krieg längst schon erkannt und so klar und unumstößlich bewiesen ist, daß man staunen muß, wie eine solche unmögliche Vereinigung der christlichen Lehre mit der Gewaltthat, die von den Kirchen gepredigt wurde und wird, noch bestehen kann. Außer den von den Quäkern erhaltenen Mitteilungen bekam ich aus Amerika fast zu gleicher Zeit Nachrichten über denselben Gegenstand, aber aus einer ganz anderen Quelle, die mir vorher durchaus unbekannt war.

Ein Sohn von William Lloyd Garrison, des berühmten Kämpfers für die Befreiung der Neger, schrieb mir, daß, nachdem er mein Buch gelesen, in dem er ähnliche Gedanken gefunden, wie die, welche sein Vater im Jahre 1838 ausgesprochen, er mir die von seinem Vater vor fast 50 Jahren verfaßte Deklaration oder Verkündigung des Nichtwiderstrebens – *Non resistance* – sende, in der Voraussetzung, daß mich das interessieren werde. Diese Deklaration erfolgte unter folgenden Umständen: Als William Lloyd Garrison im Jahre 1838 über die Maßregeln zur Abschaffung des Krieges sprach, kam er zu dem Resultat, daß die Einführung des allgemeinen Friedens nur begründet werden könne auf eine unzweideutige Anerkennung des Gebots, daß dem Bösen in seinem ganzen Umfange nicht durch Gewaltmaßregeln widerstrebt werden dürfe (Matth. 5, 39), wie es die Quäker verstehen, zu denen Garrison in freundschaftlichen Beziehungen stand. Nachdem Garrison zu diesem Resultat gekommen war, schlug er der Gesellschaft folgende von ihm verfaßte Proklamation vor, die auch damals, im Jahre 1838, von vielen Mitgliedern unterzeichnet wurde.

DEKLARATION DER GRUNDSÄTZE, WELCHE VON DEN MITGLIEDERN DER GESELLSCHAFT ZUR EINFÜHRUNG DES ALLGEMEINEN FRIEDENS UNTER DEN MENSCHEN ANGENOMMEN WURDEN.
Boston 1838.

Wir, die Endesunterschriebenen, halten es für unsere Pflicht, in Bezug auf uns selbst, auf die unserem Herzen teure Sache, auf das Land, in dem wir leben, und auf die ganze übrige Welt, dieses unser Bekenntnis zu verkünden, indem wir darin diejenigen Grundsätze aussprechen, an die wir uns halten, die Ziele, nach denen wir streben wollen, und die Mittel, die wir anzuwenden gedenken, um zu einer allgemeinen, wohlthätigen und friedlichen Umwälzung zu gelangen. Dieses unser Bekenntnis lautet folgendermaßen:
Wir anerkennen gar keine menschliche Regierung, sondern nur e i n e n Herrscher und Gesetzgeber, nur e i n e n Richter und Regierer

der Menschheit. Unser Vaterland ist die ganze Welt, unsere Landsleute – die ganze Menschheit. Wir lieben unsere Heimat ebenso sehr wie andere Länder. Die Interessen und die Rechte unserer Mitbürger sind uns nicht teurer, als die der ganzen Menschheit. Wir können daher nicht zugeben, daß es ein Gefühl des Patriotismus gibt, welches Beleidigungen und Schaden, die unserem Volke zugefügt werden, zu rächen gestattet.

Wir bezeugen, daß ein Volk nicht das Recht hat, sich sowohl gegen auswärtige Feinde zu verteidigen, als auch sie anzugreifen. Wir behaupten, daß auch einzelne Personen in ihren persönlichen Beziehungen dieses Recht nicht haben können. Der Einzelne kann keine größere Bedeutung haben, als die Gesamtheit. Wenn die Regierung fremden Eroberern, welche die Absicht haben, unser Vaterland zu verheeren und unsere Mitbürger zu vernichten, keinen Widerstand entgegensetzen darf, so ist es auch nicht gestattet, einzelnen Personen, welche die öffentliche Ruhe stören und die private Sicherheit bedrohen, Widerstand durch Gewalt entgegenzusetzen. Die von den Kirchen verkündete Lehre, daß alle Reiche auf Erden von Gott eingesetzt und gebilligt sind, und daß alle in den Vereinigten Staaten, in Rußland, in der Türkei bestehenden Obrigkeiten dem Willen Gottes entsprechen, ist ebenso unsinnig wie gotteslästerlich. Dieser Grundsatz, stellt unsern Schöpfer als ein leidenschaftliches Wesen dar, welches das Böse anordnet und begünstigt. Niemand wird zu behaupten wagen, daß die in irgend einem Lande vorhandenen Machthaber in Bezug aus ihre Feinde im Geiste der Lehre Christi und nach dessen Beispiel handeln. Und daher kann auch die Thätigkeit dieser Machthaber nicht von Gott eingesetzt sein und muß – nicht durch Gewalt, sondern durch die geistige Wiedergeburt der Menschen – abgeschafft werden.

Wir erachten als unchristlich und ungesetzlich nicht nur die Kriege selbst – Angriffskriege sowohl wie Verteidigungskriege –, sondern auch alle Kriegsvorbereitungen: die Errichtung von Arsenalen und Befestigungen aller Art und den Bau von Kriegsschiffen; wir erklären als unchristlich und ungesetzlich die Existenz aller stehenden Armeen, aller Militärbehörden, aller zur Ehrung von Siegen oder gefallenen Feinden errichteten Denkmäler, aller auf dem Schlachtfelde gewonnenen Trophäen, jegliches Feiern von Kriegsthaten, alle durch Kriegsmacht errungenen Aneignungen; wir erklären jegliche obrigkeitliche Verordnung, die von den Unterthanen den Kriegsdienst fordert, als unchristlich und ungesetzlich.

Infolge dessen erklären wir es auch für uns unmöglich, nicht nur Militärdienste zu leisten, sondern auch Ämter zu bekleiden, die uns verpflichten, andere Menschen durch Androhung von Gefängnis- und Todesstrafen zum Guten zu zwingen. Wir schließen uns daher freiwillig von allen obrigkeitlichen Einrichtungen aus und sagen uns von aller Politik und von allen irdischen Würden und Ämtern los. Da wir uns nicht für berechtigt halten, obrigkeitliche Ämter zu bekleiden, so halten wir uns auch nicht für befugt, andere Personen für diese Ämter zu wählen. Und ebenso wenig glauben wir das Recht zu haben, mit anderen zu prozessieren, um sie zu veranlassen, uns dasjenige zurückzuerstatten, was sie uns genommen haben. Wir halten es für unsere Pflicht, demjenigen unsern Rock zu geben, der unser Hemd genommen hat. (Matth. 5, 40.)

Wir glauben, daß das Kriminalgesetz des Alten Testaments: Aug' um Auge, Zahn um Zahn, von Jesus Christus aufgehoben und daß nach dem Neuen Testament allen seinen Anhängern in jedem Falle, ohne Ausnahme, anstatt der Vergeltung, die Vergebung der Feinde gelehrt ist. Geld mit Gewalt zu erpressen, ins Gefängnis zu sperren, zu verbannen und hinzurichten ist offenbar keine Vergebung von Kränkungen, sondern Rache.

Die Geschichte der Menschheit ist voll von Beweisen, daß physische Gewalt die sittliche Wiedergeburt nicht fördert, und daß die sündhaften Neigungen der Menschen nur durch Liebe unterdrückt werden können; daß das Böse nur durch das Gute vernichtet werden kann, und daß man, um sich vor dem Bösen zu schützen, nicht auf die Kraft der Faust rechnen darf; daß die wahre Sicherheit der Menschen nur in der Güte, Langmut und Barmherzigkeit besteht; daß nur die Sanftmütigen die Erde ererben werden, und daß diejenigen, welche das Schwert zücken, vom Schwerte umkommen werden. Und daher bekennen wir uns von ganzer Seele zu der Grundlehre des Nichtwiderstrebens, daß man das Böse nicht durch Böses vergelten solle, sowohl deshalb, um unser Leben, unser Eigentum, unsre Freiheit, das Allgemeinwohl der Menschen und den Frieden desto besser zu sichern, als auch um den Willen dessen zu erfüllen, der König der Könige und Herrscher der Herrschenden ist; wir glauben fest daran, daß diese Lehre, welche allen nur möglichen Vorkommnissen und dem Willen Gottes entspricht, schließlich über alle bösen Mächte den Sieg erringen muß. Wir predigen keine revolutionäre Lehre; der Geist der revolutionären Lehre ist der Geist der Rache, der Gewalt und des Mordes; er fürchtet weder Gott, noch achtet er die Persönlichkeit des Menschen. Wir aber wollen vom Geiste Christi erfüllt sein. Indem wir unser Grundgesetz, das Böse nicht durch Böses zu vergelten, befolgen, können wir auch keine Verschwörungen, keinen Aufruhr oder Gewaltthaten erregen. Wir unterwerfen uns allen Gesetzen und Forderungen der Regierung, mit Ausnahme derjenigen, die den Forderungen des Evangeliums zuwiderlaufen. Unser Widerstand beschränkt sich auf eine demütige Unterwerfung unter die Strafen, die uns wegen unsers Ungehorsams auferlegt werden. Indem wir alle gegen uns gerichteten Angriffe ohne Widerstand ertragen, wollen wir doch unsrerseits das Böse in der Welt, wo es sich auch zeigen mag, oben oder unten, im Gebiete der Politik, der Verwaltung oder der Religion, ohne Unterlaß bekämpfen, indem wir mit allen uns gestatteten Mitteln danach streben, daß alle Erdenreiche sich zu einem Reiche, zum Reiche unsers Herrn Jesus Christus, vereinigen. Wir halten es für eine Wahrheit, die keinem Zweifel unterliegt, daß alles dasjenige, was dem Evangelium und seinem Geiste entgegen ist, der Vernichtung anheimfallen und sofort vernichtet werden muß. Und da wir an die Prophezeiung glauben, daß die Zeit kommen wird, wo die Schwerter zu Pflügen und die Spieße zu Sicheln umgeschmiedet werden, so müssen wir das, ohne Aufschub und soweit es unsre Kräfte gestatten, sofort thun. Alle diejenigen, welche Waffen schmieden oder verkaufen, welche der Kriegsbereitschaft Vorschub leisten, lehnen sich daher gegen die friedliche Herrschaft des Sohnes Gottes auf Erden auf.

Nachdem wir nun unsere Grundsätze entwickelt haben, wollen wir auch sagen, auf welchem Wege wir durch den „Wahnsinn der Predigt" zu siegen hoffen. Wir werden uns bemühen, unsre Ansichten unter allen Menschen, zu welchen Nationen, Bekenntnissen und Schichten der Gesellschaft sie auch gehören mögen, zu verbreiten. Zu diesem Zwecke werden wir öffentliche Vorträge halten, gedruckte Proklamationen und Ratschläge verbreiten, Gesellschaften bilden und Bittschriften an alle Behörden einreichen. Überhaupt werden wir mit allen uns zugänglichen Mitteln danach streben, eine gründliche Umwälzung in den Anschauungen, Gefühlen und

Thaten in Bezug auf das Sündhafte der Zwangsmittel, den äußern und innern Feinden gegenüber, herbeizuführen. Indem wir an diese große Aufgabe herantreten, erkennen wir vollständig, daß unser Eifer harten Prüfungen unterliegen kann. Wir werden vielleicht Beschimpfungen, Leiden und sogar den Tod erdulden müssen. Unverständnis, Verdrehung unserer Absichten und Verleumdungen erwarten uns. Ein Sturm wird sich gegen uns erheben. Hochmut und Pharisäertum, Ehrgeiz und Grausamkeit, Herrscher und Gebieter, alles kann sich vereinigen, um uns zu vernichten. Ebenso ging es auch dem Messias, dem wir nach Maßgabe unserer Kräfte ähnlich zu werden trachten wollen. Aber alle diese Schrecken flößen uns keine Furcht ein. Wir hoffen nicht auf die Menschen, sondern auf Gott. Haben wir auf den Beistand der Menschen Verzicht geleistet, was kann uns dann noch aufrecht erhalten, als nur der Glaube, der die Welt besiegt? Die Prüfungen, welche uns erwarten, können uns nicht in Erstaunen setzen, sondern es wird uns freuen, wenn wir gewürdigt werden, Christi Leiden zu teilen. Darum stellen wir unsere Seele Gott anheim; denn wir glauben an das, was verkündet wurde: Wer sein Haus, seine Brüder und seine Schwestern, oder seinen Vater und seine Mutter, oder sein Weib und seine Kinder, oder seine Äcker um Christi willen verläßt, wird hundertfach mehr gewinnen und das ewige Leben erben.

Trotz allem, was sich gegen uns rüstet, und im festen Glauben an den zweifellosen, allgemeinen Triumph der Grundsätze, die in diesem Manifest enthalten sind, unterzeichnen wir es mit unseren Unterschriften, hoffend auf die Vernunft und das Pflichtgefühl der Menschheit, mehr aber noch auf die Macht Gottes, der wir vertrauen.

*

Nachdem dieses Manifest veröffentlicht war, wurde die Gesellschaft der Nichtwiderstrebenden und eine Zeitschrift unter dem Titel „Den Nichtwiderstrebenden" (*Non resistant*) gegründet, in welcher die Lehre des Nichtwiderstrebens in ihrer ganzen Bedeutung und in allen ihren Folgerungen, wie sie im Manifest ausgedrückt sind, verkündet wurde. Mitteilungen über das weitere Schicksal der Gesellschaft und der Zeitschrift empfing ich aus der vortrefflichen

Biographie W. L. Garrisons, die seine Söhne herausgegeben hatten.[5] Die Gesellschaft und die Zeitschrift existierten nicht lange: die Mehrzahl von Garrisons Mitarbeitern an der Sklavenbefreiung fürchtete, daß die in der Zeitschrift ausgesprochenen zu radikalen Forderungen das Publikum von der praktischen Ausführung der Negerbefreiung abschrecken könnte, und deshalb sagte sich die Mehrzahl der Mitarbeiter von dem Bekenntnis des Prinzips des Nichtwiderstrebens, wie es in dem Manifest veröffentlicht war, los; die Gesellschaft löste sich auf, und die Zeitschrift ging ein.

Diese Proklamation Garrisons, welche ein für die Menschheit so wichtiges Glaubensbekenntnis kräftig und beredt verkündete, hätte eigentlich die Menschen erschüttern, in der ganzen Welt bekannt und ein Gegenstand der allgemeinen Prüfung werden müssen. Aber das war nicht der Fall. Sie wurde nicht nur in Europa nicht bekannt, sondern auch unter den Amerikanern, die Garrisons Andenken doch so hoch ehrten, ist diese Proklamation fast unbekannt geblieben.

Ein ebensolches Schicksal hatte auch ein anderer Kämpfer für das Nichtwiderstreben dem Bösen, der unlängst gestorbene Amerikaner Adeen Baloo, der diese Lehre 50 Jahre lang predigte. Wie wenig bekannt alles das, was sich auf die Frage vom Nichtwiderstreben bezieht, geworden ist, kann man daraus ersehen, daß Garrisons Sohn, der in vier großen Bänden eine ausgezeichnete Biographie seines Vaters geschrieben hat, auf meine Frage, ob es jetzt noch Gesellschaften des Nichtwiderstrebens oder Anhänger dieser Lehre gibt, mir antwortete, daß, soviel ihm bekannt sei, die Gesellschaft sich aufgelöst habe, und daß keine Anhänger dieser Lehre mehr existieren, während doch zu der nämlichen Zeit, als er mir schrieb, in Hopedale (Massachusetts) ein Mitarbeiter Garrisons, Adeen Baloo, noch lebte, welcher 50 Jahre seines Lebens der mündlichen und schriftlichen Propaganda dieser Lehre vom Nichtwiderstreben gewidmet hatte. Später erhielt ich auch einen Brief von Wilson, einem Schüler und Gehilfen Baloos, und trat mit diesem selbst in Verbindung. Ich schrieb ihm, er antwortete mir und sandte mir seine

---

[5] [Wendell Phillips GARRISON / Francis Jackson GARRISON: William Lloys Garrison, 1805-1879. The Story of His Life Told by His Children. Band 3. New York: Century Co. 1894.]

Schriften. Hier folgen einige Auszüge daraus: „Jesus Christus, mein Herr und Lehrer" – sagt Baloo in einem Artikel, der über die Inkonsequenz der Christen handelt, die das Recht der Verteidigung und des Krieges anerkennen – „ich gelobte, indem ich alles verließ, ihm bis zum Tode nachzufolgen, ob es mir nun gut oder schlecht ergehen würde.

Aber ich bin Bürger der demokratischen Republik der Vereinigten Staaten, der ich Treue geschworen habe, daß ich die Konstitution meines Landes, auch wenn es notthut mit dem Opfer meines Lebens, aufrecht erhalten werde. Christus fordert von mir, daß ich Andern dasjenige thun soll, was ich wünsche, daß mir die Andern thun.

Die Konstitution der Vereinigten Staaten verlangt von mir, daß ich zwei Millionen Sklaven (damals waren es Sklaven, jetzt kann man unbedingt ‚Arbeiter' dafür sagen) gerade das Gegenteil von dem thun soll, was ich wünsche, daß man mir thun möchte, d. h. daß ich sie in voller Knechtschaft, in der sie sich befinden, zu erhalten helfen soll. Aber das macht nichts, ich fahre fort zu wählen und gewählt zu werden; ich helfe zu regieren, ich bin sogar bereit, für irgend einen Verwaltungsdienst mich wählen zu lassen. Es hindert mich das nicht, Christ zu sein, und ich fahre fort, das Bündnis mit Christus, ebenso wie mit der Regierung, zu bekennen und zu erfüllen, ohne mich dadurch beschwert zu fühlen.

Jesus Christus verbietet mir, denen, welche Böses thun, zu widerstreben, ihnen Auge um Auge, Zahn um Zahn, Blut um Blut und Leben um Leben zu rauben. Meine Regierung fordert von mir ganz das Entgegengesetzte, sie gründet ihren Schutz, auf Galgen, Flinte und Schwert, indem sie diese Waffen gegen ihre inneren und äußeren Feinde anwendet. Und infolgedessen wird das Land mit Galgen, Kerkern, Arsenalen, Kriegsschiffen und Soldaten versehen.

Zum Unterhalt und zur Benutzung dieser kostbaren Einrichtungen können wir leicht die Tugend des Verzeihens denen, die uns beleidigen, der Liebe für unsre Feinde, des Segens der uns Verfluchenden und des Wohlthuns denen, die uns hassen, verwirklichen. Zu diesem Zwecke haben wir festangestellte kirchliche Priester, die für uns beten und Gottes Segen auf die heiligen Tötungen herabflehen.["]

„Ich sehe das alles (d. h. den Widerspruch zwischen dem Bekenntnis und dem Leben) und fahre fort, sowohl zu bekennen, als auch zu verwalten, und ich bin stolz darauf, daß ich gleichzeitig sowohl ein frommer Christ, wie auch ein ergebener Diener der Regierung bin. Ich will mich mit diesem unsinnigen Begriff des Nichtwiderstrebens nicht einverstanden erklären. Ich kann mich von meinem Einfluß nicht lossagen und nur unmoralische Menschen an der Spitze der Regierung lassen. Die Konstitution sagt: die Regierung hat das Recht, Krieg zu erklären, und ich bin damit einverstanden, ich unterstütze das, ich schwöre, daß ich es unterstützen werde. Ich höre deshalb nicht auf, Christ zu sein. Der Krieg ist auch eine christliche Pflicht. Ist es etwa keine christliche That, hunderttausende von Unsersgleichen zu töten, Frauen zu vergewaltigen, Städte zu verheeren und zu verbrennen und allerlei Grausamkeiten zu verüben? Es ist Zeit, alle diese ersonnenen Sentimentalitäten auszurotten; es wäre dies das wirksamste Mittel, Beleidigungen zu vergeben und Feinde zu lieben. Thun wir das nur im Geiste der Liebe, so kann es nichts Christlicheres geben, als ein solcher Massenmord."

In einer anderen Broschüre unter dem Titel: *„Wieviel Menschen sind notwendig, um Frevelthat in Gerechtigkeit zu verwandeln?"* sagt er: „Ein Mensch soll nicht töten, und wenn er tötet, so ist er ein Verbrecher, ein Mörder. Wenn zwei, zehn, hundert Menschen das thun, sind sie Mörder. Aber ein Staat und ein Volk können töten, soviel sie wollen, und das ist dann kein Mord, sondern eine gute, edle That. Man braucht nur recht viele Menschen zusammenzubringen, und das Hinschlachten von Zehntausenden wird eine unschuldige Handlung. Aber wieviele Menschen gehören denn eigentlich dazu? Weshalb dürfen einer, zehn, hundert Menschen das Gebot Gottes nicht verletzen, eine sehr große Anzahl aber darf es?"

Das Nachfolgende ist Baloos Katechismus, den er für seine Gemeinde verfaßt hat.

Katechismus des Nichtwiderstrebens.

Frage. Woher stammt das Wort „Nichtwiderstreben"?

Antwort. Aus dem Spruche: Ihr sollt nicht widerstreben dem Übel. (Matth. 5, 39.)

Fr. Was drückt dieses Wort aus?

Antw. Es drückt eine hohe christliche Tugend aus, die Christus vorschreibt.

Fr. Muß man das Wort „Nichtwiderstreben" im weitesten Sinne nehmen, d. h. so, daß es bedeutet, man solle dem Bösen gar keinen Widerstand entgegensetzen?

Antw. Nein, es muß im ausdrücklichen Sinne des Erlösers verstanden werden; d. h. man soll Böses nicht mit Bösem vergelten. Dem Bösen soll man mit allen rechtlichen Mitteln, nur nicht mit dem Bösen widerstreben.

Fr. Woraus ist zu erkennen, daß Christus das Nichtwiderstreben in diesem Sinne vorgeschrieben hat?

Antw. Aus den Worten, die er dabei sprach: Ihr habt gehöret, daß da gesagt ist: Auge um Auge, Zahn um Zahn. Ich aber sage euch, daß ihr nicht widerstreben sollt dem Übel, sondern so dir jemand einen Streich gibt auf deinen rechten Backen, dem biete den andern auch dar. Und so Jemand mit dir rechten will und deinen Rock nehmen, dem laß auch den Mantel.

Fr. Auf wen bezog er die Worte: Ihr habet gehört, daß da gesagt ist?

Antw. Auf die Patriarchen und Propheten; auf das, was sie sagten, was in den Schriften des Alten Testaments enthalten ist, das die Juden gewöhnlich das Gesetz und die Propheten nennen.

Fr. Welche Vorschriften verstand Christus unter den Worten: „Es ist euch gesagt"?

Antw. Diejenigen Vorschriften, durch welche Noah, Moses und andern Propheten dass Recht verliehen wurde, denen, welche Schaden zufügen, persönlich zu schädigen, um sie zu bestrafen, und um Missethaten auszurotten.

Fr. Führet solche Vorschriften an.

Antw. Wer Menschenblut vergießt, des Blut soll auch durch Menschen vergossen werden. (1. B. Mosis 9,6.) Wer einen Menschen schlägt, daß er stirbt, der soll des Todes sterben. (2. B. Mosis 21, 12.) „Kommet aber ein Schaden draus, so soll er lassen Seele um Seele, Auge um Auge, Zahn um Zahn, Hand um Hand, Fuß um Fuß, Brand um Brand, Wunde um Wunde, Beule um Beule. (2. B. Mosis 21. 23-25.) Wer irgend einen Menschen erschlägt, der soll des Todes sterben. Und wer seinen Nächsten verletzt, dem soll man thun, wie er gethan hat. Schade um Schade, Auge um Auge, Zahn um Zahn. (3. B. Mosis 17, 19. 20.)

„Und die Richter sollen wohl forschen. Und wenn der falsche

Zeuge hat ein falsch Zeugnis wider seinen Bruder gegeben, so sollet ihr ihm thun, wie er gedachte, seinem Bruder zu thun. Dein Auge soll sein nicht schonen. Seele um Seele, Auge um Auge, Zahn um Zahn, Hand um Hand, Fuß um Fuß. (5. B. Mosis 19, 18. 19. 21.) Dieses sind die Vorschriften, von denen Jesus spricht. Noah, Moses und die Propheten lehrten, daß derjenige, welcher seinen Nächsten tötet, verstümmelt oder peinigt, Böses thut. Um solchem Bösen zu widerstreben, soll man den, der Böses thut, mit dem Tode oder mit Verstümmelung, oder durch irgend eine persönliche Marter bestrafen. Der Beleidigung soll man Beleidigung, der Tötung – Tötung, der Marter – Marter, der Bosheit – Bosheit entgegenstellen. So lehrten Noah, Moses und die Propheten. Christus aber verwirft dies alles. „Ich sage euch," steht im Evangelium, „widerstrebe nicht dem Übel, vergelte nicht Beleidigung durch Beleidigung, sondern ertrage lieber die wiederholte Beleidigung dessen, der Böses thut." Das, was erlaubt war, wird verboten. Begreifen wir die Art des von ihnen gelehrten Widerstrebens, so wissen wir ganz genau, was uns Christi Nichtwiderstreben lehrt.

Fr. Gestatteten die Alten der Beleidigung durch Beleidigung Widerstand zu leisten?

Antw. Ja. Aber Jesus verbot ihn. Ein Christ hat keinesfalls das Recht, dem, welcher seinem Nächsten Böses thut, das Leben zu nehmen oder ihm Beleidigungen zuzufügen.

Fr. Darf er aber in Selbstverteidigung einen Andern töten oder verstümmeln?

Antw. Nein.

Fr. Kann er aber vor Gericht Klage gegen ihn führen, damit sein Beleidiger bestraft wird?

Antw. Nein. Denn was er durch Andere thut, thut er thatsächlich selbst.

Fr. Darf er im Heere gegen den Feind oder gegen Landesempörer kämpfen?

Antw. Natürlich nicht. Er darf sich weder am Kriege noch an Kriegsvorbereitungen beteiligen. Er darf keine totbringenden Waffen benützen, darf Beleidigungen nicht durch Beleidigungen vergelten, ob er es nun allein oder in Gemeinschaft mit Andern, selbst oder durch andere Menschen thut.

Fr. Darf er freiwillig Kriegsbeute für die Regierung stellen oder ausrüsten? – Antw[ort]. Er darf dies alles nicht thun, wenn er dem Gebote Christi treu sein will.

Fr. Darf er der Regierung, welche durch Militärmacht, Todesstrafe oder überhaupt durch Gewaltmaßregeln gestützt wird, freiwillig Geld geben? Antw. Nein, es sei denn, daß dies Geld zu einem besonderen, an und für sich gerechten Zwecke, dessen Ziel und Mittel gute sind, bestimmt ist.

Fr. Darf er einer solchen Regierung Abgaben entrichten? Antw. Nein, freiwillig soll er keine Abgaben zahlen, er soll sich aber der Erhebung von Abgaben nicht widersetzen. Die von der Regierung auferlegten Abgaben werden unabhängig vom Willen der Unterthanen erhoben. Dem kann man nicht widerstreben, ohne selbst zu Zwangsmaßregeln Zuflucht zu nehmen; diese aber darf ein Christ nicht anwenden, er muß daher sein Eigentum ohne weiteres der gewaltsamen Wegnahme, die von den Machthabern angeordnet wird, preisgeben.

Fr. Darf ein Christ bei Wahlen seine Stimme abgeben und sich am Gericht oder an der Verwaltung beteiligen? Antw. Nein. Die Teilnahme an Wahlen, am Gericht oder an der Verwaltung ist eine Beteiligung an den Gewaltmaßregeln der Regierung.

Fr. Worin besteht die Hauptbedeutung der Lehre vom Nichtwiderstreben? Antw. Darin, daß sie die Möglichkeit gibt, das Böse mit der Wurzel auszurotten, sowohl aus dem eigenen Herzen, wie auch aus dem Herzen des Nächsten. Diese Lehre verbietet, dasjenige zu thun, wodurch das Böse in der Welt verewigt und vermehrt wird. Derjenige, welcher einen Andern überfällt und ihn beleidigt, entzündet in ihm das Gefühl des Hasses, und dieses ist die Wurzel alles Bösen. Einen Andern beleidigen, weil er uns beleidigte, angeblich deshalb, um das Böse auszurotten, bedeutet, eine böse That sowohl gegen ihn, wie auch gegen uns selbst wiederholen; es bedeutet, den Dämon, den wir angeblich vertreiben wollen, hervorrufen, oder wenigstens ihn befreien und ermutigen. Satan kann nicht durch Satan vertrieben, Unrecht kann nicht durch Unrecht beschönigt, und das Böse kann nicht durch Böses besiegt werden.

Das rechte Nichtwiderstreben ist die einzig wirksame Art, dem

Bösen zu widerstreben. Es zertritt der Schlange den Kopf. Es tötet und vernichtet das böse Gefühl endgültig.

Fr. Mag nun auch das innere Wesen dieser Lehre richtig sein, aber ist sie denn auch ausführbar?

Antw. Sie ist ebenso ausführbar, wie alles Gute, das durch Gottes Gesetz vorgeschrieben ist. Das Gute kann nicht unter allen Umständen ohne Resignation, Leiden und nötigenfalls sogar ohne den Verlust des Lebens erreicht werden. Aber der, welcher sein Leben höher schätzt, als die Erfüllung des Willens Gottes, ist für das einzig wahre Leben schon tot. Ein solcher Mensch verliert sein Leben, indem er es zu retten trachtet. Außerdem und namentlich dort, wo das Nichtwiderstreben nur allein das Opfer des Lebens oder einige wesentliche Annehmlichkeiten desselben erheischt, fordert das Widerstreben tausende solcher Opfer.

Das Nichtwiderstreben erhält – das Widerstreben zerstört.

Es ist weit gefahrloser, gerecht zu handeln, als ungerecht, Leiden zu ertragen, als durch Gewalt sich ihnen zu entziehen; sogar in Bezug auf das gegenwärtige Leben ist es gefahrloser. Würden alle Menschen dem Bösen nicht durch Böses widerstreben, so wäre unser Leben ein glückseliges.

Frage. Wenn nun aber nur wenige so handeln, was geschieht dann mit ihnen?

Antwort. Auch wenn nur ein Mensch so handelt, alle andern aber einstimmig ihn kreuzigen würden, wäre es da für ihn nicht rühmlicher, im Triumphe der nichtwiderstrebenden Liebe zu sterben und für seine Feinde zu beten, als die mit dem Blute der Getöteten bespritzte Krone Cäsars zu tragen und zu leben? Aber mag es nur einer oder mögen es tausende von Menschen sein, die den festen Entschluß gefaßt haben, dem Bösen nicht zu widerstreben, ob sie nun unter ihren zivilisierten oder unter ihren wilden Nächsten leben, sie sind vor Gewaltthaten weit sicherer, als die, welche sich auf die Gewalt stützen. Der Räuber, der Mörder, der Betrüger wird sie eher in Ruhe lassen, als die, welche mit Waffen Widerstand leisten. Wer das Schwert ergreift, wird auch durch das Schwert umkommen, und die, welche den Frieden suchen, welche brüderlich handeln, nicht beleidigen, die Beleidigungen vergessen und vergeben, genießen meistenteils Frieden, und sterben sie, so sterben sie gesegnet.

Folglich, wenn alle das Gebot des Nichtwiderstrebens erfüllen, so gäbe es offenbar weder Beleidigungen noch Verbrechen. Würden sie aber in der Mehrzahl sein, so könnten sie eine Regierung der Liebe und des Wohlwollens, sogar den Beleidigern gegenüber, einführen und niemals Böses mit Bösem vergelten, niemals Gewalt anwenden. Wären solche Menschen in großer Mehrzahl vorhanden, so würden sie eine so starke, sittlich bessernde Wirkung auf die Gesellschaft ausüben, daß jede grausame Strafe beseitigt, Gewaltthaten und Feindschaft durch Friede und Liebe ersetzt werden könnten. Wäre es aber nur eine geringe Minderheit, so würde sie nur selten etwas Schlimmeres erfahren, als die Verachtung der Welt, und die Welt würde, ohne es selbst zu empfinden und ohne dafür dankbar zu sein, durch diesen unmerklichen Widerstand weiser und besser werden. Würden nun auch im schlimmsten Falle einige Glieder dieser Minderheit in den Tod getrieben, so würden diese für die Gerechtigkeit Umgekommenen, die durch ihr Märtyrerblut nun geheiligte Lehre den andern als Erbe hinterlassen. Friede sei mit allen, die Frieden suchen, und die allesbesiegende Liebe werde das unvergängliche Erbe jeder Seele, die sich freiwillig dem Gebote Christi – widerstrebe dem Bösen nicht gewaltsam – unterwirft.

*

Fünfzig Jahre hindurch hat Baloo hauptsächlich über die Frage vom ‚Nichtwiderstreben dem Bösen durch Gewalt' geschrieben und Bücher darüber veröffentlicht. In diesen, durch Klarheit des Inhalts und Schönheit der Form ausgezeichneten Schriften ist diese Frage von allen erdenklichen Seiten erörtert. Die Verbindlichkeit dieses Gebots für jeden Christen, der die Bibel als Offenbarung Gottes anerkennt, ist festgestellt. Alle Widerlegungen dieses. Gebots, sowohl aus dem Alten wie aus dem Neuen Testament (so z. B. die Vertreibung der Händler aus dem Tempel), sind angeführt, und alle Gegenbeweise sind widerlegt worden; auch abgesehen von der heiligen Schrift wird die praktische Vernünftigkeit dieses Gesetzes bewiesen, und alle Einwendungen, die dagegen gemacht zu werden pflegen, sind angeführt und widerlegt. Ein Kapitel seiner Schriften vom Nichtwiderstreben dem Bösen handelt auch von den Ausnahmefällen, und es wird darin zugegeben, daß wenn es Fälle gäbe, in denen das Nichtwiderstreben dem Bösen unanwendbar wäre, so würde das beweisen, daß dieses Gesetz überhaupt keine Berechtigung habe. Durch die Anführung dieser Ausnahmsfälle zeigt er, daß gerade sie die Anwendung, Notwendigkeit und Vernünftigkeit dieses Gesetzes beweisen. Sowohl für die Anhänger als auch für die Gegner gibt es keine einzige Seite dieser Frage, die in diesen Schriften nicht erörtert wäre. Ich sage dies alles deshalb, um das keinem Zweifel unterworfene Interesse zu beweisen, welches solche Schriften für Leute, die das Christentum bekennen, haben müßten, und daß folglich die Thätigkeit Baloos bekannt, und die von ihm ausgesprochenen Gedanken entweder anerkannt oder widerlegt sein müßten. Aber das ist nicht der Fall.

Garrisons des Ältern Thätigkeit, seine Gründung der Gesellschaft „Die Nichtwiderstrebenden" und seine Deklaration haben mich, mehr noch als mein Verkehr mit den Quäkern, überzeugt, daß der Abfall des Staats-Christentums von dem Gebote Christi des Nichtwiderstrebens durch Gewalt schon längst bemerkt, daß darauf hingewiesen wurde und daß es Menschen gibt, die für die Aufklärung dieser Thatsache gearbeitet haben und noch arbeiten. Aber sowohl Garrisons, wie noch mehr Baloos Schicksal, den, trotz seiner 50jährigen beharrlichen und beständigen Arbeit in gleicher Richtung, niemand kennt, bestätigte mir, daß eine unausgesprochene, latente Übereinkunft, alle solche Arbeiten totzuschweigen, vorhanden ist.

Baloo starb im August 1890, und in einer amerikanischen Zeitung christlicher Richtung (*Religio-Philosophical Journal* August 23) erschien sein Nekrolog.

In diesem Panegyrikus wurde mitgeteilt, daß Baloo der geistige Leiter einer Gemeinde war, daß er 8000 bis 9000 Predigten gehalten, 1000 Ehepaare getraut und gegen 500 Abhandlungen geschrieben hat; aber kein Wort von der Aufgabe, der er sein Leben widmete, nicht einmal das Wort „Nichtwiderstreben" kommt, darin vor.

Es ist, als ob sowohl alles das, was seit 200 Jahren die Quäker predigen, als auch die Thätigkeit Garrisons des Ältern, die Gründung seiner Gesellschaft und Zeitschrift, die ganze Thätigkeit Baloos weder vorhanden sind noch jemals vorhanden waren.

Als ein frappantes Beispiel eines solchen Unbekanntseins von Werken, die zur Erklärung des Gebots vom Nichtwiderstreben dem Bösen und zur Überführung derer, die dieses Gebot nicht anerkennen, dienen, kann man das Buch eines Tschechen anführen, von dem erst kürzlich etwas bekannt wurde, und das auch bis jetzt noch nicht gedruckt ist.

Bald nach dem Erscheinen meines Buches in deutscher Sprache erhielt ich von einem Professor der Universität Prag einen Brief, der mir von der Existenz eines ungedruckten Werkes des Tschechen Chelcicky aus dem XV. Jahrhundert unter dem Titel *Das Netz des Glaubens"* Mitteilung machte. In diesem Werke, schrieb mir der Professor, hatte Chelcicky vor etwa vier Jahrhunderten dieselbe Ansicht über das wahre und falsche Christentum ausgesprochen, wie ich in meiner Schrift „Worin besteht mein Glaube?". Der Professor schrieb mir, daß Chelcickys Werk zum erstenmal in tschechischer Sprache in der Zeitschrift der St. Petersburger Akademie der Wissenschaften abgedruckt werden sollte. Da es mir unmöglich war, das Werk selbst zu bekommen, so suchte ich wenigstens dasjenige zu erfahren, was über Chelcicky bekannt ist, und solche Kunde erhielt ich aus einem deutschen Buche, das mir derselbe Prager Professor sandte, und aus der Geschichte der tschechischen Literatur von Pypin. Dieser schreibt folgendes:

„*Das Netz des Glaubens'* ist die Lehre Christi, welche den Menschen aus der finstern Tiefe des irdischen Ozeans und seiner Ungerechtigkeit herausziehen soll. Der wahre Glaube besteht darin, daß man den Worten Gottes glaube; jetzt aber ist eine Zeit gekommen, da die Menschen den wahren Glauben für Ketzerei halten, und deshalb muss die Vernunft zeigen, worin der wahre Glaube besteht, wenn jemand das nicht wissen sollte. Die Finsternis hat ihn vor den Menschen verhüllt, und sie erkennen das wahre Gesetz Christi nicht. Um dieses Gesetz zu erklären, weist Chelcicky auf die ursprüngliche Einrichtung der christlichen Gemeinden hin, auf diese Einrichtungen, die, wie er sagt, in der römischen Kirche jetzt als abscheuliche Ketzereien betrachtet werden. Diese Urkirche war sein eigenstes Ideal einer auf Gleichheit, Freiheit und Brüderlichkeit gegründeten Gesellschaftsordnung. Das Christentum birgt nach Chelcickys Meinung auch jetzt noch diese Fundamente in sich, die

Gesellschaft braucht nur zur reinen Lehre zurückzukehren, dann wird jede andere Ordnung, die Könige und Päpste bedarf, überflüssig; es genügt dann nur ein Gesetz – das der Liebe.

In einer historischen Betrachtung führt Chelcicky den Verfall des Christentums auf die Zeit Konstantins des Großen zurück, den der Papst Silvester in ein Christentum mit heidnischen Sitten und heidnischem Leben einführte; Konstantin verlieh dagegen dem Papst weltlichen Reichtum und Macht. Seit jener Zeit haben beide Mächte einander beständig unterstützt und nur nach äußerem Ruhm gestrebt. Die Doktoren und Magister und der geistliche Stand sorgten von nun an nur für die Unterwerfung der ganzen Welt unter ihre Macht, sie hetzten die Menschen gegenseitig zu Mord und Raub auf und vernichteten das Christentum im Glauben und Leben gänzlich. Chelcicky verwirft das Recht auf Krieg und Todesstrafe durchaus; jeder Krieger, auch der Ritter, ist nur ein Bedrücker, ein Bösewicht und Mörder.["]

Dasselbe und ferner noch einige biographische Einzelheiten und Auszüge aus der Korrespondenz Chelcickys sind auch in dem deutschen Buch enthalten.

Nachdem ich das Wesentliche von Chelcickys Lehre erfahren hatte, erwartete ich um so ungeduldiger das Erscheinen des *„Netzes des Glaubens"* in der akademischen Zeitschrift. Es vergingen aber ein, zwei und drei Jahre, und das Buch erschien nicht. Erst im Jahre 1888 erfuhr ich, daß der begonnene Druck desselben sistiert worden war. Ich verschaffte mir die Korrekturbögen des Teils, der schon gesetzt war, und las dieselben.

Es war ein in jeder Beziehung erstaunliches Buch. Sein Inhalt ist durch Pypin durchaus richtig wiedergegeben; Chelcickys Grundidee ist, daß das Christentum, indem es sich unter Konstantin mit der Macht verband und sich unter solchen Bedingungen entwickelte, vollständig verunstaltet wurde und aufhörte, Christentum zu sein. Den Titel *„Netz des Glaubens"* hatte Chelcicky für sein Werk deshalb gewählt, weil er die Stelle des Evangeliums von der Berufung der Jünger, damit sie Menschenfänger würden, als Epigraph genommen hatte; in der Weiterentwickelung dieses Vergleichs sagt Chelcicky: Christus hat durch seine Jünger die ganze Welt in sein Netz gefangen, aber die großen Fische durchbrachen das Netz und schlüpften hinaus, und aus den von ihnen gemachten Löchern schwammen auch alle übrigen Fische hinaus, so daß das Netz fast leer blieb.

Die großen Fische, welche das Netz durchlöcherten, sind die Machthaber, Kaiser, Päpste und Könige, die, da sie sich nicht von der Macht lossagten, nicht das Christentum, sondern nur dessen Hülle annahmen. Chelcicky lehrt dasselbe, was die nichtwiderstrebenden Mennoniten, Quäker und früher auch die Bogomilen, Paulicianer und viele andere lehrten und noch lehren. Er lehrt, daß das Christentum, welches von seinen Anhängern Sanftmut, Demut, Frömmigkeit, Vergebung von Beleidigungen, das Hinhalten der anderen Wange, wenn man die eine schlägt, und Liebe auch für die Feinde fordert – mit Gewaltthat, die eine notwendige Bedingung der Macht ist, nicht vereinbart werden kann.

Nach Chelcickys Definition kann ein Christ nicht nur kein Anführer oder Soldat sein, sondern er darf sich auch nicht an der Regierung beteiligen, er darf nicht Handelsmann und selbst nicht Landbesitzer, sondern nur Handwerker oder Landbebauer sein. Dieses Buch ist eines von den wenigen, die das offizielle Christentum entlarven und dem Scheiterhaufen entgangen sind. Alle solche Bücher, die man ketzerische nennt, sind samt ihren Verfassern verbrannt worden, so daß alte Schriften, welche die Abtrünnigkeit des offiziellen Christentums aufdecken, jetzt sehr selten sind, und deshalb ist dieses Buch ganz besonders interessant.

Aber es ist nicht allein interessant, wie man es auch beurteilen mag, sondern es ist auch, sowohl durch die Tiefe seines Inhalts und durch die erstaunliche Kraft und Schönheit seiner Volkssprache, wie auch durch sein Alter, eines der merkwürdigsten Geistesprodukte. Und dieses Buch ist nun seit mehr als 400 Jahren ungedruckt und, außer bei gelehrten Spezialisten, unbekannt.

Man sollte doch meinen, daß alle Schriften dieser Art, sowohl die der Quäker, wie auch die von Garrison, Baloo, Chelcicky, welche auf Grund des Evangeliums behaupten und beweisen, daß die Lehre Christi von unseren Mitmenschen falsch verstanden wird, Interesse, Aufregung, Lärm und Streit, sowohl unter den Hirten wie unter den Herden, erwecken müßten. Solche Schriften, die das Wesen der christlichen Lehre berühren, müßten doch eigentlich als berechtigt anerkannt und vergriffen, oder aber abgelehnt und widerlegt werden. Aber davon ist gar keine Rede. Es wiederholt sich mit allen diesen Schriften stets das nämliche. Menschen mit den verschiedenartigsten Ansichten, gläubige sowohl, wie auch, was ganz besonders auffällig ist – ungläubige Liberale, schweigen, als ob sie sich verabredet hätten, diese Schriften hartnäckig tot, und alles, was zur Erläuterung des wahren Sinnes der Lehre Christi von anderen Leuten geschieht, bleibt unbekannt oder wird vergessen.

Noch erstaunlicher ist aber das Unbekanntsein zweier Werke, von denen ich gleichfalls, nachdem mein Buch erschienen war, erfuhr. Nämlich Dymonds Buch „*On war*" („Vom Kriege"), das zum erstenmale 1824 in London erschien, und das Buch von Daniel Musser „*Über das Nichtwiderstreben*", welches 1864 erschien. Das Unbekanntsein dieser Bücher ist besonders deshalb erstaunlich, weil, abgesehen von ihrem inneren Wert, beide Bücher weniger von der Theorie, als von der praktischen Anwendung der Theorie auf das Leben, von dem Verhältnis des Christentums zum Militärdienst handeln, was jetzt, bei der allgemeinen Wehrpflicht, doch ganz besonders wichtig und interessant ist. Man wird vielleicht fragen, wie muß sich denn ein Unterthan benehmen, der da glaubt, daß der Krieg mit seiner Religion unvereinbar ist, von dem die Regierung aber fordert, daß er sich am Militärdienst beteilige?

Diese Frage scheint doch eine ganz besonders zeitgemäße, und ihre Beantwortung bei der gegenwärtigen Militärpflicht von hervorragender Wichtigkeit zu sein. Alle oder die überwiegende Mehrzahl der Menschen sind Christen, und alle Männer werden zum Militärdienst einberufen. Wie muß nun der Mensch als Christ auf diese Forderung antworten? Dymonds Antwort lautet folgendermaßen: [»]Seine Pflicht besteht darin, den Militärdienst bescheiden, aber entschieden abzulehnen.

Es gibt Menschen, die, ohne viel zu räsonnieren, geradezu behaupten, daß die Verantwortung für Regierungsmaßregeln nur Diejenigen zu tragen haben, welche Verfügungen treffen, oder daß die Regierungen und Fürsten die Fragen entscheiden, was für die Unterthanen gut und was schlecht ist, und daß die Unterthanen nur zu gehorchen verpflichtet sind. Ich meine, derartige Räsonnements können das Gewissen der Menschen nur verwirren. „Ich kann an den Beratungen der Regierung nicht teilnehmen und bin daher für ihre Verbrechen nicht verantwortlich." Es ist richtig, daß wir für die Verbrechen der Regierungen nicht verantwortlich sind, aber für unsere eigenen Verbrechen sind wir verantwortlich. Und die Verbrechen der Regierenden werden die unsrigen, wenn wir, wissend, daß es Verbrechen sind, zu ihrer Vollziehung mitwirken. Diejenigen, welche meinen, daß sie der Regierung zu gehorchen verpflichtet sind, und daß die Verantwortung für die von ihnen vollzogenen Verbrechen auf ihre Fürsten übergehen, betrügen selbst.

Man sagt: wir übertragen unsere Handlungen dem Willen Anderer, und daher können unsere Handlungen weder schlecht noch gut sein; in unsern Handlungen kann weder von einem Verdienst für das Gute noch von einer Verantwortlichkeit für das Böse die Rede sein, denn sie vollziehen sich nicht nach unserm Willen. Es ist bemerkenswert, daß das nämliche auch in den Vorschriften, die man den Soldaten auswendig lernen läßt, ausgedrückt ist; es heißt dort, daß nur der Vorgesetzte für die Folgen seiner Befehle verantwortlich ist.

Aber das ist ungerecht. Kein Mensch kann die Verantwortung für seine Handlungen ablehnen. Es ist das aus folgendem ersichtlich:

Wenn ein Vorgesetzter euch befiehlt, das Kind eures Nachbars zu töten, euren Vater, eure Mutter umzubringen, werdet ihr da gehorchen? Wenn ihr aber nicht gehorchet, so taugt euer ganzes Räsonnement nichts; denn wenn ihr dem Vorgesetzten in einem Falle den Gehorsam verweigern könnt, wo wollt ihr da die Grenze finden, bis zu der ihr gehorchen dürft? Es gibt keine andere Grenze, als die, welche das Christentum bestimmt hat. Und diese Grenze ist vernünftig und kann eingehalten werden.

Wir meinen daher, es sei die Pflicht jedes Menschen, der da von der Unvereinbarkeit des Krieges mit dem Christentum überzeugt ist, den Militärdienst bescheiden aber entschieden von sich abzulehnen. Mögen diejenigen, die so zu handeln in die Lage kommen, daran denken, daß ihnen eine große Pflicht auferlegt ist. Davon, daß sie ihrer Religion treu bleiben, hängt das Schicksal des Friedens in der Menschheit ab, soweit es von Menschen überhaupt abhängen kann. Mögen sie ihre Überzeugung bekennen und verteidigen; aber nicht nur mit Worten, sondern auch wenn es notwendig ist, mit Leiden. Wenn ihr glaubt, daß Christus das Töten verboten hat, so achtet weder auf die Räsonnements noch auf die Befehle der Menschen, die euch zur Teilnahme daran auffordern. Durch eine solche entschiedene Weigerung an der Teilnahme von Gewaltthaten gewinnt ihr den Segen, der Jenen verheißen ist, die diese Worte hören und sie erfüllen, und es wird die Zeit kommen, wo euch auch die Welt als Mitarbeiter an der Wiedergeburt der Menschheit ehren wird.[«]

Mussers Buch ist betitelt: *„Die Verteidigung des Nichtwiderstrebens oder die Trennung des Reiches Christi von dem Reiche dieser Welt"*. (*Non resistance asserted, or kingdom of Christ and kingdom of this world separated*, 1864.) Dieses Buch ist der nämlichen Frage gewidmet und es erläutert sie aus Anlaß des Befehls der amerikanischen Regierung, daß während des inneren Krieges jeder Bürger Militärdienst leisten soll. Es hat auch die nämliche Bedeutung, indem es die Frage erörtert, wie und unter welchen Umständen die Menschen sich vom Militärdienst lossagen müssen und können. Der Verfasser sagt in der Einleitung:

„Es ist bekannt, daß es in den Vereinigten Staaten viele Menschen gibt, die den Krieg aus Überzeugung verwerfen. Man nennt sie ,die nichtwiderstrebenden' (*non resistant*) oder die ,verteidigungslosen' (*defenceless*) Christen. Diese Christen weigern sich, ihr Land zu verteidigen, Waffen zu tragen und dem Befehl der Regierung, ihre Feinde zu bekämpfen, zu gehorchen. Bisher wurde dieser religiöse Beweggrund von der Regierung gewürdigt, und die, welche ihn aufstellten, wurden vom Kriegsdienst befreit. Aber seit dem Beginn unseres Bürgerkriegs ist die öffentliche Meinung durch dies Verfahren aufgebracht. Es ist begreiflich, daß die Menschen, welche es für ihre Pflicht halten, alle Lasten und Gefahren des Kriegslebens zur Verteidigung ihres Vaterlaudes zu tragen, denen feindlich gesinnt sind, die lange Zeit hindurch mit ihnen den Schutz und die Vorteile der Regierung genossen, und die nun in Zeiten der Not und Gefahr an den Mühen und Beschwerden der Verteidigung nicht teilnehmen wollen. Auch das ist begreiflich, daß man die Ausnahmsstellung solcher Menschen für unvernünftig und thöricht, sogar für verdächtig erklärt."

„Viele Redner und Schriftsteller", sagt der Verfasser, „lehnten sich gegen eine solche Situation auf, und versuchten es, die Ungerechtigkeit des Nichtwiderstrebens, sowohl aus Gründen des gesunden Menschenverstands, wie auch aus der Schrift zu beweisen; es ist das ganz natürlich, und in vielen Fallen haben diese Schriftsteller auch recht – d. h. sie haben in Bezug auf jene Menschen recht, welche sich von den Lasten des Militärdienstes, nicht aber auch von den Vorteilen, die sie von der Regierung genießen, lossagen; unrecht aber haben sie in Bezug auf das Prinzip des Nichtwiderstrebens selbst."

Vor allem beweist der Verfasser, daß der Christ das Gebot des Nichtwiderstrebens zu halten verpflichtet ist, dadurch, daß diese Vorschrift klar ist, daß sie ohne die Möglichkeit einer falschen Auslegung von Christus der ganzen Christenheit gegeben wurde. „Urteilt selbst, ist es wohl recht, den Menschen mehr zu gehorchen, als Gott", sagen Petrus und Johannes. Und ganz ebenso muß sich ein jeder Mensch, der Christ sein will, zu der Forderung, in den Krieg zu ziehen, verhalten, da Christus ihm sagte: „Widerstrebe nicht dem Bösen durch Gewalt." Diese Prinzipienfrage hält er für entschieden. Aber die andere Frage, ob solche Leute, die Vorteile, welche ihnen durch Gewaltthaten verliehen werden, nicht zurückweisen, das Recht haben, sich vom Militär-Dienst loszusagen, untersucht der Verfasser eingehend und kommt zu dem Schluß, daß ein Christ, der Christi Gebot befolgt und nicht in den Krieg zieht, auch an keinen Regierungsveranstaltungen teilnehmen darf, weder am Gericht, noch an Wahlen; auch in persönlichen Angelegenheiten darf er seine Zuflucht nicht zu Behörden, zur Polizei oder zum Gericht nehmen. Ferner wird in dem Buche noch das Verhältnis des Alten Testaments zum Neuen und die Bedeutung der Regierung für Nichtchristen untersucht; es werden darin die Einwendungen gegen die Lehre vom Nichtwiderstreben und deren Widerlegungen angeführt. Der Schluß lautet folgendermaßen: „Die Christen bedürfen keiner Regierung, und sie dürfen ihr deshalb in dem, was der Lehre Christi zuwiderläuft, auch nicht gehorchen, ebensowenig, wie sie an der Regierung teilnehmen dürfen."

„Christus wählte seine Jünger aus dem Volke", sagt er. „Sie erwarten keine weltlichen Güter und kein weltliches Glück, sondern im Gegenteil das ewige Leben. Der Geist, der in ihnen lebt, macht sie in jeder Lage zufrieden und glücklich. Wenn die Welt sie duldet, so sind sie stets zufrieden. Will die Welt sie nicht in Ruhe lassen, so gehen sie an einen andern Ort; denn sie sind Pilger auf der Erde und haben keine bestimmte Wohnstätte. Sie meinen, die Toten können ihre Toten begraben, sie aber brauchen nur Eines: ihrem Lehrer nachzufolgen."

Ohne die Frage zu berühren, ob die in beiden Büchern gegebene Definition der Pflichten des Christen in Bezug auf den Krieg richtig oder unrichtig ist, kann man doch nicht umhin, die Lösung dieser Frage als praktisch wichtig und dringend zu bezeichnen.

Es gibt Menschen, hunderttausende von Quäkern, Mennoniten, alle unsere Duchoborzen, Molokanen und andere, die zu keiner bestimmten Sekte gehören, die da glauben, daß Gewaltthaten, und folglich auch der Militärdienst, mit dem Christentum unvereinbar sind, und es kommt daher bei uns in Rußland alljährlich vor, daß von den zum Militärdienst Einberufenen sich einige auf Grund ihrer religiösen Überzeugungen weigern, in diesen Dienst zu treten. Wie verfährt nun die Regierung? Läßt sie dieselben frei? Nein. Zwingt sie diese Leute, zu dienen, und bestraft sie sie, wenn sie sich weigern, es zu thun? Nein … im Jahre 1818 verfuhr die Regierung folgendermaßen: Das Nachstehende ist ein in Rußland fast gänzlich unbekannt gebliebener, von der Zensur unterdrückter Auszug aus dem Tagebuche von Nikolai Nikolajewitsch Murwjew-Karskij:

[„]Tiflis, den 2. Oktober 1818. Am Morgen sagte mir der Kommandant, es seien kürzlich fünf leibeigene Bauern aus dem Gouvernement Tambow nach Georgien gebracht worden. Diese Leute wurden als Rekruten ausgehoben, wollen aber nicht dienen; man schlug sie schon mehrmals mit der Knute und ließ sie Spießruten laufen; sie unterwerfen sich gern den grausamsten Martern und dem Tode, nur um nicht dienen zu müssen. ‚Entlaßt uns' sagten sie, ‚rührt uns nicht an, auch wir werden niemand anrühren. Alle Menschen sind gleich, und der Kaiser ist ein ebensolcher Mensch wie wir; weshalb sollen wir ihm Abgaben zahlen, weshalb soll ich mein Leben gefährden, um einen Menschen im Kriege zu töten, der mir nichts Böses zugefügt hat? Ihr könnt uns in Stücke zerschneiden, wir werden aber unsern Sinn nicht ändern; wir wollen weder den Soldatenmantel anziehen noch unsre Ration essen. Der, welcher über uns ist, wird sich unser erbarmen und uns ein Almosen geben; von der Regierung aber haben wir nichts und wollen wir nichts!' Das sind die Worte dieser Bauern, welche versichern, daß es solcher, wie sie sind, in Rußland eine Menge gibt. Sie wurden viermal ins Ministerkomitee geführt, und man entschied endlich, diesen Fall dem Kaiser zu unterbreiten. Er befahl, sie zur Korrektion nach Georgien zu transportieren, und schrieb dem Oberbefehlshaber, ihm von den allmählichen Fortschritten, welche gemacht werden, diesen Bauern richtige Begriffe beizubringen, monatlich Bericht zu erstatten.["]

Was diese Korrektion für Folgen gehabt hat, ist unbekannt geblieben, ebenso wie diese ganze, äußerst geheim gehaltene Episode. So handelte die Regierung vor 75 Jahren, so handelte sie in einer großen Anzahl von Fällen, die alle sorgfältig vor dem Volke geheim gehalten wurden. So handelt sie auch jetzt noch; nur die deutschen Mennoniten im Gouvernement Chersson sind davon ausgenommen; deren Weigerung, in den Militärdienst zu treten, wurde als beachtenswert anerkannt, und man gestattet ihnen, ihre Dienstzeit als Arbeiter in den Staatsforsten abzuleisten.[6]* In den unlängst vorgekommenen Fällen, wo Leute aus religiöser Überzeugung sich weigerten, ihrer Militärpflicht Genüge zu leisten, sind die Beamten folgendermaßen verfahren: Zuerst wurden alle in unserer Zeit üblichen Zwangsmittel zur Korrektion der Renitenten angewendet, und man suchte ihnen auf diese Weise „richtige Begriffe" beizubringen; dies Verfahren wurde äußerst geheim betrieben. Ich weiß, daß über einen Mann, der sich 1884 in Moskau weigerte, Soldat zu werden, zwei Monate nach dem Beginn der Prozedur ein unförmlich dicker Aktenstoß vorhanden war, der im Ministerium außerordentlich geheim gehalten wurde. Man fing gewöhnlich damit an, den Renitenten zu den Priestern zu schicken, und diese – zu ihrer Schande sei es gesagt – suchen ihn stets durch Ermahnungen von seinem Vorhaben abwendig zu machen. Da aber solche Ermahnungen, sich in Christi Namen von Christus abzuwenden, meistens erfolglos sind, so schickt man den Renitenten von den Priestern zu den Gensdarmen. Diese finden gewöhnlich, daß keine politischen Gründe vorliegen, und sie schieben ihn wieder ab; dann wird er zu den Gelehrten, zu den Ärzten und ins Irrenhaus geschickt. Bei allen diesen Hin- und Herschleppereien ist der Renitent seiner Freiheit beraubt und muß wie ein verurteilter Verbrecher mancherlei Demütigungen und

---

[6] *Es war bereits die Rede davon, daß diese Ausnahmsmaßregel abgeschafft werden sollte. D. Übers.

Leiden erdulden. (Es wiederholte sich das in vier Fällen.) Im Irrenhause entlassen die Ärzte den Renitenten, und dann beginnen allerlei geheime, schlaue Maßregelungen, um ihn nicht loszulassen, damit er nicht auch andere aufreizt, seinem Beispiel zu folgen, und um ihn auch von den Soldaten entfernt zu halten, damit diese nicht erfahren, daß ihre Einberufung zum Militärdienst durchaus nicht dem Gebote Gottes gemäß, wie ihnen versichert wird, sondern Gottes Geboten zuwider stattfindet. Für die Regierung wäre es wohl am bequemsten, die Renitenten aus der Welt zu schaffen, ihnen durch Stockschläge oder auf eine andere Art das Leben zu nehmen, wie das früher geschah. Aber einem Menschen das Leben nehmen, weil er eine Lehre, die wir selbst bekennen, treu befolgt, das geht doch nicht. Einen, der den Gehorsam verweigert, kann man aber auch nicht in Ruhe lassen. Und nun sucht die Regierung diesen Menschen entweder durch Leiden dahin zu bringen, daß er sich von Christus lossagt, oder sie sucht, ohne ein offenkundiges Todesurteil zu fällen, ihn sowohl wie auch seine Handlungsweise auf irgend eine Art vor anderen Menschen zu verbergen. Es beginnen nun allerlei Kunstgriffe, Kniffe und Quälereien; entweder man verbannt ihn nach entfernte Gegenden oder man sucht ihn zur Unfolgsamkeit zu reizen, um ihn dann wegen Insubordination zu verurteilen und ins Gefängnis oder in ein Strafbataillon zu stecken, wo man ihn dann in der Verborgenheit ungeniert peinigen kann; oder man erklärt ihn auch für wahnsinnig und sperrt ihn in ein Irrenhaus. Auf diese Weise wurde einer nach Taschkent verbannt, d. h. man versetzte ihn angeblich zur Garnison von Taschkent, ein anderer wurde nach Omsk expediert, einem dritten machte man wegen Insubordination den Prozeß und steckte ihn hinter Schloß und Riegel, und einen vierten sperrte man ins Irrenhaus.

Überall wiederholt sich dieselbe Geschichte. Nicht nur die Regierung, sondern auch die meisten liberalen, freidenkenden Menschen scheinen eine Verabredung getroffen zu haben, behutsam alles das zu ignorieren, was andere Menschen sagten, schrieben, thaten und thun, um die Unvereinbarkeit von Gewalt in ihrer fürchterlichsten, rohesten und krassesten Form – im Militarismus, d. h. in der Bereitschaft Morde zu verüben, – mit der Lehre nicht nur des Christentums, sondern auch der Humanität, zu der sich angeblich unsere Gesellschaft bekennt, zu entlarven. So daß die Berichte, die ich erhielt, bis zu welchem Grade die wahre Bedeutung der Lehre Christi schon erläutert ist und immer mehr erläutert wird, und darüber, wie sich die höheren, regierenden Klassen, nicht nur in Russland, sondern auch in Europa und Amerika, zu dieser Interpretation und zur Erfüllung der Lehre Christi verhalten, mich davon überzeugten, daß in diesen regierenden Klassen ein absichtlich feindseliges Verhalten zum wahren Christentum vorhanden ist, das hauptsächlich im Totschweigen aller jener Erscheinungen besteht.*

———

(*Übersetzung und Druck der Fortsetzung und des Schlusses dieser Abhandlung erfolgen baldmöglichst, und zwar s o f o r t nach Empfang des russischen Manuskripts.)

53

IV.
Eine russische Rekrutenaushebung

Leo N. Tolstoi

Übersetzung von Wilhelm Henckel,1894[1]

Als ich anfangs November durch Tula kam, sah ich vor dem Rathause eine mir sehr bekannte Menschenmenge stehen, und in dem Lärm, den sie verursachte, vernahm sich die Stimmen von Betrunkenen und dass Wehklagen von Müttern und Ehefrauen. Es war eine Sitzung der Militär-Ersatzkommission, die hier stattfand. An einer solchen Szene gehe ich nie vorüber, ohne ein wenig zu verweilen; es ist, als ob mich eine Zauberkraft festhält. Auch diesmal ging ich mitten ins Menschengewühl, um zu sehen, was da vorgeht, um die Leute zu befragen, und ich staunte über die Dreistigkeit, mit der man am hellen Tage und mitten in der Stadt eine so große Missethat verübt.

Wie alljährlich, hatten auch diesmal die Dorfältesten in allen Ortschaften unseres Hundertmillionenreichs die in ihren Listen verzeichneten Männer, darunter auch ihre eigenen Söhne, versammelt, um sie in die Städte zu führen. Unterwegs wurde getrunken, und die Alten hinderten die jungen Männer nicht daran; denn um sich einer so unvernünftigen Prozedur zu unterwerfen, die keinen andern Zweck hat, als eine willenlose Waffe der Zerstörung zu schaffen, Frauen, Mütter und alles, was einem lieb ist, zu verlassen, ohne sich durch Branntwein zu betäuben, wäre doch gar zu grausam. In Schlitten kamen sie angefahren, sie schimpften, fluchten, sangen, stießen sich gegenseitig und brachten die ganze Nacht in den Kneipen zu. Am frühen Morgen leerten sie wieder einige Gläser Schnaps,

[1] Textquelle | Leo TOLSTOJ: Das Reich Gottes in uns I. / Eine russische Rekrutenaushebung / Das Nichtsthun. – Aus dem Russischen übersetzt von W[ilhelm]. Henckel. Nebst einer Rede von Emile Zola und einem Brief von Alex. Dumas. München: Verlag von Dr. E. Albert & Co. 1894, S. 43-50. (Zusatz zur dargebotenen Übersetzung: „Dieser Aufsatz scheint in russischer Sprache nicht veröffentlicht worden zu sein, er wurde daher aus dem Französischen übersetzt.")

um sich Mut anzutrinken, und dann versammelten sie sich vor dem Rathaus.

Hier stehen sie nun, mit neuen Schafpelzen bekleidet, den Hals mit gestrickten Wollenschärpen umwickelt; ihre Augen sind vor Trunkenheit geschwollen. Einige stoßen, um sich zu betäuben, ein wildes Geheul aus, andere sind still und traurig. Von ihren weinenden Frauen und Müttern umgeben, drängen sie sich vor der Thür, bis ihre Reihe kommt. Eine Anzahl steht zusammengepfercht im Flur des Aushebebureaus. Unterdessen geht die Arbeit in diesem Bureau rasch vorwärts. Man öffnet die Thür, und der Thürhüter ruft Pjotr Ssidorow. Dieser fährt zusammen, bekreuzt sich und tritt durch die Glasthür in eine kleine Kammer, wo sich die Rekruten entkleiden. Pjotr Ssidorows Kamerad, den man als diensttauglich erklärt hatte, tritt nackt und zähneklappernd aus dem Sitzungssaal und zieht sich hastig an. Ssidorow wußte es und konnte es seinem Kameraden auch ansehen, daß man ihn assentiert hatte, wollte ihn aber noch befragen; man bedeutete ihm jedoch, daß er sich sputen solle. Er legte seinen Schafpelz ab, zog seine Stiefel und dann die Weste aus, stülpte das Hemd über den Kopf und betrat nun, nackt und mager (man konnte seine Rippen zählen), am ganzen Leibe zitternd und nach Branntwein, Tobak und Schweiß duftend, den Sitzungssaal.

Hier, an sichtbarer Stelle, befand sich im Goldrahmen das Bildnis des Kaisers, abgebildet in Paradeuniform und mit einem breiten Ordensband; ein kleines Bild Christi, im Hemd und mit Dornen gekrönt, hing im Winkel. Mitten im Saal stand ein mit grünem Tuch bedeckter Tisch, auf dem Papiere lagen, und ein dreieckiges Gestell, mit dem vergoldeten Reichsadler darauf, das man den Gerichtsspiegel nennt.

Rings um den Tisch saßen ruhig und gleichgültig die Mitglieder der Ersatzkommission; einer von ihnen rauchte eine Cigarette, ein anderer blätterte in den Akten.

Als Ssidorow eintrat, näherte sich ihm ein Bureaudiener, stellte ihn unter den Maßstock, stieß ihm gewaltsam das Kinn in die Höhe und richtete ihm die Füße zurecht. Dann trat der Mann mit der Cigarette auf ihn zu – es war der Arzt –, befühlte, anscheinend mit Ekel, seinen Körper, maß und beklopfte ihn, ließ ihm durch den Diener den Mund öffnen und befahl ihm, zu atmen und zu sprechen.

Das Resultat dieser Untersuchung wurde aufgeschrieben. Endlich war der Arzt fertig, sagte, ohne den Konskribierten eines Blickes zu würdigen: „Gut, ein anderer!" und setzte sich dann, gelangweilt, nieder.

Der Bureaudiener stieß und trieb nun den jungen Mann vorwärts. Dieser wollte eilig sein Hemd anziehen, konnte aber die Ärmellöcher nicht gleich finden; dann knüpfte er schnell seine Hosen zu, zog die Stiefel an, suchte seine Halsschärpe, raffte den Pelz auf und wurde nun wieder in den Sitzungssaal geführt, wo er, durch eine Bank von den Beamten getrennt, mit den anderen Diensttauglichen warten mußte. Ein mit einer Bajonettflinte bewaffneter Soldat, früher ein eben solcher Bauer wie Pjotr Ssidorow, nur aus einer entfernteren Provinz, bewachte ihn und war beauftragt, ihn zu durchbohren, falls er zu entfliehen versuchen sollte.

Unterdessen drängten sich die Väter, Mütter und Eheweiber, von den Polizeisoldaten hin- und hergestoßen, vor der Thür, um angstvoll wartend zu erfahren, wer von ihren Angehörigen als dienstfähig erklärt und wer freigesprochen wurde. Ein Entlassener trat heraus und berichtete, daß Pjotr Ssidorow Soldat werden muß: in demselben Moment schrie dessen junges Weib laut auf – diese Nachricht bedeutete für sie eine vier- bis fünfjährige Trennung; das Los eines von ihrem Manne getrennten Soldatenweibes ist·– harte Dienstbarkeit oder Unzucht.

Nun kam ein Mann mit langem Haar und in einer Tracht, die ihn von den übrigen unterscheidet, angefahren; er näherte sich der zum Rathaus führenden Thür, und der Polizeisoldat drängte die Menge zurück, um ihm Platz zu machen. Es war der Batjuschka, der Geistliche, welcher die Rekruten vereidigt. Dieser Priester, dem man eingeredet hat, daß er der spezielle und ausschließliche Diener Christi sei, und der die ihn umgebende Lüge meist selbst nicht wahrnimmt, betritt nun den Sitzungssaal, wo die Rekruten ihn erwarten. Er legt sein Oberkleid ab und hüllt sich in ein prachtvolles Ornat, streicht sein langes Haar zurecht, nimmt das Kreuz und das nämliche Evangelienbuch, welches das Verbot des Schwörens enthält, legt beides auf ein Pult, und nun müssen alle diese unglücklichen, schutzlosen und betrogenen jungen Leute die gewohnheitsmässig und mit fester Stimme von dem Priester vorgesagte Lüge nachsprechen: „Ich gelobe und schwöre bei Gott dem Allmächtigen und vor seinem heiligen Evangelium u.s.w. …", alle diejenigen zu verteidigen, die man mir bezeichnen wird, und alles das zu thun, was mir Männer anbefehlen, die ich nicht kenne und die mich brauchen, um meine Brüder zu unterdrücken; Männer, die Verbrechen begehen, um sich in den von ihnen eingenommenen Stellungen zu erhalten. Stumpfsinnig sprechen die Rekruten diese barbarischen Worte nach. Dann entfernt sich das angebliche „Väterchen" mit der Überzeugung, seine Pflicht gewissenhaft und korrekt erfüllt zu haben, und die betrogenen jungen Leute glauben vertrauensvoll, daß die soeben von ihnen hergesagten albernen und unverständlichen Worte sie während ihrer ganzen Dienstzeit von jeglicher Menschenpflicht entbunden und ihnen dagegen neue und strengere Soldatenpflichten auferlegt haben.

Und solche Dinge geschehen öffentlich; niemand ist da, der den Betrügern und den Betrogenen zuruft: ‚Überlegt doch, was ihr thut; es ist ja eine Lüge, die abscheulichste, perfideste Lüge, die nicht nur euren Leib, sondern auch eure Seele zu Grunde richtet!' Niemand thut es. Im Gegenteil, nachdem diese Prozedur beendet ist, tritt der Oberst in den Saal, wo die Rekruten eingesperrt sind, und ruft ihnen, gleichsam um sie zu verhöhnen, zu: „Willkommen, ihr Burschen! Ich gratuliere euch, daß ihr nun in den Dienst des Kaisers getreten seid!" Und diese Unglücklichen lallen mit ihren von der vorhergegangenen Völlerei noch schweren Zungen eingelernte Worte, die ihre Befriedigung ausdrücken sollen.

———

Draußen vor der Thür wartet die Menge der Verwandten immer noch. Mit rotgeweinten Augen starren die Weiber nach der Thür hin. Endlich wird sie geöffnet, und die künftigen Soldaten treten schwankend, aber anscheinend gefaßt heraus. Sie vermeiden jedoch, ihre Verwandten anzublicken.

Nun geht das Jammergeschrei der Mütter und Weiber abermals los. Einige werfen sich ihren Angehörigen um den Hals und schluchzen, andere suchen ihre Fassung zu bewahren, noch andere trösten die Klagenden. Mütter und Weiber wissen nun, daß sie drei, vier und fünf Jahre lang ihrer Stützen beraubt, verlassen sind, und sie wehklagen laut. Die Väter murmeln traurig und seufzen oder schweigen; sie wissen, daß sie ihre Gehilfen als solche schwerlich wiedersehen werden; denn wenn sie auch wiederkehren, so sind das nicht mehr ihre willigen, arbeitsamen Gehilfen, sondern liederliche, vom einfachen Landleben entwöhnte Schlingel.

Schließlich besteigen alle ihre Schlitten und fahren wieder zu den Wirtshäusern und Branntweinschenken. Das trunkene Geschrei, das Singen, das Weinen und Jammern der Mütter und Weiber wird ärger, die Töne der Ziehharmonika und das Fluchen der Männer gesellt sich hinzu. Das Saufgelage, in welchem diese Opfer der Ungerechtigkeit ihr Gefühl betäuben, beginnt, und in den Kneipen, deren gesteigerter Umsatz die Branntweinaccise und damit die Einkünfte der Regierung vermehrt, wird der letzte Groschen vertrunken.

Dann geht die Fahrt wieder nach Hause; hier verbringen die Rekruten noch zwei bis drei Wochen fast beständig im Rausche; eines schönen Tages aber treibt man die ganze Herde zusammen, und der militärische Lehrkurs beginnt.

Die Lehrmeister sind ebensolche Bauern, wie die Lehrlinge, nur mit dem Unterschied, daß jene schon seit zwei bis drei Jahren betrogen und den Tieren ähnlich geworden sind. Die Unterrichtsmittel sind Lüge, Roheit, Branntwein und Schläge. Bevor noch ein Jahr vergeht, sind Körper und Geist der jungen, gesunden Leute ebenso vertiert, wie die ihrer Lehrmeister.

„Wenn nun Dein Vater, den man festgenommen hat, entfliehen wollte, was würdest Du dann thun?" fragte ich einen jungen Soldaten.

„Ich würde ihn mit meinem Bajonett durchbohren!" antwortete er stumpfsinnig und roh, wie ein Soldat. „Und wenn er entwischt, dann muß ich auf ihn schießen!" fügte er noch hinzu, stolz auf die Kenntnis dessen, was er zu thun hat, wenn sein Vater entfliehen würde. Ist nun der gute Junge tiefer als das wilde Tier gesunken, dann ist er so, wie ihn diejenigen brauchen, die ihn als Werkzeug ihrer Gewalt benutzen. Er ist dann fertig, ist verloren, und anstatt seiner ist ein Werkzeug da, welches der Gewalt dient. Und dies alles geschieht in jedem Herbst, überall in ganz Russland, am hellen Tage, mitten in den Städten, mit Wissen und in Gegenwart Aller. Die Bethörung ist aber eine so geschickte, daß niemand sich ihr entziehen kann, obschon jeder die Infamie merkt und sie verabscheut.

V.

Soldatenpflicht

(1895)

Graf Leo Tolstoi

Nach dem russischen Manuskript übersetzt.[1]

I.

Moses hat bereits in seinen Geboten, die er vor 5000 Jahren den Menschen gab, die Forderung aufgestellt: „*Tötet nicht*". Dasselbe predigten alle Propheten; dasselbe predigten die Weisen und Lehrer der ganzen Welt; dasselbe predigte uns Christus, indem er den Menschen nicht nur den Mord, sondern auch alles das, was zu ihm verleiten könnte, jede Erregung und jeden Zorn gegen seinen Nächsten verbot; dasselbe steht auch im Herzen eines jeden Menschen so deutlich geschrieben, daß es für einen unverdorbenen Menschen nichts Widerwärtigeres giebt, als den Mord eines ihm gleichen Wesens, – des Menschen.

Und doch – trotzdem dieses Gebot von Gott durch Moses, die Propheten und Christum so klar offenbart worden ist und so unauslöschlich in unserm Herzen geschrieben steht, daß dessen Erfüllung unsererseits keinem Zweifel unterliegen kann, wird dieses Gebot in unserer Welt nicht nur nicht befolgt, sondern es wird sogar ein ihm völlig entgegengesetztes Gebot anerkannt, – das Gebot, wonach jeder Mensch unserer Zeit verpflichtet ist, Soldatenpflicht zu leisten, d. h. in die Reihen von Mördern sich hinzustellen, die Bereitwilligkeit zu töten zu beschwören, die Kunst des Tötens zu erlernen, um thatsächlich Menschen zu töten, falls dies von ihm verlangt wird."[2]

---

[1] Textquelle | Graf Leo TOLSTOI: Soldatenpflicht. Nach dem russischen Manuskript [1895] übersetzt. Leipzig und Zürich: Verlag v. Theodor Schröter 1896. [79 Seiten] Es handelt sich bei diesem Text (I) um Tolstois Geleitwort zum Buch „Leben und Tod von Jewdokim Nikitschitch Droschin (1866-1894)" von E. I. Popow.
[2] In den Staaten, wo keine allgemeine Wehrpflicht besteht, wird das Gebot Gottes und des Gewissens von der Nichttötung zwar nicht so offenkundig, aber in der-

In den Zeiten des Heidentums wurde den Christen befohlen, Christus und Gott mit Worten abzuleugnen und zum Zeichen des Ableugnens den heidnischen Göttern Opfer darzubringen.

Jetzt, in unseren Zeiten, geht man bereits soweit, daß man den Christen befiehlt: Christus und Gott nicht allein durch Darbringen von Opfern zu verleugnen (man kann Opfer darbringen, ohne aufzuhören, im Herzen Christ zu bleiben), sondern dadurch, daß man befiehlt, eine Christus und Gott widerliche und von Christus und Gott verbotene That zu vollbringen – die Bereitwilligkeit zum Töten zu beschwören, sich auf das Töten vorzubereiten und sehr häufig selbst zu töten.

Und wie es einst Leute gab, die sich weigerten, heidnische Götter anzubeten, und die für Christus und Gott ihr Leben opferten, so giebt es auch zu unserer Zeit Leute, die Christum und Gott nicht verleugnen wollen, die sich weigern, den Eid der Bereitwilligkeit zum Töten zu leisten, die in die Reihen der Mörder sich nicht einstellen lassen wollen, und die für diese Treue unter den schrecklichsten Qualen ihr Leben aufgeben, wie dies erst vor Kurzem [Jewdokim Nikitschitsch] Droschin[3] [1866-1894] – ein Mann aus dem Volke gethan hat.

Und wie einst jene Märtyrer des Christentums, die für halbverrückte Sonderlinge galten und deshalb starben, weil sie Christus nicht verleugnen wollten, nur durch ihre Treue zu Christus allein die ganze heidnische Welt zerstörten und den Weg des Christen-

---

selben Weise von allen Bürgern nicht eingehalten, denn die Vermietung als Soldat, die Werbung von Soldaten, die Erhaltung eines Heeres, zu der alle Bürger bewußt ihre Kosten beitragen, das Alles bedeutet eine Einwilligung zum Töten und ist die gleiche Mithilfe, wie das persönliche Eintreten in den Militärdienst.

[3] Die vorliegende Abhandlung über die Soldatenpflicht bildet das Vorwort zu einer größeren Arbeit, die sich mit dem tragischen Geschick eines russischen Militärdienstverweigerers, Namens Droschin, eingehend beschäftigt. Droschin war der Sohn armer Bauersleute; er hatte sich zum Dorfschullehrer emporgearbeitet, wurde dann anfangs Nihilist und später Mystiker im Sinne Tolstoi's. Als er im Jahre 1891 sich zum Militärdienst stellen sollte, weigerte er sich, den Fahneneid zu leisten und sich in den Mordwaffen ausbilden zu lassen. Zur Strafe hierfür wurde er in das Zellengefängniß zu Charkow gesperrt und später nach dem Woronescher Strafbataillon gebracht, wo er so gequält wurde, daß er endlich als schwindsüchtig und untauglich zum Militärdienst nach einem Gefängnis für Zivilverbrecher in Woronesch überführt werden mußte. Hier starb er nach 22 Tagen an der Lungenentzündung. – Anm. d. Übersetzers.

tums eröffneten, so zerstören auch in unserer Zeit Leute, die wie Droschin für Verrückte und Fanatiker ausgeschrieen werden, die die Qualen und den Tod dem Abweichen vom Gebote Gottes vorziehen, nur durch die bloße Treue gegen das Gebot die bestehende grausame Ordnung eher, als sie durch Revolutionen zerstört werden könnte, und bahnen einen neuen freudigen Zustand der allgemeinen Brüderlichkeit an, des Reiches Gottes, das die Propheten verkündeten, und zu welchem Christus vor 1800 Jahren die Grundlagen gelegt hat.

Aber abgesehen davon, daß Leute wie Droschin, die sich jetzt weigern, Gott und Christum zu verleugnen, durch ihre Thätigkeit bewirken, daß jenes Gottesreich eintrete, welches die Propheten vorhersagten, zeigen sie uns auch durch ihr Beispiel den einzigen klar erkennbaren Weg, aus dem allein das Reich Gottes errichtet und alles das vernichtet werden kann, was seinen Anbruch verhindert.

Der Unterschied zwischen den alten christlichen Märtyrern und den jetzigen besteht einzig darin, daß damals Heiden heidnische Thaten von den Christen verlangten, jetzt aber die schrecklichsten heidnischen Thaten – solche, die die Heiden nicht verlangten: das Töten – nicht Heiden von Christen verlangten, sondern Christen oder wenigstens Leute, die sich so nennen; ferner darin, daß damals das Heidentum sich auf seine Unkenntnis berufen konnte, weil es das Christentum nicht kannte und nicht verstand, während [die] Grausamkeit des jetzigen angeblichen Christentums nur auf Betrug – auf bewußten Betrug – sich stützt. Damals mußte man, um die Christen vor Vergewaltigung zu bewahren, die Heiden von der Wahrheit des Christentums überzeugen, und meistens war es unmöglich, dies zu erreichen. Julian der Abtrünnige und viele bessere Leute jener Zeit waren aufrichtig davon überzeugt, daß das Heidentum die Aufklärung und die Wohlthat, während das Christentum die Finsternis, die Ignoranz und das Böse sei. In der Gegenwart aber braucht man, um das Christentum von der Vergewaltigung und der Rohheit zu befreien, einzig und allein den Betrug des falschen Christentums zu entlarven. Und dieser Betrug entlarvt sich zweifellos von selber durch das einfache und unbeugsame Bekenntnis der Wahrheit, welches die angeblich christlichen Gewalten veranlaßt, die Christen für die Befolgung gerade desjenigen, was jene selber bekennen, zu vergewaltigen, zu quälen und zu töten.

Zu früheren Zeiten pflegte der Christ, der sich weigerte, die heidnischen Götter anzubeten, zu sagen: „Ich erkenne euren Glauben nicht an, ich bin Christ und kann und will nicht euren Göttern dienen, sondern werde dem einzigen wahren Gott und seinem Sohne Christo Jesu dienen" – und die heidnischen Obrigkeiten töteten ihn dafür, daß er einen Glauben bekannte, den sie für falsch und schädlich hielten – sein Tod trug keinen Widerspruch in sich und schadete dem Heidentum nicht, in dessen Namen man den Christen zum Tode verurteilte. Jetzt dagegen spricht der Christ, welcher sich zu morden weigert, sein Bekenntnis nicht zu Heiden, sondern zu Leuten, die sich selber Christen nennen. Und wenn er sagt: „Ich bin Christ und kann und will nicht das Verlangen zu morden, das dem christlichen Gebot zuwider ist, erfüllen," so kann man ihm jetzt nicht mehr so erwidern, wie einst die Heiden: „Du bekennst einen falschen und schädlichen Glauben und dafür töten wir dich," sondern man sagt ihm: „Wir sind ebenfalls Christen, aber Du verstehst das Christentum falsch, wenn Du behauptest, der Christ könne nicht töten. Der Christ kann und darf morden, wenn es ihm derjenige befiehlt, der im gegebenen Augenblick für seinen Herrn gilt. Und dafür, daß du dich nicht damit einverstanden erklärst, daß ein Christ seine Feinde nicht zu lieben, sondern alle jene zu töten habe, die man ihm zu töten befiehlt, so werden wir Christen, die das Gebot der Demut, der Liebe und der Vergebung bekennen, dich töten".

Und so sehen wir, daß Obrigkeiten, die sich für christlich halten, bei jeder Gelegenheit gegen Menschen, die sich weigern zu morden, in der offenkundigsten und feierlichsten Weise gezwungen sind, jenes Christentum und jenes sittliche Gebot zu verleugnen, auf welches sich ihre Gewalt allein stützt. Außerdem sind die Bedingungen der Soldatenpflicht – zum Unglück für die falsche Obrigkeit und zum Glück für die gesammte Menschheit – in letzter Zeit ganz andere geworden, als jene, die einst vorherrschten, – und deshalb ist das Verlangen der Behörden noch unchristlicher und die Weigerungen, diesem Verlangen Folge zu leisten, sind noch überzeugender geworden. Einst brauchte kaum ein Hundertstel aller Menschen Militärdienste zu leisten und die Regierung konnte annehmen, daß nur Leute von geringem Sittlichkeitsgefühl, solche Menschen, für die der Militärdienst nichts war, was ihrem christlichen Gewissen widersprach, sich einstellen ließen, – was man schon zum Teil daraus ersieht, daß man damals Menschen zur Strafe in den Militärdienst einstellte. Damals war es ein unglücklicher Zufall und eine Ausnahme, wenn in den Militärdienst ein Mensch eingestellt wurde, der nach seinen moralischen Eigenschaften nicht zum Mörder werden konnte. Jetzt dagegen, wo die allgemeine Wehrpflicht besteht, müssen alle, auch die besten Menschen, die am meisten christlich gesinnten und von der Möglichkeit der Teilnahme an einem Morde am weitesten Entfernten, sich zu Mördern und Gottesleugnern bekennen.

In früheren Zeiten bildete[n] das von den Herrschern gemietete Heer ausgesuchte, verwahrloste, unchristliche und unwissende Leute oder Freiwillige und Söldlinge. Früher hatte Niemand oder nur selten Jemand das Evangelium gelesen und die Leute kannten nicht dessen Geist, sondern glaubten alles, was ihnen die Priester sagten; aber auch schon früher – wenn auch selten – hielten manchmal strenggläubige Menschen, die man Sektierer nannte, den Militärdienst für eine Sünde und weigerten sich, ihn zu leisten. Jetzt dagegen giebt es keinen Menschen, der nicht verpflichtet wäre, bewußt mit seinem Geld, und im größten Teile Europas unmittelbar an den Vorbereitungen zum Mord oder am Mord selber Teil zu nehmen; jetzt kennen fast alle Menschen das Evangelium und den Geist der Lehre Christi, alle wissen, daß viele Priester bestochene Betrüger sind und Niemand mehr – außer den ungebildeten Leuten – glaubt ihnen; und jetzt ist es bereits so weit gekommen, daß nicht Sektierer allein, sondern Leute, die keine besonderen Dogmen bekennen, gebildete, freidenkende Menschen, sich weigern zu dienen und nicht nur in Bezug auf sich selbst, sondern offen erklären, daß die Menschentötung mit keinem Bekenntnis des Christentums zu vereinigen ist.

Und deshalb bringt eine einzige Weigerung Militärdienste zu leisten, wie die Droschins, eine Weigerung, die trotz aller Qualen selbst angesichts des Todes aufrechterhalten wurde, das ganze große Gebäude der Gewalt, das auf Lüge aufgebaut ist, ins Wanken und droht es zu zerstören.

Eine furchtbare Gewalt befindet sich in den Händen der Regierungen, und diese Gewalt ist nicht allein sachlich: ungeheure Gelder, eine Menge von Einrichtungen, Reichtümern, unterwürfigen

Beamten, Geistlichen und Militär – Alles steht ihnen zur Verfügung. Die Regierung kann, wenn auch nicht immer bestechen, so doch alle diejenigen, die sich widersetzen, vernichten. Eine bestochene Geistlichkeit predigt den Militarismus in den Kirchen, bestochene Schriftsteller schreiben Bücher, die das Soldatentum rechtfertigen; – in den Schulen – den höheren sowohl als auch den niederen – werden falsche Katechismen gelehrt, in denen den Kindern eingeprägt wird, daß man im Kriege und nach dem Gerichtsurteil nicht nur töten kann, sondern sogar töten muß; Alle, die zum Militärdienst sich stellen, müssen den Eid leisten; Alles, was diesen Betrug aufdeckt, wird streng verboten und bestraft – die schrecklichsten Strafen werden den Menschen, die sich weigern zu dienen, d. h. zu morden, auferlegt.

Und sonderbar – diese ganze ungeheure mächtige Menschenmasse, die mit allen Mitteln der menschlichen Gewalt ausgerüstet ist, erzittert, versteckt sich, da sie ihre Schuld fühlt, sie wankt in ihren Grundfesten und sieht ihren Untergang vor Augen, sobald ein charaktervoller Mensch auf der Bildfläche erscheint, der dem menschlichen Verlangen nicht nachgibt, sondern dem Gebote Gottes sich unterwirft und dasselbe offen bekennt.

Und Droschin steht in unserer Zeit nicht mehr allein, sondern Tausende, Zehntausende stehen hinter ihm, und was das Wichtigste ist, ihre Bedeutung wächst mit jedem Jahre und jeder Stunde. Wir wissen, daß es in Rußland Zehntausende von Menschen giebt, die sich weigerten dem neuen Zaren den Eid der Treue zu leisten, und die den Militarismus für eine Einrichtung halten, die nicht nur mit dem Christentum, sondern selbst mit den einfachsten Forderungen der Ehre, der Gerechtigkeit und der Moral unvereinbar ist. Wir wissen, daß es Leute, die ebenso denken, in allen europäischen Ländern giebt; wir haben von den Nazarenern gehört, die vor etwa 50 Jahren in Österreich und Deutschland entstanden sind, und die aus einigen hundert Köpfen jetzt auf über 80.000 Köpfe angewachsen sind und trotz aller Verfolgungen sich weigern, Militärdienste zu leisten. Kürzlich wurde uns auch von einem hochgebildeten Arzt berichtet, einem völlig freidenkenden Manne, einem Militärarzt, der den Militärdienst quittierte, weil er es für unvereinbar mit seinem Gewissen hielt, einer solchen Einrichtung, wie der Armee, zu dienen, die nur zur Vergewaltigung der Menschen und zu ihrer Tötung bestimmt ist. Aber auch nicht das ist wichtig, daß es viele solcher Menschen giebt, und daß ihre Zahl immer wächst, sondern die Thatsache, daß der einzige wahre Weg gefunden ist, aus dem die Menschheit unzweifelhaft ihre Befreiung vom Bösen erlangen wird, das sie gefesselt hielt, und daß auf diesem Wege Nichts und Niemand sie zurückhalten kann, da man auf diesem Wege keiner Anstrengungen bedarf, um das Böse zu vernichten: das Böse vergeht von selbst und vergeht wie Wachs auf dem Feuer, man braucht nur an demselben *nicht teilzunehmen*. Um aber aufzuhören, an dem Bösen teilzunehmen, unter dem wir leiden, bedarf es weder irgendwelcher besonderen geistigen, noch auch körperlichen Anstrengungen – man braucht nur seiner Natur sich hinzugeben, gut und wahr vor Gott und sich selber zu sein.

„Ihr wollt, daß ich ein Mörder werden solle, Ich aber, ich kann es nicht thun; das erlaubt mir mein Gott und mein Gewissen nicht. Deshalb könnt Ihr mit mir thun, was Ihr wollt, aber – ich werde weder töten, noch mich auf das Töten vorbereiten, noch dazu beitragen". Das ist die einfachste Antwort, die unvermeidlich jeder Mensch geben muß, da sie aus dem Bewußtsein der Leute unserer Zeit kommt und das gesammte Übel der Gewalt vernichtet, das so lange auf der Welt gelastet hat.

Man sagt, in der heiligen Schrift stehe geschrieben: „Jederman sei unterthan der Obrigkeit, die Gewalt über ihn hat. Denn es ist keine Obrigkeit, ohne von Gott; wo aber Obrigkeit ist, die ist von Gott verordnet. Wer sich nun wider die Obrigkeit setzt, der widerstrebt Gottes Ordnung; die aber widerstreben, werden über sich ein Urteil empfahen [*empfangen*]. Denn die Gewaltigen sind nicht den guten Werken, sondern den bösen zu fürchten. Willst du dich aber nicht fürchten vor der Obrigkeit, so thue Gutes, so wirst du Lob von derselben haben. Denn sie ist Gottes Dienerin, dir zu gut. Thust du aber Böses, so fürchte dich; denn sie trägt das Schwert nicht umsonst; sie ist Gottes Dienerin, eine Rächerin zur Strafe über den, der Böses thut. Darum ist's not, unterthan zu sein, nicht allein um der Strafe willen, sondern auch um des Gewissens willen. Deshalben müsset ihr auch Schoß [*Steuern, Abgaben*] geben, denn sie sind Gottes Diener, die solchen Schoß handhaben sollen. So gebet nun Jederman, was ihr schuldig seid: Schoß, dem der Schoß gebührt; Zoll, dem der Zoll gebührt; Furcht, dem die Furcht gebührt; Ehre, dem die Ehre gebührt", (Römer XIII, 1-7) – und deshalb muß man sich der Obrigkeit unterwerfen.

Aber abgesehen davon, daß derselbe Politiker Paulus, der zu den Römern sagte, man müsse sich der Obrigkeit unterwerfen, zu den Ephesern ganz was Anderes sagt: „Zuletzt, meine Brüder, seid stark in dem Herrn und in der Macht seiner Stärke. Ziehet an den Harnisch Gottes, daß ihr bestehen könnt gegen die listigen Anläufe des Teufels, denn wir haben nicht mit Fleisch und Blut zu kämpfen, sondern mit Fürsten und Gewaltigen, nämlich mit den Herren der Welt, die in der Finsterniß dieser Welt herrschen, mit den bösen Geistern unter dem Himmel" (Epheser VI, 10-12), also, abgesehen davon, können die Worte des Paulus an die Römer von der Unterwürfigkeit unter die bestehende Obrigkeit keineswegs mit der Lehre von Christus selber verbunden werden, deren ganzer Sinn in der Befreiung der Menschen von der Macht der Welt und ihrer Unterwürfigkeit unter die Macht von Gott allein besteht. „So euch die Welt hasset, so wisset, daß sie mich vor euch gehasset hat." (Johannes XV, 18.) „Haben sie mich verfolgt, sie werden auch euch verfolgen". (Johannes XV, 20.) „Wäret ihr von der Welt, so hätte die Welt das Ihre lieb; dieweil ihr aber nicht von der Welt seid, sondern ich habe euch von der Welt erwählet, darum hasset euch die Welt (Johannes XV, 19.) „Und man wird euch vor Fürsten und Könige führen, um meinetwillen zu einem Zeugnis über sie" (Matth. X, 18; Mark. XIII, 9.) „Und müsset gehasset werden von Jedermann um meines Namens willen". (Matth. X, 22.) „Sie werden die Hände an euch legen und euch verfolgen und werden euch überantworten in ihre Schulen und Gefängnisse und vor Könige und Fürsten ziehen um meines Namens willen". (Lukas XI, 12.) „Und wer euch tötet, wird meinen, er thue Gott einen Dienst dran. Und solches werden sie euch darum thun, daß sie weder meinen Vater, noch mich erkennen. Aber solches habe ich zu euch geredet, auf das, wenn die Zeit kommen wird, daß ihr dran gedenket, daß ich's euch gesagt habe". (Johannes XVI, 2-4.) „Darum fürchtet euch nicht vor ihnen. Es ist Nichts verborgen, das nicht offenbart werde, und ist Nichts heimlich, das man nicht wissen werde." (Matth. X, 26.) „Und fürchtet euch nicht vor denen, die den Leib töten und die Seele nicht töten mögen. Fürchtet euch aber vor dem, der Leib und Seele verderben mag". (Matth. X, 28.)

„Der Fürst dieser Welt ist gerichtet". (Johannes XVI, 11.) „Seid getrost, ich habe die Welt überwunden". (Johannes XVI, 33.) Die ganze Lehre Christi zeigt den Weg der Befreiung von der Macht der Welt, und Christus, der selber verfolgt war, sagte seinen Jüngern voraus, daß, wenn sie seiner Lehre treu bleiben, die Welt sie verfolgen werde, und er riet ihnen, getrost zu hoffen und vor ihren Verfolgern sich nicht zu fürchten. Aber nicht allein mit Worten predigte er ihnen das, sondern durch sein ganzes Leben und seine Beziehungen zu der Obrigkeit gab er ein Beispiel daran, wie diejenigen zu handeln haben, die ihm folgen wollen.

Christus hat sich der Obrigkeit nicht nur nicht unterworfen, sondern er hat sie stets entlarvt: er stellte die Pharisäer blos, weil sie durch menschliche Traditionen das Gottesgebot umgehen, weil sie falsch den Sabbath feiern, weil sie in falscher Weise Opfer im Tempel darbrachten; er entlarvte ihr ganzes Pharisäertum und ihre Grausamkeit, entlarvte Jerusalem und sagte ihm seinen Untergang voraus.

Auf die Frage, ob er die festgesetzte Steuer beim Eintritt in Capernaum bezahlen wolle, erwiderte er offen, daß seine Söhne, d. h. Seine Jünger, von jeder Steuer frei seien und sie nicht zu zahlen hätten – und nur deshalb, weil er die Steuerbeamten nicht verführen und sie nicht zur Sünde der Vergewaltigung reizen will, läßt er jenes Statyrion entrichten, das sich zufällig in einem Fische befindet, der Niemand gehört und Keinem weggenommen wird.

Auf die listige Frage, ob man dem Kaiser Steuer zu entrichten habe, erwiderte er: „Gebt dem Kaiser, was des Kaisers ist, *und Gott – was Gottes ist*", d. h. gebt dem Kaiser das, was ihm gehört und von ihm gemacht ist – die Münze – und Gott das, was von Gott geschaffen und in euch gelegt ist: eure Seele, euer Gewissen gebt Niemand, außer Gott, und thut für den Kaiser nichts, was euch von Gott verboten ist. Und über diese Antwort staunten Alle wegen des Muts und zugleich wegen ihrer Unwiderlegbarkeit."[4]

---

[4] Nicht das mangelnde Verständnis für die Lehre Christi, sondern nur absichtliches Mißverstehen konnte zu der erstaunlichen Deutung führen, als ob die Worte: *„Gebet dem Kaiser, was des Kaisers ist"* die Notwendigkeit der Unterwerfung unter den Kaiser bedeute. Erstens ist in diesen Worten von Gehorsam überhaupt nicht die Rede; zweitens aber, wollte Christus die Notwendigkeit der Steuerzahlung und in Folge dessen der Unterwerfung anerkennen, so würde er offen

Als jedoch Christus als Revolutionär, der das Volk verführt und dem Kaiser seine Steuern zu zahlen verbietet, vor Pilatus vorgeführt wird (Lucas XIII, 2), setzt er, nachdem er das gesagt hat, was er für nötig hielt zu sagen, die Obrigkeit dadurch in Verwunderung, und sie werden deshalb empört, weil er sich ihnen nicht unterwirft und auf alle ihre Fragen keine Antwort giebt.

Und für diese Bloßstellung der Obrigkeit und Nichtunterwerfung wird Christus verurtheilt und hingerichtet.

Die ganze Geschichte der Leiden und des Todes Christi ist nichts anderes, als die Geschichte jener Leiden, denen unvermeidlich jeder Mensch unterliegen wird, der dem von Christus gegebenen Beispiel des Gehorsams gegen Gott und nicht gegen die weltliche Obrigkeit folgt. Und nun plötzlich will man uns überzeugen, daß die ganze Lehre Christi nicht nur verbessert sondern sogar abgeschafft werden müsse wegen der unbedachten Worte, die Paulus an die Römer sandte!

Aber abgesehen davon, daß Paulus' Worte der Lehre und dem Leben Christi widersprechen, würde es in unserer Zeit selbst beim besten Willen ganz unmöglich sein, nicht aus Furcht, sondern aus innerstem Gewissensdrang, wie es uns Paulus heißt, sich der Obrigkeit zu unterwerfen.

Außer dem inneren Widerspruch, der zwischen Christentum und Unterwerfung unter eine Obrigkeit besteht, ist es in unserer Zeit deshalb unmöglich geworden, der Obrigkeit in der angegebenen Weise zu gehorchen, weil in Folge der allgemeinen Aufklärung eine Obrigkeit als ein Etwas, das verehrungswürdig ist, etwas Erhabenes und vor Allem als etwas Unbestimmtes und Ganzes, ganz und gar nicht mehr existirt und es völlig unmöglich ist, sie wieder herzustellen. Es war schön, sich einer Obrigkeit zu unterwerfen – nicht aus Furcht, sondern aus Gewissensdrang – damals, als die Menschen in der Obrigkeit noch das sahen, was die alten Römer in ihr sahen – : in dem Kaiser einen Gott, oder was die Chinesen jetzt noch in ihrem Herrscher sehen – : den Sohn des Himmels. Auch im Mittelalter bis

---

gesagt haben: „Ja, man muß sie zahlen," aber er sagt: „gebt dem Kaiser, was seines ist, d. h. die Münze, das Leben – Gott." Durch diese letzten Worte heißt er die Unterwerfung unter die Obrigkeit nicht nur nicht gut, sondern er weist direkt darauf hin, daß man in allem, was Gottes sei, dem Kaiser sich nicht unterwerfen dürfe. L. T.

zur Revolutionszeit galten die Könige und Kaiser als höhere Wesen, die Gott auf ihren Posten berufen habe, und bei dem russischen Volke galt noch bis vor Kurzem der Zar als weltlicher Gott. Wie soll es aber jetzt noch möglich sein, den Zauber der Herrschergewalt wieder zu erneuern, jetzt, wo trotz aller Bemühungen der Behörden selber und ihrer Anhänger, ja, sogar der Unterthanen, die Aufklärung, die Geschichte, die Erfahrung, die Vereinigung der Menschen sich unter diesen Zauber verwischt haben, so daß es ebenso unmöglich ist, ihn wiederherzustellen, wie das im Frühling geschmolzene Eis, so daß es undenkbar ist, etwas Festes auf ihm aufzurichten, wie es undenkbar ist, in einem Schlitten einen aufgethauten und aus seinen Ufern getretenen Fluß zu passiren.

Wie soll man sich jetzt verhalten, wo Alle bereits – mit Ausnahme der gröbsten und ungebildetsten Menschen, deren Zahl sich immer mehr verringert, – gut wissen, welche lasterhafte Menschen Louis XI., die englische Elisabeth, Johann IV., Katharina, die Napoleons, Nikolaus I. und viele Andere waren, die regierten und über das Schicksal von Millionen von Menschen verfügten – nicht auf Grund eines heiligen unabänderlichen Gesetzes, wie man einst dachte, sondern die nur deshalb zur Herrschaft gelangten, weil sie durch allerlei Betrugsmittel, Listen, Mordthaten usw. so ihre Macht zu befestigen wußten, daß man sie nicht entfernen, hinrichten oder verjagen konnte, wie man Karl I., Ludwig XVI., Maximilian von Mexiko, Louis Philipp und andere mehr, hingerichtet und verjagt hat.

Wie soll man jetzt handeln, wenn Alle wissen, daß auch die gegenwärtig regierenden Monarchen nicht nur keine heiligen, großen und weisen Menschen sind, die sich nur mit dem Wohl ihrer Völker beschäftigen, sondern, daß im Gegentheil sich unter ihnen sehr schlecht erzogene, unwissende, eitle , lasterhafte, häufig sogar sehr dumme und böse Menschen befinden, die durch den Luxus und die Schmeichelei ausschweifend geworden und keineswegs um das Wohl ihrer Unterthanen besorgt sind, sondern ihre eigenen Interessen verfolgen, vor Allem aber unaufhörlich bemüht sind, ihre wankende, nur durch List und Betrug sich aufrechthaltende Macht vor dem Zusammenbruch zu schützen.

Aber noch mehr: Die Menschen wissen jetzt, aus welchem Holze die Herrscher geschnitzt sind, die ihnen einst als besondere Wesen erschienen. Die Menschen haben einen Blick hinter die Kulissen gethan, und es ist bereits unmöglich, die einstige Illusion wieder herzustellen – die Menschen sehen und wissen außerdem auch das noch, daß eigentlich nicht diese Machthaber herrschen, sondern – in Verfassungsstaaten – die Mitglieder der Kammern, die Minister, die ihre Stellung durch Intriguen und Bestechungen erhalten, und – in nicht konstitutionellen Staaten – die Weiber, Maitressen, Favoritinnen, Günstlinge und allerlei Helfershelfer.

Wie soll da ein Mensch die Obrigkeit verehren und ihr nicht aus Furcht, sondern aus Gewissensdrang gehorchen, wenn er weiß, daß diese Obrigkeit nicht etwas Besonderes, von ihm getrennt Existierendes, sondern das Produkt von Intriguen und Menschenlist ist und stets von einer Person zur anderen übergeht? Da der Mensch das weiß, so kann er der Obrigkeit aus innerer Neigung nicht mehr gehorchen, im Gegentheil: er wird sich nunmehr bemühen, die bestehende Obrigkeit zu vernichten und selber in den Besitz der Macht zu gelangen. Und so pflegt es auch in der Wirklichkeit zu sein.

Jene Obrigkeit, von der Paulus spricht, die Obrigkeit, der man gewissenhaft gehorchen kann, hat ihre Zeit gehabt. Sie existirt nicht mehr. Sie ist wie Eis zerschmolzen, und auf ihr kann sich Nichts mehr aufbauen. Die einst hart gewesene Oberfläche des Flusses wurde flüssig und um sie jetzt befahren zu können, muß man ein Boot und Ruder benutzen, nicht Schlitten und Pferde. In gleicher Weise hat sich in Folge der Aufklärung unsere Lebensordnung so verändert, daß es in unserer Welt für die Obrigkeit in dem Sinne, wie man sie einst verstand, keinen Platz mehr giebt – es sind von derselben nur der große Betrug und die Vergewaltigung zurückgeblieben. Und diesen nicht aus Furcht zu gehorchen, sondern aus Gewissensdrang ist unmöglich.

„Aber wie kann man der Obrigkeit sich nicht unterwerfen? Unterwirft man sich ihr nicht, so wird es viel Unglück geben, die bösen Menschen werden die guten quälen, erniedrigen, töten."

Auch ich sage, man müsse der Obrigkeit gehorchen, der einzigen, unzweifelhaften Obrigkeit, jener Obrigkeit, unter deren Gewalt wir uns stets befinden, und deren Forderungen wir zweifellos sicher kennen. Also fragt man: Wie soll man sich entschließen, einer solchen Obrigkeit nicht zu gehorchen?

Und ich frage: welcher Obrigkeit? – Unter Katharina, als Pugatschew den Aufstand einleitete, hatte die Hälfte des Volkes Pugatschew den Eid der Treue geleistet und befand sich unter seiner Botmäßigkeit; – nun, welcher Obrigkeit mußte man da gehorchen? Der Obrigkeit Katharinas oder Pugatschews? Und weiter: unter derselben Katharina, die die Macht ihrem Manne – dem Zaren, dem Alle den Eid der Treue geleistet hatten, weggenommen hatte, wem mußte man gehorchen? Sollte man fernerhin Peter III. oder Katharina, der neuen Herrin gehorchen? Kein einziger russischer Herrscher, von Peter dem Großen bis auf Nikolaus I. einschließlich, bestieg den Thron so, daß es unverkennbar gewesen wäre, wessen Macht man sich zu unterwerfen habe. Wem mußte man gehorchen: Peter I. oder der Prinzessin Sophie oder dem Prinzen Johann, dem älteren Bruder Peters? Sophie hatte eben solche Rechte auf die Regierung – und das beweist noch die Thatsache, daß nach ihr Frauen regierten, die weniger Rechte hatten, als sie: die beiden Katharinas, Anna, Elisabeth. Welcher Obrigkeit mußte man sich nach Peter unterwerfen, als die einen Höflinge ein Soldatenweib, die Maitresse eines Pastors Menschikows, Scheremetjews, – Katharina I. auf den Thron brachten, die anderen – Peter II., darauf Anna und Elisabeth und endlich Katharina II., die auf den Thron nicht mehr Rechte hatte, als Pugatschew, da während ihrer Regierungszeit der gesetzliche Thronerbe – Johann – im Gefängnis gehalten und auf ihre Anordnung ermordet wurde, und der andere ebenfalls gesetzliche Thronerbe, der volljährige Paul war? Und weiter: welcher Obrigkeit mußte man sich unterwerfen – derjenigen Pauls oder Alexanders, als die Verschwörer, die Paul ermordeten, sich eben anschickten, diesen zu ermorden? Und wessen Macht muß man gehorchen – derjenigen des Konstantin oder des Nikolaus, während Nikolaus dem Konstantin die Macht wegzunehmen suchte? Die ganze Geschichte ist die Geschichte des Kampfes einer Obrigkeit gegen die andere, sowohl in Rußland als auch in anderen Ländern.

Überdies hat die Macht nicht die Obrigkeit, sondern ihre Diener haben sie in Händen; soll man sich denn diesen Dienern unterwerfen, trotzdem ihre Forderungen offenkundig schlecht und schädlich sind?

Wie sehr wir auch vom Wunsche beseelt wären, uns der Obrigkeit zu unterwerfen, ist es unmöglich, denn es giebt keine bestimmte irdische Macht, und alle irdischen Mächte schwanken, verändern sich, bekämpfen einander. Welche Obrigkeit ist die wahre? Und welcher soll man also gehorchen?

Aber abgesehen davon, daß die Obrigkeit, die Gehorsam verlangt, zweifelhaft ist und wir nicht wissen kann [können], ob sie echt ist, verlangt diese zweifelhafte Macht von uns nicht gleichgiltige, unschädliche Dinge, wie z. B., daß wir eine Pyramide, einen Tempel, einen Palast erbauen sollen oder, daß wir den Mächtigen dieser Welt dienen und ihren Genüssen und Luxusbedürfnissen genügen sollen? Das ginge noch – das würde man allenfalls noch thun können. Aber die zweifelhafte Macht verlangt von uns die für den Menschen schrecklichste That – den Mord, die Vorbereitung auf denselben; sie verlangt von uns eine solche That, die uns klar und deutlich von Gott verboten ist und deshalb unsere Seele verdirbt. Soll ich denn, um dieser menschlichen, zufälligen, schwankenden Gewalt zu gehorchen, die Forderungen jener einzigen Macht Gottes vergessen, welche so offenkundig und unzweifelhaft mir bekannt ist, und dadurch meine Seele verderben?

„Man muß der Obrigkeit gehorchen".

„Ja, man muß der Obrigkeit gehorchen["], – sage auch ich, – doch nicht der des Kaisers, des Königs, des Präsidenten, des Parlaments und der von ihnen eingesetzten Gewalten, die ich nicht kenne, und mit denen ich Nichts gemein habe, sondern der Macht Gottes, den ich kenne, mit dem ich lebe, von dem ich meine Seele erhalten habe, und dem ich bereit sein muß sie jede Stunde wiederzugeben.

Man sagt: „es wird Unglück geben, wenn wir der Obrigkeit nicht gehorchen". Und man spricht damit eine wirkliche Wahrheit aus, wenn man unter der Obrigkeit die wahre Obrigkeit versteht, und nicht den Betrug des Menschen, den man Obrigkeit nennt. Dieses Unglück ist bereits da, schreckliches, fürchterliches Unglück, welches wir gerade jetzt deshalb erleben, weil wir der einzigen unzweifelhaften und uns deutlich durch die Schrift und in unserem Herzen offenbarten Obrigkeit Gottes nicht gehorchen.

Wir sagen: unsere Not besteht darin, daß die Reichen und Faulenzer immer reicher, und die Armen, die Arbeitenden immer ärmer werden. Sie besteht darin, daß das Volk keinen genügenden Grund und Boden hat und deshalb die Zuchthausarbeit in den Fabriken verrichten muß, welche Sachen anfertigen, die es nicht braucht; darin besteht sie, daß man das Volk mit Branntwein trunken macht, den die Regierung verkauft; darin auch, daß junge Leute Soldaten werden, sich zu Ausschweifungen verführen lassen, daß sie dann Krankheiten verbreiten und sich das einfache Arbeitsleben abgewöhnen; ferner darin, daß bei den Gerichten auf die Aussagen der Reichen das Gewicht gelegt wird, während die Armen in den Gefängnissen sitzen; endlich darin, daß das Volk in den Schulen und Kirchen dumm gemacht wird und dafür Beamte und Geistliche Volksgelder als Lohn bekommen. Die Not besteht auch darin, daß alle Volkskräfte: die Menschen und das Geld für Kriege und Militär ausgegeben werden, und daß sich das Militär in den Händen der Regierenden befindet, die mittelst desselben Alles das unterdrücken, was nicht mit ihrem Vorteil übereinstimmt.

Das Alles ist ein schreckliches Unglück Aber woher kommt es? Und worauf stützt es sich? – Doch nur darauf, daß die Menschen der einzigen wahren Obrigkeit und ihrem Gebot, welches in ihrem Herzen geschrieben steht, nicht gehorchen, sondern daß sie schlau erfundenen menschlichen Bestimmungen sich unterwerfen, die sich Gesetze nennen. Würden die Menschen der einzigen wahren Obrigkeit Gottes und seines Gebotes gehorchen, so würden sie sicher nicht die Verpflichtung übernehmen, Geschöpfe zu töten, die ihnen ähnlich sind, sie würden sich dann nicht in den Militärdienst stellen und kein Geld für Werbung und Erhaltung des Heeres bewilligen. Und gäbe es kein Heer, so würde es auch jene Grausamkeiten und Ungerechtigkeiten nicht geben, die das Heer unterstützt. Nur mittelst des Heeres kann man eine solche Ordnung festsetzen und halten, bei welcher der ganze Grund und Boden in den Händen derjenigen ist, die nicht arbeiten, während die, die arbeiten, denselben entbehren müssen; nur mit Hilfe des Heeres kann man den Armen ihren Lohn wegnehmen und ihn den Reichen hingeben; nur mit Hilfe des Heeres kann man das Volk mit Überlegung verdummen lassen und ihm die Möglichkeit einer wahren Aufklärung nehmen. Alles dies geschieht mittelst des Heeres. Das Heer jedoch besteht aus Soldaten – und die Soldaten – das sind wir selbst. Gäbe es keine Soldaten, nun dann gäbe es dies Alles nicht.

Die Lage der Menschen ist jetzt so, daß Nichts sie verändern kann, außer der Unterwerfung unter eine wahre und nicht lügenhafte Obrigkeit.

„Aber diese neue Lage ohne das Militär, ohne Regierung würde ja viel schlimmer sein, als der Zustand, in dem wir uns jetzt befinden," sagt man darauf.

„Schlimmer – für wen?" möchte ich fragen. „Für die, die jetzt herrschen, für $1/100$ des gesammten Volkes. Für diesen Theil der Bevölkerung wird es freilich schlimmer werden. Aber nicht für das gesamte arbeitende Volk, dem man seinen Boden und das Produkt seiner Arbeit wegnimmt. Die Lage dieser Volksklassen – dieser $99/100$ der gesammten Bevölkerung – kann sich überhaupt nicht mehr verschlimmern.

Aber mit welchem Recht vermutet man denn überhaupt, daß die Lage der Menschen schlimmer werden könnte, wenn sie das von Gott ihnen offenbarte und in ihr Herz gelegte Gebot der Nichttötung befolgen würden? Die Behauptung, daß es in dieser Welt schlimmer werden wird, wenn die Menschen das Gebot befolgen, welches Gott ihnen zum Leben auf dieser Welt mitgegeben hat, ist ebenso falsch, wie die, daß es schlimmer wäre, wenn die Menschen die ihnen gegebene Maschine nicht nach ihrem eigenen oft thörichten Ermessen benutzen, sondern der Anleitung folgen würden, die ihnen der Erfinder und Erbauer der Maschine gegeben hat.

Es gab eine Zeit, wo die Menschen wie wilde Tiere lebten und Jedermann sich Alles nahm, wessen er habhaft werden konnte, indem er dem Nebenmenschen das raubte, was ihm gefiel, und falls dieser es sich nicht stillschweigend gefallen ließ, ihn schlug und tötete. Dann kam die Zeit, wo die Menschen sich zu Gesellschaften und Staaten zusammenthaten und sich als Völkerschaften einrichteten, indem sie sich gegen andere Völkerschaften verteidigten. Die Menschen waren nun schon weniger tierähnlich, hielten es jedoch nicht nur für möglich, sondern sogar für nötig und deshalb für würdig, ihre inneren und äußeren Feinde zu töten. Jetzt aber beginnt die Zeit und sie ist bereits da, wo die Menschen nach Christi Worten in den neuen Zustand, der Brüderlichkeit aller Menschen eintreten, in jenen neuen Zustand, der schon längst von den Propheten verkündet wurde, wo alle Menschen von Gott ihre Lehre bekommen und aufhören werden, Krieg zu führen, wo sie die Schwerter zu Pflügen und die Piken zu Sensen umarbeiten, und wo das Gottesreich, das Reich der Einigkeit und des Friedens, anheben wird. Dieser Zustand wurde von den Propheten vorhergesagt, und die Lehre Christi zeigte uns, wie und wodurch er verwirklicht werden kann, nämlich durch brüderliche Einigkeit, als deren erstes Zeichen die Vernichtung der Vergewaltigung gelten muß. Und die Notwendigkeit der Vernichtung der Gewalt wird bereits von den Menschen anerkannt, und daher wird dieser Zustand ebenso unvermeidlich eintreten, wie einst nach dem wilden Zustand der Staatenzustand eingetreten ist. Die Menschheit befindet sich gegenwärtig im Zustande der Wehen, die der Geburt dieses eintretenden Reiches Gottes vorausgehen – und diese Wehen werden unvermeidlich mit der Geburt enden. Doch der Anbruch des neuen Lebens wird nicht von selber geschehen, er hängt vielmehr einzig von uns ab. Wir müssen ihn vollbringen. Das Reich Gottes ist in uns.

Damit wir dieses Reich Gottes in uns vollenden, bedarf es – ich wiederhole das – weder besonderer geistiger, noch körperlicher Anstrengungen, – man muß nur das sein, was wir sind, das, als was uns Gott geschaffen hat, d. h. kluge und vor allem gute Wesen, die der Stimme des Gewissens folgen.

„Ja, aber die Menschen sind nun einmal keine vernünftigen und guten Wesen," höre ich diejenigen sagen, welche behaupten – um das Recht zu haben, selbst böse zu sein –, daß das ganze Menschengeschlecht verderbt und daß das Böse nicht nur eine erprobte, sondern eine göttliche, offenbarte religiöse Wahrheit sei. „Alle Menschen sind böse und unvernünftig," erklärten sie, „und deshalb ist es nötig, daß die vernünftigen und guten Menschen die Ordnung aufrecht erhalten."

Ja, aber wenn alle Menschen unvernünftig und böse sind, woher sollen wir denn alsdann die vernünftigen und guten Menschen nehmen, und wenn es solche giebt, woran erkennen wir sie? Und wenn wir sie erkannt haben, mit welchen Mitteln wollen wir (wer sind eigentlich diese „wir"?) sie an die Spitze anderer Menschen stellen? Und selbst zugegeben, wir können diese besonderen vernünftigen und guten Menschen an die Spitze anderer stellen, hören denn nicht diese vernünftigen und guten Leute auf, gut und vernünftig zu sein, sobald sie die unvernünftigen und die bösen vergewaltigen und hinrichten? Vor allem aber: um einige Diebe, Räuber und Mörder zu hindern, daß sie Menschen vergewaltigen und töten, wollt Ihr Gerichte, Polizei, Militär einsetzen, deren Pflichten nur in der Verhinderung bestehen – und zu diesen Berufen wollt Ihr alle Menschen zuziehen. Aber auf solche Weise setzt Ihr zweifellos an Stelle eines kleinen und befürchteten Übels ein großes allgemeines und sicheres Übel. Um einigen zunächst nur in Eurer Einbildung vorhandenen Mördern zu widerstehen, zwingt Ihr alle Menschen, Mörder zu werden! Und deshalb wiederhole ich, um das brüderliche Zusammenleben der Menschen zu verwirklichen, dazu bedarf es weder besonderer geistiger, noch körperlicher Anstrengung, sondern man muß nur das sein, als was uns Gott geschaffen hat: nämlich vernünftig.

Nicht Jedem von uns wird es beschieden sein, jene Prüfung zu erleiden, die Droschin ertrug, und wenn sie uns beschieden sein sollte, so würde uns der Allmächtige helfen, sie zu ertragen, ohne ihn zu verraten. Dennoch aber hat jeder von uns – ob er will oder nicht will – selbst wenn wir in einem Staate leben, wo keine Militärpflicht besteht, oder wo wir zum Militärdienst nicht herangezogen werden, wenn auch in einer anderen viel leichteren Form, derselben Prüfung zu unterliegen und *nolens volens* sich auf die Seite der Bedrücker zu stellen oder selbst einer zu werden. Wenn wir auch keinen direkten Anteil an den Verfolgungen dieser neuen Märtyrer haben, wie die Herrscher, Minister, Gouverneure und Richter, die diese Märtyrer durch Unterschreiben der Urteile zu gräßlichen Qualen verdammen oder wie die, welche noch unmittelbar an den Quälereien Teil nehmen, nämlich die Gefängnißwärter und Henker, so nimmt doch jeder von uns den thätigsten Anteil an diesen Thaten durch jene Urteile, die wir über dieselben im Druck, in Briefen und in Gesprächen äußern. Häufig wiederholen wir, ohne nachzudenken über das, was wir sagen, dasjenige, was alle sagen, oder was wir gelesen haben, nur deshalb, weil wir zu faul sind, uns in die Bedeutung einer solchen Erscheinung zu vertiefen, nur deshalb, weil wir uns in unserer Ruhe durch die lebendige Vorstellung dessen, was jene Märtyrer erdulden müssen, nicht stören lassen wollen.

Wir sagen: „Was thun? Es geschieht ihnen recht, das sind schädliche Fanatiker, die Regierung muß solche Versuche unterdrücken", oder wir äußern ähnliche Ansichten, die die Bedrücker unterstützen und die Leiden der Verfolgten vermehren. Wir denken über jeden unserer Schritte zehnmal nach, bevor wir ihn thun, über die Ausgabe eines gewissen Geldbetrages, über das Herunterreißen oder Aufbauen eines Hauses, aber ein Wort zu sagen oder ein Urtheil zu fällen, das erscheint uns meistens so unwichtig, daß wir es ohne nachzudenken thun. Indessen ist das, was wir reden, das Wichtigste von allem, was wir thun. Aus Worten bildet sich die öffentliche Meinung. Und die öffentliche Meinung allein regieren in höherem Maße als alle Zaren und Herrscher, die menschlichen Handlungen. Deshalb kann jedes Urtheil über Thaten, wie die Droschins, eine Gottesthat werden, die der Verwirklichung des Gottesreiches, des Reiches der Menschenverbrüderung förderlich ist, indem sie jene Männer, die ihr Leben für dessen Verwirklichung opfern, unterstützt; ebenso kann aber auch unser Urteil eine gottlose That werden, die dem Herrn entgegenarbeitet und wesentlich schuld ist an den Qualen jener Männer, die ihr Leben für ihn opfern.

Droschin erzählt in seinem Tagebuche, welche schreckliche Wirkung ein solch leichtsinniges und Gott feindliches Wort auf ihn ausübte, er erzählt, welche Wirung in der ersten Zeit seiner Einsperrung, als er, – trotz aller physischen Leiden und Erniedrigungen dennoch heitren Sinnes war, weil das Bewußtsein ihn stärkte, daß er das thue, was man thun müsse, – der Brief eines seiner Freunde, eines Revolutionärs, auf ihn ausübte, der ihm zuredete, *aus Liebe zu ihm* mit sich Erbarmen zu haben, seine Überzeugung zu verleugnen und die Forderungen der Behörden zu erfüllen. Anscheinend hatte dieser revolutionär gestimmte junge Mann, der nach dem gewöhnlichen Prinzip des revolutionären Kodex dachte: der Zweck heiligt das Mittel, und somit jeden Kompromiß mit dem Gewissen zuließ, jene religiösen Gefühle, die Droschin beseelten, ganz und gar nicht verstanden, und deshalb in leichtsinniger Weise ihm geschrieben: richte Dich nicht zu Grunde, damit Du ein für die Revolution nützliches Werkzeug wirst, und erfülle alle Forderungen der Obrigkeit. Diese Worte konnten doch anscheinend eine besondere Bedeutung garnicht beanspruchen, und dennoch schreibt Droschin, daß sie ihn seiner Ruhe beraubten und förmlich krank machten.

Und das ist begreiflich. Alle Menschen, die die Menschheit nach vorwärts schieben und als erste vereinzelt jenen Weg betreten, den wir bald alle betreten werden, betreten ihn nicht leichten Herzens und stets erst nach schweren inneren Kämpfen. Eine innere Stimme treibt sie auf den neuen Weg, alte Anhänglichkeiten aber, und die allgemein menschliche Schwäche, Alles zieht sie zurück. Und in diesen Augenblicken eines schwankenden Gleichgewichts hat jedes Wort der Unterstützung oder der Hemmung eine ungeheure Bedeutung. Den stärksten Mann kann ein Kind umstoßen, wenn dieser Mann alle seine Kräfte anstrengt, um eine über die Kräfte gehende Last von der Stelle zu rühren.

Diese anscheinend unbedeutenden Worte des Freundes riefen eine furchtbare Verzweiflung in Droschin hervor, und er beruhigte sich erst dann, als er einen Brief von einem andern Freunde[5] erhielt, der freudig ein gleiches Schicksal trug wie Droschin und der festen Zuversicht Ausdruck gab, daß ihre Handlungsweise die einzig richtige sei.

Und so nehmen wir, wie weit entfernt wir persönlich von solchen Thaten auch sein mögen, unwillkürlich Theil an denselben und haben auf sie Einfluß durch unsere Stellung zu ihnen, durch unser Urteil über sie.

Stehen wir auf dem Standpunkt des revolutionären Freundes, so verringern wir keineswegs die Leiden und den Kampf der Menschen, die erfüllt sind von dem Streben, Gott zu dienen, sondern wir bereiten ihnen die Qualen des inneren Zerwürfnisses noch außerdem allen denen, denen es im Leben beschieden sein sollte, ein Dilemma zu lösen. Und wir werden alle eine Aufgabe zu lösen haben. Deshalb nehmen wir alle an solchen Ereignissen, – wie weit wir anscheinend von ihnen entfernt sind, – durch unser Urteil und unsere Äußerungen Theil. Ein unvorsichtiges, leichtsinnig gesprochenes Wort kann die Quelle der größten Leiden für die besten Menschen der Welt werden. Man kann daher nicht vorsichtig genug sein im Gebrauch dieser Waffe.

Viele von uns sind jedoch berufen, nicht allein durch Worte an solchen Ereignissen Teil zu nehmen, sondern viel unmittelbarer. Ich meine die Staatsdiener, die auf diese oder jene Weise an jenen aussichtslosen, die Bewegung nur verstärkenden Verfolgungen Teil nehmen, welche die Regierung solchen Leuten wie Droschin auferlegt; ich meine jene Teilnehmer an diesen Verfolgungen, vom Kaiser, von den Ministern, den Richtern, den Staatsanwälten bis zu den Wächtern und Gefängnisaufsehern herab, die diese Märtyrer

---

[5] Dieser Freund weigerte sich ebenfalls Militärdienste zu leisten, und wurde dafür in Kursk eingesperrt. Jetzt, wo ich diese Zeilen niederschreibe, wird *Isijumtschenko* – so heißt er – in strengstem Gewahrsam im Moskauer Verbanntengefängnis gehalten, von wo er bald auf Befehl des Zaren nach Tobolsk verbannt werden wird. L.T.

quälen. Ihr Teilnehmer alle an diesen Quälereien wißt doch, daß dieser Mensch, den Ihr da quält, kein Bösewicht, sondern ein hervorragend guter Mensch ist, welcher deshalb leidet, weil er mit allen Fibern seiner Seele gut sein will. Ihr wißt doch, daß er jung ist, daß er Freunde, daß er eine Mutter hat, daß er Euch liebt und Euch alles vergiebt.

Und diesen Menschen werdet Ihr in den Kerker einsperren, auskleiden, mit Kälte quälen, diesem Manne werdet Ihr nichts zu essen und nichts zu trinken geben, Ihr werdet ihn nicht schlafen lassen und ihn der Gemeinschaft mit seinen Nächsten, seinen Freunden, berauben!

Wie könnt Ihr Herrschende, die Ihr einen solchen Befehl gebet, Minister, Staatsanwalt, Gefängnißdirektor, Gefängnißaufseher, Euch alle dann an den Tisch setzen und Eure Mahlzeiten zu Euch nehmen, wenn Ihr wißt, daß jener Mann auf den kalten Dielen liegt und leidend um Eure Bosheit weint, wie könnt Ihr Eure Kinder liebkosen, wie an Gott oder an den Tod denken, der Euch dereinst vor seinen Richterstuhl führen wird? Ihr möget doch soviel Ihr wollt, Euch als Menschen einreden, Ihr thut nichts weiter, als daß Ihr gewisse unabänderliche Gesetze erfüllt, Ihr seid doch blos Menschen, und Ihr thut einem Leid. Ihr habt aber auch Mitleid, und nur in diesem Mitleid, nur in der Liebe zu einander liegt nur Leben.

Ihr sagt: die Not zwingt Euch, Eure Pflicht zu erfüllen. Ihr wißt doch selber, daß das eine Unwahrheit ist. Ihr wißt, daß es keine Not giebt, daß das Wort Not ein bedingtes Wort ist, daß das, was für Euch Not, für den Anderen Luxus ist, Ihr wißt, daß Ihr einen anderen Dienst finden könnt, einen solchen, in dem Ihr nicht Menschen – und was für Menschen! – zu quälen braucht. Denn ebenso wie man die Propheten, dann Christus und seine Jünger quälte, so hat man stets gequält und quält noch diejenigen, die die Menschen lieben und sie zu ihrem Wohl vorwärts treiben. Wie sollt Ihr da nicht wünschen, der Teilnahme an diesen Quälereien überhoben zu sein?

Es ist schrecklich, ein unschuldiges Vöglein, ein Tier zu quälen. Um wieviel schrecklicher ist es, einen guten, herzensreinen Jüngling zu Tode zu martern, der die Menschen liebt und ihr Wohl wünscht. Es ist furchtbar, Teilnehmer einer solchen That zu sein.

Und vor Allem, wie könnte man mit daran ohne jeden Grund teilnehmen, seinen Leib, sich selbst, seine eigene Seele verderben, und zugleich nicht nur den eintretenden Anbruch des Gottesreiches nicht aufhalten, sondern im Gegenteil gegen seinen Willen dessen Triumph hervorrufen.

Das Reich Gottes kommt, und es ist bereits da!

Moskau, 4. | 16. März 1895.

———

II.

WAS IST EIN RUSSISCHES STRAFBATAILLON?

Die vorliegende Abhandlung über die Soldatenpflicht hat der große russische Dichter, wie bereits erwähnt, einer Arbeit vorausgeschickt, die den Titel führt *„Leben und Tod von Ewdokim Droschin"* und die unter seiner Leitung von einem Herrn E. Popon in Moskau zusammengestellt ist. Zur Characteristik dessen, wie ein Mann behandelt wird, der sich weigert Militärdienste zu leisten, wollen wir zur Vervollständigung der Anschauungen Tolstois an dieser Stelle noch aus jenem Werke das Capitel folgen lassen, welches den oben angegebenen Titel führt. Vorher aber mögen hier einige Worte über Droschin selber folgen.

[J]Ewdokim Nikitytsch Droschin, Sohn einfacher Bauersleute aus dem Kurkskschen Gouvernement, war russischer Dorfschullehrer und in seinen jungen Jahren eifriger Anhänger der sozialistischen Weltanschauung. Durch die Schriften Tolstoi's einerseits und andererseits infolge des russischen Nationalcharakters, der zum Mystizismus hinneigt, wurde er durch und durch Mystiker, geleitet von dem Standpunkte: „Kämpfe nicht gegen das Böse, sondern so lange man Dich nicht zwingt, selber etwas Böses zu thun, unterwirf Dich und mucke nicht auf." Als er sich im Jahre 1891 zum Militärdienst stellen mußte, weigerte er sich Soldat zu werden und ein Gewehr in die Hand zu nehmen, da alle Menschen doch Brüder und das Schießen gegen seinen Nächsten und die Gewalt, seiner Meinung nach, die größte Sünde sei. In gleicher Weise weigerte er sich, den Eid der Treue und des Gehorsams zu leisten.

Die Folge dieser Weigerung war, daß man den Mann zunächst in eine einzelne Zelle in Charkow einsperrte und dann, als er noch immer standhaft blieb, nach dem Strafbataillon in Woronesch brachte, wo er 15 Monate hindurch durch Kälte, Hunger und tagelanges Einsperren in dunkle Kammern schwindsüchtig wurde und bald darauf, im Januar 1894, an einer Lungenentzündung im Woronescher Gefängnis verstarb. Die nächste und einzige Ursache des Todes dieses heldenmütigen Mannes aus dem Volke war die grausame Behandlung im Strafbataillon zu Woronesch.

Um zu zeigen, daß der Aufenthalt in einem solchen Strafbataillon nichts weiter ist, als ein Stück mittelalterlicher Inquisition, wo unschuldige Leute langsam zu Tode gemartert werden, mag an dieser Stelle erzählt werden, was ein russisches Disziplinar – oder Strafbataillon ist. – Strafbataillone sind in Rußland im Jahre 1878 eingeführt worden, um Soldaten, die keine anderen Verbrechen als Vergehen gegen die Disziplin und den Militärkodex begangen haben, zur Raison zu bringen. Ein Soldat, der gestohlen oder gemordet hat, wird im Militärgericht in derselben Weise abgeurteilt, wie ein Verbrecher der keinen Soldatenrock trägt; ein Krieger jedoch, der seinen Posten verlassen, einem Offizier ungebührlich geantwortet, dessen Befehl nicht erfüllt hat – der mit einem Wort auf die eine oder andere Weise den Tschin, d. h. den Rang seiner Vorgesetzten mißachtet hat – wird in ein Disziplinarbataillon geschickt, wo er dem gleichzeitigen Einwirken von ununterbrochenen militärischen Übungen, allen möglichen strengen Maßnahmen, Drohungen und grausamen Strafen ausgesetzt wird. Zwei – drei Jahre solchen Lebens gelten als genügend, um den Willen eines nicht unterwürfigen Soldaten zu brechen und ihn vollständig diszipliniert, d. h. ein vollständig blindes Werkzeug in den Händen eines jeden seiner Vorgesetzten, dessen Befehle er ohne jede Widerrede blindlings erfüllt, zu machen. Das, was in den Regimentern mit allen Soldaten geschieht, vollzieht sich in den Strafbataillonen in verstärktem Maße an wenigen, die auf irgendwelche Weise sich selbständig zeigten.

Disziplinar- und Strafbataillone existieren in Rußland in Bobruisk, Cherson, Ekaterinodar und Woronesch. Der Schrecken aller Verurteilten ist das Letztere. Es liegt im Vorort von Woronesch-Pridatscha und besteht aus zwei Flügeln: einem für das Bataillon und einem für die Offiziere. Der Bataillonsflügel ist von einer hohen Gefängnismauer umgeben und enthält die Kaserne des Bataillons, Zimmer für die Wache, eine Küche, ein Lazarett und ein Badehaus.

Die Kasernen sind wie Gefängnisräume erbaut, – mit Fenstergittern und Thürriegeln.

Außerdem befindet sich in der Mitte des Hofes ein besonderes Gebäude – eine Art Kriegsgefängnis –, wo 35 Zellen für solche Soldaten liegen, die im Bataillon sich irgendwie vergangen haben und zu Einzelhaft verurteilt werden.

Jede Zelle ist fünf große Schritte breit und lang, der Boden ist asphaltiert, das Fenster ist mit einem Gitter versehen. Zum Schlafen ist eine Schlafbank aufgestellt, die an Schlingen so an der Wand befestigt wird, daß sie in die Höhe gezogen an die Wand gelehnt und in solcher Lage durch einen Haken gestützt werden kann. Jeden Morgen werden die Schlafbänke in die Höhe gezogen, damit die Eingesperrten tagsüber dieselben nicht benutzen können.

Die gesammte freie Zeit – d. h. die Zeit, wo die Soldaten nicht schlafen, – werden sie mit dem Einüben des Militärkodex und mit gymnastischen und militärischen Übungen beschäftigt.

Das innere Leben eines Strafbataillons ist dasselbe, wie in allen übrigen militärischen Einrichtungen, d. h. derselbe Betrug und dieselbe Bedrohung der Soldaten, die sie zu Tieren machen, dieselben Offiziere, die jeder menschlichen Eigenschaften bar geworden sind, dieselbe Sklaverei und Rohheit der Sitten, dieselben Laster – alles nur im verstärkten Maße.

Aber das alles ginge noch, wenn die russische Regierung nicht wahre Bestien als Chefs solcher Anstalten eingesetzt und ihnen das Züchtigungsrecht nicht in die Hände gegeben hätte. Und solche Bestien werden mit Absicht von der Regierung angestellt, weil es in den gesamten Kodex des modernen Militärstaates hineinpaßt.

Der gegenwärtige Chef des Woroneschen Strafbataillons ist der Oberst Alexis Burow. Das ist ein Mann von großem Wuchs, mit rothem, vollem Gesicht, mit schneeweißem Schnurrbart und Kopfhaar. Er hat dicht zusammengezogene Augenbrauen, seine Augen schauen grausam drein. Er ist ein kluger, erbarmungsloser Vollzieher der Gesetze, ein selbständiger Charakter, ein Herr, der die Gesellschaft wenig aufsucht, weil sie ihm nicht genug konservativ ist.

Burow ist Chef des Bataillons seit 1889. Vor ihm, unter Oberst Politikow wurden die Soldaten einfach wie Arrestanten behandelt, so daß sie eine größere Unabhängigkeit in ihrem Thun und Treiben genossen. Militärische Übungen gab es gar keine, wodurch es auch weniger Veranlassung zu Bestrafungen gab. Die Gutmütigkeit des Obersten Politikow mißfiel der Regierung und sie ernannte Burow. Dieser begann seine Thätigkeit, wie es sich für einen echten Krieger *fin de siècle*[6] ziemt. Die in den Zellen Eingesperrten ließ er tagelang ohne Licht bleiben, so daß sehr bald viele verrückt wurden. In seinem ersten Dienstjahre ließ er täglich einen und manche Tage mehrere Gefangene züchtigen. Die Leute wurden gewöhnlich auf dem Hofe offen vor aller Augen gezüchtigt, so daß seine Frau das Geschrei der Soldaten nicht aushielt, vom Offiziersflügel herüberkam und ihrem Manne zurief: „Was thust Du hier, Verfluchter? Du marterst mich ja!" Dann pflegte er ihr zu sagen: „Fort von hier Hexe! Sonst bekommst Du noch Deine Tracht Prügel!" ...

Burow ließ seine eigenen Söhne züchtigen – einen peitschten die Soldaten, die zwei anderen züchtigte er selber. Während des Peitschens hielten die Gefangenen sie fest. Seine eigenen Söhne sprachen mit Abscheu von ihm. Einer ist ihm auch weggelaufen, und konnte bis zur Stunde nicht gefunden werden, der andere wurde wegen Rauferei auf drei Jahre nach dem Strafbataillon geschickt.

Außer Burow besteht die Obrigkeit des Bataillons aus seinen Gehilfen, einer Reihe Kompagniechefs, Feldwebels und Unteroffiziere. Die Feldwebel spielen die Hauptrolle in der Kompagnie. Wie sich die Kompagniechefs der Kompagnie gegenüber benehmen, hängt völlig von ihnen ab.

Die Eingesperrten sind nie ohne Aufsicht. Auf 500 Eingesperrte kommen gegen 60 Aufseher aus Unteroffizieren, die stets bewaffnet sind.

Was die Strafen für Vergehen, die im Bataillon begangen sind, betrifft, so zerfallen Sie in zwei Kategorien: in die Einzelhaft (Karzer) und in Ruthen.

Die Einzelhaft ist dreierlei Art: die einfache, wenn der Eingesperrte in einen hellen Raum eingeschlossen wird, auf nackten Pritschen schläft und jeden Tag warmes Essen bekommt. Mit dieser Haft darf man nur einen Monat lang bestraft werden. Strenge heißt die Einzelhaft dann, wenn der Bestrafte nur jeden dritten Tag warmes Essen, die übrige Zeit nur Wasser und Brot bekommt. Der

---

[6] [französisch; wörtlich: *„Ende des Jahrhunderts"*]

Eingesperrte schläft auf einer nackten Bank und darf nur zwanzig Tage hintereinander so eingesperrt werden. Verstärkt heißt die Haft – wenn der Bestrafte in einen dunklen Karzer eingeschlossen wird. Essen und Schlafen ist dann ebenso, wie im Falle der strengen Einzelhaft. Diese Haft darf nur acht Tage hintereinander dauern.

Überdies können die Sträflinge einer sogenannten „gemischten" Haft unterworfen werden, wo nach der verstärkten Haft die strenge folgt. – Sodann können den Sträflingen ihre Portionen um die Hälfte gekürzt werden, wobei es ihnen aufs strengste verboten ist, für ihr eigenes Geld sich etwas zu kaufen. Ebenso dürfen die Sträflinge weder rauchen, singen, pfeifen, noch irgendwelche Spiele treiben.

Für ernstere Vergehen werden die Sträflinge mit Ruthen gezüchtigt. Der Bataillonschef hat das Recht ohne Untersuchung 100 Ruthenschläge, der Kompagniechef 30 zu diktieren. Bei sehr ernsten Vergehen wird der Schuldige einem Regimentsgericht unterworfen, welches ihn gewöhnlich zu 200 – 300 Ruthenschlägen verurtheilt.

Die stärkeren Sträflinge scheinen von 100 Schlägen nicht viel zu leiden, die schwächeren dagegen verlieren das Bewußtsein und kränkeln nachher an der Leber oder an den Lungen.

Bei 300 Ruthenschlägen sterben sowohl die stärkeren als auch die schwächeren nach einigen Tagen oder nach einigen Monaten – und nur die allerstärksten Naturen kommen mit dem Leben davon.

Die Verabreichung von Ruthenhieben hat gar keinen Einfluß auf die Lebensführung der Gefangenen, trotzdem jeder, der gezüchtigt wird, 5 – 10 Jahre weniger lebt. Im Gegenteil – ganz ehrliche Seelen unter den Sträflingen verlassen das Bataillon nur in der Absicht, Diebe, Räuber oder Mörder zu werden. Das Peitschen verroht die Unglücklichen und der Staat hat ihr Leben auf seinem Gewissen.

Was die Anfertigung der Ruthen betrifft, so werden für 30 Schläge 15 Ruthen und für 100 Schläge 50 Ruthen zusammengebunden, dann in warmes Wasser gelegt, wo sie einen ganzen Tag liegen bleiben. Darauf werden sie mit Salz beschüttet, damit, wie erklärt wird, die Wunden schneller heilen. Vielfach werden die Ruthen an den Enden mit feinem Draht durchzogen und 1 – 2 Tage in heißem Salzwasser gehalten.

Die Leute, die in ein Strafbataillon kommen, bilden, mit wenigen Ausnahmen, eine wenig anziehende Gesellschaft. Es sind entweder etwas dämliche Leute oder rohe Patrone. Die einen wie die anderen sind durch Peitschenhiebe nicht zu bessern, umso weniger, als sie aus geringfügigsten Ursachen bestraft werden. Haben sich die Gefangenen untereinander durchgeprügelt, – meistens geschieht es unter Aufsicht des Unteroffiziers oder Feldwebels – so kommen die Rauflustigen in den Karzer und der Unteroffizier oder Feldwebel denunziert sie noch dafür. Der Verhaßteste unter den Gefangenen muß sich ausziehen, seinen Mantel auf die Erde ausstrecken und sich darauf hinlegen. Will er das letztere nicht thun, so wird er dazu gezwungen, indem die Gefangenen, die ihren Kollegen während der Züchtigung an Beinen und Kopf halten, mit Gewalt den betreffenden Mann auf die Erde hinwerfen. Es kommt übrigens bei solchen Gelegenheiten vor, daß der Mann, der sich wehrt, mit solcher Wucht auf die Erde geworfen wird, daß ihm das Nasenbein oder die Backenknochen zerschlagen werden. Aber das thut der „heiligen" Sache nicht Einhalt. So erging es einem Gefangenen Dubow, dem während des Ringens mit seinen Peinigern ein Backenknochen zerschlagen wurde, worauf ihm noch die gehörige Portion von 75 Schlägen erteilt wurde.

Übrigens ist der Fall, wofür Dubow 75 Schläge zudiktiert wurden, sehr interessant. Dubow bekam vom Feldwebel den Befehl, die Klosets zu reinigen. Er weigerte sich dies zu thun, da die Toilette der Sammelpunkt aller ansteckenden Krankheiten ist und wer sie einmal gereinigt hat, sicherlich von irgend einer bösen Krankheit – vor allem der Syphilis – befallen wird. Kein Wunder, daß die Gefangenen sich meistens weigern, die Reinigungsarbeit zu vollziehen. Dubow erklärte auch: „man möge ihn züchtigen, aber diese Arbeit thue er doch nicht." Und so wurden ihm 75 Schläge zugeteilt.

Die meisten Strafen werden jedoch für das verbotene Rauchen und Trinken verhängt. Und gewöhnlich wird der Schnaps und der Tabak in dem Bataillon von den aufsichthabenden Unteroffizieren für teures Geld dem Gefangenen geliefert und nachher von diesen Unteroffizieren aus Angst, daß das Gesindel ihn schließlich noch verraten wird, denunziert. Haben aber die Soldaten Schnaps und Tabak von anderer Seite bekommen und dem Unteroffizier seinen Tribut nicht gegeben, so können sie ihrer Tracht Prügel ebenfalls sicher sein.

Am schrecklichsten ergeht es den Gefangenen, wenn sie einen Unteroffizier oder irgend eine andere „Bataillonsobrigkeit" ausgeschimpft haben.

Ein Soldat Tscherkassow hatte einmal den obenerwähnten Burow ausgeschimpft. Tscherkassow wurde in den Karzer gesteckt, wurde aber dabei rauflustig und bekam 200 Schläge zugesprochen. Er bekam jedoch solche Angst vor den Schlägen, daß er dem Gericht bei Verkündigung des Urteils zurief: „Richter seid Ihr? Schweinehirten seid Ihr!" Er glaubte, nun werde das erste Urteil kassiert und er werde nach Sibirien verbannt. Die Angst vor den Ruthen muß doch sehr groß sein, wenn die Gefangenen Sibirien denselben vorziehen! Tscherkassow hatte sich aber in seinen Berechnungen getäuscht. Das erste Urteil wurde nicht kassiert und außerdem die Verbannung nach Sibirien zuerkannt.

Tscherkassow wurde auf den Hof geführt. Das Urtheil wird ihm vorgelesen, außer den 200 vom Gericht zuerkannten Ruthen hat er noch 100 für Beleidigung des Bataillonschefs auszustehen. Also 300 Ruthenschläge. Nun fragt Burow, ob die Ruthen fertig sind. Diese haben zwei Tage in heißem Salzwasser gelegen. – Als dies bejaht wurde, kommandiert er: „Leg' Dich hin!" Tscherkassow zieht sich aus und steht nachdenklich da. Burow schreit ihn an. Tscherkassow steht noch immer da. Nun packen ihn die Henker und werfen ihn auf die Erde. „Und Ihr", – wendet sich Burow an die Henker – „prügelt – nach dem von Euch geleisteten Eid." „Zu Befehl, Herr Oberst!" Tscherkassow liegt ganz nackt auf der Erde. Die Henker nehmen die Ruthen in die Hand und einer holt zweimal in der Luft aus, – dann hört man ein stöhnendes: „O – o – oh". Burow ruft laut: „Eins!" … Während der Exekution verliert Tscherkassow einigemal das Bewußtsein; auf Befehl des Arztes wurde dem Gemarterten ein erregendes Mittel verabreicht, und sobald er wieder zu sich kam und zu winseln anfing, dann ging es von neuem los. …

Nach Beendigung der Exekution wurde Tscherkassow in den Karzer geworfen. Nach zwei Wochen wurde er per Schub nach Moskau gebracht, wo er bald darauf starb.

Die Fälle des Ablebens sind nicht selten: hat doch das Strafbataillon einen eigenen Begräbnisplatz, auf dem bereits gegen 100 Unglückliche begraben liegen.

Die Militär- und Gefängnisdisziplin, die ewige Furcht vor Strafen sind den Gefangenen so unerträglich, daß die meisten unter ihnen die Verbannung nach Sibirien und lebenslängliches Zuchthaus vorziehen.

Es darf auch nicht wunder nehmen, daß häufig Fluchtversuche unternommen werden, trotzdem die darauf folgenden Strafen unerhört sind. Aber auch ohne Scherze läuft diese Sache nicht ab. Im August 1894 flohen zwei Gefangene während der Abendkontrolle vor aller Augen, sie kletterten über den Zaun und liefen fort. Alle Unteroffiziere, der Kompagniechef und die gesamte erste Kompagnie wurden auf die Beine gebracht. Aber die Fliehenden kamen bis an den Fluß, warfen die Kleider von sich und schwammen nach der gegenüber liegenden Insel. Die Soldaten schwammen nach, die Dunkelheit jedoch erschwerte es, in den Sträuchern zu suchen. Die Insel wurde mit einer Kette umringt und man bewachte sie bis zum nächsten Morgen. Ganz früh am nächsten Morgen kam Burow an, mit ihm alle Offiziere und eine Schaar Jagdhunde. Burow gab kund, daß, wer die Flüchtlinge erschießen oder gefangen nehmen wird, 50 Rubel Belohnung erhält und sofort aus dem Bataillon entlassen wird. Doch all' dies half nichts. Die Flüchtlinge sind bis auf den heutigen Tag nicht gefunden worden.

———

VI.
Christenverfolgungen in Rußland im Jahre 1895

Neue Schriften von Graf Leo N. Tolstoi
Aus dem Russischen übersetzt von L. Albert Hauff[1]

EIN BRIEF VON L. TOLSTOI AN DEN
REDAKTEUR EINER ENGLISCHEN ZEITUNG

Geehrter Herr!

Ich sende Ihnen zum Abdruck in Ihrer Zeitung eine Beschreibung der Verfolgungen, welchen in diesem Sommer die im Kaukasus lebenden Sektierer, die Duchoborzen*[2], ausgesetzt waren. Es giebt nur ein Mittel, sowohl den Verfolgten, als besonders auch den Verfolgern zu helfen, welche nicht wissen, was sie thun: die Öffentlichkeit, um die Sache dem Gericht der öffentlichen Meinung vorzulegen, welche den Verfolgern ihre Mißbilligung und den Verfolgten ihr Mitgefühl ausdrücken wird, die ersten aber von ihren Grausamkeiten, die oft nur Folge von Unwissenheit sind, abhalten und zugleich die Standhaftigkeit der anderen stärken und ihnen Trost in ihren Leiden bieten soll.

In Rußland wird dieser Bericht von der Censur nicht durchgelassen, und ich wende mich daher an Sie mit der Bitte, ihn in Ihrer Zeitschrift abzudrucken. Dieser Bericht ist von meinem Freunde abgefaßt worden, welcher an Ort und Stelle gereist war, um genaue Auskünfte über die Ereignisse zu sammeln, und darum kann man den mitgeteilten Nachrichten glauben. Daß die hier mitgeteilten Thatsachen nur von einer Seite, der der Verfolgten, erzählt werden, und

---

[1] Textquelle I *Du sollst nicht töten. – Der Christ und das Verhältnis zum Staat. – Christenverfolgung in Rußland 1895*. Neue Schriften von Graf Leo N. Tolstoi. Aus dem Russischen übersetzt von L. A[lbert]. Hauff. Berlin: Verlag von Otto Janke [1901], S. 59-130. [133 Seiten]
[2] *Duchoborzen bedeutet wörtlich: Geisteskämpfer. (Der Übersetzer.)

nicht auch die andere Seite, die Verfolger, befragt wurde, vermindert die Glaubwürdigkeit dieser Mitteilungen keineswegs. Die Verfolgten hatten keine Ursache, zu verheimlichen, was sie gethan haben: sie verkündigen das in der ganzen Welt. Die Verfolger aber können nicht umhin, sich zu schämen über die Maßregeln, die sie gegen die Verfolgten in Anwendung gebracht haben, und darum werden sie sich eifrigst bemühen, ihre Thaten geheim zu halten. Wenn aber auch in den Erzählungen der Duchoborzen Übertreibungen vorkommen konnten, so haben wir uns doch bemüht, alles das auszuschließen, was uns als übertrieben erschien.

Glaubwürdig und zweifellos ist das Wesentlichste von dem, was in diesem Bericht erzählt wurde, nämlich das, daß die Duchoborzen in verschiedenen Ortschaften grausam verfolgt werden, daß eine große Zahl derselben ins Gefängnis gesetzt und daß mehr als vierhundert Familien vollkommen ruiniert und von ihren Wohnorten verjagt worden sind, nur deshalb, weil sie nicht ihren religiösen Überzeugungen zuwider handeln wollten.

Alles das ist unzweifelhaft glaubwürdig deshalb, weil es in vielen russischen Zeitungen abgedruckt war und keinerlei Widerspruch von der Regierung erfahren hat.

Die in mir durch diese Ereignisse hervorgerufenen Gedanken habe ich im besondern ausgesprochen, und wenn Sie das wünschen, so kann ich sie Ihnen zum Abdruck auch nach Erscheinen des gegenwärtigen Berichts einsenden.

L. Tolstoi.

CHRISTENVERFOLGUNGEN IM JAHRE 1895

Wie man mich verfolgt hat, wird
man auch Euch verfolgen.
(Joh. XV, 20.)

In diesem Sommer erhielten wir aus dem Kaukasus Nachrichten über Verfolgungen, welchen die dort angesiedelten Sektierer, Duchoborzen genannt, ausgesetzt waren: Es wurde über Mißhandlungen durch Kosaken und vier Tote, über Vergewaltigungen ihrer Frauen und über den Ruin ganzer Tausende von Höfen geschrieben.

Einige Nachrichten über diese Verfolgungen fanden sich auch in russischen unter der Censur erscheinenden Zeitungen, ohne daß von seiten der Regierung Widerspruch erhoben wurde. Da es in Rußland keine freie Presse giebt, konnte man nicht wissen, was wahr und was erdacht war.

Um die Wahrheit zu erfahren, beschloß ich, selbst an Ort und Stelle in den Kaukasus zu reisen. Ich reiste rasch und ohne Aufenthalt bis Tiflis und von Tiflis mit der Eisenbahn in der Richtung nach Baku zu bis zur Station Jewlü; von da zu Pferde wieder nach Norden bis zum Fuße des kaukasischen Bergrückens in die Stadt Nucha, eine der Ortschaften, wohin die russischen Sektierer verschickt worden waren und wo ich genaue Auskünfte über die Duchoborzen und ihre jetzige Lage zu erhalten hoffte. Nachdem ich in Nucha von dem neuen Ansiedlungsort der Duchoborzen im Kreise Signach gehört hatte, fuhr ich dorthin, und dort habe ich mich unterwegs mit vielen Duchoborzen unterhalten und die Einzelheiten erfahren, welche ich in diesem Bericht wiedergebe.

Aber bevor ich erzähle, was ich über die jetzigen Verfolgungen erfahren habe, muß ich vorausschicken, was ich schon früher wußte und an Ort und Stelle erfuhr über die Entstehung, den Glauben und die Organisation der Duchoborzen. Die Sekte der Duchoborzen entstand am Ende des achtzehnten Jahrhunderts in Rußland. Mehr als einmal in diesem Jahrhundert waren die Duchoborzen Verfolgungen und Verschickungen ausgesetzt. Am Anfange des neunzehnten Jahrhunderts lebten sie im taurischen Gouvernement. (Das taurische Gouvernement umfaßt hauptsächlich die Halbinsel Krim.) Aber in den vierziger Jahren wurden sie auf Befehl des Kaisers Nicolai I. in das Gebiet jenseits des Kaukasus verschickt. Sie wurden im Kreise Achalkalaki im Gouvernement Tiflis angesiedelt auf den sogenannten „Feuchten Bergen", in einer feuchten, bergigen Gegend, fünftausend Fuß über dem Meere. An dieser Stelle wächst kaum noch Gerste.

Ungeachtet dieser ungünstigen Umstände, in die sie versetzt worden waren, blühte die Kolonie der Duchoborzen und ihre Zahl vermehrte sich. Bald wurde es ihnen zu eng, und ein Teil derselben wanderte aus in das Gouvernement Jelissawetpol, ein anderer Teil aber in das neu erworbene Gebiet von Kars.

Ich werde die religiöse Lehre der Duchoborzen nicht ausführlich darlegen, nur die Hauptsachen derselben lasse ich hier folgen, wie ich sie aus meinen mündlichen Unterhaltungen mit Duchoborzen sowie aus der besten Untersuchung dieser Lehre „*Die Duchoborzen, ihre Geschichte und ihr Glauben*" von O. Nowizki (zweite Auflage 1882) entnommen habe. Dieses Werk ist von der Censur erlaubt.

„Der erste Same der Lehre, welche später die der Duchoborzen genannt wurde, ist von einem Fremden ausgestreut worden, welcher nach Rußland kam, mit Überlieferungen der Lehre der Quäker. Der Grundgedanke der Quäker, welcher in diesen Glauben überging, bestand darin, daß in der Seele des Menschen Gott selbst zugegen sei und ihn selbst durch sein inneres Wort leite. Gott existiert sinnlich in der Natur, aber geistig in der menschlichen Seele."

„Christo, als einer historischen Persönlichkeit, schreiben die Duchoborzen keine besondere Bedeutung zu. Er stellt nur ein Bild dessen vor, was in der Seele jedes Duchoborzen die göttliche Vernunft oder das Wort vollbringt. Die Duchoborzen erkennen das Kommen Christi im Fleische an, sowie sein Thun, seine Lehre und Leiden, aber alles das nehmen sie im geistigen Sinne und behaupten, Christus müsse in uns entstehen, wachsen, Lehren, leiden, sterben, auferstehen und gen Himmel fahren. Jesus selbst sei das ewige lebendige Evangelium, er sei selbst das Wort und in die Herzen eingeschrieben. Christus war der Sohn Gottes, aber in dem Sinne, in dem auch wir uns Söhne Gottes nennen. Der Zweck des Leidens Christi war ausschließlich der, uns ein Beispiel des Leidens in der Wirklichkeit zu geben. Die Quäker, welche die Duchoborzen im Jahre 1818 besuchten, konnten sich mit ihnen nicht verständigen über Fragen des Glaubens, und nachdem sie von ihnen ihre Meinung über Jesus Christus gehört hatten (daß er ein Mensch sei), riefen sie nur aus: ‚Finsternis'." (S. 230, 231, 234.)

„Indem die Duchoborzen Gott im Geiste verehren, behaupten sie einstimmig, daß die äußerliche Kirche und alles, was in ihr vorgeht und sich auf sie bezieht, für sie gar keine Bedeutung habe und keinen Nutzen bringe. ‚In die Kirche zu gehen', sagten die Duchoborzen von Tambow, ‚verlangt unser Gewissen nicht, und an ihre Heiligkeit glauben wir nicht, wenn sie vergänglich und nicht ewig ist.' Da die Gottheit nach ihren Begriffen in der Seele jedes Menschen anwesend ist, so muß auch daselbst die Kirche für diese Gottheit sein. ‚Meine Kirche', sagt der Katechismus der Duchoborzen, ‚ist nicht auf Bergen gebaut und nicht mit Balken und nicht mit steinernen Mauern, sondern die Kirche ist in meiner Seele erbaut.' Überall ist die Kirche, wo zwei oder drei versammelt sind im Namen Christi. Indem die Duchoborzen die äußerliche Kirche verwerfen, bedürfen sie auch nicht ihrer Sakramente und Gebräuche. Heiligenbilder oder, wie die Duchoborzen sie nennen, Symbole erkennen sie nicht als heilig an und verehren keinerlei Bilder. In einem ihrer duchoborischen Psalmen wird darüber folgendes gesagt: ‚Mit den Händen geschaffene Heiligenbilder verehren wir nicht und glauben nicht an ihre Heiligkeit. Das unschätzbare Bild verehren wir, das in uns strahlt'."

„Die Heiligen verehren sie, beten aber nicht zu ihnen und rufen sie nicht um Hilfe an. Sie beten auch nicht um Erlösung anderer Menschen, da jeder für sich selbst beten soll und nicht für andere. Bei der Geburt eines Sohnes wird ihm ein christlicher Name gegeben ohne jede Ceremonie. Sie beten nur zu Gott, und an gewissen Tagen des Jahres finden bei ihnen Gebetsversammlungen statt, in welchen sie ihre Psalmen lesen oder Gebete singen."

Bei der Beendigung einer Gebetsversammlung begrüßen die Duchoborzen einander mit einem Kuß und einer Verbeugung, womit sie ihre Verehrung des göttlichen Geistes ausdrücken, der im Menschen lebt.

„Die Heilige Schrift erkennen die Duchoborzen, als von Gott gegeben, an, aber nicht als Grundlage des ganzen Glaubens. ‚Aus dem Alten und Neuen Testament', sagen die Duchoborzen, ‚nehmen wir nur das Nützliche, zumeist die Sittenlehre.' Alles, was in der Heiligen Schrift nicht ihrer Denkungsart entspricht, verneinen sie oder bemühen sich, es in einem ungewöhnlichen, geheimnisvollen Sinne zu erklären. Sie legen der Heiligen Schrift wenig Bedeutung bei und nennen die Bibel ‚die Sorgenvolle'. Die duchoborische Glaubenslehre ist nicht auf der Heiligen Schrift begründet, sondern auf Überlieferungen. Diese Überlieferungen von den Vorvätern werden bei den Duchoborzen ‚das lebendige Buch' genannt, deshalb, weil es in ihrem Gedächtnis und in ihrem Herzen lebt, im Gegensatz zu unserer Bibel, welche nach ihren Worten aus toten Buchstaben besteht. ‚Das lebendige Buch' besteht, wie die Duchoborzen es nennen, aus ‚Psalmen'. Die Psalmen sind zusammengesetzt aus Bruchstücken aus dem Alten und Neuen Testament und zum großen Teil aus eigenen duchoborischen Dichtungen. Psalmen haben die Duchoborzen in unzähliger Menge. Solche werden noch heutzutage gedichtet, und darum vermehrt sich ihre Zahl noch immer. Alle Psalmen zu kennen, ist für einen einzelnen Duchoborzen nicht möglich. Darum wird das Heilige Buch in seinem ganzen Bestand nicht von jedem Duchoborzen einzeln bewahrt, sondern von dem ganzen Stamm. Um das ganze Heilige Buch zu erfassen, war es nötig, sozusagen alle duchoborischen Gedächtnisse und Herzen zu vereinigen. Das Buch wird in einzelnen Teilen überliefert von Geschlecht zu Geschlecht, vom Vater auf den Sohn, durch mündliche Lehre, und nicht ein Jota dieses Buches ging verloren oder kann verloren gehen bis zum Ende der Welt, wie auch die unsterbliche Seele, die Bewahrerin dieses Buches, nicht verloren geht. Eher wird unsere Bibel, ein sichtbares, vergängliches, totes Buch, verloren gehen. Das heißt, es werden die Originale des Wortes Gottes verloren gehen, wie auch wirklich schon Predigten Jesu Christi infolge unrichtiger Auslegung durch Evangelisten verloren gegangen sind, und infolge vieler Irrtümer, die sich in die Bibel eingeschlichen haben infolge unrichtiger Übersetzungen aus der Sprache, in welcher die Propheten, Christus und die Apostel lehrten." (S. 242-244.)

„Die sittlichen Begriffe der Duchoborzen sind folgende: ‚Alle Menschen sind von Natur gleich; äußerliche Unterschiede, welche sie auch sein mögen, haben nichts zu bedeuten.' Diesen Gedanken von der Gleichheit der Menschen haben die Duchoborzen auch auf die staatlichen Gewalten übertragen. Die Söhne Gottes vollbringen selbst, was nötig ist, ohne Nötigung: die Staatsgewalt ist für sie nicht nötig. Auf Erden sind keinerlei geistliche noch weltliche Obrigkeiten nötig, weil die Menschen alle einander gleich und in gleicher Weise den Versuchungen der Sünde unterworfen sind. Darum widersetzen sich zwar die Duchoborzen nicht den obrigkeitlichen Institutionen, aber sie haben keine Ehrfurcht für sie, und wenn sie ihnen auch Achtung erweisen, so thun sie dies nur aus Verstellung. Aber unter sich betrachten sie jede Unterordnung, um so mehr also auch eine monarchische Regierung, als ihrer Denkungsweise widersprechend."

„Auch gerichtliche Verhandlungen sind nicht nötig für die Söhne Gottes. Wozu hat der Gerichte nötig, der selbst niemand beleidigen will! Auch der Eid ist nicht erlaubt, und darum weigern sie sich, bei irgend einer Gelegenheit einen Eid zu leisten. Diese Gelegenheiten bieten sich besonders oft bei den Rekrutierungen. Sie halten es auch für nicht erlaubt, Waffen zu tragen und gegen den Feind zu kämpfen, und haben dies im Regiment Wologda auch durch die That bewiesen, indem sie bei Perekop im ersten türkischen Krieg die Waffen wegwarfen."

„In ihren Beziehungen zu den Menschen sind sie ungewöhnlich höflich und etwas feierlich in ihrem Benehmen."

„Da sie ein arbeitsames, sittliches Leben führen, zeichnen sie sich aus durch hohen Wuchs, Kraft und physische Schönheit."

Im Familienleben ist bei den Duchoborzen das eigentümliche Verhältnis zwischen Eltern und Kindern bemerkenswert. Die Duchoborzen nennen die Urheber ihres Daseins nicht „Vater" und „Mutter". Der Vater, wenn er jung ist, wird einfach mit dem Eigennamen Iwan (Johann) genannt oder auch meist mit dem Diminutiv „Wanja". Ist er aber alt, so heißt er „Alterchen".

Die junge Mutter wird von den Kindern „Njanja" (Amme) genannt, und wenn sie alt ist, „altes Mütterchen". Die Eltern sprechen nicht von „meinen", sondern von „unseren" Kindern; die Männer nennen ihre Frauen „Schwestern" und die Frau ihren Mann „Bruder".

Die gegenseitige Hilfeleistung ist bei den Duchoborzen außerordentlich entwickelt. In dem Dorfe Gorelowka im Kreise Achalkalaki ist ein großes dreistöckiges Waisenhaus auf Gemeindekosten erbaut worden, wo Waisen und hilflose Duchoborzen aufgenommen werden. Bettler giebt es daher bei ihnen nicht. In der letzten Zeit verwaltete das Haus Lukerja Wassiljewna Kalmükawa, die Witwe des früheren Verwalters. In den Händen dieser Frau befand sich auch das gesamte Gemeindekapital und das übrige Vermögen. Nach ihrem Tode, vor etwa acht Jahren, sollte die Verwaltung des Gemeindevermögens und des Waisenhauses auf den Nachfolger der Frau, welcher noch bei ihren Lebzeiten gewählt worden war, Peter Werigin, übergehen. Aber juristische Dokumente darüber gab es nicht. Ein Bruder der Lukerja Wassiljewna, Namens Gubanow, machte Erbansprüche geltend, welche durch das Friedensgericht bestätigt wurden, und er erbte auf diese Weise das ganze Gemeindevermögen.

94

Eine solche offenbare Ungerechtigkeit regte die Duchoborzen-Gemeinde auf. Alle Duchoborzen teilten sich in zwei Parteien. Die kleinere, zu welcher das ganze Dorf Gorelowka und ein Teil der Bevölkerung der anderen Dörfer gehörte, stand auf Gubanows Seite, aber die anderen sieben Dörfer des Kreises Achalkalaki und ein großer Teil der anderen Ansiedlungen im Gebiet von Kars und dem Gouvernement Jelissawetpol bildete eine große Partei, welche dreimal so groß als die erste war und für Peter Werigin einstand. (Die Zahl der Duchoborzen im Kaukasus beträgt ungefähr zwanzigtausend.) Anfangs versuchte die größere Partei, ihr Recht bei der Regierung zu suchen und protestierte in gesetzlicher Form. Die Sache zog sich sehr lange hin, ging von einer Instanz in die andere, und, wie die Duchoborzen der größeren Partei sagen, mit Hilfe von erkauften Zeugen wurde dennoch endgültig zu Gunsten Gubanows entschieden.

Nachdem die Duchoborzen sich überzeugt hatten, daß bei der Regierung „kein Recht sei", beschlossen sie, selbständig zu handeln. Sie sammelten ein neues Kapital von hunderttausend Rubel und vertrauten die Verwaltung desselben dem Peter Werigin an, dem sie sich noch freundschaftlicher anschlossen als früher.

Alle religiösen Gemeinschaften durchleben gewöhnlich ein und denselben socialen Prozeß, welcher darin besteht, daß, sobald eine von einer religiös-sittlichen Idee belebte Gemeinschaft sich bildet und Verfolgungen erleidet, dieselbe sogleich nach Aufhören der Verfolgungen rasch zu materiellem Wohlstande gelangt, zugleich aber in demselben Maße, wie der Wohlstand steigt, in der Gemeinde das religiös-sittliche Bewußtsein anfängt zu sinken oder wenigstens stillzustehen. Dasselbe zeigte sich auch bei den im Kaukasus angesiedelten Duchoborzen. Als sie reich wurden, erschlafften sie in der Erfüllung der sittlichen Forderungen des Gesetzes. Die einen hörten auf, enthaltsam zu leben, begannen zu rauchen, zu trinken, in den Gerichten zu prozessieren, und was das Wichtigste ist, sie unterwarfen sich den ihren Glaubenssätzen widersprechenden Forderungen der Regierung und traten in den Militärdienst. Aber dann geschah es, daß das Unrecht, das der Gemeinschaft durch Gubanow und durch die Ungerechtigkeit der Behörden in dieser Sache zugefügt worden war, die Duchoborzen aufbrachte und unter dem Einfluß von Peter Werigin und der besten Männer der großen Partei veranlaßte, zu den Grundlagen ihres Glaubens zurückzukehren. Sie hörten auf, zu rauchen, Wein zu trinken, Fleisch zu essen und begannen ihr Eigentum zu verteilen.

Inzwischen wurde auf die Klagen der kleineren Partei Peter Werigin, der hauptsächlichste Führer der Reformbewegung unter den Duchoborzen, und noch einige der besten Männer des Aufstandes und der Aufreizung angeklagt und nach Kola im Gouvernement Archangel verschickt. Diese Verbannung erhöhte noch mehr das Ansehen Werigins und verstärkte seinen Einfluß auf die Gemeinde. Werigin leitete auch aus der Verbannung die religiöse Bewegung unter den Duchoborzen. Als die Regierung dies erfuhr, verschickte sie Werigin aus dem archangelschen Gouvernement nach der Stadt Obdorsk, einem der traurigsten Verbannungsorte Sibiriens.

Während der Überführung Werigins von Archangel nach Sibirien im Winter 1894/95 besuchten ihn in Moskau seine geistigen Genossen, welche deshalb aus dem Kaukasus nach Moskau gereist waren: sein Bruder Wassil Werigin und sein Vetter Wassil Wereschtschagin. (Beide sitzen jetzt im Gefängnis.)

Als diese Brüder in die Gemeinde zurückkehrten, überbrachten sie von Werigin die Aufforderung, die auch von der ganzen großen Partei angenommen wurde, den Eid und den Kriegsdienst zu verweigern, sowie jede Teilnahme an den gewalthaberischen Handlungen der Regierung, und alle Waffen zu vernichten. Mit dieser Zeit begannen bei den Duchoborzen die Weigerungen, Kriegsdienst zu leisten. Der erste Mensch, der das Beispiel dieser Weigerung gab, war Matwee Lebedjew, ein Duchoborze, welcher in Jelissawetpol in einem Reservebataillon diente. Für Auszeichnung im Dienst, für Ehrlichkeit, Eifer und Kühnheit war er zum Unteroffizier ernannt worden. Das war in Widerspruch mit den Regeln geschehen als Ausnahme, da nach dem Gesetz Duchoborzen nicht avancieren sollen. Als Tag zur Erklärung der Weigerung wurde der erste Ostertag 1895 bestimmt. Eine gewisse Sonderbarkeit der Glaubenslehre der Duchoborzen besteht darin, daß sie, obgleich sie sich gegen die Kirche verneinend verhalten, doch die kirchlichen Feiertage halten, indem sie ihre Bedeutung sich symbolisch erklären. Und darum wurde der Ostertag, der bei ihnen als Feiertag gilt, absichtlich gewählt. Nach Gewohnheit sollte das ganze Bataillon in die Kirche gehen und nach der Kirche an der Kirchenparade teilnehmen. Die Duchoborzen als Sektierer konnten nicht in die Kirche gehen; sie sollten daher auf dem Platze warten und nachher an der Parade teilnehmen.

Matwee Lebedjem erklärte seinen Brüdern, zehn Duchoborzen, welche mit ihm in demselben Bataillon dienten, es sei unnötig, zur Parade zu gehen, da sie alle beschlossen hätten, heute aufzuhören zu dienen. Alle zehn Mann stimmten bei und blieben zu Hause in der Kaserne.

Als während der Parade die Abwesenheit Lebedjews und seiner Glaubensbrüder bemerkt wurde, sandte man einen Soldaten der Wache nach ihnen ab. Dieser brachte die Nachricht, sie wollen nicht zur Parade kommen. Dann kam der Feldwebel gelaufen und warf sich auf Lebedjew mit Drohungen und Schimpfworten. Anfangs erklärte Lebedjew einfach, er und seine Genossen seien nicht zur Parade gekommen, da sie beschlossen hätten, nicht weiter zu dienen, nachdem sie erkannt hätten, daß der Kriegsdienst der Lehre Christi, zu der sie sich bekennen, widerspreche. Aber als der Feldwebel ihn beschimpfte und ihm mit verschiedenen Strafen drohte, nahm Lebedjem zur Bekräftigung seines Entschlusses sein Gewehr vom Gestell und gab es dem Feldwebel, indem er seine Weigerung wiederholte. Da erschrak der Feldwebel über diesen Entschluß und änderte sein Benehmen, bat um Verzeihung für seine Schimpfworte und suchte Lebedjem zu überreden, seinen Entschluß zu ändern. Zu dieser Zeit kamen die Truppen von der Parade zurück, und Lebedjews Benehmen wurde den Vorgesetzten bekannt. Die Genossen Lebedjews, die Duchoborzen, waren in anderen Kompagnien, und das Kommando beeilte sich, sie auf Wachtposten zu schicken, um sie von Lebedjew zu trennen. Da sie von der endgültigen Weigerung Lebedjews nichts wußten, gehorchten sie.

Der Kompagnie-Kommandeur ermahnte Lebedjem, dem er sehr gewogen war. Lebedjew war bei seinen Vorgesetzten wie bei den Soldaten sehr beliebt, welche weinten, als man ihn fortführte. Auf die Ermahnungen folgten Drohungen, die aber unwirksam blieben. Dann befahl der Kompagnie-Kommandeur, ihn zu verhaften, und er wurde unter Wache in ein dunkles, unterirdisches Gefängnis geführt, das „Grube" genannt wurde, und wo er neun Tage unter strengem Arrest blieb, das heißt bei Wasser und Brot in sehr kleiner Ration.

Als die übrigen neun Duchoborzen von ihren Wachtposten zurückkamen und erfuhren, daß Lebedjew schon seine Weigerung ausgesprochen habe und im Gefängnis sei, nahmen auch sie ihre Gewehre und übergaben sie dem Feldwebel, indem sie sich vom Dienst lossagten, da er dem Dienste Gottes und der Lehre Christi widerspreche. Auch sie wurden ins Gefängnis gesandt, aber gesondert von Lebedjew, und es wurde sorgsam darüber gewacht, daß zwischen ihnen und Lebedjew kein Verkehr stattfinden könne. Aber dieser Verkehr fand ununterbrochen statt, da die Soldaten alle den Verhafteten günstig gestimmt waren, und Lebedjem hielt durch seine Ermahnungen die Kräfte seiner geistigen Brüder aufrecht. Die Sache wurde dem Gericht übergeben. Während der Untersuchung suchte man in den Verhören auf die Duchoborzen durch Drohungen mit Erschießen einzuwirken, aber sie blieben bei ihrem Entschluß. Sie hatten sich mit dem Gedanken an den Tod so vertraut gemacht, daß sie sich wunderten, als sie nach dem Gericht aus dem Urteil erfuhren, daß sie nicht erschossen werden sollten. Sie wurden am 14. Juni in Tiflis verurteilt zum Strafbataillon, Lebedjem auf drei Jahre, die übrigen auf zwei. Der Auditeur legte Berufung bei der höheren Instanz ein, und darum ist die Sache noch nicht beendet. Niemand weiß, welches Schicksal diese Leute erwartet.

Jetzt sind sie in Tiflis im Militärgefängnis und warten gefaßt auf die Entscheidung ihres Schicksals. Es gelang mir, diese Leute zu sehen, obgleich nur ganz kurze Zeit. Alle sind mutig, sehen gesund aus, sind heiter, als ob sie einem Feiertag entgegengingen.

Nach diesem Fall wiederholten sich immer wieder die Weigerungen von Duchoborzen, weiter zu dienen.

So weigerten sich in der Stadt Oltü im Gebiet von Kars an der türkischen Grenze sechs Duchoborzen, weiter zu dienen, in Kars einer, in Achalkalaki fünf, in Dilischan zwei. Außerdem warfen in Kars vier rechtgläubige Soldaten, von diesem Beispiel angesteckt, ihre Waffen weg. Noch ein Rechtgläubiger weigerte sich in Tiflis und einer in Manglis. Diese zwei sprachen ihre Weigerung aus, nachdem sie Briefe von ihren Eltern erhalten hatten, in welchen diese ihre Kinder benachrichtigten, daß sie (die Eltern) den wahren Glauben von den Duchoborzen angenommen hätten und den

Kriegsdienst für sündhaft ansähen und ihre Kinder bitten, sobald sie vernehmen, daß die Duchoborzen sich weigern zu dienen, auch ihre Weigerung auszusprechen und die Gewehre wegzuwerfen. Dies thaten sie auch. Alle diese Leute wurden verhaftet und befinden sich im Gefängnis.

Darüber, wie die Behörden diese Weigerung an anderen Orten aufnahmen, erzählen die Duchoborzen folgendes: Ein Duchoborze erzählte mir von den fünf Soldaten, welche in Achalkalaki den Dienst verweigerten. Diese wurden in den Gefängnishof geführt und in einer Reihe aufgestellt. Dann wurden Kosaken herbeigerufen und ihnen befohlen, sich zu beeilen, von den Pferden zu steigen und ihre Gewehre zu laden. Als die Duchoborzen dies sahen, baten sie um die Erlaubnis, zu beten. Dies wurde ihnen erlaubt. Nach Beendigung des Gebets kommandierte der Offizier: „Scherenga gotows! Scherenga ..."*³ und zögerte so einige Augenblicke. Die Duchoborzen standen ruhig und erwarteten das Kommando „Pli" („Feuer"). Dann aber folgte das Trommelsignal: „Feuer einstellen" und die Gewehre wurden abgenommen. Dann wurden sie wieder aufgefordert, ihre Gewehre wieder zu nehmen und weiter zu dienen, und als sie sich weigerten, wurde den Kosaken befohlen, aufzusitzen, die Säbel zu ziehen und auf die Duchoborzen zuzureiten. Als die Kosaken sie erreichten, schwangen sie ihre Säbel über den Köpfen der Duchoborzen, als ob sie sie niedersäbeln wollten. In Wirklichkeit aber berührten sie sie nicht. Die Duchoborzen blieben bei ihrem Entschluß. Dann wurden sie mit Peitschen geschlagen und grausam mißhandelt.

Ich hörte von einem ähnlichen Fall in Kars und Jelissawetpol, erhielt aber persönlich keine Bestätigung dieses Gerüchts und unterlasse daher nähere Erwähnung.

Wenn ein Duchoborze sich weigert, zu dienen, so erklärt er kurz nach zuvor vorbereiteten Fragen und Antworten die Veranlassung dazu. Die einfachen kurzen Worte, von christlichem Geist erfüllt, in welchen die Duchoborzen ihre Weigerung aussprechen, sind folgende:

Frage: „Warum wollt Ihr nicht dem Kaiser dienen?"

---

³ *„Abteilung fertig! Abteilung ..."

Antwort: „Ich würde gern den Willen des Kaisers erfüllen, aber er lehrt, Menschen zu töten, und meine Seele will das nicht."

Frage: „Warum nicht?"

Antwort: „Weil der Erlöser verboten hat, Menschen zu morden. Ich aber glaube an den Erlöser und erfülle den göttlichen Willen."

Frage: „Wer bist Du?"

Antwort: „Ich bin ein Christ."

Frage: „Warum bist Du Christ?"

Antwort: „Durch das Bekenntnis der Worte Christi. Der Christ kann und wird nicht thun wie Ihr."

„Darauf," bemerkte der Duchoborze, der mir diese Fragen und Antworten mitteilte, „kann die Regierung uns nichts anhaben."

Auf diese Weise begannen schon im Frühjahr 1895 die Erklärungen, nicht weiter zu dienen und der Obrigkeit nicht zu gehorchen in dem, was der Lehre Christi widerspricht.

Bald boten sich Gelegenheiten, diesen Beschluß gegen die Behörden in Ausführung zu bringen. Ich führe hier die charakteristischsten Fälle an:

Durch das Duchoborzendorf Rodionowka wurde auf Etappe ein Arrestant geführt, welcher weiterhin transportiert werden sollte. Lebedjew, der Bruder von Matwee, welcher in Jelissawetpol den Dienst verweigert hatte, war an der Reihe, den Gefangenen weiterzuführen.

Peter Lebedjew erklärte dem Dorfschulzen, er könne den Gefangenen nicht weiterführen, da er keine Gewalt gegen ihn ausüben könne und daher unnütz sein würde. Er bat den Dorfschulzen, dies der Obrigkeit zu melden. Dieser antwortete: „Ich bin nicht Euer Verräter, das ist Deine Sache. Ich werde Dir draußen den Arrestanten zuführen; mache Du mit ihm, was Du willst." Er kehrte nach Hause zurück und saß in seiner Hütte, als der Schulze wirklich den Arrestanten zu ihm ins Haus führte, ihn dort zurückließ, selbst aber davonging. Lebedjem nahm ihn auf wie einen Pilger, wärmte ihn, gab ihm zu trinken und zu essen und ein Nachtlager. Am anderen Morgen als er sah, daß der Arrestant ein armer Mensch war, gab er ihm ein Rubel fünfzig Kopeken Reisegeld und erbot sich, ihn aus dem Dorfe hinauszuführen. Als sie vor das Dorf kamen, zeigte er ihm zwei Wege, den einen in der Richtung der Etappenstraße, den anderen zur Freiheit, und überließ dem Arrestanten, zu wählen, welchen er wollte. Dieser wählte den ersteren und gelangte an seinen Bestimmungsort. Dieser Fall hatte keine schlimmen Folgen.

Ein Duchoborze, Andree Popow, aus dem Dorf Orlowka, war zum Dorfschulzen gewählt worden. As der frühere Schulze ihm seine Obliegenheiten, die Bücher und die Siegel, übergab, sagte Andree, die Sache sei nicht gut, er werde diese Obliegenheiten nicht erfüllen und weigerte sich, zu dienen. Er wurde sogleich verhaftet und sitzt jetzt noch im Gefängnis zu Tiflis.

Als die Ankunft des Gouverneurs von Tiflis in einem Dorf der Duchoborzen erwartet wurde, wurden dreizehn Männer gewählt auf Anordnung des Kreischefs, um den Weg gegen die Räuber zu bewachen. Sie sollten bewaffnet erscheinen, begaben sich aber ohne Waffen auf ihren Posten. Auf die Frage des Kreischefs, warum sie ohne Waffen kämen, antworteten sie, sie hätten diese nicht nötig, denn wenn sie einem Räuber begegneten, würden sie weder auf ihn schießen noch ihn schlagen, sondern könnten ihn nur überreden. Zugleich erklärten sie, daß sie der Obrigkeit jeden Dienst verweigern. Sie wurden verhaftet und befinden sich im Gefängnis in Tiflis.

Im Gefängnis zu Jelissawetpol befinden sich hundertzwanzig Duchoborzen. Ein Teil derselben wurde verhaftet wegen Rücksendung der Landsturmbillette, das heißt wegen Weigerung, in der Reserve zu dienen, ein Teil wegen Weigerung, als Dorfältester zu dienen und wegen Rücksendung des Siegels und der Blechschilde, und ein Teil wegen Aufreizung und Ungehorsams aller Art.

Viele von diesen Leuten weigerten sich im Gefängnis, auf Befehl ihre Kleider abzunehmen, und erklärten, sie seien an diese gewöhnt und hielten es nicht für nötig, sie abzunehmen; sie wurden ihnen mit Gewalt abgenommen. Dann wurde ihnen befohlen, Gefängniskleidung anzulegen, aber wieder weigerten sie sich und antworteten, diese haben sie nicht nötig, weil sie eigene haben, und Gefängniskleidung halten sie für sich nicht für schicklich, und so blieben sie in weißen Hemden sitzen. Sie weigerten sich auch, Gefängnisnahrung anzunehmen, außer Brot und Wasser.

Auf ähnliche Weise benahmen sich die Duchoborzen auch bei Zusammenstößen verschiedener Art mit den Behörden.

Aber alles das waren nur die ersten Schritte. Der feierliche Ausdruck ihrer Weigerung, der Gewalt zu dienen, erfolgte dadurch, daß sie beschlossen, alle in ihrem Besitz befindlichen Waffen zu vernichten. Um diesen Entschluß zu beurteilen, muß man die Bedeutung kennen, welche die Waffen im Kaukasus haben. Das Waffentragen ist im Kaukasus nicht nur Gebrauch und vom Anstand geboten, sondern gilt auch als eine Notwendigkeit für jeden Mann. Mit Waffen geht man durch die Stadt und zu Gast. Mit Waffen begiebt man sich auf die Reise, selbst auf die Arbeit und auf die Viehweide, um imstande zu sein, sich gegen Anfälle von wilden Tieren und Räubern zu verteidigen. Und darum hatte die Vernichtung der Waffen für den Duchoborzen eine wichtige Bedeutung. Durch diese Vernichtung wurde die Bereitwilligkeit ausgedrückt, alle Folgen auf sich zu nehmen, dem Bösen nicht durch Gewalt Widerstand zu leisten, das heißt lieber jeden Angriff auf Leben und Sicherheit zu ertragen, als sich zu erlauben, Gewalt zu gebrauchen gegen einen anderen Menschen.

Es wurde beschlossen, die Waffen zu verbrennen und dazu die Nacht vom 28. auf den 29. Juni (Peter-Paulstag) bestimmt.

Die Verbrennung der Waffen erfolgte gleichzeitig im Gebiet von Kars, im Gouvernement Jelissawetpol und im Kreise Achalkalaki im Gouvernement Tiflis.

„Im Gebiet von Kars," erzählte mir ein dortiger Duchoborze, welcher an der Verbrennung der Waffen teilgenommen hatte, „sagten die Alten den Jungen nicht, welcher Ort zur Verbrennung gewählt war, damit kein unnötiges Geschwätz entstehe und die Sache nicht gestört werde. Die Alten befahlen, vier Orte bereit zu halten, um die Obrigkeit irre zu führen. Die Obrigkeit war aber bereits benachrichtigt, die Polizei kam gelaufen und durchsuchte die Versammlungsorte, war auch an den vier Orten. Da sie aber nichts fand, beruhigte sie sich. Beim Einbruch der Nacht sagten uns die Alten den Ort; wir gingen alle hin und trugen unsere Waffen dorthin und verbrannten sie dort. Am anderen Tage kam ein Polizeioffizier mit einer Wache zu Pferde, welche die Reste sammelte. Darauf erklärten sogleich unsere Soldaten von der Reserve ihre Weigerung, weiter zu dienen und gaben ihre Billette ab. Im ganzen waren es sechzig Mann. Etwa fünfzehn wurden ins Gefängnis gesetzt, dann hörte man auf, weitere zu verhaften."

Im Gouvernement Jelissawetpol erfolgte gleichfalls die Verbrennung ungestört.

Im Kreise Achalkalaki aber fand ein Zusammenstoß mit den Behörden statt, von dem ich eine Beschreibung nach den Worten von Teilnehmern folgen lasse:

„Wir beschlossen," erzählte mir ein alter Duchoborze, „nicht mehr zu dienen und uns nicht dem Kaiser und keiner Obrigkeit zu unterwerfen, sondern nur Gott zu dienen, seine Wege zu wandeln und der Wahrheit zu dienen. Wir beschlossen auch, niemand Böses oder Gewalt anzuthun, also auch niemand zu töten, und nicht nur keinen Menschen, sondern auch keine andere lebendige Geschöpfe bis zum kleinsten Vögelchen. Darum hatten wir keine Waffen mehr nötig. Wir beschlossen, sie zu vernichten, damit unsere Waffen auch nicht anderen zum Bösen dienen können. Wir wählten den Peter-Paulstag und benachrichtigten davon alle unsere Ansiedlungen. Wir ließen nur Messer zu Hause, alle Waffen aber, welche zum Mord der Menschen bestimmt sind, wurden gesammelt und an den vorher vorbereiteten Ort gebracht. Dieser Ort war schon seit langer Zeit von uns bestimmt worden für größere Gebetversammlungen und heißt die Höhle. Dort ist wirklich eine Vertiefung im Felsen. Dieser Ort befindet sich drei Kilometer von Orlowka und noch weiter von unseren anderen Ansiedlungen.

Wir sammelten uns an diesem Ort, legten alle Waffen auf einen Haufen, umgaben sie mit Holz, Kohlen und begossen alles mit Petroleum – alles das war schon früher angeschafft – und dann zündeten wir den Haufen an. Es sammelten sich gegen zweitausend Menschen an.*4 Wir waren sehr besorgt, von der Obrigkeit gestört zu werden, und deshalb sagten wir nicht allen vorher von unserer Absicht, und wirklich gelang es uns, alles ohne Störung zu verrichten. Es kamen andere Einwohner der benachbarten Dörfer, Armenier, und sahen zu, wie wir die Waffen verbrannten, aber niemand meldete es in dieser Nacht, und bis zum Morgen brannte das Feuer, und wir begannen zu beten, zu singen und Psalmen zu lesen. Nachdem

---

4 *Anmerkung: An diesem Beschluß, die Waffen zu vernichten, nahmen im Kreise Achalkalaki sieben Ansiedlungen teil, aber nicht im ganzen, sondern in jeder Ansiedlung ein größerer oder geringer Teil der Bewohner. Genauere Angaben über die Zahl der Höfe, welche an der Verbrennung der Waffen teilnahmen, folgen hier: In Bogdanowka von hundert Höfen achtzig, in Spask von siebzig die Hälfte, in Jefremowka von hundert Höfen siebzig, in Orlowka von hundertfünfzig die Hälfte, in Troizk von hundertzwanzig vierzig, in Radionowka von hundertfünfzehn hundertelf, in Tambowka von sechzig vierzig.

das Gebet zu Ende war, gingen wir in unsere Häuser und warteten, was von der Obrigkeit erfolgen werde, aber der ganze Tag verging ruhig.

Abends versammelten wir uns wieder an dieser Stelle, verbrannten die Reste, damit sich ihrer niemand bedienen könne, brachten noch Kohlen und Blasebälge, um das Feuer anzufachen und die Metallteile zu einem Stück zu schmelzen. Auch diese Nacht verging ruhig. Der Morgen kam, und wir begannen wieder zu beten. Es hatte sich noch mehr Volk gesammelt, auch Weiber und Kinder. Diejenigen, welche weit nach Hause hatten, kamen auf Wagen. Wie gesagt, wir hielten unter uns unsere Absicht, die Waffen zu verbrennen, geheim, da wir fürchteten, gestört zu werden. Die benachbarten Duchoborzen, welche nicht beistimmten, hegten den Verdacht, daß wir mit den Waffen etwas beabsichtigten. Aber da sie nicht wußten, was, und gehört hatten, daß wir die Waffen sammeln, meinten sie, wir wollten das Waisenhaus plündern, wegen dessen wir mit ihnen Streit hatten. Da wir erwarteten, daß die Obrigkeit uns verfolgen oder verschicken werde wegen der Weigerung, zu dienen, so machten einige von uns Vorbereitungen zur Reise. Junge Burschen kauften sich Filzmäntel, und alle diese Vorbereitungen wurden von unseren Feinden für Vorbereitungen zum Aufstand und zur Plünderung gehalten. Sie fürchteten so sehr einen Überfall, daß sie der Obrigkeit Meldung machten und in der Ansiedlung Gorelowka, welche von Duchoborzen der kleineren Partei bewohnt war, kamen zu diesem Tage eilig zwei Bataillone Infanterie aus Alexandropol und zwei Sotnien*[5] Kosaken aus Ardagen.

So waren also die Truppen schon bereit, und der Gouverneur kam auf den Schauplatz des vermuteten Aufstandes gefahren.

Als er nach Gorelowka kam, sandte er Boten nach sieben Dörfern, alles sollte nach Bogdanowka kommen, wo der Polizeimeister wohnte und wohin er sich selbst begeben wollte. Diejenigen von den Unsrigen, welche zu Hause geblieben waren und nicht bei der Gebetsversammlung teilgenommen hatten, kamen. Wir aber beteten am Morgen des 30. Juni und warteten, was kommen werde. Ein Bote kam auch zu uns mit dem Befehl, alle sollten nach Bogdanowka zum Gouverneur kommen. Da wir beschlossen hatten, uns keiner Obrigkeit zu unterwerfen, sondern nur Gott, erwiderten die Alten: Wir

---

5 *Anmerkung: Wörtlich: eine Abteilung von hundert Mann.

beten jetzt, und ehe wir das Gebet beendigt haben, gehen wir nirgends hin. Wenn aber der Gouverneur uns sehen will, so mag er zu uns kommen, wir sind Tausende, und er ist nur einer. Der Bote ritt davon, und wir fuhren fort, zu beten und Psalmen zu singen. Dann kam ein zweiter Bote; diesem antwortete man dasselbe, und wir fuhren fort, Psalmen zu singen, beschlossen aber, nach Beendigung des Gebets dennoch sämtlich zum Gouverneur zu gehen, um zu erfahren, was er von uns wolle.

Das Gebet war noch nicht zu Ende, als die von uns aufgestellten Wachen berichteten, Kosaken seien sichtbar. Da sammelten wir uns zu einem Haufen und erwarteten sie. Die Kosaken kamen zu uns herangeritten. Voraus ritt der Kommandeur, und als er uns nahe kam, schrie er: ,Hurra' und stürzte sich mit der ganzen Sotnie auf uns, und die Kosaken hieben auf uns ein, und die Pferde traten uns nieder, und diejenigen, welche innen waren, wurden stark geschlagen, viele erstickten fast in dem Gedränge.

Lange schlugen sie uns, dann hörten sie auf, und der Kommandeur rief: Marsch, alle zum Gouverneur! Da sagten ihm die Alten: Warum hast Du uns das nicht früher gesagt? Wir wollten ohnedies schon gehen. Wozu einhauen? – Ach, Ausreden! schrie der Kommandeur und stürzte sich wieder mit den Kosaken auf uns, und wieder schlugen sie uns lange mit Peitschen. Einige schienen sich zu schämen, zu schlagen. An einer Stelle schwangen zwei Kosaken auf das Kommando Einhauen ihre Peitschen in der Luft und trafen absichtlich niemand. Ein Wachtmeister sah das, meldete es dem Kommandeur, und dieser ritt zu einem von ihnen und schrie ihn an: ,Du betrügst den Kaiser' und schlug ihn mit der Peitsche ins Gesicht, daß ihm das Blut aus der Nase stürzte.

Endlich hörten sie auf zu schlagen, und wir drängten uns blutend und zerschlagen in einen Haufen zusammen und gingen zum Gouverneur. Die Weiber gingen mit uns, aber die Kosaken jagten sie weg von uns und schrieen, Weiber seien nicht nötig. Aber die Weiber sagten, sie gehen überall hin mit ihren geistigen Brüdern. Der Kommandeur befahl, sie mit den Peitschen zu schlagen, aber sie schrieen, man solle sie nur in Stücke zerhauen, sie werden dennoch gehen. So gingen sie, und die Kosaken ließen ab von ihnen."

„Nachdem wir eine Weile gegangen waren, hielten wir an, da wir uns erinnerten, daß unsere Fuhren hinter uns geblieben waren und niemand bei ihnen war. Da begannen die Kosaken wieder auf uns einzuschlagen und sandten die Weiber ab, um die Fuhren zu lenken, aber die Weiber weigerten sich wieder. Da ließen sie aus dem Haufen je einen Mann für einen Wagen gehen, um die Pferde zu lenken, und der ganze Haufe marschierte weiter nach Bogdanowka, wo wir den Gouverneur finden sollten.

Während wir gingen, stimmten wir Psalmen an, aber der Kommandeur verbot das Singen und befahl seinen Kosaken, Schandlieder zu singen, so daß wir uns schämten, sie anzuhören.

Als w[i]r nach Bogdanowka kamen, ließ der Kommandeur halten, da er den Gouverneur erblickt hatte, welcher hinter uns in einer Kutsche aus Gorelowka nach Bogdanowka gefahren kam. Der Gouverneur war noch weit, als der Kommandeur ihn bemerkte, aber sogleich schrie er uns zu: ‚Die Mützen ab!' Die Alten fragten ihn: ‚Warum die Müßen ab? Wenn er kommt, wird er sich mit uns begrüßen, dann wissen wir, wie wir zu antworten haben. Aber vielleicht grüßt er uns nicht, warum sollen wir dann die Mützen abnehmen?'

Der Kommandeur schrie wieder seinen Kosaken zu: ‚Mit der Peitsche, hurra!' und wieder schlugen die Kosaken auf uns ein und so grausam, daß auf der ganzen Stelle, wo wir gestanden hatten, das Gras vom Blut gerötet wurde. Die Kosaken schlugen uns nicht nur mit Peitschen, sondern stießen uns auch mit den Peitschenstielen ins Gesicht, um die Mützen von den Köpfen zu schlagen, und wem die Mütze abgeschlagen war, den sonderten sie ab vom Haufen. Der Gouverneur fuhr vor, und als er sah, wie wir zerschlagen waren, sagte er zu dem Offizier: ‚Warum schlagen Sie? Ich habe es ja nicht befohlen.' Der Offizier antwortete: ‚Entschuldigen Sie, Erlaucht', und befahl mit Schlagen aufzuhören. Der Gouverneur aber fuhr vorüber nach Bogdanowka und sammelte dort diejenigen, welche nicht bei der Gebetversammlung gewesen waren und fuhr sie mit Schimpfreden an. Da nahm einer von ihnen, Fedor Michailow Schljachow, sein rotes Soldatenbillet aus der Tasche und übergab es dem Gouverneur, indem er erklärte, er werde nicht mehr dienen. Der Gouverneur wurde so zornig auf ihn, daß er ihn selbst mit dem Stocke schlug. Da erklärten die übrigen, daß sie auch nicht mehr dienen und auf keinen Fall der Obrigkeit gehorchen werden. Der Gouverneur befahl den dort stehenden Kosaken, die Gewehre aus den Futteralen zu nehmen.

Als die Brüder sahen, daß man auf sie schießen wolle, fielen sie auf die Knie und sagten: ‚Der Herr vergebe Ihnen, vergieb uns, Herr.' Da befahl der Gouverneur, die Gewehre abzulegen und ließ sie grausam mit den Peitschen schlagen. Als wir alle nach Bogdanowka kamen, schrieben die Schreiber alle Hauswirte auf, und dann entließ man uns nach Hause."

Dann begann die Exekution, das heißt die Einquartierung der Kosaken in den Ansiedlungen der Duchoborzen. Diese Maßregel wird angewendet als Strafe bei jeder Art von Volksaufständen. Diese Strafe besteht darin, daß in den Ansiedlungen der ungehorsamen Einwohner eine Abteilung Soldaten in den Häusern einquartiert wird, und die Soldaten haben das Recht, das Eigentum der Einwohner zu nehmen und in den Dörfern zu hausen wie in einem eroberten Lande. Die Grausamkeit dieser Maßregel hängt davon ab, wie weit die Obrigkeit die Willkür der Soldaten, welche zur Exekution bestimmt sind, zuläßt. Von diesem Kommandeur war keine leichte Exekution zu erwarten, welcher gleich am Anfang mit allen Kosaken ganz unschuldige Leute blutig schlug. So war es auch."

„Zwei Sotnien Kosaken," erzählte mir der Duchoborze, „wurden in unseren Ansiedlungen einquartiert. Sie standen drei Tage in jedem Dorf. Sie stürmten durch die Straßen und in die Höfe und nahmen bei uns alles, was ihnen einfiel, und wenn ihnen etwas nicht gefiel, schlugen sie mit den Peitschen zu. Sie verlangten, wir sollten ihnen Ehrfurcht erweisen, und wenn wir nicht grüßten, schlugen sie uns. Sie aßen bei uns alles Geflügel auf; als sie wegritten, blieb kein Geflügel mehr bei uns übrig."

Sie ließen uns nicht aus unseren Ansiedlungen heraus, so daß wir nicht wissen konnten, was in den anderen vorging. Aber man hörte, daß in Bogdanowka, wo die Kosaken am tollsten wüteten, Fälle von Vergewaltigung der Weiber vorkamen. Die Obrigkeit that den Unthaten keinen Einhalt."

„In Orlowka kamen Kosaken in eine Hütte, wo ein Weib, Maria Tscherkaschewa, bei der Arbeit saß und nähte. Sie fragten sie: ‚Wo ist der Wirt?' Ich weiß nicht, antwortete sie. Was, Du bist Wirtin und weißt nicht, wo der Wirt ist? Darauf antwortete sie: Ich würde auch von Euch nichts wissen, wenn Ihr nicht gekommen wäret. Und ohne aufzustehen, fuhr sie bei ihrer Arbeit fort; da zerrten sie sie auf die Straße hinaus und schlugen sie mit Peitschen.

Einen Greis von sechzig Jahren, Kirilla Konkin, aus dem Dorfe Orlowka, schlugen sie so stark mit Peitschen, daß er unterwegs starb."

„In Bogdanowka war ein Duchoborze, Wassil Bosniakow, welcher früher als Soldat gedient hatte. Als die Kosaken in dieses Dorf als Einquartierung kamen, ging ein Unteroffizier in die Hütte Posniakows, und als er ihn erkannte, grüßte er ihn. Posniakow antwortete: ‚Guten Tag.' ‚Warum antwortest Du mir nicht militärisch?' ‚Weil ich nicht mehr Soldat bin und niemals wieder werden werde', erwiderte Posniakow. Der Unteroffizier befahl, ihn mit Peitschen zu schlagen. Dann grüßte er ihn wieder und verlangte militärischen Gruß. Posniakow weigerte sich wieder, und wieder wurde er geschlagen, und so zum dritten Male. Er wurde so geschlagen, daß er einen Monat krank lag."

Im Dorfe Radionowka gaben die Kosaken während der Einquartierung zwei Duchoborzen, Nikolai Sljepow und Jegor Kadükin, jedem hundert Peitschenhiebe aus folgender Veranlassung:

„Im Dorfe Romaschew bei Baschkitscheta gehört ein großer Teil der Duchoborzen zu der Partei der nicht mit uns Übereinstimmenden, aber in einer Familie wollte ein Sohn Nikolai Sljepows mit seiner Frau, seinen Schwestern und seiner Mutter zu uns übergehen und lebte nach der neuen Art. Er trank keinen Branntwein mehr, aß kein Fleisch mehr und rauchte nicht mehr. Nur der Vater widersetzte sich dem und nötigte die Familienglieder, wie früher zu leben. Sie wandten sich an uns um Hilfe, und wir sagten, sie sollen zu uns kommen, und wenn ihnen der Vater nichts geben wolle, so sollen sie ganz nackt kommen, wir werden sie kleiden, wenn nur die Seele befreit werde. Wir kamen überein, daß wir nach ihnen einen Wagen schicken sollen, und ein Duchoborze aus Radianowka, Jegor Kadükin, fuhr aus, um sie abzuholen, und brachte zuerst die Mutter und die Schwestern und dann auch ihn mit seiner Frau. Der Vater blieb allein und beklagte sich bei der Obrigkeit. Als die Kosaken nach Radianowka als Einquartierung kamen, zeigte jemand dem Offizier den Nikolai Sljepom und Jegor Kadükin, und dieser ließ jedem hundert Peitschenhiebe geben."

Die hier aufgeführten Vorfälle zeigen genügend die Aufführung der Truppen bei der Exekution. Nach der Exekution begann man die

Duchoborzen aus ihren Dörfer zu jagen, anfangs zu fünf Familien aus jedem Dorf, dann zu zehn, nach einigen Tagen eine Partie nach der anderen. Bei der Veröffentlichung des Befehls zur Auswanderung wurden drei Tage Frist gegeben. In diesen drei Tagen sollte man sich bereit machen, sein Eigentum verkaufen oder einpacken. Es wurde alles für eine Kleinigkeit verkauft. Was fünfzig kostete, wurde für fünf verkauft, was man nicht verkaufen konnte, weggeworfen. Es wurde auch viel Vieh zurückgelassen, und Getreide auf dem Halm blieb zurück, so daß alle verarmten. Im ganzen wurden aus dem Kreise Achalkalaki vierhundertvierundsechzig Familien übergesiedelt und verteilt auf vier Kreise im Gouvernement Tiflis: Duschet, Gori, Tionet und Signach, – in grusinische Dörfer, als ob man die Absicht hätte, sie auszuhungern, zu zwei, zu drei oder zu fünf Familien in einem Dorf, ohne ein Stück Land und mit dem Verbot des Verkehrs untereinander. Sie verkauften nach und nach ihr Eigentum und arbeiteten bei den Grusiniern: bei Armen umsonst, bei Reichen für geringen Lohn. Und ungeachtet ihrer Verarmung fuhren sie fort, den Ärmsten zu helfen.

Ich sah viele dieser großen, sanften und starken Menschen. Wenn ich sie ansah und anhörte, erinnerte ich mich unwillkürlich an die komplizierten socialen Theorien, an die vielbändigen Werke über politische Ökonomie, an die Namen der berühmten politischen Agitatoren und socialen Führer. Ich fühlte das Verlangen, die Bedeutung der Wirksamkeit, dieser und jener zu vergleichen. Wie unbedeutend erscheint die Lehre der Duchoborzen inmitten dieser berühmten Theorien. Und doch, bezieht sich nicht auf diese Duchoborzen und ähnliche Leute der Ausruf Christi: „Ich grüße Dich, Vater, den Herrn des Himmels und der Erde, daß Du dies den Weisen und Klugen verborgen und den Kleinen geoffenbart hast." (Matth. II 25, 26.)

Jasnaja Poljana, 10. September 1895.
[Pawel Birjukov]

Die im Kaukasus angesiedelten Duchoborzen haben grausame Verfolgungen von seiten der russischen Behörden erlitten, und diese Verfolgungen, welche in einem Berichte beschrieben sind, den ein Mann verfaßt hat, der an Ort und Stelle gereist war, um alle Einzelheiten zu erfahren, dauern bis jetzt fort.

Die Duchoborzen wurden geschlagen und von Pferden zertreten. Die Kosaken, welche zur Exekution in die duchoborischen Ansiedlungen geschickt wurden, verübten mit Erlaubnis der Obrigkeit alle Arten von Gewaltthaten gegen die Einwohner. Diejenigen, welche sich weigerten, zu dienen, wurden physisch und moralisch gefoltert, und die friedlichen Einwohner, welche mit zehnjähriger Arbeit ihren Wohlstand begründet hatten, wurden aus ihren Häusern verjagt und ohne Zuteilung von Land und ohne Existenzmittel in grusinische Dörfer verschickt.

Die Veranlassung zu diesen Verfolgungen war, daß, aus verschiedenen Anlässen in diesem Jahre, dreiviertel aller Duchoborzen, also etwa fünfzehntausend Mann, in letzter Zeit mit neuer Kraft zu ihren früheren, christlichen Glaubenssätzen zurückkehrten und beschlossen, das Gesetz Christi, dem Bösen nicht mit Gewalt zu widerstehen, zu erfüllen. Dieser Entschluß veranlaßte sie einerseits, ihre Waffen zu vernichten, welche im Kaukasus für so notwendig gehalten werden, und dadurch auf jede Möglichkeit des Widerstandes durch Gewalt zu verzichten und sich in die Gewalt jedes Unterdrückers zu geben, anderseits aber auch in keinem Falle an den Handlungen der Gewalt teilzunehmen, die die Regierung von ihnen verlangte, folglich auch nicht am Kriegsdienst und jedem anderen Dienst, welcher Anwendung von Gewalt verlangt. Die Regierung konnte einen solchen Widerspruch von Zehntausenden gegen die durch das Gesetz festgestellten Anforderungen nicht zulassen, und so begann ein Kampf. Die Regierung verlangt Erfüllung ihrer Forderungen, die Duchoborzen gehorchen nicht.

Und die Regierung kann nicht nachgeben.

Ganz abgesehen davon, daß eine solche Weigerung der Duchoborzen, die Anforderungen der Regierung zu erfüllen, vom menschlichen Standpunkte aus durchaus keine gesetzliche Grundlage hat und aller bestehenden und durch die Zeit geheiligten Ordnung widerspricht, kann die Regierung solche Weigerung schon deshalb nicht zulassen, weil dann morgen Hunderttausende auch nicht mehr die Lasten der Abgaben und des Kriegsdienstes tragen wollten. Würde sie das zulassen, so würde anstatt der Ordnung und Sicherheit des Lebens bald allgemeine Eigenmächtigkeit und ein Chaos eintreten, und Leben und Eigentum wäre nicht mehr sicher. So müssen die Leute der Regierung denken, und sie sind nicht schuld daran, daß sie nicht anders denken können. Selbst ohne jede egoistische Sorge darum, daß diese Weigerung der Regierung der Existenzmittel berauben würde, welche vom Volk durch die Gewalt erhoben wurden, muß jeder Diener der Regierung vom Kaiser bis zum Gendarm in tiefster Seele entrüstet sein durch die Weigerung solcher ungebildeter Menschen, die für alle verbindlichen Anforderungen der Regierung zu erfüllen.

„Mit welchem Recht," wird sie denken, „erlauben sich diese unbedeutenden Menschen das zu verleugnen, was von allen anerkannt wird, was durch das Gesetz geheiligt und überall gültig ist?" Und die Diener der Regierung sind nicht schuld daran, daß sie so handeln. Sie wenden grobe Gewalt an. Aber sie können nicht anders handeln. Denn ist es etwa möglich, mit vernünftigen, humanen Mitteln Menschen, die sich zum christlichen Glauben bekennen, zu nötigen, in den Stand von Menschen überzugehen, welche den Mord lehren und sich dazu vorbereiten? Man kann bethörte Leute in der Täuschung erhalten durch Verdummung jeder Art, durch den Eid, durch theologische und philosophische Sophismen, aber sobald der Betrug ein wenig zerstört wird, so werden Menschen wie die Duchoborzen, welche alle Dinge beim wahren Namen nennen, sogleich sagen: „Wir sind Christen, und darum können wir nicht töten." Die Lüge ist enthüllt, und solche Leute kann man mit vernünftigen Gründen nicht überreden. Die einzige Möglichkeit, solche Leute zur Unterwerfung zu bringen, sind Schläge, Hinrichtungen, Blutvergießen, Aushungerung ihrer Familien.

Das ist's, was dort vorgeht. So lange sie ihren Irrtum nicht einsehen, können die Diener der Regierung nichts anderes thun, und darum sind sie nicht schuld. Aber noch weniger schuld sind die Christen, welche sich weigern, an der Vorübung zum Mord teilzunehmen und in den Stand von Leuten überzugehen, welche dazu erzogen werden, alle diejenigen zu erschlagen, die die Obrigkeit zu töten befiehlt. Auch sie können nicht anders verfahren. Ein sogenannter Christ, der getauft und erzogen ist in der Orthodoxie, im Katholicismus, im Protestantismus, kann fortfahren, der Gewalt und dem Mord zu dienen, so lange er noch nicht diesen Betrug begriffen hat, dem er unterworfen ist. Aber sobald er begriffen hat, daß jeder Mensch Gott verantwortlich ist für seine Thaten, und diese Verantwortlichkeit auf keinen anderen übergehen kann, noch durch einen Eid von ihm abgenommen werden kann, und daß er weder töten, noch sich zum Mord vorbereiten darf, dann wird für ihn der Dienst im Heere ebenso moralisch unmöglich, wie es physisch unmöglich ist, eine Last von hundert Pud[6] zu heben. In dieser entsetzlichen Tragik liegt das Verhältnis des Christentums zur Regierung. Die Tragik besteht darin, daß die Regierungen christliche Völker zu regieren haben, welche zwar noch nicht vollständig aufgeklärt sind, aber mit jedem Tage und mit jeder Stunde mehr von der Lehre Christi erleuchtet werden. Alle Regierungen von der Zeit Konstantins an wußten und fühlten das und thaten instinktiv zu ihrer Selbsterhaltung alles, was sie konnten, um den wahren Sinn des Christentums zu verdunkeln und seinen Geist zu ersticken. Sie wußten, daß, wenn dieser Geist über die Menschen kommt, die Gewalt vernichtet wird und mit ihr die Regierung selbst, und darum errichteten die Regierungen in ihrem eigenen Interesse die staatlichen Einrichtungen, verkündeten Gesetze und Vorschriften nacheinander und hofften unter denselben diesen unsterblichen, in das Herz des Menschen gelegten Geist Christi zu begraben.

Die Regierungen handelten in ihrem Interesse, aber die christliche Lehre that zu gleicher Zeit das Ihrige. Sie drang mehr und mehr in die Seelen und Herzen der Menschen ein, und dann kam die Zeit, wo die Sache des Christentums wie das nicht anders sein konnte – weil das Christentum eine göttliche Sache, die Regierung aber eine menschliche Sache ist – die Sache der Regierung überwand.

Und wie bei der Verbrennung eines Holzstoßes eine Zeit kommt, wo das Feuer, nachdem es sehr lange im Innern arbeitete, und nur selten aufflackerte und durch den Rauch sein Dasein erkennen ließ endlich auf allen Seiten durchdringt, so daß es unmöglich wird, den

---

[6] [*Pud*: russisches Gewichtsmaß. 1 Pud = 40 Pfund (russisch) = 16,38 Kilogramm]

Brand aufzuhalten, so kommt auch im Kampfe des christlichen Geistes mit den heidnischen Gesetzen die Zeit, wo dieser christliche Geist überall durchbricht, nicht mehr unterdrückt werden kann und jeden Augenblick mit der Vernichtung der Einrichtungen droht, welche vor ihm aufgetürmt waren.

Was kann auch eine Regierung thun in Bezug auf diese fünfzehntausend Duchoborzen, welche den Kriegsdienst verweigern? Was soll sie mit ihnen machen? Die Sache so zu lassen, ist unmöglich. Schon bei der jetzigen Lage am Anfange der Bewegung erschienen auch Leute rechtgläubiger Religion, welche dem Beispiele der Duchoborzen folgten. Was wird daraus werden, wenn die Molokanen, die Stundisten, die Chlüsten, die Stranniken dasselbe thun, welche die Regierung und den Kriegsdienst ganz ebenso ansehen und nur deshalb nicht dasselbe thaten, wie die Duchoborzen, weil sie sich nicht entschließen konnten, die Ersten zu sein, und sich vor den Leiden fürchteten?

Solcher Menschen aber giebt es Millionen, und nicht nur in Rußland, sondern in allen christlichen Reichen, und nicht nur in christlichen, sondern auch in den muselmännischen Reichen, in Persien, der Türkei und Arabien, wie die Charidschiten und die Babisten[7].

Man muß schon Zehntausende, welche die Regierung nicht anerkennen und nicht daran teilnehmen wollen, für die anderen unschädlich machen. Aber wie ist das zu machen? Totschlagen kann man sie nicht, es sind zu viele! Ins Gefängnis sie zu setzen ist auch schwer; man kann sie nur mißhandeln und quälen, und das geschieht auch. Aber wenn diese Mißhandlungen den erwarteten Erfolg nicht haben, und wenn diese Leute fortfahren, die Wahrheit zu bekennen und demzufolge eine noch größere Anzahl ihrem Beispiel folgt, was dann?! Die Lage der Regierungen ist schrecklich, hauptsächlich deshalb, weil sie sich auf nichts stützen kann. Man kann die Thaten dieser Leute nicht für schlecht ansehen, welche wie der im Gefängnis zu Tode gequälte Droschin oder der jetzt noch in Sibirien schmachtende Isjumtschenko oder der Arzt Schkarwan[8], welcher in Österreich zu Gefängnis verurteilt wurde, oder wie alle die, welche

---

[7] [Zum *Babismus* – einem Vorläufer des Bahaismus und z. T. von Tolstoi mit diesem verwechselt – vgl. FALKNER 2021*, S. 45-46.]
[8] [Albert Škarvan (1869-1926)]

jetzt im Gefängnis sitzen, bereit, zu leiden und zu sterben, aber von ihren höchst einfachen, allen begreiflichen, von allen gebilligten, religiösen Überzeugungen nicht abgehen, welche den Mord und die Teilnahme daran verbieten.

Durch keine Spitzfindigkeiten kann man die Handlungen dieser Leute für schlecht oder unchristlich ansehen, und man kann nicht umhin, sie nicht nur zu billigen, sondern sogar zu verherrlichen, weil man nicht umhin kann anzuerkennen, daß diese Menschen so handeln im Namen der höchsten Eigenschaften der Menschenseele, ohne deren Anerkennung das Menschenleben auf die Stufe des tierischen Daseins herabsinkt.

Wie also auch eine Regierung handeln mag in Bezug auf diese Menschen, wird sie unvermeidlich zur eigenen Vernichtung mitarbeiten. Wenn die Regierung die Leute nicht verfolgt, welche, wie die Duchoborzen, Stundisten, Nazarener und einzelne Personen, die den Kriegsdienst verweigern, so wird der Vorzug der christlichen, friedlichen Lebensweise dieser Leute nicht nur aufrichtig überzeugte Christen anziehen, sondern auch Menschen, welche nur des Vorteils wegen die äußere Form des Christentums annehmen, und dann wird die Zahl der Menschen, welche die Anforderungen der Regierung nicht erfüllen, sich immer mehr vergrößern. Wenn aber die Regierung wie jetzt solche Leute grausam verfolgt, welche nur dessen schuldig sind, daß sie ein sittlicheres und sündloseres Leben führen als andere, und daß sie in Wirklichkeit das allen verkündigte Gesetz des Guten erfüllen wollen, so wird eben diese Grausamkeit die Menschen mehr und mehr der Regierung entfremden, und sehr bald werden die Regierungen keine Menschen mehr finden, welche bereit sind, sie mit Gewalt zu stützen. Die halbwilden Kosaken, welche die Duchoborzen auf Befehl der Obrigkeit schlugen, werden sehr bald überdrüssig werden, wie sie sich ausdrückten, als sie in die Ansiedlungen der Duchoborzen einquartiert wurden, das heißt das Gewissen begann sie zu quälen, und die Regierung, welche den schädlichen Einfluß der Duchoborzen auf sie fürchtete, beeilte sich, sie von dort fortzubringen.

Jede Verfolgung unschuldiger Leute endete damit, daß die Verfolger zu den Überzeugungen der Verfolgten übergingen, wie das mit dem Krieger Simeon geschah, der die Paulikianer ausrottete und dann zu ihrem Glauben überging. Je milder die Regierung gegen Leute sein wird, welche das Christentum verkündigen, um so schneller wird die Zahl der wahren Christen sich vermehren. Je grausamer aber die Regierung sein wird, um so schneller wird die Zahl der Menschen, die der Regierung dienen, sich vermindern. Sie mag also milde oder grausam verfahren, immer wird sie an ihrer eigenen Vernichtung mitarbeiten. „Heute ist das Gericht dieser Welt, heute wird der Fürst dieser Welt verjagt werden." (Joh. XII 31.) Und dieses Gericht war vor 1800 Jahren, das heißt damals, als an die Stelle der äußerlichen Rechtschaffenheit die Wahrheit der Liebe gestellt wurde. Soviel Holz man auch auf den brennenden Haufen Reisig warf, um damit das Feuer zu ersticken, das Feuer war unlöschbar. Das Feuer der Wahrheit läßt sich nur auf kurze Zeit unterdrücken, flammt dann aber um so stärker auf und verbrennt alles, was man darauf geworfen hat. Wenn es auch wirklich geschehen sollte, daß einige Kämpfer der Wahrheit, wie das immer vorkam, im Kampfe erschlaffen und die Befehle der Regierungen erfüllten, so ändert das doch die Lage nicht im geringsten. Wenn heute die Duchoborzen im Kaukasus die Leiden nicht mehr ertragen könnten, die man ihren Weibern und Kindern auflegt, und sich ergeben würden, so würden morgen mit neuer Kraft neue Kämpfer erstehen, welche noch kühner ihre Forderungen aufstellen würden. Die Wahrheit kann ja nicht aufhören, Wahrheit zu sein, nur deshalb, weil unter dem Druck der Qualen Menschen erschlaffen, welche sie bekennen. Das Göttliche muß das Menschliche besiegen.

„Aber was wird dann geschehen, wenn die Regierung vernichtet wird?" höre ich fragen, und diese Frage wird immer gestellt von den Anhängern der Gewalt, welche meinen, wenn das nicht mehr sei, was jetzt existiert, so werde gar nichts mehr sein, und alles zu Grunde gehen. Die Antwort auf diese Frage ist immer dieselbe. Es wird das geschehen, was geschehen muß, was Gott gefällt, was mit seinem uns ins Herz gelegten und unserer Vernunft geoffenbarten Gesetz übereinstimmt. Wenn die Regierung vernichtet würde, weil wir, wie die Revolutionäre es thaten, sie vernichteten, ist es begreiflich, daß die Frage, was dann kommen werde, wenn die Regierung vernichtet sein werde, die Antwort von denen verlangen würde, welche die Regierung vernichten. Aber diese Vernichtung der Regierung, welche jetzt vorgeht, geschieht nicht deshalb, weil irgendwelche Menschen den Willen haben, sie zu vernichten, sondern sie wird deshalb vernichtet, weil sie nicht übereinstimmt mit dem

Willen Gottes, der unserer Vernunft geoffenbart und in unsere Herzen gelegt ist. Ein Mensch, der sich weigert, seine Mitmenschen ins Gefängnis zu setzen und zu töten, hat nicht die Absicht, die Regierung zu vernichten. Er will nur nicht dem Willen Gottes zuwiderhandeln und nicht thun, was nicht er allein, sondern alle Menschen, die den tierischen Zustand verlassen haben, unzweifelhaft als böse erkennen. Wenn dabei die Regierung vernichtet wird, so bedeutet das nur, daß die Regierung dem Willen Gottes zuwider das Böse verlangt und daß also die Regierung böse ist und darum untergehen muß. Ein Wechsel geht in unserer Zeit im gesellschaftlichen Leben der Völker vor, obgleich wir uns die Form nicht genau vorstellen können, welche es annehmen wird. Und dieser Wechsel kann kein schlechter sein, weil er nicht infolge menschlicher Willkür vor sich geht, sondern durch das innere, allen Menschen gemeinsame Verlangen des göttlichen Ursprunges, das in die Herzen der Menschen gelegt ist. Wenn eine Geburt vor sich geht, so muß unsere ganze Thätigkeit darauf gerichtet sein, nicht zuwiderzuhandeln, sondern mitzuwirken. Diese Mitwirkung wird keineswegs erreicht durch Zurückweichen von der uns geoffenbarten göttlichen Wahrheit, sondern im Gegenteil durch offenes, furchtloses Bekenntnis zu derselben. Und eine solche Anerkennung der Wahrheit giebt nicht nur volle Befriedigung des Gewissens denjenigen, welche sich zur Wahrheit bekennen, sondern das höchste Heil den Menschen, sowohl den Unterdrückten als den Unterdrückern. Die Rettung liegt nicht hinter uns, sondern vor uns.

Die Zeit der Krisis des Wechsels in der Form des gesellschaftlichen Lebens und die Ersetzung der gewaltsamen Regierung durch eine andere ist schon gekommen, und der Ausweg aus derselben liegt nicht in der Aufhaltung des Prozesses oder in einer rückläufigen Bewegung, sondern nur in der Vorwärtsbewegung auf dem Wege, welchen im Herzen der Menschen ihnen das Gesetz anzeigt.

Noch eine kleine Anstrengung, und der Galiläer siegt, aber nicht in dem entsetzlichen Sinne, in welchem ihm der heidnische Kaiser den Sieg zuschrieb, sondern in dem wahren Sinne, in welchem er sich selbst sagte, er habe die Welt besiegt. „In der Welt werdet Ihr Leid erfahren, aber fasset Mut," sagte er, „ich habe die Welt besiegt." (In [Joh.] XVI 32.) Weil er wirklich die Welt überwunden hat, nicht in dem mystischen Sinne eines unsichtbaren Sieges über die Sünde, welchen die Theologen diesen Worten zuschreiben, sondern in dem einfachen, klaren und begreiflichen Sinne, daß, wenn nur wir Mut fassen und kühn uns zu ihm bekennen, sehr bald nicht nur jene schrecklichen Verfolgungen aufhören werden, welche alle wahre Jünger Christi, die sich zu seiner Lehre in Wirklichkeit bekennen, erleiden sondern auch keine Gefängnisse, keine Galgen, noch Kriege, noch Laster, noch Luxus, noch Müßiggang mehr sein werden, noch eine von Arbeit überlastete Armut, unter welcher jetzt die christliche Menschheit seufzt.

Jasnaja Poljana, 19. September 1895.
Leo Tolstoi.

VII.
An den Kommandeur eines Strafbataillons

Ein Schreiben wegen der Militärdienstverweigerer
Peter Olchowik und Kyrill Sereda[1]
(1896)

Leo N. Tolstoi

Jassnaja Poljana, 1. November 1896.

Geehrter Herr!

Ohne Ihren Vor- und Vatersnamen, ohne sogar Ihren Familien-
namen zu kennen, kann ich mich an Sie mit keiner anderen Anrede
wenden, als dieser kühlen und etwas unangenehmen Ansprache :
Geehrter Herr! – die die Menschen trennt. Dabei wende ich mich
aber an Sie in einer äusserst vertraulichen Angelegenheit und
möchte gern alle die äusseren Formen bei Seite lassen, die Menschen
trennen; ich möchte vielmehr in Ihnen, wenn kein brüderliches
Empfinden für mich erwecken, das den Menschen in ihren gegenseitigen Beziehungen eigen ist, so doch wenigstens jede Voreinge-
nommenheit beseitigen, die durch meinen Brief und meinen Namen
in Ihnen entstehen könnte. Ich wünschte, dass Sie sich mir und meiner Bitte gegenüber so verhalten, wie Sie es einem Menschen gegenüber tun würden, von dem Sie nichts, weder Gutes noch Böses wissen und dessen Anliegen Sie mit wohlwollender Aufmerksamkeit
anzuhören bereit sind.

Die Angelegenheit, in der ich eine Bitte an Sie richte, besteht in
folgendem: Ihrer Strafkompagnie sind schon, oder sollen in kurzer
Zeit zwei Menschen überwiesen werden, die vom Kriegsgericht in

---

[1] Textquelle dieser Übersetzung | Leo TOLSTOI: Briefe 1848-1910. Gesammelt und
herausgegeben von P. A. Sergejenko. Autorisierte vollständige Ausgabe. Berlin:
Verlag J. Ladyschnikow 1911, S. 388-391: „Nr. 362. „An den Kommandeur eines
Strafbataillons, 1.11.1896". [Der gesamte Band wird von Ingrid von Heiseler für
die Tolstoi-Friedensbibliothek neu ediert.]

Wladiwostok zu – drei Jahren Gefängnis verurteilt worden sind. Der eine davon ist der Bauer Peter Olchowik, der den Militärdienst verweigerte, weil er ihn für unvereinbar mit dem Gebote Gottes hält; der andere ist Kyrill Sereda, ein Gemeiner, der sich mit Olchowik auf dem Dampfer befreundete und, nachdem er von ihm den Grund seiner Verbannung erfuhr, zu derselben Überzeugung kam wie Olchowik und sich ebenfalls weigerte, weiter Dienst zu tun.

Ich verstehe ganz gut, dass die Regierung, ohne bisher ein den Besonderheiten solcher Fälle entsprechendes Gesetz ausgearbeitet zu haben, nicht anders handeln kann, wie sie gehandelt hat, wenngleich ich auch weiss, dass die Spitze der Regierung, deren Aufmerksamkeit auf das Grausame und Ungerechte einer Bestrafung solcher Leute auf einer Stufe mit lasterhaften Soldaten gelenkt wurde, in neuester Zeit bestrebt ist, gerechtere und mildere Mittel zur Bekämpfung solcher Weigerungen ausfindig zu machen. Ich weiss auch sehr gut, dass Sie auf Ihrem Posten und ohne die Überzeugung von Olchowik und Sereda zu teilen, nicht anders handeln können, als das streng auszuführen, was Ihnen das Gesetz vorschreibt; nichtsdestoweniger bitte ich Sie als Christen und guten Menschen, Mitleid mit diesen Leuten zu haben, deren Schuld nur darin besteht, dass sie etwas tun, was sie für das Gebot Gottes halten, dem sie vor menschlichen Geboten den Vorzug geben.

Ich will Ihnen nicht verbergen, dass ich persönlich den Glauben habe, dass diese Leute nicht nur richtig handeln, sondern dass sie, was auch bald alle Menschen begreifen werden, ein grosses und heiliges Werk getan haben.

Es ist aber auch möglich, dass diese Meinung Ihnen wahnsinnig vorkommt und dass Sie fest vom Gegenteil überzeugt sind. Ich nehme mir nicht heraus, Sie zu überzeugen, da ich weiss, dass ernste Menschen Ihres Alters zu ihren Überzeugungen nicht auf Grund fremder Worte gelangen, sondern durch eigene innere Gedankenarbeit. Um eines flehe ich Sie an, als Christen, als guten Menschen und als Bruder, sowohl meinen wie auch Olchowiks und Seredas – als Menschen, der mit uns unter einem Gotte wandelt und der nach dem Tode ebendort hin gelangen wird, wohin auch wir kommen, – ich flehe Sie an, sich nicht zu verhehlen, was diese Leute (Olchowik und Sereda) von anderen Verbrechern unterscheidet und von ihnen nicht die Erfüllung dessen zu fordern, was sie zu erfüllen ein für allemal abgelehnt; sie nicht in Versuchung zu führen, indem sie immer und immer wieder neuen Strafen ausgesetzt werden, wie man mit dem unglücklichen Droshshin[2] verfuhr, der bis auf den Tod in der Strafkompagnie von Woronesh gemartert wurde und dessen Schicksal allgemeine Teilnahme in den höheren Kreisen erweckte. Ohne vom Gesetz und von einer gewissenhaften Erfüllung Ihrer Pflichten abzuweichen, können Sie die Gefangenschaft dieser Leute zu einer Hölle machen und sie zu Grunde richten, Sie können aber auch ihre Leiden in bedeutendem Masse mildern. Und um das letztere flehe ich Sie an in der Hoffnung, dass Sie diese Bitte überflüssig finden. Ihr eigenes Gefühl wird Sie auch ohne meine Bitte zu solchem Handeln treiben.

Mit Rücksicht auf den Posten, den Sie bekleiden, nehme ich an, dass Ihre Ansichten über das Leben und die Pflichten der Menschen den meinigen vollständig entgegengesetzt sind. Ich verberge es Ihnen nicht, dass ich Ihren Beruf mit dem Christentume nicht für vereinbar halte, und ich wünsche Ihnen, wie ich es jedem Menschen wünsche, dass Sie sich von der Beteiligung an solchen Aufgaben befreien mögen. Doch da ich alle meine Sünden, sowohl die früheren wie die jetzigen, und alle meine Schwächen, und alles von mir Geleistete kenne, nehme ich mir nicht heraus, Sie wegen Ihres Amtes zu verurteilen, sondern ich empfinde im Gegenteil für Sie, wie für jeden Bruder in Christo, vollkommene Hochachtung und Liebe.

Ich werde Ihnen sehr dankbar sein, wenn Sie mir antworten.

Leo Tolstoi.

---

[2] [Jewdokim Nikitschitch Droschin (1866-1894); →V]

VIII.

Krieg und Vernunft

(Približenie konca – Das Ende naht, 1896)

Graf Leo Tolstoi

Autorisierte deutsche Ausgabe
von Dr. Alexis Markow[1]
(1897)

Im Jahre 1896 war in Holland ein junger Mann Namens Van der Ver zum Eintritt in die Nationalgarde aufgefordert worden. Die Aufforderung des Kommandeurs beantwortete Van der Ver in folgendem Brief:

„Du sollst nicht töten!"
Herrn Herrmann Sneiders, dem Kommandeur
der Nationalgarde des Midelburgschen Kreises.

Geehrter Herr!

Vorige Woche bekam ich ein Schriftstück, in dem mir *befohlen* wurde, im Stadthaus zu erscheinen, um den Gesetzen entsprechend in der Nationalgarde aufgenommen zu werden. Wie Sie wohl bemerkt haben werden, war ich nicht erschienen und mit dem gegenwärtigen Briefe bezwecke ich, Ihnen offen und gerade heraus zu sagen, daß ich beabsichtige, nicht vor der Kommission zu erscheinen. Ich weiß sehr wohl, daß ich mich dadurch einer schweren Verantwortlichkeit unterziehe, daß Sie mich bestrafen können und daß Sie nicht verfehlen werden, von diesem Ihrem Rechte Gebrauch zu machen. Doch das jagt mir keine Furcht ein. Die Gründe, die mich zwingen, mich so passiv zu verhalten,

---

[1] Textquelle | *Krieg und Vernunft*. Von Graf Leo Tolstoi. Autorisierte deutsche Ausgabe von Dr. Alexis Markow. Berlin: Stuhr'sche Buchhandlung (Johannes Räde) 1897. [20 Seiten]

bieten mir ein genügend bedeutendes Gegengewicht dieser Verantwortlichkeit.

Besser als die meisten Christen verstehe ich, trotzdem ich kein Christ bin, das Gebot, das an der Spitze dieses Briefes steht, das Gebot, welches der menschlichen Natur und dem Verstand eigen ist. Als ich noch ein Kind war, gestattete ich, daß man mir das Soldatenhandwerk lehrte – die Kunst zu morden, jetzt aber weigere ich mich! Insbesondere habe ich keine Lust, auf Kommando zu morden, was mir als ein Morden gegen das Gewissen, ohne jeden persönlichen Antrieb oder Grund dazu erscheint. Können Sie mir etwas, was für das menschliche Wesen erniedrigender wäre, als das Vollbringen ähnlicher Morde oder Schlächtereien, nennen? Ich kann weder selbst töten, noch zusehen wie ein Tier geschlachtet wird, und damit meinethalben keine Tiere geschlachtet würden, wurde ich Vegetarier. Und in dem gegebenen Falle könnte man mir „befehlen", auf Leute zu schießen, die mir nie etwas Böses gethan haben: ich denke, daß die Soldaten doch das Schießen nicht dazu einüben, um auf Blätter oder aus Zweige von Bäumen zu schießen.

Aber Sie werden mir vielleicht erwidern, daß die Nationalgarde ebenso und vor allen Dingen zur Erhaltung der Ordnung im Lande dient.

Herr Kommandeur! wenn wirklich in unserer Gesellschaft die Ordnung herrschte, wenn der gesellschaftliche Organismus in der That gesund wäre, d. h. wenn es in den gesellschaftlichen Beziehungen keine himmelschreienden Mißbräuche gäbe, wenn es nicht gestattet wäre, daß einer Hungers stirbt, während der andere sich alle Gelüste des Luxus gewähren kann, – ja, dann würden Sie mich in den ersten Reihen der Verteidiger dieser Ordnung gesehen haben; so aber weigere ich mich, der Erhaltung der jetzigen sogenannten Ordnung beizusteuern. Weshalb Sand in die Augen sich streuen, Herr Kommandeur? Wir wissen doch beide zu gut, was es heißt, diese Ordnung zu erhalten: es heißt, die Reichen gegen die armen Arbeitenden zu unterstützen, welche nun beginnen, ihre Rechte zu erkennen. Haben wir denn nicht die Rolle gesehen, in der sich Ihre Nationalgarde bei dem letzten Streik in Rotterdam gefiel: ohne jeden Grund befand sich diese Garde ganze Stunden im Dienste, nur um das Hab und Gut der bedrohten Firmen zu verteidigen. Und können Sie einen Augenblick nur glauben, daß ich mich dazu hergeben werde, Leute zu verteidigen, die nach meiner aufrichtigen Überzeugung den Kampf zwischen Kapital und Arbeit unterstützen – daß ich auf Arbeiter schießen werde, die voll und ganz in den Grenzen ihres Rechtes handeln? Sie können doch nicht so blind sein! Denn wozu die Sache noch komplizierter machen? Ich kann doch wirklich nicht gestatten, daß ich zum gehorsamen Nationalgardisten ausgebildet werde, wie Sie ihn wünschen und brauchen.

Auf Grund aller dieser Ursachen, insbesondere aber deshalb, weil ich das Morden auf Kommando hasse, weigere ich mich, in den Dienst der Nationalgarde zu treten, und bitte Sie, mir weder eine Uniform, noch Waffen zuzuschicken, da ich die unumstößliche Absicht habe, sie nicht zu gebrauchen.

Ich begrüße Sie, Herr Kommandeur!
J. K. Van der Ver.

Dieser Brief hat meiner Meinung nach eine sehr große Bedeutung.

Die Weigerungen, Militärdienste zu leisten, traten in den christlichen Staaten seit der Zeit auf, als der Militärdienst entstand, oder richtiger gesagt, seit der Zeit, als die Staaten, deren Macht auf Gewalt beruht, das Christentum angenommen haben, ohne von der Gewalt sich losgesagt zu haben.

Wahre Christen gab es stets nur wenig, die größte Mehrzahl der Menschen christlicher Staaten wurde den Christen zugerechnet, weil sie den kirchlichen Glauben bekannten, der mit dem wahren Christentum nur den Namen gemein hat. Daß dann und wann einer unter den Zehntausenden, die Militärdienste leisteten, sich weigerte, in den Militärdienst zu treten, hatte nicht im geringsten jene Millionen von Menschen schwankend gemacht, die jedes Jahr zum Militär gingen.

„Es ist doch aber unmöglich, daß jene ungeheure Menge von Christen, die Militärdienste leisten, sich im Irrtum befindet und nur die Ausnahmen recht haben, – die Ausnahmen, häufig Menschen mit geringer Bildung, während doch Erzbischöfe und Gelehrte erklären, der Militärdienst befände sich nicht im Widerspruch mit dem Christentum," – sagte sich die große Menge und indem sie fortfuhren, sich für Christen zu halten, traten sie in die Reihen der Mörder.

Aber da kommt ein Mann, Nichtchrist, wie er Von sich selber sagt, und weigert sich, Militärdienste zu leisten, nicht aus religiösen, sondern aus den allereinfachsten Gründen, die jeder Mensch begreift und die jedem Menschen zugänglich sind, gleichviel welcher Konfession und welcher Nationalität – gleichviel ob Katholik, Mohamedaner, Buddhist, Confucier, Spanier, Araber, Japaner ...

Hätte Van der Ver als Grund seiner Weigerung seine Zugehörigkeit zu irgend einer christlichen Konfession angeführt, könnten Leute, denen der Militärdienst bevorsteht, sagen: „Ich bin nicht Sektierer und erkenne das Christentum nicht an, daher brauche ich auch nicht so zu handeln." Die Gründe von Van der Ver sind aber so einfach, so klar und allen Menschen so zugänglich, daß man sie aus sich selbst anwenden muß. Will man diese Gründe für sich nicht anerkennen, dann muß man sagen: „Ich liebe den Mord und bin bereit, nicht nur die Feinde, sondern auch meine bedrückten und unglücklichen Landsleute zu töten und finde nichts Schlechtes in der Verpflichtung, auf Befehl des ersten besten Chefs alle die zu töten, die er zu töten befehlen sollte."

Und doch ist alles so klar.

Der junge Mensch lebt; gleichviel in welchem Stande und in welcher Konfession er aufgewachsen ist, man lehrt ihn, gut sein und daß es schlecht sei, nicht nur einen Menschen, sondern selbst ein Tier zu schlagen und zu töten, man sagt ihm, daß ein Mensch seine Würde hoch schätzen müsse und daß diese Würde darin bestehe, seinem Gewissen entsprechend zu handeln. Das wird in gleicher Weise sowohl dem Chinesen-Confucier, wie auch dem Japaner-Schintoisten oder Buddhisten oder auch dem Türken-Mohamedaner beigebracht. Und nun, nachdem man ihm das alles beigebracht hat, tritt er in den Militärdienst, wo man von ihm gerade das Gegenteil von dem verlangt, was man ihn lehrte: man befiehlt ihm, sich vorzubereiten, nicht nur Tiere, sondern auch Menschen zu verwunden und zu töten, man heißt ihn sich von seiner Menschenwürde lossagen, um in den Sachen des Mordens unbekannten Menschen zu gehorchen. Was kann auf ein solches Verlangen ein Mann unserer Zeit erwidern? Doch wohl nur eines: „Ich will und kann es nicht thun."

Dasselbe that auch Van der Ver. Und es ist schwer zu sagen, was er und diejenigen Menschen, die sich in seiner Lage befinden, anders antworten könnten.

Man kann die Andeutung einer That nicht erfassen, solange sie nicht aufgeklärt ist, – ist dies aber geschehen, so muß man sehend werden. Aber man kann sich verstellen und angeblich nicht sehen, was ganz klar ist!

Vielleicht findet sich auch jetzt noch ein Mensch, der nicht daran denkt, was er thut, wenn er in den Militärdienst eintritt; es finden sich vielleicht noch solche Menschen, die den Krieg mit fremden Völkern oder die fernere Unterdrückung der Arbeiter wünschen, oder es giebt selbst noch solche Leute, die den Mord um des Mordes willen lieben. Solche Leute können Krieger sein, aber sogar diese Leute müssen jetzt schon wissen, daß es Leute und die besten Leute des Weltalls nicht nur unter Christen, sondern auch unter Mohamedanern, Braminen, Buddhisten, Confuciern giebt, die mit Widerwillen und Verachtung auf den Krieg und das Militär herabschauen; und daß die Zahl dieser Menschen sich mit jeder Stunde steigert.

Keine Beweisgründe werden vermögen, jene einfache Wahrheit umzustoßen, daß ein Mensch, der sich selbst schätzt, nicht Sklave eines unbekannten und selbst eines bekannten Herrn werden kann, der mörderische Absichten hat. Und gerade darin besteht der Militärdienst mit seiner Disciplin.

„Aber Sie Vergessen die Verantwortlichkeit, welche derjenige auf sich ladet, der nicht dienen will," sagt man mir. „Sie haben gut Märtyrertum predigen, wo Sie alt, durch Ihre Stellung gesichert sind und dieser Versuchung nicht mehr unterliegen; aber wie wird es denen ergehen, zu denen Sie predigen und die Ihnen vertraut haben und sich weigern zu dienen und ihr junges Leben ruinieren?"

„Ja, was soll ich aber thun?" erwidere ich diesen Leuten. Soll ich denn deshalb, weil ich alt bin, auf jenes Übel nicht hinweisen, welches ich gerade darum deutlich und klar erkenne, weil ich alt bin, lange gelebt und viel nachgedacht habe? Nehmen wir zum Beispiel einen Räuber, der am Ufer eines Flusses einen Menschen zwingen will, einen anderen Menschen zu töten. Soll ich nun diesem Mörder nicht zurufen: „Halte ein!" nur darum, weil ich am anderen Ufer dem Räuber unerreichbar bin und ihn aller Wahrscheinlichkeit nach durch meine Einmischung nur noch mehr reizen würde? Überdies sehe ich gar nicht ein, weshalb die Regierung, welche diejenigen verfolgt, die sich weigern zu dienen, ihre Strafen auf mich nicht anwenden sollte, indem sie in mir den Anstifter dieser Weigerungen sucht. Ich bin nicht so alt, daß ich nicht verfolgt und bestraft werden könnte, und was meine Position betrifft, so schützt sie mich doch nicht. Jedenfalls, gleichviel ob man mich verfolgen wird oder nicht, wird man doch diejenigen verurteilen und verfolgen, die sich weigern zu dienen, – darum, so lange ich lebe, werde ich nicht aufhören, das auszusprechen, was ich jetzt ausspreche, weil ich nicht aufhören kann zu handeln, wie mir mein Gewissen vorschreibt.

Darin liegt auch die Kraft und Unbesiegbarkeit des Christentums, d. h. der Lehre von der Wahrheit, daß dasselbe, um auf die Menschen zu wirken, keine Unterstützung von außen her braucht. Gleichviel, ob man jung oder alt ist, ob man verfolgt wird oder nicht, – hat man sich einmal die christliche, d. h. die wahre Lebensanschauung angeeignet, so kann man von den Forderungen seines Gewissens nicht mehr zurücktreten. Darin besteht das Wesen und die Sonderheit des Christentums gegenüber allen anderen religiösen Lehren und darin liegt seine unbesiegbare Macht.

Wie ein Feuer auf einer Steppe oder im Walde so lange brennt, bis es alles Trockene, Abgestorbene, das dem Brennprozeß unterliegt, verbrannt hat, so wird eine in Worten einmal ausgedrückte Wahrheit so lange wirken, bis sie die ganze Lüge, die der Vernichtung unterliegt und die an allen Seiten die Wahrheit umgiebt und sie verhüllt, vernichtet haben wird. Das Feuer glimmt lange, sobald es aber entfacht ist, verbrennt es alles leicht Verbrennbare. Ebenso will der Gedanke, der keinen Ausdruck findet, lange heraus, findet er endlich einen deutlichen Ausdruck in Worten, dann gehen das Übel und die Lüge sehr bald zu Grunde. Eine der privaten Äußerungen des Christentums – der Gedanke, daß die Menschheit ohne Sklaverei leben kann – war zwar im Christentum aufgenommen worden, fand aber seinen deutlichen Ausdruck, wie ich glaube, erst bei den Schriftstellern am Ende des XVIII. Jahrhunderts. Bis zu dieser Zeit jedoch haben nicht nur die alten Heiden – Plato und Aristoteles – sondern selbst Leute, die uns näher stehen und Christen, nicht vermocht, sich die menschliche Gesellschaft ohne die Sklaverei vorzustellen.

Thomas Moore konnte sich die Utopie nicht ohne Sklaverei

denken. In gleicher Weise konnten sich die Menschen am Anfang dieses Jahrhunderts das Leben der Menschheit nicht ohne Krieg denken. Erst nach den Napoleonischen Kriegen wurde der Gedanke klar geäußert, daß die Menschheit ohne Krieg leben könne. Es verstrichen kaum hundert Jahre seit der Zeit, wo der Gedanke klar ausgesprochen wurde, daß die Menschheit ohne Sklaverei leben könne, und unter den Christen gab es keine Sklaverei und es werden keine hundert Jahre seit jenem Ausspruch vergehen, und es wird keinen Krieg mehr geben! Es ist sehr möglich, daß der Krieg nicht vollständig abgeschafft würde, wie die Sklaverei auch nicht endgültig abgeschafft wurde. Es ist sehr möglich, daß die militärische Gewaltthätigkeit noch bestehen wird, wie die Lohnarbeit nach dem Abschaffen der Sklaverei besteht, jedenfalls aber werden der Krieg und das Heer in der der Vernunft und dem sittlichen Gefühl zuwiderlaufenden Form, die sie jetzt haben, nicht mehr bestehen.

Und es sprechen sehr viele Anzeichen dafür, daß diese Zeit nahe ist; diese Anzeichen sind an der verzwickten Lage der Regierungen, die immer mehr ihre Bewaffnungen vergrößern, und in der immer steigenden Schwere der Lasten und der Volksunzufriedenheit, in dem höchsten Grade der Tödlichkeit der Kriegsgeschütze, an der Thätigkeit der Kongresse und der Friedensgesellschaften – vor allem aber an den Weigerungen einzelner Personen, zu dienen, zu konstatieren. In diesen Weigerungen liegt der Schlüssel zur Lösung der Frage.

Jedes Anerkennen einer Wahrheit, oder richtiger gesagt, jede Befreiung von irgend einem Irrtum – wie es die Sklaverei war – wird stets nach einem schweren Kampfe zwischen dem Bewußtsein des Menschen und der Anziehungskraft des früheren Zustandes erreicht.

Anfangs ist die Anziehungskraft so stark und das Bewußtsein so schwach, daß der erste Versuch, sich vom Irrtum zu befreien, nur mit Kopfschütteln begrüßt wird. Die neue Wahrheit wird als Unsinn hingestellt. „Kann man denn ohne Sklaverei leben? Wer wird dann arbeiten? Kann man denn ohne Kriegführen leben? Jeder wird kommen und uns besiegen." Aber die Kraft des Bewußtseins steigert sich, die Anziehungskraft schwächt sich ab und an Stelle des ersten Kopfschütteln treten Spott und Verachtung. „Die heilige Schrift erkennt Herren und Diener. Solche Beziehungen bestanden ewig. –

Und nun haben sich solche kluge Leute herausgefunden, die die ganze Welt auf den Kopf stellen wollen," so sprach man von der Sklaverei. „Alle Gelehrten und Weisen haben die Gesetzlichkeit und selbst die Heiligkeit des Krieges anerkannt, und plötzlich sollen wir glauben, daß man nicht Krieg zu führen brauche!" so sprechen sie in Bezug aus den Krieg. Aber das Bewußtsein steigt und klärt sich auf; die Zahl derer, die die neue Wahrheit anerkennen, wird immer größer und größer und an Stelle des Spottes und der Verachtung treten nun Schlauheit und Betrug. Die Menschen, die die Verirrung unterstützen, stellen sich so, als wenn sie die Unvernunft, die Grausamkeit jener Maßregel begreifen und erkennen, welche sie verteidigen, sie halten aber ihre Abschaffung im gegebenen Augenblick für unmöglich und verschieben sie auf eine unbestimmte Zeit. „Wer weiß es denn nicht, daß die Sklaverei schlecht ist, aber die Menschen seien für die Freiheit nicht reif, und die Befreiung würde großes Unglück anstiften," so sprach man vor 40 Jahren von der Sklaverei. „Wer weiß es denn nicht, daß der Krieg ein Übel ist. Solange aber die Menschheit noch so tierähnlich ist, würde die Abschaffung des Heeres mehr Böses als Gutes stiften," so spricht man jetzt vom Kriege. Doch der Gedanke verrichtet seine Arbeit, wächst und verbrennt die Lüge, und es kommt die Zeit, wo Unvernunft, Ziellosigkeit, Schädlichkeit und Unsittlichkeit der Verirrrung so deutlich vor die Augen treten, daß sie nicht länger zu verteidigen sind. (Dasselbe spielte sich in den [18]60er Jahren in Rußland und Amerika hinsichtlich der Sklaverei ab.) So steht es jetzt in der Sache des Kriegführens. Wie man seiner Zeit nicht versuchte, die Sklaverei zu rechtfertigen, sondern sie bloß noch hielt, so werden jetzt keine Versuche gemacht, den Krieg und das Heer zu rechtfertigen, sondern man übergeht alles mit Schweigen, wobei man jene Anziehungskraft benutzt, die noch immer den Krieg und Heer halten, indem man wohl weiß, daß diese ganze so machtvoll erscheinende, grausame und unmoralische Organisation des Mordens jeden Augenblick umstürzen kann und sich nicht wieder emporheben wird. Aber es braucht nur ein Tropfen Wasser durch den Damm hindurchgesickert oder ein Ziegelstein aus einem großen Gebäude herausgefallen zu sein oder eine Masche aus einem festen Netz sich gelöst haben, so rutscht der Damm, das Gebäude stürzt ein, das Netz geht entzwei: Ein solcher Tropfen Wasser, ein solcher Stein, eine solche Masche ist die allgemein begründete Weigerung Van der Vers. Van der Vers Weigerung müßten immer häufiger noch weitere Weigerungen folgen, und sobald die Zahl derselben groß geworden ist, so werden dieselben Menschen, die noch gestern behaupteten, daß man ohne Kriegführen nicht auskommen könne, nunmehr sagen, daß sie schon lange die Widersinnigkeit und Unsittlichkeit des Krieges predigen und ihnen raten, so zu handeln, wie Van der Ver gehandelt hat und vom Krieg und Heer in der Form, wie sie jetzt bestehen, wird nur eine bloße Erinnerung zurückbleiben.

Und diese Zeit ist nahe.

Jassnaja Poljana, 24. Sept. 1896.

IX.
Zwei Kriege

(Dve vojny, August 1898)

Leo N. Tolstoi

Übersetzt von Ilse Frapan*
(*Zuerst abgedruckt im „Neuen Jahrhundert")[1]

In der christlichen Welt gehen gegenwärtig zwei Kriege vor sich. Freilich ist der eine schon zu Ende, der andere noch nicht, aber sie bestanden doch eine Weile zu derselben Zeit, und der Gegensatz zwischen ihnen war frappant. Der eine – jetzt schon beendigte – Krieg war der alte ehrgeizige, dumme und grausame, unzeitige, antiquierte, heidnische Krieg, der spanisch-amerikanische, welcher durch die Tötung der einen Gruppe Menschen die Frage lösen wollte, wie und von wem die Anderen regiert werden müssen. Der andere, noch jetzt dauernde Krieg, der nur dann endigen kann, wenn alle Kriege zu Ende sein werden – das ist der neue, selbstverleugnende, auf der Liebe und Vernunft allein gegründete, heilige Krieg, der Krieg gegen den Krieg, welchen der beste, vorgeschrittene Teil der christlichen Menschheit schon lange (wie Victor Hugo das auf einem Kongresse ausdrückte) dem anderen rohen, wilden Teile derselben Menschheit erklärt hat, und welchen ein Häuflein Christenmenschen – die kaukasischen Duchoboren[2] – in der letzten Zeit mit besonderer Kraft und mit Erfolg gegen die mächtige russische Regierung führt.

In diesen Tagen habe ich einen Brief von irgend einem Amerikaner bekommen, welcher mich bittet, ihm zu schicken: „Einige Worte und Gedanken, die meine Gefühle gegenüber der edlen That der amerikanischen Nation, dem Heroismus ihrer Soldaten und See-

---

[1] Textquelle I Leo TOLSTOJ: Zwei Kriege [Dve vojny, 1898]. Übersetzt von Ilse Frapan. In: Der Sozialist. Organ für Anarchismus-Sozialismus. VIII. Jahrgang, Nr. 44 vom 29. Oktober 1898, S. 226-227.

[2] [Weitaus geläufigere Transkription in Übersetzungen: *Duchoborzen*.]

leute ausdrücken." Dieser Herr, samt der ungeheuren Mehrheit des amerikanischen Volkes, ist vollkommen überzeugt, dass die That der Amerikaner, welche darin besteht, dass sie einige Tausende fast waffenloser (im Vergleich mit der Bewaffnung der Amerikaner waren die Spanier beinahe waffenlos) Menschen geschlagen haben, zweifellos eine edle That – *a noble work* – sei, und dass Leute Helden seien, welche selber am Leben und gesund geblieben, nachdem sie eine Menge ihrer Nächsten erschlagen.

Der amerikanische Krieg, abgesehen von jenen Greueln, die die Spanier auf Cuba verübten und die als Vorwand des Krieges gedient haben, der spanisch-amerikanische Krieg selbst gleicht nämlich Folgendem: Ein in den Traditionen falscher Ehre erzogener Greis, der vor Alter seine Kräfte und seinen Verstand verloren hat, fordert, um ein Missverständnis zwischen sich und einem jungen Manne zu lösen, diesen jungen, im vollen Besitz seiner Kräfte stehenden Mann zum Faustkampf; und der junge Mann, welcher nach seiner Vergangenheit, nach dem, was er selbst mehrere Male geäussert, unendlich hoch über solcher Entscheidung der Frage stehen müsste, nimmt die Forderung an, stürzt auf den Greis, der seine Kräfte und seinen Verstand schon verloren hat, los, schlägt ihm die Zähne aus, zerbricht ihm die Rippen und erzählt nachher mit Entzücken von seinen Heldenthaten dem Publikum, das sich freut und den Helden, der den Greis verstümmelt hat, preist.

So ist der eine Krieg, der alle Geister der christlichen Welt beschäftigte. Von dem anderen Kriege spricht niemand, niemand sogar weiss von ihm. Der andere Krieg ist dieser Art: Alle Staaten sagen, die Leute betrügend: „Ihr Alle, die Ihr von mir regiert werdet, lauft Gefahr, von anderen Völkern erobert zu werden; ich bewahre Euren Wohlstand und Eure Sicherheit, und darum verlange ich, dass Ihr mir jährlich Millionen Rubel, die Früchte Eurer Arbeit, abgebt, welche ich für Gewehre, Kanonen, Pulver, Schiffe … zu Eurem Schutze verwenden werde, ausserdem verlange ich, dass auch Ihr selbst in die von mir eingerichteten Organisationen eintretet, wo man aus Euch verstandeslose Teilchen einer ungeheuren Familie, der von mir regierten Armee machen wird. Indem Ihr Euch in dieser Armee befindet, hört Ihr auf, Menschen zu sein, eigenen Willen zu haben, und werdet alles thun, was ich will. Ich will aber vor allem herrschen; das Mittel zum Herrschen aber, dessen ich mich bediene, ist der Totschlag, und darum werde ich Euch töten lehren."

Und ungeachtet der augenscheinlichen Ungereimtheit der Behauptung, dass die Menschen in Gefahr vor einem Ueberfall von Seiten der Regierungen anderer Staaten seien, welche behaupten, dass sie trotz ihrer Sehnsucht nach dem Frieden in derselben Gefahr stehen; ungeachtet der Unwürdigkeit jener Sklaverei, welcher sich die in die Armee eintretenden Menschen unterwerfen, ungeachtet der Grausamkeit der Thätigkeit, zu welcher sie berufen werden, lassen sich die Leute hintergehen, geben ihr Geld her zu ihrer eigenen Unterdrückung, und sie selber unterdrücken einander.

Und nun erscheinen Leute, welche sagen: „Was Ihr von der uns drohenden Gefahr und von Eurer Sorge, uns davor zu bewahren, sagt, ist Betrug. Alle Staaten versichern, dass sie den Frieden wünschen, und bei alledem rüsten sich Alle gegen einander. Ausserdem – nach dem Gesetz, welches Ihr anerkennt, sind alle Menschen Brüder, und es ist kein Unterschied, diesem oder jenem Staate anzugehören; deswegen erschreckt ein Angriff auf uns von Seiten anderer Staaten uns nicht und hat für uns keine Bedeutung. Die Hauptsache aber ist, dass nach dem Gesetze, welches uns von Gott gegeben ist, und welches auch Ihr anerkennt, nicht nur der Totschlag, sondern auch jede Gewaltthätigkeit verboten ist: und darum können wir und werden wir keinen Anteil an Euren Vorbereitungen zu den Mordthaten nehmen, wir werden Euch kein Geld dazu geben und gehen nicht in die von Euch eingerichteten Versammlungen, wo man den Verstand und das Gewissen der Menschen entstellt, indem man uns in die Gewaltwerkzeuge verwandelt, die jedem bösen Menschen, der dies Werkzeug in die Hände nimmt, gehorsam sind."

Darin besteht der andere Krieg, welcher schon lange von den besten Menschen der Welt gegen die Vertreter der rohen Gewalt geführt wird und der in der letzten Zeit zwischen den Duchoboren und dem russischen Staat mit besonderer Heftigkeit aufloderte. Der russische Staat hat gegen die Duchoboren alle Werkzeuge aufrücken lassen, mit welchen er kämpfen kann: polizeiliche Verhaftungsmittel, Verbot, den Aufenthaltsort zu verlassen, Verbot des Verkehrs unter einander, Unterschlagung der Briefe, Spionage, Verbot, alles die Duchoboren Betreffende in den Zeitungen zu drucken, Verleumdung derselben in den Zeitschriften, Bestechung, Durchpeitschung, Gefängnis, Zerstörung der Familien. Die Duchoboren aber stellten ihrerseits ihr einziges religiöses Werkzeug auf: milde Vernunft und geduldige Standhaftigkeit; sie sagen: man muss nicht den Menschen mehr als Gott gehorchen, und was Ihr auch mit uns thun möchtet, wir können und werden Euch nicht gehorchen.

Man preist die spanischen und amerikanischen Helden jenes wilden Krieges, die in dem Wunsch, sich vor den Leuten auszuzeichnen, Belohnungen und Ruhm zu erringen, sehr viele Menschen getötet haben oder selber während der Tötung ihrer Nächsten gestorben sind.

Aber niemand spricht, niemand weiss sogar von jenen Helden des Krieges gegen den Krieg, welche, ohne von irgend jemand gesehen und gehört zu werden, unter den Peitschen oder in stinkenden Kerkern oder in der schweren Verbannung starben oder sterben und dennoch bis zu den letzten Zügen dem Guten und der Wahrheit treu bleiben.

Ich kenne Dutzende solcher Märtyrer, die schon gestorben sind, und Hunderte ebensolcher, die, zerstreut durch die ganze Welt, in diesem Märtyrer-Bekenntnis der Wahrheit fortfahren.

Ich kenne einen Drosschin, einen Lehrer-Bauer, welcher im Strafbataillon zu Tode gequält ward; ich kenne einen Anderen, Isumtschenko, den Kameraden von Drosschin, der, nachdem er das Strafbataillon durchgemacht hatte, bis ans Ende der Welt verbannt ward; ich kenne einen Olchowik, einen Bauer, der den Militärdienst ablehnte und dafür ins Strafbataillon verurteilt ward. Er bekehrte auf dem Dampfschiff einen Soldaten von der Bedeckung, Sereda; Sereda kam – nachdem er, was ihm Olchowik von der Sünde des Kriegsdienstes sagte, verstanden – zu seiner Obrigkeit und sprach, wie die alten Märtyrer zu sprechen pflegten: „Ich will nicht mit den Marternden sein, vereinigt mich mit den Märtyrern", und man fing an, ihn zu quälen, schickte ihn ins Strafbataillon und nachher in die Provinz Jakutsk. Ich kenne Dutzende von Duchoboren, deren viele gestorben, blind geworden, und dennoch unterwarfen sie sich nicht den gottwidrigen Forderungen.

In diesen Tagen habe ich einen Brief über einen jungen Duchobor gelesen, der allein, ohne Kameraden, in das Regiment, das in Samarkand stand, geschickt worden war. Wieder dieselben Forderungen seitens der Obrigkeit und dieselben einfachen, unabwendbaren Antworten: „Ich kann nicht das thun, was meinem Glauben an Gott zuwider ist." – „Wir werden Dich zu Tode quälen." – „Das ist Eure Sache. Thut das Eure und ich werde das meine thun."

Und dieser zwanzigjährige, allein in fremdes Land verschlagene Knabe, mitten unter den ihm feindlichen Leuten – reichen, starken, gebildeten Leuten, die alle ihre Kräfte darauf richten, ihn zu unterwerfen, unterwirft sich nicht und vollbringt seine grosse That.

Man sagt: „Das sind vergebliche Opfer. Die Leute werden zu Grunde gehen, die Lebensordnung aber bleibt dieselbe." Ebenso, glaube ich, sprachen die Leute auch von der Vergeblichkeit des Opfers Christi, wie auch aller Märtyrer der Wahrheit. Die Leute unserer Zeit, besonders die Gelehrten, sind so roh geworden, dass sie ihrer Rohheit wegen die Bedeutung und Wirkung geistiger Kräfte nicht begreifen, – ja sie nicht einmal begreifen können. Eine Ladung von 250 Pud Dynamit, auf einen Haufen lebendiger Menschen geschleudert, – das verstehen sie und sehen darin Kraft; aber der Gedanke, die Wahrheit, die zur Verwirklichung gelangte, die zum Märtyrertum im Leben durchgeführte, welche Millionen zugänglich ist – das ist nach ihrem Verständnis keine Kraft, weil sie nicht kracht und man keine zerbrochenen Knochen und keine Blutlachen sieht. Die Gelehrten (freilich die schlechten Gelehrten) verwenden die ganze Macht ihrer Gelehrsamkeit darauf, zu beweisen, dass die Menschheit wie eine Herde lebt, welche nur durch die ökonomischen Bedingungen geleitet wird, und dass der Verstand ihr nur zum Spass gegeben ist; aber die Regierungen wissen, was die Welt bewegt, und darum betragen sie sich, unfehlbar nach dem Instinkt der Selbsterhaltung, am eifersüchtigsten gegen diejenigen geistigen Kräfte, von welchen ihre Existenz oder ihr Untergang abhängt. Eben darum waren und sind noch jetzt alle Kräfte der russischen Regierung darauf gerichtet, die Duchoboren unschädlich zu machen, sie zu isolieren, ins Ausland zu verbannen.

Aber trotz aller dieser Bemühungen öffnete der Kampf der Duchoboren Millionen die Augen. Ich kenne Hunderte von Menschen, von alten und jungen Militärs, welche Dank den Verfolgungen der sanften, arbeitsamen Duchoboren anfingen, die Gesetzmäßigkeit ihrer Thätigkeit zu bezweifeln; ich kenne Menschen, die zum ersten Mal in Nachdenken verfielen über das Leben und über die Bedeutung des Christentums, nachdem sie das Leben dieser Menschen, die Verfolgungen, welchen sie unterworfen worden, gesehen oder gehört hatten.

Und die Regierung, die Millionen von Menschen regiert, weiss das und fühlt, dass sie ins Herz selbst getroffen ist. – Solcher Art ist der andere Krieg, welcher in unserer Zeit geführt wird, und solcher Art sind seine Folgen. Und seine Folgen sind wichtig, nicht nur für die russische Regierung allein. Jegliche Regierung, die auf Krieg und auf Gewalt gegründet ist, ist von dieser Waffe getroffen. Christus hat gesagt: *„Ich habe die Welt besiegt."* Und er hat sie wirklich besiegt, wenn die Menschen an die Macht dieser ihnen verliehenen Waffe glauben werden.

Diese Waffe besteht darin, dass jeder Mensch dem eigenen Verstande und dem eigenen Gewissen folgt. Das ist so einfach, so zweifellos und verbindlich für jeden Menschen. „Ihr wollt mich zu einem Teilnehmer am Totschlage machen. Ihr verlangt von mir Geld für die Verfertigung von Mordwerkzeugen, und Ihr wollt, dass ich selbst an der organisierten Mörderbande teilnehme," sagt der verständige Mensch, der sein Gewissen nicht verkauft und nicht verdunkelt hat, „aber ich bekenne dasselbe Gesetz, welches auch Ihr bekennt und in welchem von jeher nicht nur Totschlag, sondern auch jegliche Feindschaft verboten ist, und darum kann ich Euch nicht gehorchen."

Und eben dieses einfache Mittel allein besiegt die Welt.

X.

Brief an einen Feldwebel

(Pis'mo k fel'dfebelju, 1899)[1]

Leo N. Tolstoi

Sie wundern sich darüber, dass den Soldaten beigebracht wird, man dürfe in bestimmten Fällen u. a. im Kriege Menschen töten, während in der von Leuten, die dieses Gebot verkünden, für heilig gehaltenen Schrift nichts dergleichen steht, sondern im Gegenteil das Verbot nicht nur jedes Menschenmordes, sondern auch jeder anderen Kränkung, das Verbot, anderen zu tun, was man sich selbst nicht wünscht, ausgesprochen wird. Sie fragen: Ist das nicht Betrug? Und wenn es so ist, wem zu liebe wird er verübt?

Ja, es ist Betrug, und er geschieht denen zu lieb, die gewöhnt sind, vom Schweiss und Blut Anderer zu leben; denen zu lieb, die zu diesem Zweck die den Menschen zu ihrem Heil gegebene Lehre Christi, die jetzt in ihrer entstellten Form eine Hauptursache alles menschlichen Unglücks geworden ist, von jeher verdreht haben und noch verdrehen.

Das ist so gekommen:

Die Regierung und all die Angehörigen höherer Stände, die an der Regierung teilnehmen und von fremder Arbeit leben, müssen ein Mittel haben, um über die Arbeitermassen zu herrschen. Dieses Mittel ist das Militär. Der Schutz vor äusseren Feinden ist nur eine Ausrede. Die deutsche Regierung jagt ihr Volk mit Russen und Franzosen in's Bockshorn, die französische – mit Deutschen, die russische Regierung das ihrige mit Franzosen und Deutschen und so machen es alle Regierungen. Sowohl die Deutschen wie Russen und

---

[1] Textquelle der Übersetzung | Leo TOLSTOI: Briefe 1848-1910. Gesammelt und herausgegeben von P. A. Sergejenko. Autorisierte vollständige Ausgabe. Berlin: Verlag J. Ladyschnikow 1911, S. 399-406: „Nr. 375. An einen Feldwebel, 1899".
[Der gesamte Band wird derzeit von Ingrid von Heiseler für die Tolstoi-Friedensbibliothek neu ediert.]

Franzosen wollen aber nicht nur den Krieg mit ihren Nachbarn und anderen Völkern vermeiden, sondern wünschen mit ihnen in Frieden zu leben – haben am allermeisten Angst vor Kriegen. Die Regierungen aber und die höheren, müssigen Stände handeln, um für ihre Herrschaft über die Arbeitermassen eine Ausrede zu haben, wie der Zigeuner, der hinter einer Strassenecke sein Pferd peitscht und dann tut, als ob er es nicht halten kann. Sie reizen ihr Volk und andere Regierungen aufs äusserste und geben sich dann den Anschein, als ob sie zum Heil oder Schutz ihres Volkes jene Kriege erklären mussten, die für Generäle, Offiziere, Beamte, Kaufleute und überhaupt die reichen Stände wiederum sehr vorteilhaft sind. Im wesentlichen bilden Kriege nur die unvermeidliche Folge der bestehenden Armeen, Armeen aber brauchen die Regierungen nur, um die Arbeitermassen beherrschen zu können.

Es ist ein frevelhaftes Beginnen, das Schlimmste ist aber, dass die Regierungen, um einen vernünftigen Grund für ihre Macht über das Volk zu haben, sich den Anschein geben müssen, als ob sie die vornehmste aller bekannten Religionen d. h. die christliche, verkündigten und in dieser ihre Untertanen erzögen. Dem Christentum aber ist seinem ganzen Wesen nach nicht nur jeder Mord, sondern auch jede Gewalt zuwider; deswegen mussten die Regierungen, um über das Volk zu herrschen und doch als christlich gelten zu können, das Christentum entstellen, dem Volk seinen wahren Sinn verheimlichen und auf diese Weise die Menschen des Heils berauben, das Christus ihnen gebracht hat.

Diese Verdrehung des Christentums ist schon vor langer Zeit, schon unter dem dafür heiliggesprochenen Bösewicht, dem Zaren Konstantin[2] geschehen. Alle folgenden Regierungen, besonders unsere russische, haben sich dann mit aller Kraft bemüht, dieses entstellte Christentum beizubehalten und dem Volk den wahren Sinn desselben vorzuenthalten, weil das Volk nach Erkenntnis seines wahren Sinnes alsbald begreifen würde, dass die Regierungen mit ihren Abgaben, Soldaten, Gefängnissen, Galgen und betrügerischen

---

[2] [Konstantin „der Große" (gest. 337 n. Chr.), war von 306 bis 337 römischer Kaiser und missbrauchte als erster das Christuszeichen für militärische Mordmissionen; er leitete die Korrumpierung eines staatskirchlich privilegierten „Christentums" ein; pb]

Priestern durchaus nicht die Säulen des Christentums sind, für die sie sich ausgeben, sondern im Gegenteil seine grössten Feinde.

Infolge dieser Verdrehung des Christentums geschieht der Betrug, der Sie so verblüfft, und aus ihm entspringt all die Not, unter der das Volk leidet.

Das Volk wird bedrückt, beraubt, an den Bettelstab gebracht, in Unwissenheit gehalten und stirbt allmählich aus. Warum? Weil das Land in den Händen der Reichen ist, während das Volk sich in Fabriken und Werkstätten gegen kargen Lohn verdingt; weil man ihm Steuern auferlegt, den Preis für seine Arbeit herabdrückt, und die Preise für die notwendigsten Dinge in die Höhe schraubt. Wie kann man sich von diesem Übel befreien? Den Reichen das Land abnehmen? Wenn man das tut, kommen Soldaten, jagen die Aufrührer über den Haufen und werfen sie ins Gefängnis. Die Fabriken und Werkstätten an sich reissen? Geschieht dasselbe. Streiken? Das glückt niemals. Die Reichen halten es länger aus, als die Arbeiter, und das Militär ist stets auf Seite der Kapitalisten. Solange den herrschenden Klassen Militär zur Verfügung steht, wird das Volk niemals der Zwangslage entrinnen, in der man es hält.

Was sind denn das aber für Truppen, die das Volk in dieser Knechtschaft halten? Wer sind die Soldaten, die auf Bauern schiessen, die sich das Land gewaltsam angeeignet haben, auf streikende Arbeiter, die nicht auseinander gehen, Schmuggler, die Konterbande einführen, und all jene Leute ins Gefängnis werfen, die sich weigern, Steuern zu bezahlen? Die Soldaten sind dieselben Bauern, denen das Land abgenommen ist, dieselben streikenden Arbeiter, die ihren Lohn erhöhen wollen, dieselben Steuerzahler, die sich von diesen Steuern befreien wollen.

Warum schiessen diese Leute auf ihre Brüder? Weil man ihnen eingeredet hat, der Eid, den sie beim Dienstantritt haben schwören müssen, sei rechtsverbindlich; man dürfe im allgemeinen nicht, wohl aber auf Befehl der Vorgesetzten, Menschen töten; d. h. an ihnen wird derselbe Betrug verübt, der Sie so überrascht hat. Da taucht nun die Frage auf: Wie können vernünftige, oft des Lesens und Schreibens kundige, sogar gebildete Menschen solche offenbare Lüge glauben? So ungebildet jemand auch ist, er muss doch unbedingt wissen, dass Christus keinen Mord erlaubt, sondern Sanftmut, Demut, Vergebung der Beleidigungen, Liebe zu den Feinden gelehrt hat; er muss deswegen unbedingt einsehen, dass er unmöglich auf Grund des Christentums im voraus all die Leute zu töten versprechen kann, die man ihm zu töten befiehlt.

Die Frage ist die, wie Leute mit gesundem Menschenverstand solch offenbaren Betrug glauben können, an den jetzt alle glauben, die beim Militär dienen. Die Antwort auf diese Frage ist, dass die Massen nicht nur durch diesen Betrug, sondern von klein auf, durch eine ganze Reihe von Betrügereien, ein ganzes Betrugssystem, hintergangen werden, das man rechtgläubige Religion nennt, und das nichts anderes ist, als der roheste Götzendienst. Diese rechtgläubige Religion lehrt, dass Gott – dreieinig ist, dass es ausser diesem dreieinigen Gott noch eine Himmelskönigin gibt, und ausser dieser Himmelsköngin noch verschiedene Heilige, deren Gebeine nicht verwesen, und ausser diesen Heiligen noch Heiligenbilder von Göttern und der Himmelskönigin, denen man Lichter stiften und die man anbeten muss, und, dass das Wichtigste und Heiligste auf der Welt – der Matsch sei, den der Pope Sonntags hinter der Scheidewand aus Wein und Semmel anrührt – dass, nachdem der Pope etwas darüber flüstert, – der Wein kein Wein mehr und die Semmel keine Semmel mehr, sondern Leib und Blut eines der dreieinigen Götter sei. Alles das ist so dumm und unsinnig, dass man es unmöglich verstehen kann. Die Leute, die diese Religion lehren, befehlen auch nicht, sie zu verstehen, sondern nur zu glauben, und die an diesen Unsinn von klein auf gewöhnten Leute glauben alle möglichen Torheiten, die man ihnen vorredet. Wenn sie dann so verdummt sind, dass sie daran glauben, dass Gott in einer Ecke hängt, oder in dem Klumpen Brei sitzt, den der Pope ihnen auf einem Löffel reicht, dass es für dieses und das zukünftige Leben nützlich sei, Heiligenschreine oder Reliquien zu küssen und Lichter zu stiften: dann beruft man sie zur Fahne und betrügt sie dort ganz nach Belieben, lässt sie vor allen Dingen auf das Evangelium schwören (was bekanntlich verboten ist), dasjenige zu tun, was in diesem Evangelium verboten ist, und bringt ihnen dann bei, dass das Töten von Menschen auf Befehl der Vorgesetzten keine Sünde sei, dass es aber Sünde sei, dem Vorgesetzten nicht zu gehorchen usw.

Also steht der an Soldaten verübte Betrug, durch den ihnen eingeredet wird, dass man auf Befehl der Vorgesetzten Menschen töten dürfe, ohne dadurch eine Sünde zu begehen, nicht vereinzelt da, sondern er ist mit einem ganzen Betrugssystem verbunden, ohne dass dieser Betrug unwirksam wäre.

Nur jemand, der durch die falsche, rechtgläubig genannte Religion, die als Christentum ausgegeben wird, vollständig verdummt ist, kann glauben, dass es für Christen keine Sünde sei, zum Militär zu gehen, jedem, der einen höheren Rang bekleidet, blinden Gehorsam zu versprechen, und auf Wunsch eines anderen Mord zu lernen und das schrecklichste, von allen Gesetzen verbotene Verbrechen zu begehen. Wer von diesem sogenannten „rechtgläubigen" Betruge, d. h. vom falschen, christlichen Glauben frei ist, wird niemals hieran glauben.

Daher kommt es auch, dass die sogenannten Sektierer, d. h. Christen, die die rechtgläubige Religion verwerfen und sich zur Lehre Christi, wie sie im Evangelium und besonders in der Bergpredigt niedergelegt ist, bekennen, niemals diesem Betruge unterliegen und sich stets weigern, Militärdienst zu tun, da sie das für unvereinbar mit dem Christentum halten und lieber alle möglichen Qualen und Nachstellungen erdulden, wie jetzt Hunderte und Tausende: in Russland – die Duchoborzen und Molokanen; in Österreich – die Nazarener; in Schweden, der Schweiz und Deutschland – die Evangeliker. Die Regierung weiss das und achtet deswegen auf nichts so aufmerksam und ängstlich wie darauf, dass der allgemeine von der Kirche verübte Betrug, ohne den die Staatsmacht unmöglich ist, von klein auf an allen Kindern ausgeübt und unaufhörlich so aufrecht erhalten wird, dass niemand ihm entgehen kann. Die Regierung gestattet alles: Trunkenheit und Ausschweifung, denn sie tragen dazu bei, die Menschen in einen bewusstlosen Zustand zu versetzen. Sie wehrt sich aber mit aller Kraft dagegen, dass Leute, die sich von diesem Betruge befreit haben, auch andere befreien.

Die russische Regierung verübt diesen Betrug besonders grausam und hinterlistig. Sie schreibt allen Untertanen, im Übertretungsfalle mit Strafen drohend, vor, ihre Kinder in jugendlichem Alter in der falschen, sogenannten rechtgläubigen Religion taufen zu lassen. Wenn die Kinder dann getauft sind, d. h. als rechtgläubig gelten, wird ihnen unter Androhung von Kriminalstrafen verboten, über den Glauben nachzudenken, in dem sie gegen ihren Willen getauft sind, und sie werden wegen solcher Kritik des Glaubens ebenso wie für den Abfall von ihm und Übergang zu einem anderen bestraft.

So kann man alle Russen unmöglich als rechtgläubig bezeichnen – sie wissen gar nicht, ob sie glauben oder nicht glauben, weil alle schon in ganz jugendlichem Alter zu dem Glauben bekehrt sind und durch Furcht vor Strafe in ihm erhalten werden. Alle Russen sind durch hinterlistigen Betrug der rechtgläubigen Religion zugesellt und werden durch grausame Gewalt in ihr festgehalten.

Die Regierung benutzt ihre Macht dazu, diesen Betrug auszuüben und aufrecht zu erhalten, und der Betrug seinerseits fördert ihre Macht. Deswegen besteht das einzige Mittel, um die Menschen von aller Not zu befreien, darin, dass man sie von dem falschen Glauben erlöst, den die Regierung ihnen beibringt, und darin, dass die Menschen sich die wahre, christliche Lehre zu eigen machen, die ihnen durch jenen falschen Glauben verborgen wird. Die wahre christliche Lehre ist sehr einfach, klar und allen zugänglich, wie Christus auch gesagt hat. Sie ist aber nur dann einfach und verständlich, wenn man sich von der Lüge befreit hat, in der wir alle erzogen sind und die man als göttliche Wahrheit ausgibt.

In ein Gefäss, das von Überflüssigem voll ist, kann man nichts Notwendiges hineintun. Man muss das Überflüssige zunächst ausgiessen. So verhält es sich auch mit der Annahme des wahren, christlichen Glaubens. Man muss zunächst begreifen, dass alle Erzählungen, wonach Gott vor 6000 Jahren die Welt geschaffen hat, Adam sündigte und das Menschengeschlecht fiel, und Gottes Sohn und Gott, der von einer Jungfrau geboren, in die Welt kam und sie erlöste, und alle biblischen und evangelischen Märchen und alle Heiligenleben und Wunder – und Reliquienerzählungen – nichts anderes sind, als ein roher Mischmasch von jüdischem Aberglauben und Betrügereien der Geistlichkeit. Nur jemand, der sich von diesem Betruge gänzlich freigemacht hat, kann die einfache und klare Lehre Christi, die keiner Deutungen bedarf und die man unbedingt verstehen muss, erfassen und begreifen.

Diese Lehre sagt nichts von einem Anfang oder Ende der Welt, noch von einem Gott und seinen Plänen, überhaupt nichts von alledem, was wir nicht wissen können und nicht zu wissen brauchen, sondern sie spricht nur von dem, was jeder Mensch tun muss, um das Seelenheil zu erlangen, d. h. sein Leben, von der Geburt bis zum Tode, zu dem er in diese Welt gekommen ist, auf die beste Weise zu verbringen. Um das zu erreichen, braucht man anderen gegenüber nur so zu handeln, wie man selbst behandelt werden möchte. Darin liegt das ganze Gesetz und die Propheten, – wie Christus sagte. Um so zu handeln, brauchen wir keine Heiligenbilder noch Reliquien, keinen kirchlichen Gottesdienst, noch Priester; keine Heiligengeschichten, keine Katechismen, keine Regierungen; sondern wir müssen uns im Gegenteil von alledem gänzlich frei machen, weil nur jemand, der sich von all den Märchen befreit hat, die die Priester ihm als einzige Wahrheit ausgeben, jemand, der durch kein Versprechen an andere gebunden ist, so zu handeln, wie diese es ihm befehlen – weil nur der gegen andere so handeln kann, wie er selbst behandelt wer werden möchte. Nur dann wird man imstande sein, nicht den eigenen Willen und den anderer Leute, sondern den Willen Gottes zu befolgen.

Gottes Wille geht nicht dahin, dass wir Krieg führen und Schwache unterdrücken, sondern dass wir alle Menschen als Brüder anerkennen und uns gegenseitig dienen.

Das sind die Gedanken, die Ihr Brief in mir hervorgerufen hat. Ich werde mich sehr freuen, wenn sie dazu beitragen, über die Fragen, die Sie beschäftigen, Klarheit zu verbreiten.

Leo Tolstoi.

XI.

Antwort auf den Brief
einer schwedischen Gesellschaft
über die Haager Konferenz

(1899)[1]

Leo N. Tolstoi

Geehrte Herren!

Der Gedanke, den Sie in Ihrem schönen Briefe ausgesprochen haben, die allgemeine Abrüstung könne auf dem leichtesten und sichersten Wege dadurch erreicht werden, daß einzelne Personen die Teilnahme am Kriegsdienst verweigern, – ist ganz richtig. Auch ich glaube, daß dies der einzige Weg ist, die Menschen von dem sich immer mehr verstärkenden entsetzlichsten Elend des Militarismus zu erlösen. Ihr Gedanke aber, die Frage des Ersatzes der Militärpflicht für Personen, die ihre Erfüllung verweigern, durch öffentliche Arbeiten könne auf der Konferenz geprüft werden, die sich auf Vorschlag des Zaren versammeln soll, scheint mir ganz falsch zu sein: erstens weil die Konferenz selbst nichts anderes sein kann als eine jener heuchlerischen Institutionen, die den Zweck haben, nicht den Frieden zu erzielen, sondern im Gegenteil, vor den Menschen jenes einzige Mittel zur Erzielung des allgemeinen Friedens zu verbergen, das die fortschrittlichen Leute schon zu sehen beginnen. Die Konferenz, sagt man, wird zum Zweck haben, wenn nicht die Abrüstung, so doch die Einstellung der Vergrößerung der Rüstungen. Man setzt voraus, daß auf dieser Konferenz die Vertreter der Regierungen übereinkommen werden, nicht mehr ihre Rüstungen zu vergrößern. Wenn das so ist, so erhebt sich unwillkürlich die Frage, wie

[1] Textquelle dieser Übersetzung I Leo N. TOLSTOJ: Antwort auf den Brief einer schwedischen Gesellschaft über die Haager Konferenz [4. August 1909]. In: L. N. Tolstoj: Ausgewählte Werke, herausgegeben von W. Lüdtke. Band XII.: Weltanschauung. Auswahl von W. Lüdtke. Wien/Hamburg/Zürich: Gutenberg-Verlag Christensen & Co. 1929, S. 203-209.

werden die Regierungen jener Staaten verfahren, die zur Zeit des Zusammentritts der Konferenz schwächer als ihre Nachbarn sind? Solche Regierungen werden kaum zustimmen, auch in Zukunft in dieser im Vergleich zu den Nachbarn schwächeren Lage zu bleiben. Wenn sie aber zustimmen, in einer solchen schwächeren Lage zu bleiben, in dem festen Glauben an die Bestimmungen der Konferenz, so können sie auch noch schwächer sein und überhaupt sich nicht für das Heer verausgaben.

Wenn aber das Werk der Konferenz darin bestehen wird, die militärischen Kräfte der Staaten auszugleichen und dabei stehenzubleiben, wenn es überhaupt möglich sein sollte, eine solche unmögliche Ausgleichung zu erzielen, so taucht unwillkürlich die Frage auf, warum die Regierungen bei einer solchen Rüstung stehen bleiben sollten, die jetzt da ist, und nicht bei einer herabgesetzten. Weshalb ist es nötig, daß Deutschland, Frankreich, Rußland, sagen wir beispielsweise, je eine Million Soldaten haben, und nicht je 500.000, nicht je 10.000, nicht 1000 Soldaten? Wenn es möglich ist herabzusetzen, warum nicht bis zum Minimum herabsetzen, und warum schließlich nicht an Stelle der Heere – Kämpfer aufstellen: David und Goliath, und die internationalen Angelegenheiten danach entscheiden, wer siegt?

Man sagt: die Konflikte der Regierungen werden durch ein Schiedsgericht entschieden werden. Ich will gar nicht davon reden, daß nicht Vertreter des Volkes, sondern Vertreter der Regierungen die Sachen entscheiden werden, und daß es deshalb keine Bürgschaft dafür gibt, daß diese Entscheidungen richtig sein werden: wer soll denn die Entscheidungen dieses Gerichtes zur Ausführung bringen? Die Heere. Wessen Heere? Die Heere aller Mächte. Die Stärke dieser Heere ist aber doch nicht gleich. Wer wird z. B. auf dem Kontinent eine Entscheidung zur Ausführung bringen, die, nehmen wir an, für Deutschland, Rußland und Frankreich (die sich zu einem Bündnis vereinigt haben) nachteilig sein wird; oder wer wird auf dem Meere eine Entscheidung zur Ausführung bringen, die den Interessen Englands, Amerikas, Frankreichs widerspricht? Die Entscheidungen des Schiedsgerichts gegen die militärische Vergewaltigung der Staaten werden durch militärische Vergewaltigung zur Ausführung gebracht werden, d. i. eben dasselbe, was begrenzt werden soll, wird das Mittel der Begrenzung sein. Um einen Vogel zu fangen, muß man ihm Salz auf den Schwanz streuen. Ich erinnere mich, während der Belagerung Sewastopols saß ich einmal bei dem Adjutanten Sackens, des Kommandanten der Garnison, als der Fürst S. S. Urussow ins Empfangszimmer eintrat, ein sehr tapferer Offizier, ein großer Sonderling und zugleich einer der besten europäischen Schachspieler jener Zeit. Er sagte, er habe ein Anliegen an den General. Ein Adjutant führte ihn in das Kabinett des Generals. Nach zehn Minuten ging Urustow mit unzufriedenem Gesicht an uns vorbei. Der ihn geleitende Adjutant kehrte zu uns zurück und erzählte uns lächelnd, mit welchem Anliegen Urussow zu Sacken gegangen war. Er war zu Sacken gegangen, um den Engländern die Herausforderung vorzuschlagen, eine Schachpartie um den vordersten Laufgraben vor der fünften Bastion zu spielen, der einigemal aus einer Hand in die andere übergegangen war und schon einige hundert Leben gekostet hatte.

Unzweifelhaft wäre es viel besser gewesen, um den Laufgraben eine Schachpartie zu spielen, als Menschen zu töten. Doch Sacken stimmte dem Vorschläge Urussows nicht zu, da er sehr gut begriff, eine Schachpartie könne man um einen Laufgraben nur dann spielen, wenn volles gegenseitiges Vertrauen der Parteien auf die Erfüllung der festgesetzten Abmachung vorhanden wäre. Die Anwesenheit der vor dem Laufgraben stehenden Truppen und der auf ihn gerichteten Kanonen bewies aber, daß dies Vertrauen nicht vorhanden war. Solange auf dieser und jener Seite Truppen standen, – war es klar, daß die Sache nicht durch Schachpartien, sondern durch Bajonette entschieden wird. Genau so ist es auch mit den internationalen Fragen. Damit sie durch ein Schiedsgericht entschieden werden können, – ist nötig, daß volles gegenseitiges Vertrauen der Mächte daraus vorhanden ist, daß sie die Entscheidung des Gerichtes erfüllen. Wenn dies Vertrauen da ist, so sind Heere gar nicht nötig. Wenn aber Truppen da sind, so ist klar, daß dies Vertrauen nicht da ist, und daß die internationalen Fragen durch nichts anderes entschieden werden können, als nur durch die Macht der Truppen. Solange Truppen da sind, sind sie nötig, um nicht nur neue Erwerbungen zu machen, wie das jetzt alle Staaten tun: einer in Asien, ein anderer in Afrika, ein anderer in Europa, – sondern auch um mit Gewalt festzuhalten, was mit Gewalt erworben ist. Und erwerben und mit Gewalt festhalten kann man nur, indem man siegt. Es siegen aber immer nur *gros bataillons*[2]. Und deshalb, wenn eine Regierung ein Heer hat, so muß sie ein möglichst großes haben. Darin besteht ihre Verpflichtung. Wenn eine Regierung das nicht tut, so ist sie unnötig.

Eine Regierung kann sehr vieles in der inneren Verwaltung tun: sie kann das Volk befreien, aufklären, bereichern, Wege und Kanäle bauen, Ödland kolonisieren, öffentliche Arbeiten organisieren; aber *eins* kann sie nicht tun – gerade das, wozu die Konferenz einberufen ist, d. i. ihre militärischen Kräfte verringern.

Wenn aber der Zweck der Konferenz, wie dies aus den folgenden Erläuterungen zu ersehen ist, darin bestehen soll, Werkzeuge der Vernichtung, die den Menschen besonders grausam vorkommen, außer Gebrauch zu setzen (warum sollte man sich nicht bemühen, in deren Zahl vor allem zugleich außer Gebrauch zu setzen auch das Abfangen von Briefen, die Unterschiebung von Telegrammen und die Spionage und alle die erschrecklichen Gemeinheiten, die die notwendigen Bedingungen der militärischen Verteidigung bilden?), so ist ein solches Verbot, für den Kampf alle jene Mittel zu benützen, die da sind, ganz ebenso unmöglich, wie ein Verbot für Menschen, die sich um ihr Leben schlagen, während der Schlägerei die empfindlichsten Teile des Körpers zu berühren. Und weshalb ist eine Wunde oder der Tod von einem Explosivgeschoß schlimmer als eine Wunde an einer sehr empfindlichen Stelle von der einfachsten Kugel oder einem Holzsplitter, die die allerschlimmsten Leiden verursachen und denselben Tod herbeiführen können wie irgendein anderes Geschoß?

Es ist erstaunlich, wie erwachsene und geistig gesunde Menschen im Ernst so seltsame Gedanken aussprechen können.

Nehmen wir die Diplomaten, die ihr Leben der Lüge weihen – sie sind so an dies Laster gewöhnt und leben und wirken beständig in einer so dicken Atmosphäre von Lüge, daß ihnen selbst die ganze Unsinnigkeit und Verlogenheit ihrer Vorschläge unbemerklich ist: doch wie können Privatleute – ehrliche Privatleute, nicht diejenigen, die, um sich dem Zaren gefällig zu erweisen, seinen lächerlichen Vorschlag preisen, – wie können ehrliche Privatleute nicht sehen, daß das Resultat dieser Konferenz kein anderes sein kann, als nur eine Befestigung jener Täuschung, in der die Regierungen ihre Un-

---

[2] Starke Bataillone.

tertanen halten, wie das bei der Heiligen Allianz Alexanders I. war?

Die Konferenz wird den Zweck haben, nicht den Frieden auszurichten, sondern vor den Menschen das einzige Mittel ihrer Befreiung von dem Elend des Krieges zu verbergen: das Mittel, das darin besteht, daß die einzelnen Personen ihre Teilnahme an dem militärischen Mord verweigern, und deshalb kann die Konferenz auf keine Weise diese Frage in Erwägung ziehen. Mit den Leuten, die wegen ihrer Überzeugungen die Militärpflicht verweigern, verfährt jede Regierung immer ebenso, wie die russische Regierung mit den Duchoboren[3] verfuhr. Zur selben Zeit, wo sie in der ganzen Welt ihre angeblichen friedliebenden Absichten publizierte, da marterte sie (und bemühte sich, das vor allen zu verbergen!), da zerstreute und verfolgte sie die friedliebendsten Leute Rußlands nur dafür, daß sie nicht in Worten, sondern in der Tat friedliebend waren und deshalb den Kriegsdienst verweigerten. Ganz ebenso, wenn auch weniger grob, verfuhren und verfahren alle europäischen Regierungen in Fällen der Verweigerung des Kriegsdienstes. So verfuhren und verfahren: die österreichische, die preußische, die französische, die schwedische, die schweizerische, die holländische Regierung und können nicht anders verfahren.

Sie können nicht anders verfahren, weil sie, da sie ihre Untertanen durch die Macht regieren, die ein diszipliniertes Heer bildet, auf keine Weise eine Verringerung dieser Macht und damit auch ihrer Gewalt den zufälligen Stimmungen von einzelnen Personen überlassen können, um so mehr, als nach aller Wahrscheinlichkeit, sobald nur für alle der Ersatz des Kriegsdienstes durch Arbeitsdienst zugelassen wäre, die ungeheure Mehrheit der Menschen (niemand will gern töten und getötet sein) die Arbeit dem Kriegsdienst vorziehen würde und sehr bald so viele Arbeiter eingestellt und so wenige Soldaten übrig geblieben wären, daß es niemand möglich wäre, die Arbeiter arbeiten zu lasten.

Die in ihrer Redseligkeit verstrickten Liberalen, Sozialisten und andere fortschrittliche Politiker können sich einbilden, daß ihre Reden in den Kammern und Versammlungen, ihre Verbände, Streiks, Broschüren sehr wichtige Erscheinungen sind, doch daß die Verwei-

---

[3] Eine religiöse Sekte (die „Geisteskämpfer"), deren Tolstoj sich annahm. [Andere Transkription in Übersetzungen: *Duchoborzen*.]

gerungen des Kriegsdienstes durch einzelne Personen unbedeutende Erscheinungen sind, denen Aufmerksamkeit zu schenken sich nicht lohnt; aber die Regierungen wissen sehr gut, was für sie wichtig und was nicht wichtig ist, und die Regierungen lassen gern alle möglichen liberalen und radikalen Reden in Reichstagen und Arbeiterverbände und sozialistische Demonstrationen zu und nehmen sogar den Schein an, daß sie damit sympathisieren, da sie wissen, daß diese Erscheinungen für sie sehr nützlich sind dadurch, daß sie die Aufmerksamkeit der Völker von dem hauptsächlichsten und einzigen Mittel der Befreiung abziehen; aber niemals werden sie offen Verweigerungen des Kriegsdienstes oder Verweigerungen von Abgaben für den Kriegsdienst (das ist ein und dasselbe) zulassen, und zwar deshalb, weil sie wissen, daß solche Weigerungen den Betrug der Regierungen entblößen und ihre Gewalt an der Wurzel untergraben.

Solange die Regierungen ihre Völker mit Gewalt regieren und wie jetzt, wünschen werden, neue Besitzungen zu erwerben (Philippinen, Port-Arthur usw.) und die erworbenen festzuhalten (Polen, Elsaß, Indien, Algier usw.), solange werden sie nicht nur niemals die Heere verringern, sondern sie im Gegenteil ständig vergrößern.

Eben kam die Nachricht, ein amerikanisches Regiment habe sich geweigert, nach Jlo-Jlo zu gehen. Diese Nachricht wird als etwas Verwunderliches mitgeteilt. Indessen kann man sich doch nur darüber wundern, daß solche Erscheinungen sich nicht ständig wiederholen. Auf welche Weise konnten alle jene russischen, deutschen, französischen, italienischen, amerikanischen Menschen, die in der letzten Zeit Krieg geführt haben, nach dem Willen fremder und größtenteils von ihnen nicht geachteter Leute ausziehen, um Menschen eines andern Volkes zu töten und sich selbst Leiden und dem Tode auszusetzen?

Es sollte doch allen diesen Menschen so klar und natürlich erscheinen, zur Besinnung zu kommen, wenn nicht schon zu der Zeit, wo man sie als Soldaten angeworben hat, so doch im letzten Augenblick, wo man sie gegen den Feind führt: stehenzubleiben, die Gewehre wegzuwerfen und den Gegnern zuzurufen, auch sie möchten dasselbe tun.

Es sollte doch so einfach, natürlich erscheinen, daß alle so verfahren müßten. Doch wenn die Menschen nicht so verfahren, so kommt dies nur daher, daß die Menschen den Regierungen glauben, die ihnen versichern, alle jene Beschwerden, die die Menschen um des Krieges willen tragen, würden ihnen zu ihrem eigenen Heile auferlegt.

Alle Regierungen haben mit erstaunlicher Frechheit immer versichert und versichern, daß alle jene kriegerischen Vorbereitungen und sogar die Kriege selbst, die sie führen, nötig für den Frieden seien. Jetzt wird auf diesem Gebiete der Heuchelei und des Betruges noch ein neuer Schritt getan, der darin besteht, daß jene selben Regierungen, für deren Bestehen Heere und Kriege notwendig sind, sich den Anschein geben, als ob sie besorgt seien, Mittel zur Einschränkung der Heere und Vernichtung des Krieges ausfindig zu machen. Die Regierungen wollen die Völker überzeugen, daß die einzelnen Menschen sich nicht darum zu kümmern hätten, sich vom Kriege zu befreien; die Regierungen selbst würden es auf ihren Konferenzen so einrichten, daß zuerst die Heere verringert und dann ganz vernichtet werden. Doch dies ist eine Unwahrheit.

Verringert und vernichtet werden können die Heere nur gegen den Willen, aber nicht nach dem Willen der Regierungen.

Verringert und vernichtet werden können die Heere erst dann, wenn die Menschen aufhören, den Regierungen zu trauen, und selbst die Rettung aus dem sie bedrückenden Elend suchen werden und diese Rettung nicht suchen werden in komplizierten und feinen Kombinationen von Diplomaten, sondern in der einfachen Erfüllung des für jeden Menschen verbindlichen Gesetzes, das in allen religiösen Lehren und im Herzen eines jeden Menschen geschrieben steht, das befiehlt, andern nicht zu tun, was man nicht will, daß sie einem tun, noch viel weniger seinen Nächsten zu töten.

Verringert und dann vernichtet können die Heere erst dann werden, wenn die öffentliche Meinung die Menschen mit Schande brandmarken wird, die aus Furcht oder Vorteil ihre Freiheit verkaufen und sich in die Reihen der ‚Heer' genannten Mörder stellen; die Menschen aber – jetzt unbekannte und sogar verurteilte, die trotz aller Verfolgungen und Leiden, die sie dafür erdulden müssen, sich weigern, ihre Freiheit in die Hände anderer Menschen wegzugeben und Werkzeuge des Mordes zu werden, – wird sie als das hinstellen, was sie sind: – als Vorkämpfer und Wohltäter der Menschheit.[4]

---

[4] Tolstoj stand in Beziehungen zu verschiedenen Kriegsdienstverweigerern.

Erst dann werden die Heere zuerst verringert und dann ganz vernichtet werden, und es wird eine neue Ära im Leben der Menschheit anbrechen.

Und diese Zeit ist nahe.

Und darum gerade glaube ich, daß Ihr Gedanke, die Verweigerungen der Dienstpflicht seien Erscheinungen von ungeheurer Wichtigkeit, und sie befreiten die Menschheit von dem Elend des Militarismus – ganz richtig ist. Ihr Gedanke aber, dazu könne die Konferenz mitwirken – ist ganz irrig. Die Konferenz kann die Augen des Volkes von dem einzigen Mittel der Rettung und Befreiung nur ablenken.

Moskau, Januar 1899.

XII.

Wo ist der Ausweg?

(Gde vychod? – 1900)[1]

Leo N. Tolstoi

Ein Knabe wird im Dorf geboren, wächst auf und arbeitet zusammen mit seinem Vater, seinem Großvater, seiner Mutter.

Und nun sieht der Knabe, daß von dem Acker, den er mit seinem Vater gepflügt, geeggt und besät hat, auf dem seine Mutter mit dem Mädchen das Korn geschnitten und zu Garben gebunden hat, wobei er selbst geholfen, die Garben in Haufen zu tragen, – nun sieht der Knabe, daß sein Vater die ersten Kornhaufen von diesem Felde nicht zu sich, sondern an dem Garten vorbei auf die Tenne des Gutsbesitzers fährt. Mit der knarrenden Fuhre, die sie mit dem Vater gebunden haben, an dem Herrenhause vorbeifahrend, sieht der Knabe, wie dort auf dem Balkon eine geputzte Dame an einem mit Pasteten und Naschwerk bestellten Tisch vor einem blitzenden Ssamowar sitzt und wie jenseits des Weges, auf einem gesäuberten Platze, die beiden Knaben des Gutsherrn in gestickten Hemden und blanken Stiefeln Ball spielen.

Der eine von ihnen hat den Ball über die Fuhre geworfen.

„Heb auf, Junge!" schreit er.

„Heb auf, Waßjka!" ruft seinem Sohne der Vater zu, der, die Mütze in der Hand, neben dem Kornwagen einherschreitet.

„Was ist denn das?" denkt der Knabe. „Ich bin von der Arbeit müde, während sie spielen, und da soll ich ihnen noch den Ball aufheben!"

Aber er hebt den Ball auf. Der junge Herr nimmt den Ball mit seiner weißen Hand aus der schwarzen, eingebrannten Hand des

[1] Textquelle | Graf Leo TOLSTOI: Ein Aufruf an die Menschheit. (Muss es denn wirklich so sein? / Wo ist der Ausweg / Gedanken über Gott). Einzig bevollmächtigte Übersetzung von Wladimir Czumikow. Mit Buchschmuck von John Jack Vrieslander. Leipzig: Eugen Diederichs 1901, S. 50-69. [Gesamtumfang des Bandes: 113 Seiten]

Bauernknaben, ohne diesen anzusehen, entgegen und kehrt zu seinem Spiel zurück.

Der Vater mit dem Kornwagen ist weiter gegangen. Der Knabe holt ihn im Trabe ein, mit seinen zerfetzten Halbstiefelchen über den staubigen Weg schlotternd, und sie fahren zusammen vor die herrschaftliche Tenne vor, die voll von Kornwagen ist. Der hin und her laufende Inspektor in durchgeschwitztem Leinenrock, eine Gerte in der Hand, empfängt den Vater des Knaben mit Schimpfworten, weil er nicht richtig vorgefahren sei. Der Vater entschuldigt sich, schreitet müde einher, zerrt an den Leinen das abgequälte Pferd und fährt von der anderen Seite vor.

Der Knabe tritt an den Vater heran und fragt:

„Vater, warum führen wir ihm unser Korn hin? Wir haben es doch erarbeitet?"

„Darum, weil es sein Land ist", antwortet mürrisch der Vater.

„Wer hat ihm denn das Land gegeben?"

„Frag mal den Inspektor. Der wird Dir schon sagen, wer. Siehst du die Gerte?"

„Und wohin werden sie denn das Korn hinthun?"

„Werden es dreschen und verkaufen"

„Und das Geld?"

„Dafür kaufen sie die Pasteten. Hast gesehen auf dem Tisch, als wir vorbeifuhren."

Der Knabe schweigt und verfällt in Gedanken.

Aber zum Nachdenken ist keine Zeit. Der Vater wird angeschrieen, warum er nicht seine Fuhre an den Fehm näher heranschiebe. Er rückt die Fuhre heran, klettert hinauf und bindet sie mit Mühe auf, wobei er seinen Bruch immer schlimmer macht, und beginnt die Garben auf den Fehm hinaufzuwerfen. Der Knabe hält während dessen die alte Stute, die er das zweite Jahr zur Weide reitet, jagt von ihr die Bremsen weg, wie es der Vater befohlen, denkt immerfort darüber nach und kann es nicht begreifen: warum gehört das Land nicht denen, die darauf arbeiten, sondern den herrschaftlichen Knaben, die in gestickten Hemden Ball spielen, Thee trinken und Pasteten essen?

Der Knabe denkt darüber nach, wenn er arbeitet, wenn er die Pferde hütet und wenn er schlafen geht – und er findet keine Antwort. Alle sagen, daß es so sein müsse und alle eben so.

Und der Knabe wird groß, heiratet, wird selbst Vater, und seine Kinder fragen ebenso und staunen ebenso, und er antwortet ihnen ebenso, wie ihm sein Vater geantwortet hatte. Und ebenso im Elend lebend, arbeitet er demütig für fremde mäßige Menschen. Und so lebt er, und so leben alle um ihn herum. Wohin er auch geht oder fährt, überall – und das bestätigen ihm Leute, die viel gewandert – überall ist das nämliche. Überall arbeiten die Bauern (die Arbeiter) über ihre Kräfte hinaus für fremde mäßige Menschen, bis sie Brüche, Atembeschwerden, die Schwindsucht bekommen, sich dem Trunk ergeben und vorzeitig sterben. Die Weiber strengen ihre letzten Kräfte an, um zu kochen, das Vieh zu besorgen, zu waschen, die Männer zu kleiden und werden ebenfalls vor der Zeit alt und siechen dahin, bewältigt von einer über ihre Kräfte hinausgehenden, zur Unzeit verlangten Arbeit.

Und überall schaffen sich diejenigen, für die diese Menschen arbeiten, Wagen, Paßgänger, Hunde an, erbauen sich Gartenpavillons und legen Spielplätze an, und von Ostern bis Ostern putzen sie sich wie Feiertags, spielen und essen und trinken so, wie es diejenigen, die für sie arbeiten, nicht einmal an dem größten Feiertag thun können.

Woher ist das so?

Die erste Antwort, die sich dem arbeitenden Ackerbauer darbietet, ist die, daß es daher komme, weil ihm das Land weggenommen und denen gegeben sei, die nicht darauf arbeiten. Er und seine Familie müssen essen. Land aber hat der Bauer entweder gar nicht oder nur sehr wenig, so wenig, daß es ihn und seine Familie nicht ernähren kann. So muß er also vor Hunger sterben oder das Land nehmen, das gleich hier, neben seinem Hofe liegt, aber den Nichtarbeitenden gehört; er muß das Land nehmen und auf die Bedingungen eingehen, die ihm gestellt werden.

Anfangs scheint es so, aber das ist nicht die einzige Ursache. Es giebt Bauern, die genügend Land haben, um sich davon ernähren zu können.

Es stellt sich aber heraus, daß auch diese Bauern, alle oder zum Teil, sich in die Sklaverei begeben.

Woher kommt das?

Daher, weil sich die Bauern für Geld kaufen müssen: Pflugeisen, Sensen, Hufeisen, Baumaterialien, Petroleum, Thee, Zucker, Schnaps,

Stricke, Salz, Zündhölzchen, Zeug, Tobak; das Geld aber, das der Bauer durch Verkauf seiner Erzeugnisse erhält, wird ihm immerfort abgenommen in Form von direkten und indirekten Steuern, und die Sachen, die er kauft, muß er oft noch über ihren Wert bezahlen. So kann denn die Mehrheit der Bauern das notwendige Geld nicht anders erhalten, als dadurch, daß sie zu Sklaven derer wird, die das Geld besitzen. Das thun denn auch die Bauern samt ihren Frauen und Töchtern. Die einen verkaufen sich in der Nähe, die anderen auf weitere Entfernungen, in die Städte, wohin sie sich mit ihrer ganzen Familie begeben – als Lakaien, Kutscher, Kinderwärterinnen, Ammen, Stubenmädchen, Badediener, Kellner und vor allem Fabrikarbeiter.

Haben sich aber die Landbewohner einmal in die Städte in derartige Stellungen verkauft, so entwöhnen sie sich der Landarbeit und der Einfachheit des Lebens, gewöhnen sich an städtische Nahrung, Kleider und Getränke und ziehen durch diese neuen Gewohnheiten ihre Sklavenketten noch fester an.

So ist denn nicht allein der Mangel an Land die Ursache dessen, daß sich die Arbeiter in der Sklaverei der Reichen befinden, die Ursachen dessen sind sowohl die Steuern und die Übervorteilung beim Wareneinkauf, als auch die städtischen Lebensgewohnheiten, die die Arbeiter, wenn sie ihre Dörfer verlassen haben, annehmen.

Begonnen hat die Sklaverei auf agrarer Basis, dadurch, daß das Land den Arbeitern weggenommen wurde, aber aufrechterhalten und verstärkt wird diese Sklaverei durch die Steuern und dadurch, daß die Menschen sich der Ackerbauarbeit entwöhnt und sich an den städtischen Luxus gewöhnt haben, den sie auf keine andere Weise befriedigen können, als indem sie sich in die Sklaverei derer verkaufen, die Geld haben. Und so verbreitet und befestigt sich diese Sklaverei immer mehr und mehr.

Auf dem Lande leben die Menschen halb hungernd, in unaufhörlicher Arbeit und Not, in der Sklaverei der Gutsbesitzer. In den Städten und Fabriken leben die Arbeiter aus einem Geschlecht ins andere in der Sklaverei der Fabrikbesitzer, indem sie physisch und moralisch durch eine dem Menschen zuwiderliegende einförmige, langweilige, ungesunde Arbeit verderbt werden. Und mit den Jahren wird die Lage sowohl der einen, als auch der anderen Menschen immer schlimmer und schlimmer. Auf dem Lande werden die

Menschen immer ärmer und ärmer, weil immer mehr Arbeitskräfte in die Fabriken abziehen. In den Städten aber werden sie wenn auch nicht ärmer, sondern im Gegenteil scheinbar reicher, dafür aber immer unenthaltsamer und zügelloser und immer unfähiger zu jeder anderen Arbeit außer der, an die sie sich gewöhnt haben, dadurch aber auch immer mehr zu Sklaven der Fabrikanten.

So nimmt also die Gewalt der Guts- und Fabrikbesitzer und überhaupt der Reichen immer mehr zu; die Lage der Arbeiter aber wird immer schlechter und schlechter. Welchen Ausgang bietet denn diese Lage? Und giebt es überhaupt einen Ausgang?

Man sollte meinen, daß die Befreiung von der Bodensklaverei sehr leicht sei. Zur Herbeiführung dieser Befreiung ist nur nötig, daß das anerkannt wird, was eigentlich selbstverständlich ist und woran die Menschen nie gezweifelt hätten, wenn sie nicht betrogen worden wären: daß jeder Mensch mit seiner Geburt das Recht erhält, sich durch den Boden zu ernähren, ebenso wie jeder ein Recht an der Sonne oder an der Luft hat, und daß daher niemand, der den Boden nicht bebaut, das Recht hat, ihn für sein Eigentum zu halten und ihn der Bearbeitung durch andere zu entziehen.

Aber diese Befreiung von der Bodensklaverei wird die Regierung nie zulassen, da die Mehrheit der Personen, die die Regierung ausmachen, selbst Boden besitzt und aus diesem Boden seine ganze Existenz begründet.

Und diese Personen wissen es wohl und halten daher mit allen Kräften an ihrem Recht und verteidigen es vor allen Angriffen.

Etwa vor dreißig Jahren hatte Henry George ein nicht nur verständiges, sondern auch durchaus durchführbares Projekt der Aufhebung des Grundeigentums vorgeschlagen. Aber weder in Amerika, noch in England (in Frankreich spricht man davon überhaupt nicht) nahm man seinen Vorschlag an, sondern suchte ihn auf jede Weise zu widerlegen und schwieg ihn, da dieses nicht ging, schließlich tot.

Wenn aber in Amerika und in England dieses Projekt nicht angenommen wurde und nicht angenommen wird, so ist noch viel weniger Hoffnung vorhanden, daß es in monarchischen Staaten, wie Deutschland, Österreich und Russland akzeptiert werden sollte.

Bei uns in Rußland befinden sich kolossale Länderstrecken im

Besitze von Privatpersonen, als auch des Kaisers und der kaiserlichen Familie, und daher ist keine Hoffnung vorhanden, daß diese Menschen, die sich ohne das Recht am Boden so hilflos fühlen, wie junge Vögel außerhalb ihres Nestes, diesem ihrem Rechte entsagen oder auch nur daran rütteln ließen; sie werden für dieses Recht bis zu ihren letzten Kräften kämpfen.

Und daher wird, solange sich die Gewalt auf seiten einer aus Grundbesitzern bestehenden Regierung befindet, eine Aufhebung des Grundeigentums nicht stattfinden können.

Ebensowenig oder noch weniger möglich ist die Aufhebung der Steuern. Von den Steuern lebt die ganze Regierung, von dem Haupt des Staates – dem Monarchen – bis zum letzten Schutzmann. Und daher ist die Aufhebung der Steuern durch die Regierung selbst ebensowenig denkbar, wie es denkbar ist, daß ein Mensch sich selbst seines einzigen Existenzmittels beraubt.

Es ist wahr, manche Regierungen bemühen sich fest scheinbar, die Last der Steuern von dem Volke abzuwälzen durch Übertragung derselben auf das Einkommen, wobei der Steuersatz je nach der Höhe des Einkommens steigt. Aber eine solche Übertragung der Steuern auf das Einkommen kann das Voll nicht entlasten, da die Reichen, d. h. die Kaufleute, die Grundbesitzer und die Kapitalisten, je nach Erhöhung der Steuern auch die Preise für die Waren und den Boden, die die Arbeiter brauchen, erhöhen und dabei die Arbeitslöhne herabsetzen. So müssen denn die ganze Last der Steuern wiederum die Arbeiter tragen.

Zur Befreiung der Arbeiter von jener Sklaverei, die von der Aneignung der Produktionswerkzeuge durch die Kapitalisten herrührt, wird von den Gelehrten eine ganze Reihe von Maßregeln vorgeschlagen, infolge derer, ihren Annahmen nach, die Höhe der Löhne immer steigen, die Stundenzahl der Arbeit aber immer sinken müsse. Dabei müssen alle Produktionswerkzeuge in die Hände der Arbeiter übergehen, so daß die Arbeiter, sich im Besitze aller Fabriken und Industrieanstalten befindend, nicht mehr einen Teil ihrer Arbeit an die Kapitalisten abzugeben brauchen und sich alle nötigen Gegenstände des Konsums erwerben können. Dieses Mittel wird in England, Frankreich und Deutschland schon mehr als dreißig Jahre gepredigt, aber bis jetzt sieht man nicht nur nicht seine Verwirklichung, sondern auch nicht den geringsten Anlauf dazu.

Es existieren Arbeitervereine, es werden Streike organisiert, vermittelst derer sich die Arbeiter weniger Arbeit und mehr Lohn ausbedingen.

Aber da die Regierungen, die mit den Kapitalisten verbunden sind, eine Entreißung der Produktionswerkzeuge aus den Händen der Kapitalisten nicht zulassen und nie zulassen werden, so bleiben die Zustände ihrem Wesen nach dieselben.

So kann denn die Sklaverei, in der sich die Arbeiter befinden, offenbar solange nicht vernichtet werden, solange die Regierungen erstens den Großgrundbesitz aufrecht erhalten, zweitens das Eigentum der Kapitalisten beschützen und drittens direkte oder indirekte Steuern erheben werden.

———

Die Sklaverei der Arbeiter hat die Existenz der Regierungen zur Basis.

Aber wenn die Sklaverei durch die Existenz der Regierungen besteht, so erscheint zu ihrer Aufhebung natürlich die Vernichtung der Herrschenden und die Einsetzung neuer Regierungen notwendig, solcher Regierungen, unter denen die Befreiung des Bodens vom Eigentumsrechte, die Aufhebung der Steuern und die Übergabe des Kapitals und der Fabriken in die Gewalt und Verwaltung der Arbeiter möglich wäre.

Es giebt Menschen, die diesen Weg für möglich halten und sich dazu vorbereiten. Aber zum Glück (denn eine solche Handlungsweise, die immer mit Vergewaltigung und Mord verbunden wäre, ist unsittlich und für die Sache selbst schädlich, wie es die Geschichte vielmals gezeigt hat), aber zum Glück ist dieser Weg in unserer Zeit nicht mehr möglich.

Schon lange ist die Zeit vorüber, wo die Regierungen noch naiv an ihre für die Menschheit wohlthätige Mission glaubten und keine Vorsichtsmaßregeln gegen Empörungen ergriffen (es gab damals auch keine Eisenbahnen und Telegraphen). So wurden sie denn damals auch leicht gestürzt, wie es in England im Jahre 1640, in Frankreich zur Zeit der großen Revolution und später in Deutschland im Jahre 1848 geschah. Seit der Zeit hat es nur eine Revolution – 1871 – gegeben, und diese geschah unter Ausnahmeverhältnissen.

157

In unserer Zeit aber sind Revolutionen und Niederwerfungen von Regierungen einfach unmöglich. Unmöglich sind sie, weil in unserer Zeit die Regierungen ihre Überflüssigkeit und Schädlichkeit wohl erkennend und wissend, daß an die Heiligkeit ihrer Mission heutzutage niemand mehr glaubt, sich nur durch das Selbsterhaltungsgefühl leiten lassen und mit allen ihnen zu Gebote stehenden Mitteln sich gegen alles das auf der Hut halten, was ihre Gewalt stürzen oder auch nur erschüttern könnte.

Jede Regierung besitzt heutzutage eine Armee von Beamten, die durch Telegraphen, Telephone und Eisenbahnen in Verbindung erhalten wird; sie besitzt Festungen, Gefängnisse, mit allen neuesten Vervollkommnungen, wie Photographien und anthropometrischen Einrichtungen; sie besitzt Minen, Kanonen, Flinten – alle vollkommensten Werkzeuge der Vergewaltigung, deren Arsenal durch jede neue Erfindung und Errungenschaft, die der Selbsterhaltung der Regierung dienlich sein könnte, sofort bereichert wird. Sie besitzt ein organisiertes Spionagesystem, eine erkaufte Geistlichkeit, erkaufte Künstler, eine erkaufte Presse. Vor allem aber verfügt jede Regierung über eine Menge von durch Patriotismus, Bestechung und Hypnose demoralisierten Offizieren und über Millionen von physisch starken und moralisch unentwickelten Kindern (die Soldaten) oder von gedungenem unsittlichen Pack, und alle diese Millionen, durch die Disziplin hypnotisiert, sind zu jedem Verbrechen, das ihnen ihre Vorgesetzten befehlen, bereit.

Und daher ist es heutzutage unmöglich, eine Regierung, die über solche Mittel verfügt und sich immer auf der Hut befindet, durch Gewalt zu vernichten. Keine Regierung wird es dazu kommen lassen.

Solange aber eine Regierung existieren wird, wird sie immer den Grund- und Kapitalienbesitz protegieren und Steuern erheben, da die Großgrundbesitzer, die Beamten, die ihre Gehälter aus den Steuern beziehen und die Kapitalisten eben Teile der Regierung sind.

Ein jeder Versuch der Arbeiter, sich des im Privatbesitze befindlichen Bodens zu bemächtigen, wird immer damit enden, womit er stets geendet hat – es werden Soldaten kommen, diejenigen, die sich des Bodens bemächtigen wollten, züchtigen und auseinander treiben, das Land aber den früheren Besitzern zurückerstatten.

Ebenso wird auch jeder Versuch enden, die verlangten Steuern nicht zu zahlen – es werden Soldaten kommen, die Steuern mit Gewalt einzuziehen und die Widerspenstigen zu züchtigen.

Das nämliche wird auch mit denen geschehen, die es versuchen werden – nicht sich der Fabrik und der Produktionswerkzeuge zu bemächtigen, nein, nur einen Streik streng durchzuführen und fremden Arbeitern zu verwehren, die Löhne zu unterbieten. Es werden wieder Soldaten kommen und die Teilnehmer auseinander treiben, wie es überall geschah und geschieht, in Westeuropa sowohl als auch in Rußland.

Solange sich die Soldaten in den Händen einer Regierung befinden, die von den Steuern existiert und mit Großgrundbesitzern und Kapitalisten verbündet ist, ist eine Revolution unmöglich. Und solange sich die Soldaten in den Händen der Regierung befinden, wird die soziale Ordnung eine solche bleiben, wie sie denen wünschenswert ist, die über die Soldaten gebieten.

———

Und da drängt sich wie von selbst die Frage auf: wer sind denn diese Soldaten?

Diese Soldaten sind die nämlichen Menschen, denen das Land weggenommen ist, die Steuern zahlen müssen und die sich in der Sklaverei der Kapitalisten befinden.

Warum wüten denn sie, diese Soldaten, gegen ihr eigenes Fleisch?

Sie thun es darum, weil sie nicht anders handeln können. Sie können aber darum nicht anders handeln, weil sie durch eine lange und komplizierte Vergangenheit – ihre Erziehung, den genossenen Religionsunterricht, die hypnotisierende Disziplin – zu einem solchen Zustand gelangt sind, in dem sie nicht mehr denken, sondern nur gehorchen können.

Die Regierung, die in ihren Händen das vom Volke eingesammelte Geld hat, erkauft für dieses Geld alle möglichen Befehlshaber, die die Soldaten ausbilden, d. h. ihres menschlichen Selbstbewußtseins berauben müssen. Vor allem aber erkauft die Regierung für dieses Geld Lehrer und Geistliche, die den Kindern sowohl als den Erwachsenen mit allen Mitteln einflößen müssen, daß der Militarismus, d. h. die Vorbereitung zum Morden, nicht nur etwas für die Menschen Nützliches, sondern auch etwas Gutes und Gott Wohlgefälliges sei.

Und jahrein jahraus treten die Menschen, obgleich sie es sehen, daß sie und ihresgleichen das Volk zu Sklaven der Reichen und der Regierung machen, willig ins Heer ein und erfüllen, einmal Soldat geworden, widerspruchslos alles, was ihnen befohlen wird, sei es nicht nur die Schädigung ihrer Brüder, sondern auch der Mord an ihren eigenen Eltern.

Die bestochenen Beamten, Militärbefehlshaber und Geistlichen bilden die Soldaten aus, indem sie sie verdummen.

Die Soldaten sammeln, auf Befehl ihrer Vorgesetzten, unter Androhung von Freiheitsstrafen und Totschlag die Steuern zum Besten der regierenden Klassen ein, die regierenden Klassen aber verwenden einen Teil dieser Steuern zum Erkauf von Befehlshabern, Beamten und Geistlichen.

———

So ist denn der Kreis geschlossen und ein Ausgang scheint nicht vorhanden zu sein.

Der von den Revolutionären vorgeschlagene Ausweg, der darin besteht, daß man gegen Gewalt mit Gewalt kämpft, ist offenbar unmöglich. Die Regierungen, die sich bereits im Besitze einer disziplinierten Gewalt befinden, werden die Bildung einer anderen disziplinierten Gewalt nie zulassen.

Der Ausweg ist auch nicht der, wie einige Sozialisten meinen, daß man eine so gewaltige wirtschaftliche Macht schaffen müsse, daß sie die schon gefestigte und sich immer mehr festigende Macht der Kapitalisten besiegen könnte. Niemals werden die Arbeitergenossenschaften mit ihren paar armseligen Millionen imstande sein, gegen die wirtschaftliche Macht der Milliardäre zu kämpfen, die dazu noch durch die militärische Gewalt unterstützt werden.

Ebensowenig ist auch der Ausweg möglich, der von anderen Sozialisten vorgeschlagen wird und in der Gewinnung der Mehrheit im Parlament besteht. Eine solche Parlamentsmehrheit wird nichts ausrichten können, solange sich das Heer in den Händen der Regierung befindet. Sobald sich die Beschlüsse des Parlaments gegen die Interessen der regierenden Klassen richten, wird die Regierung ein solches Parlament auflösen und auseinander treiben, wie es stets geschah und geschehen wird, solange die Regierung über das Heer verfügt.

Auch der Versuch, das Heer durch sozialistische Prinzipien zu infizieren, kann zu nichts führen. Die Hypnotisierung des Heeres wird so geschickt ausgeführt, daß selbst der am freiesten denkende und vernünftigste Mensch, solange er sich im Heere befindet, immer das erfüllen wird, was von ihm verlangt wird.

So bieten denn weder die Revolution, noch der Sozialismus einen Ausweg.

Wenn es einen Ausgang giebt, so ist es der, der bis jetzt nie benutzt worden ist, und der dennoch allein geeignet ist, die ganze, so kompliziert und geschickt eingerichtete Regierungsmaschinerie zu zerstören, vermittels derer das Volk geknechtet ist. Dieser Ausgang besteht darin, daß man den Militärdienst, noch ehe man unter den verdummenden und demoralisierenden Einfluß der Disziplin gelangt ist, verweigert.

Dieser Ausgang ist der einzig mögliche und zugleich auch der unbedingt notwendige für jeden einzelnen Menschen. Er ist der einzig mögliche, da sich die jetzt geübte Vergewaltigung auf eine dreifache Thätigkeit der Regierungen stützt: auf die Beraubung des Volkes, auf die Verteilung des geraubten Geldes unter denen, die diesen Raub ausführen, und auf die Zwingung des Volkes zum Militärdienst.

Der einzelne Mensch kann die Regierung nicht daran hindern, das Volk mit Hilfe des Heeres zu berauben, er kann sie auch nicht hindern, das vom Volke geraubte Geld unter denen zu verteilen, die für die Regierung die Anwerbung und Verdummung der Soldaten besorgen. Wohl aber kann er es hindern, daß das Volk Militärdienste leistet, indem er selbst nicht Soldat wird und den anderen Menschen das Wesen des Betruges erklärt, dem sie zum Opfer fallen, indem sie Soldaten werden.

Aber nicht genug, daß jeder einzelne Mensch es thun kann, ein jeder ehrliche Mensch muß es auch thun. Ein jeder ehrliche Mensch muß es darum thun, weil die Leistung des Militärdienstes die Verleugnung jeder Religion ist (welche es auch sei – jede Religion verbietet den Mord), die Verleugnung der menschlichen Würde und ein freiwilliger Eintritt in eine Sklaverei, deren einziger Zweck der Mord ist.

Dieses ist der einzige mögliche, notwendige und unumgängliche Ausgang aus dem Kreise jener Knechtung, in der die regierenden Klassen die Arbeiter halten.

Nicht darin liegt das Mittel, daß man mit Gewalt Gewalt zerstört, nicht in der Aneignung der Produktionswerkzeuge oder in der Bekämpfung der Regierungen durch die Parlamente, sondern, darin, daß jeder Mensch für sich selbst die Wahrheit erkennt, sie bekennt und ihr entsprechend handelt. Die Wahrheit aber, daß der Mensch seinen Nächsten nicht töten darf, ist von der Menschheit schon so weit erkannt, daß sie jeder Mensch weiß.

Wenn nur die Menschen ihre Kräfte nicht an den äußeren Erscheinungen vergeuden, sondern sie gegen die Ursachen dieser Erscheinungen und an ihr eigenes Leben wenden wollten, und wie Wachs am Feuer würde jene Macht der Gewalt und des Bösen zerschmelzen, die jetzt die Menschen knechtet und quält.

Oktober 1900   Leo Tolstoi

XIII.

Soldatenartikel

(Denkzettel für Soldaten: Soldatskaja pamjatka, 1901)

Leo N. Tolstoi

Übersetzt von Otto Bueck[1]

„Darum fürchtet euch nicht vor ihnen. Es ist nichts verborgen, das nicht offenbar werde, und ist nichts heimlich, das man nicht wissen werde. Was ich euch sage in der Finsternis, das redet im Licht, und was ihr höret in das Ohr, das prediget auf den Dächern. Und fürchtet euch nicht vor denen, die den Leib töten und die Seele nicht mögen töten. Fürchtet euch aber vielmehr vor dem, der Leib und Seele verderben mag in die Hölle."
(Matthäus-Evangelium 10, 26. 27. 28)

„Petrus aber antwortete und die Apostel und sprachen: Man muß Gott mehr gehorchen als den Menschen."
(Apostel-Geschichte 5, 29)

Soldat, du hast schießen, stechen, marschieren gelernt, man hat dich Lesen und Schreiben gelehrt, nach dem Exerzierplatz und zur Truppenschau geführt, vielleicht auch hast du einen Krieg mitgemacht, mit Türken und Chinesen gekämpft und alles ausgeführt, was dir befohlen wurde; es ist dir wohl nie in den Kopf gekommen, dich zu fragen, ob es gut oder böse ist, was du tust.

Da erhält deine Schwadron den Befehl, auszurücken und sich mit Patronen zu versehen. Du fährst oder marschierst ab, ohne zu wissen, wohin man dich führt.

---

[1] *Textquelle* | Leo TOLSTOI: An die jungen Leute (Soldatenartikel / Das Ende naht). Übersetzt von Otto Bueck. Zweite Auflage. Steglitz b. Berlin: Verlag Leon Hirsch 1910, S. 2-5: „Soldatenartikel". [16 Seiten; die verbotene Erstauflage erschien schon 1905, unter dem Titel „An die Soldaten und die jungen Leute": Verlag Johannes Holzmann, Berlin-Charlottenburg.] [Ein Dank für die Bereitstellung der Quelle geht an die Gustav Landauer Initiative.]

163

Du kommst an ein Dorf oder eine Fabrik und siehst, daß sich auf einem Platze viel Landvolk oder Fabrikarbeiter drängen, Männer, Mütter mit ihren Kindern, Greise, alte Frauen. Der Gouverneur oder Staatsanwalt treten mit den Polizisten an die Menge heran und scheinen mit ihr zu verhandeln. Erst herrscht finsteres Schweigen, dann aber vernimmt man ein Geschrei, ein Murren, das immer lauter und lauter wird, und die Behörden entfernen sich. Du errätst, daß es aufrührerische Bauern oder Fabrikarbeiter sind, und daß du ausersehen bist, die Ruhe wiederherzustellen. Die Behörde begibt sich wiederholt zu der Menge, um ohne Erfolg zurückzukehren. Immer lauter und lauter wird das Geschrei, die Beamten unterreden sich leise, und jetzt ergeht an dich der Befehl, dein Gewehr zu laden. Du siehst Menschen vor dir, Menschen wie die, aus deren Mitte man dich selbst gerissen hat: Männer in Arbeiterblusen oder Pelzen und Holzschuhen, Frauen mit Tüchern und Jacken, ebensolche Frauen, wie dein Weib oder deine Mutter. Man befiehlt dir, zuerst über die Köpfe der Menge hinwegzuschießen, aber das Volk geht nicht auseinander, sie schreien nur noch lauter, und nun kommt der Befehl, wirklich zu schießen, nicht über die Köpfe hinweg, sondern mitten ins Volk hinein.

Man hat dir eingeredet, du seist nicht verantwortlich für die Folgen deines Schusses, aber du weißt, daß der Mensch, der von deiner Kugel getroffen blutend niedersinkt, durch keinen anderen als durch dich selbst getötet worden ist, daß es in deiner Gewalt stand, nicht zu schießen und daß dieser Mensch dann nicht hätte zu sterben brauchen.

Wie aber hättest du handeln sollen?

Es würde nicht genügen, wenn du dein Gewehr sinken gelassen und dich geweigert hättest, auf deine Brüder zu schießen. Schon morgen kann sich ja dasselbe wiederholen, und daher bleibt kein anderer Ausweg für dich, du magst wollen oder nicht, als dich auf dich selbst zu besinnen und dir die Frage vorzulegen: Was bedeutet dieser Beruf des Soldaten, der dich in die Lage gebracht hat, auf deine wehrlosen Brüder schießen zu müssen!

Im Evangelium heißt es, man dürfe nicht bloß seine Brüder nicht töten, man solle selbst das vermeiden, was den Totschlag herbeiführen kann. Wir sollen unserem Bruder nicht zürnen, und unsere

Feinde nicht hassen, sondern lieben. Im mosaischen Gesetz steht ganz einfach: „Du sollst nicht töten", ohne alle Einschränkung und Rücksicht darauf, wen man töten oder nicht töten dürfe. In den Regeln aber, die du gelernt hast, heißt es, der Soldat sei verpflichtet, jeden Befehl seines Vorgesetzten zu erfüllen, welchen Inhalts er auch sei, es sei denn, es richte sich gegen den König selbst.

Man sagt dir, du seist zum Töten verpflichtet, weil du den Fahneneid geleistet hast, und darum seist auch nicht du selbst für deine Handlungen verantwortlich, sondern deine Vorgesetzten.

Aber ehe du geschworen, d. h. den Menschen versprochen hast, ihren Willen zu erfüllen, hast du auch ohne Fahneneid die Verpflichtung, in allen Dingen Gottes Willen zu erfüllen, Dessen, der dir das Leben gab, – Gott aber verbietet den Totschlag.

Darum hattest du auch nie das Recht, dich eidlich zu verpflichten zur Erfüllung alles dessen, was dir die Menschen befehlen werden. Daher sagt auch das Evangelium ganz allgemein (Matth. 5, 34-37): „Ihr sollt überhaupt nicht schwören. ... Eure Rede aber sei: ‚ja, ja, nein, nein.' Was darüber ist, das ist vom Uebel." Und dasselbe steht im Jacobusbrief Kap. 5, 12: „Vor allen Dingen aber, meine Brüder, schwöret nicht, weder bei dem Himmel noch bei der Erde u.s.w." Es ist also der Eid selber schon eine Sünde. Jenes aber, was sie dir sagen, daß nämlich nicht du, sondern deine Vorgesetzten für deine Handlungen Rechenschaft ablegen werden, ist eine offenbare Lüge. Oder ist es etwa möglich, daß dein Gewissen nicht in dir selbst, sondern im Gefreiten, Feldwebel, Hauptmann, Obersten oder sonst wem seinen Sitz habe? Es kann kein Mensch für dich entscheiden, was du tun kannst und sollst, und was du unterlassen sollst. Der Mensch ist immer selbst für seine Handlungen verantwortlich. Ist nicht der Ehebruch eine viel geringere Sünde als Mord? Wäre es aber möglich, daß ein Mensch zum andern sagen dürfte: Treibe nur Unzucht, ich nehme deine Sünde auf mich, weil ich dein Vorgesetzter bin?

Wie die Bibel erzählt, soll Adam sich an Gott versündigt und dann zu ihm gesagt haben, sein Weib hätte ihn überredet, vom Apfel zu essen, das Weib aber sagte, der Teufel habe sie verführt. Und Gott hat weder Adam noch Eva entschuldigt, sondern er sagte zu ihnen, er wolle Adam bestrafen, weil er seiner Frau Gehör geschenkt habe, und er vergab ihnen nicht, sondern strafte sie. Sollte Gott nicht dasselbe auch zu dir sagen, wenn du einen Menschen ermordet hast und sagst, dein Hauptmann habe es dir befohlen?

Der Betrug ist schon leicht daran zu erkennen, daß auf die Vorschrift, durch die der Soldat verpflichtet wird, alle Anordnungen seiner Vorgesetzten zu erfüllen, die Worte folgen: „außer solchen, welche dem Wohle den Königs entgegen sind."

Wenn der Soldat die Pflicht hat, bevor er den Auftrag des Vorgesetzten erfüllt, zu entscheiden, ob dieser sich nicht gegen den König richte, wie sollte er nicht, ehe er den Befehl des Kommandierenden ausführt, prüfen, ob sich dieser nicht gegen Gott, den höchsten Kaiser und König, richtet? Es gibt aber keine Handlung, die dem Willen Gottes mehr widerspräche als der Menschenmord, und daher darfst du den Menschen nicht gehorchen, wenn sie dir befehlen, andere Menschen zu töten. Wenn du aber gehorchst und tötest, so tust du das für dein eigenes Wohl, weil du die Strafe fürchtest. Daher bist du, wenn du auf Befehl deines Vorgesetzten tötest, ebenso ein Räuber wie der, welcher dem Kaufmann auflauert, um ihn zu berauben. Jener hat es auf das Geld abgesehen, du aber nur darauf, der Strafe zu entgehen und belohnt zu werden. Der Mensch ist immerdar allein für sich und seine Handlungen vor Gott verantwortlich.

Keine Gewalt der Erde kann, wie die Anführer es wohl wollen, aus einem lebendigen Menschen eine tote Sache machen, mit der man umgehen kann, wie es uns in den Sinn kommt. Christus hat uns gelehrt daß wir alle Gottes Söhne sind, und daher kann kein Christ sein Gewissen in die Gewalt eines anderen geben, welchen Titel oder Namen er sich auch beilegen mag, ob er sich nun König, Zar oder Kaiser nennt. Daß aber die Menschen, welche dich in ihrer Gewalt haben, von dir den Mord deiner Brüder verlangen, das beweist nur, daß diese Menschen Betrüger sind und daß du ihnen gerade darum nicht gehorchen darfst. Gewiß ist die Lage der Dirne schmachvoll, welche jederzeit bereit sein muß, ihren Leib dem zur Schändung preiszugeben, welchen ihr Herr ihr bezeichnet; aber noch schmählicher ist die Lage des Soldaten, der immer zu dem größten Verbrechen bereit sein muß, zum Morde des Menschen, den ihm sein Vorgesetzter bezeichnet.

Und so, wenn du in Wahrheit Gottes Willen erfüllen willst, kannst du nur eines tun, den schmachvollen und gottlosen Beruf eines Soldaten abwerfen und bereit sein, alle Leiden, welche dir dafür auferlegt werden, geduldig zu ertragen.

So besteht der wahre Soldatenartikel[2] für einen Christen nicht in den folgenden Sätzen: der Soldat hat sich in allen Dingen der Obrigkeit unterzuordnen, und muß jederzeit bereit sein, Fremde und Feinde, aber auch selbst seine eigenen wehrlosen Brüder zu töten, – der wahre Soldatenartikel, das sind die Worte der Schrift, die wir stets im Gedächtnis haben müssen, daß wir Gott mehr gehorchen sollen, als den Menschen, und Die nicht fürchten sollen, welche den Leib töten, aber die Seele nicht mögen töten.
Das ist der einzige, wahre, untrügliche Soldatenartikel.

Leo Tolstoi

---

[2] [Die Übersetzung „Soldatenartikel" ist etwas irreführend; es geht um einen Gegenentwurf zum offiziellen „Soldaten-Memo" des Militärs als Berufsanweisung bzw. „Denkzettel" / „Merkblatt" →XIV. pb]

XIV.
Denkzettel für Offiziere

(Oficerskaja pamjatka, 1901)[1]

Leo N. Tolstoi

„Wer aber ärgert dieser Geringsten einen, die an mich glauben, dem wäre besser, daß ein Mühlstein an seinen Hals gehängt und er ersäufet würde im Meer, da es am tiefsten ist. Wehe der Welt der Ärgernis halben! Es muß ja Ärgernis kommen; doch wehe dem Menschen, durch welchen Ärgernis kommt!"
Matthäus-Evangelium 18, 6-7

In allen Soldatenstuben hängt, an der Wand angeschlagen, der vom General Dragomirow verfaßte „Denkzettel für Soldaten". Dieser ist ein Sammelsurium pseudo-soldatischer volkstümlicher (jedem Soldaten völlig fremder) dumm-toller Worte, die mit lästerlichen Zitaten aus dem Evangelium untermischt sind. Die evangelischen Aussprüche sind angeführt zur Bekräftigung davon, daß die Soldaten töten müssen, ihre Feinde mit den Zähnen beißen müssen: „Ist das Bajonett zerbrochen, schlag mit den Fäusten; versagen die Fäuste, klammere dich mit den Zähnen fest." Am Schlusse des „Denkzettels" aber heißt es, Gott ist der General der Soldaten: „Gott ist euer General".

Nichts beweist augenscheinlicher als dieser „Denkzettel" jenen entsetzlichen Grad von Unwissenheit, sklavischer Unterwürfigkeit und Vertierung, bis zu welchem in unserer Zeit die russischen Menschen gekommen sind. Seitdem diese entsetzliche Lästerung erschien und in allen Kasernen aufgehängt wurde, und das ist schon sehr lange her, hat weder ein Vorgesetzter noch ein Geistlicher, die, sollte man meinen, die Verdrehung des Sinnes der evangelischen

---

[1] Textquelle I L. N. TOLSTOJ: „Denkzettel für Offiziere" [1901]. In: L. N. Tolstoj: Ausgewählte Werke, herausgegeben von W. Lüdtke. Band XII.: Weltanschauung. Auswahl von W. Lüdtke. Wien/Hamburg/Zürich: Gutenberg-Verlag Christensen & Co. 1929, S. 196-202.

Texte direkt angeht, eine Verurteilung dieses ekelhaften Erzeugnisses zum Ausdruck gebracht, und es wird weiter in Millionen Exemplaren gedruckt und von Millionen Soldaten gelesen, die dies entsetzliche Werk als Leitfaden für ihre Tätigkeit annehmen. Dieser Denkzettel hat mich schon längst empört, und da ich fürchte, ich könnte es nicht rechtzeitig vor meinem Tode tun, habe ich jetzt ein Zirkular [→XIII] an die Soldaten geschrieben, in dem ich ihnen ins Gedächtnis zurückzurufen mich bemühe, daß sie als Menschen und Christen ganz andere Pflichten vor Gott haben, als die, welche in diesem Denkzettel zur Schau gestellt sind. Eine solche Erinnerung, glaube ich, ist nicht für die Soldaten allein nötig, sondern noch mehr für den Offizierstand (unter Offizieren verstehe ich alle militärischen Vorgesetzten vom Fähnrich bis zum General), der in den Kriegsdienst eintritt oder in ihm bleibt nicht aus Zwang, wie die Soldaten, sondern aus eigener Lust. Diese Erinnerung, scheint mir, ist zu unserer Zeit besonders nötig.

Gut war es wohl vor 100 oder 50 Jahren, als der Krieg für eine notwendige Bedingung des Lebens der Völker gehalten wurde, als die Angehörigen des Volkes, mit dem Krieg geführt wurde, für Barbaren, Ungläubige und Missetäter gehalten wurden, und als es den Militärs gar nicht in den Sinn kam, sie wären nötig für Unterdrückung und Bändigung ihres eigenen Volkes, – gut war es damals, eine bunte, mit Tressen benähte Uniform anzuziehen, säbelrasselnd und sporenklirrend einherzustolzieren oder hoch zu Roß vor dem Regiment sich zu tummeln und sich als Held vorzukommen, der, wenn er es auch noch nicht geopfert habe, so doch bereit sei, sein Leben für den Schutz seines Vaterlandes zu opfern. Aber jetzt, wo die häufigen internationalen Beziehungen – in Handel, Gesellschaft, Wissenschaft, Kunst – die Völker unter sich so angenähert haben, daß jeder Krieg zwischen heutigen Völkern als eine Art Familienzank erscheint, der die heiligsten Bande der Menschen zerstört, wo Hunderte von Friedensgesellschaften und Tausende von Aufsätzen, nicht nur in speziellen, sondern auch in allgemeinen Zeitungen unaufhörlich auf jede Art und Weise die Torheit des Militarismus und die Möglichkeit, ja die Notwendigkeit, den Krieg zu vernichten, erläutern; jetzt, wo – und das ist die Hauptsache – die Militärs immer häufiger nicht gegen äußere Feinde zum Schutze ihres Vaterlandes vor angreifenden Eroberern oder zur Vermehrung seines Ruhmes und seiner Macht ausrücken müssen, sondern gegen unbewaffnete Fabrikarbeiter oder Bauern, – ist das Rossetummeln in tressengeschmückter Uniform und das stutzerhafte Stolzieren vor den Kompagnien schon nicht eine leere, nicht eine verzeihliche Eitelkeit, wie es früher der Fall war, sondern etwas ganz anderes.

In der alten Zeit, wenigstens unter Nikolaus I., kam es niemand in den Sinn, daß Heere hauptsächlich dazu nötig wären, um auf unbewaffnete Einwohner zu schießen. Jetzt aber sind in den Hauptstädten und Fabrikorten beständig Truppen verteilt, zu dem Zwecke, bereit zu sein, Arbeiterversammlungen auseinanderzutreiben, und selten vergeht ein Monat, ohne daß man die Truppen mit scharfen Patronen aus den Kasernen herausführt und auf einem freien Platze aufstellt, damit sie jeden Augenblick bereit seien, auf das Volk zu schießen.

Die Verwendung von Truppen gegen das Volk ist nicht nur eine gewöhnliche Erscheinung geworden, sondern die Truppen werden von vornherein schon so formiert, daß sie für diese ihre Verwendung bereit sind. Die Regierung verheimlicht es nicht, daß die Verteilung der Rekruten auf die Garnisonen absichtlich so erfolgt, daß die Soldaten niemals aus jenen Orten genommen werden, wo sie stehen. Das geschieht, damit die Soldaten nicht auf ihre Verwandten schießen müssen.

Der deutsche Kaiser hat es bei jeder Rekruteneinstellung ausgesprochen und spricht es aus (Rede vom 23. Mai 1901[2]), daß die Soldaten, die ihm den Eid geleistet haben, mit Leib und Seele ihm gehören, daß sie nur einen Feind haben – das ist sein Feind. Und daß

---

[2] [Eine Ansprache von Kaiser Wilhelm II. schon zur Rekrutenvereidigung in Potsdam am 23.11.1891 wurde in der ‚Neißer Zeitung‘ folgendermaßen wiedergegeben worden: „Ihr habt jetzt vor dem geweihten Diener Gottes und angesichts dieses Altars Mir Treue geschworen. Ihr seid noch zu jung, um die wahre Bedeutung des eben Gesprochenen zu verstehen; aber befleißigt euch zunächst, daß ihr die gegebenen Vorschriften und Lehren immer befolgt. Ihr habt Mir Treue geschworen, das – Kinder Meiner Garde – heißt, ihr seid jetzt Meine Soldaten, ihr habt euch Mir mit Leib und Seele ergeben; es giebt für euch nur einen Feind, und der ist Mein Feind. Bei den jetzigen socialistischen Umtrieben kann es vorkommen, daß Ich euch befehle, eure eignen Verwandten, Brüder, ja Eltern niederzuschießen – was ja Gott verhüten möge –, aber auch dann müßt ihr Meine Befehle ohne Murren befolgen." Ernst JOHANN, Bearb.: Reden des Kaisers. Ansprachen, Predigten, und Trinksprüche Wilhelms II. München 1966, S. 55-56. pb]

dieser Feind die Sozialisten (d. h. die Arbeiter) sind, welche die Soldaten, wenn er es ihnen befiehlt, niederschießen müssen, sollten es auch ihre leiblichen Brüder oder gar ihre Eltern sein.

Außerdem waren in früheren Zeiten, wenn Truppen auch gegen Leute aus dem Volke gebraucht wurden, jene, gegen welche sie gebraucht wurden, Missetäter (oder wenigstens wurden dafür gehalten), die bereit wären, friedliche Bewohner zu töten und zu ruinieren: sie müsse man deshalb, nahm man an, zum allgemeinen Besten vernichten. Jetzt aber wissen alle, daß diejenigen, gegen die die Truppen ausgeschickt werden, größtenteils friedliche arbeitsliebende Leute sind, die nur ungehindert die Früchte ihrer Arbeit zu genießen wünschen. Die hauptsächliche und beständige Verwendung der Truppen in unserer Zeit besteht also schon nicht in einem eingebildeten Schutz gegen Ungläubige und überhaupt äußere Feinde, auch nicht gegen verbrecherische Aufrührer, innere Feinde, sondern darin, ihre unbewaffneten Brüder zu töten, die keineswegs Missetäter sind, sondern friedliche, arbeitsliebende Leute, die nur wünschen, daß man ihnen nicht das wegnimmt, was sie erarbeiten. Der Militärdienst ist also in unserer Zeit, wo seine Hauptbestimmung darin besteht, durch die Androhung der Tötung oder durch Tötung geknechtete Leute in jenen ungerechten Bedingungen festzuhalten, in denen sie sich befinden, – schon nicht nur kein edles, sondern gerade ein gemeines Werk. Und darum müssen die jetzt dienenden Offiziere über das nachdenken, dem sie dienen, und fragen, ob das gut oder schlecht ist, was sie tun?

Ich weiß, es gibt viele Offiziere, besonders unter den höheren Graden, die durch verschiedene Raisonnements über das Thema der Rechtgläubigkeit, der Selbstherrschaft, der Unversehrtheit des Staates, der Unvermeidlichkeit eines immerwährenden Krieges, der Notwendigkeit der Ordnung, der Unhaltbarkeit der sozialistischen Träumereien u.s.w. sich bemühen, sich selbst zu beweisen, daß ihre Tätigkeit vernünftig, nützlich sei und nichts Unmoralisches in sich schließe. Aber sie glauben in der Tiefe der Seele selbst nicht an das, was sie sagen, und je verständiger und je älter sie werden, desto weniger glauben sie daran.

Ich erinnere mich, wie freudig mich mein Freund und Kamerad überraschte, ein sehr ehrgeiziger Mann, der sein ganzes Leben dem Militärdienste geweiht und die höchsten Ränge und Auszeichnungen erreicht hatte (Generaladjutant und General der Artillerie), als er mir sagte, er habe seine Memoiren über die Kriege, an denen er teilgenommen, verbrannt, weil er seine Ansicht über das Militärwesen geändert habe und jetzt jeden Krieg für eine böse Sache halte, die man, wenn man sich mit ihr befasse, nicht aufmuntern, sondern im Gegenteil auf jede Weise diskreditieren müsse. Viele Offiziere denken ebenso, obgleich sie es nicht aussprechen, solange sie im Dienst sind. Im Grunde genommen kann jeder denkende Offizier auch nicht anders denken. Man braucht doch nur darüber nachzudenken, was die Beschäftigung aller Offiziere, vom untersten Grad bis zum höchsten, bis zum Korps-Kommandeur, ausmacht? Von Anfang bis zum Ende ihres Dienstes – ich spreche von den Frontoffizieren – besteht ihre Tätigkeit, mit Ausnahme der seltenen und kurzen Perioden, wo sie in den Krieg ziehen und sich mit Töten beschäftigen, – in der Erreichung zweier Ziele: die Soldaten die Fähigkeit zu lehren, auf die beste Weise Menschen zu töten, und sie zu solchem Gehorsam zu dressieren, daß sie mechanisch, ohne Überlegung alles tun, was ihnen der Vorgesetzte befiehlt. In der alten Zeit sagte man: „Zwei peitsche zu Todes, einen lehre" und tat auch so. Wenn jetzt der Prozentsatz der Getöteten geringer ist, so ist das Prinzip dasselbe geblieben. Man kann Menschen nicht bis zu diesem nicht tierischen, sondern Maschinenzustand bringen, in dem sie eine der Natur des Menschen und dem von ihnen bekannten Glauben ganz entgegengesetzte Tat ausführen, nämlich Mord auf Befehl eines jeden Vorgesetzten, ohne daß man außer schlauen Täuschungen auch noch durch die grausamsten Vergewaltigungen auf diese Leute einwirkt. So wird es auch gemacht. Jüngst erregte die durch einen Journalisten veranlaßte Aufdeckung jener grausamen Qualen, denen die Soldaten in den Strafbataillonen auf der Insel Oleron, sechs Stunden Fahrt von Paris, unterworfen werden, in der französischen Presse Lärm. Den Sträflingen band man die Hände mit den Füßen auf dem Rücken zusammen und warf sie so auf die Erde, setzte an die Daumen der auf dem Rücken zusammengebogenen Hände Schrauben an, drehte sie so weit an, daß jede Bewegung entsetzlichen Schmerz verursachte, hing sie mit den Füßen nach oben auf u.s.w.

Wenn wir dressierte Tiere sehen, die etwas ihrer Natur Widersprechendes ausführen: Hunde gehen auf den Vorderpfoten, Ele-

172

fanten rollen Fässer, Tiger spielen mit Löwen u.s.w. – so wissen wir, das alles ist durch Qualen des Hungers, der Hetzpeitsche und des glühenden Eisens erreicht. Dasselbe wissen wir, wenn wir Leute sehen, die in Uniformen mit Gewehren in Unbeweglichkeit erstarren oder immer wieder eine und dieselbe Bewegung ausführen, laufen, springen, schießen, schreien u.s.w., überhaupt jene schönen Paraden und Manöver ausführen, die Kaiser und Könige so gern haben und deren sie sich voreinander rühmen. Man kann aus einem Menschen nicht alles Menschliche heraustreiben und ihn zum Zustand einer Maschine bringen, ohne ihn zu quälen und ohne ihn nicht einfach zu quälen, sondern auf die feinste, grausamste Weise zugleich zu quälen und zu täuschen.

Und alles dies tut ihr – Offiziere. Darin besteht, außer den seltenen Fällen, wo ihr in den wirklichen Krieg zieht, euer ganzer Dienst, vom höchsten Range bis zum niedrigsten.

Zu euch kommt ein aus der Familie ans andere Ende der Welt abtransportierter junger Mann, dem eingeblasen ist, jener betrügerische, vom Evangelium verbotene Eid, den er angenommen hat, fessele ihn unwiderruflich, etwa so, wie ein auf den Boden gelegter Hahn mit einem vor seinem Schnabel gezogenen Strich denkt, er sei durch diesen Strich gefesselt. Er kommt zu euch in voller Ergebenheit und in der Hoffnung, ihr, ältere Leute, verständiger und gelehrter als er, werdet ihn alles Gute lehren. Anstatt daß ihr ihn aber von jenem Aberglauben befreit, den er mit sich gebracht hat, impft ihr ihm neuen, ganz unsinnigen, rohen und schädlichen Aberglauben ein: von der Heiligkeit der Fahne, von der fast göttlichen Bedeutung des Zaren, von der Verpflichtung zu einer in allem widerspruchslosen Unterwerfung unter die Vorgesetzten. Und wenn ihr mit Hilfe der in eurem Fach ausgearbeiteten Methoden der Betäubung der Menschen ihn in einen Zustand bringt, der schlechter ist als ein tierischer, so daß er bereit ist, alle zu töten, die man befiehlt, auch seine unbewaffneten Brüder, – zeigt ihr ihn voll Stolz den Vorgesetzten und erhaltet dafür Dank und Belohnungen. Selbst ein Mörder zu sein, ist entsetzlich; doch mit schlauen und grausamen Methoden eure Brüder, die sich auf euch verlassen, dahin zu bringen – ist das fürchterlichste Verbrechen. Und das verübt ihr, und darin besteht euer ganzer Dienst.

Deshalb ist es nicht verwunderlich, daß unter euch mehr als in jedem andern Kreise alles das blüht, was das Gewissen zu betäuben vermag: Rauchen, Karten, Trunkenheit, Sittenverderbnis, und am häufigsten Selbstmorde vorgekommen. „Es muß ja Ärgernis in die Welt kommen; doch wehe dem Menschen, durch den Ärgernis kommt."

Ihr sagt oft, ihr dient deshalb, weil, wenn ihr nicht dientet, dann die bestehende Ordnung vernichtet und Unruhen und Unheil aller Art eintreten würden.

Aber erstens, es ist unwahr, daß ihr besorgt seid um die Aufrechterhaltung der bestehenden Ordnung: ihr seid nur um eure eigenen Vorteile besorgt.

Zweitens, wenn auch eure Zurückhaltung vom Militärdienste die bestehende Ordnung zerstörte, so würde das auf keine Weise beweisen, ihr müßtet ein schlechtes Werk weiter verrichten, sondern nur, daß die Ordnung, die infolge eurer Zurückhaltung zerstört wird – vernichtet werden muß. Wenn die nützlichsten Anstalten existierten: Krankenhäuser, Schulen, Armenhäuser, und zwar unterhalten aus den Einkünften von Toleranzhäusern, so könnte aller Nutzen, den diese wohltätigen Anstalten bringen, auf keine Weise in ihrer Lage eine Frau zurückhalten, die sich aus ihrem schändlichen Gewerbe zu befreien wünscht.

„Ich bin nicht schuld", wird die Frau sagen, „daß ihr eure wohltätigen Anstalten auf der Sittenverderbnis errichtet habt. Ich will nicht länger liederlich sein, und mit euren Anstalten habe ich nichts zu tun". Dasselbe muß auch jeder Soldat sagen, wenn man zu ihm von der Notwendigkeit spricht, die bestehende Ordnung zu erhalten, die auf seiner Bereitschaft zum Morde begründet ist. „Richtet die allgemeine Ordnung so ein, daß für sie kein Mord nötig ist", muß der Soldat sagen, „und ich werde sie nicht zerstören. Ich will und kann nur nicht ein Mörder sein".

Es sprechen noch viele unter euch: „Ich bin so erzogen, ich bin durch meine Stellung gebunden und kann aus ihr nicht austreten." Doch auch dies ist unrichtig.

Ihr könnt immer aus eurer Stellung austreten. Wenn ihr aber nicht aus ihr austretet, so tut ihr dies nur deshalb, weil ihr vorzieht, in Widerspruch mit eurem Gewissen zu leben und zu wirken, als auf einige weltliche Vorteile zu verzichten, die euch euer ehrloser Dienst gewährt. Vergeßt nur, daß ihr Offiziere seid, und denkt daran, daß ihr Menschen seid, und ein Ausweg aus eurer Lage wird sich sofort vor euch auftun.

Dieser Ausweg ist der beste und ehrenvollste: versammelt die Abteilung, die ihr kommandiert, tretet vor sie hin und bittet die Soldaten um Verzeihung für alles das Böse, das ihr ihnen durch Täuschung zugefügt habt, und hört auf, Soldat zu sein. Dies Vorgehen ist, so scheint es, sehr kühn und erfordert großen Mut; indessen ist zu einem solchen Vorgehen viel weniger Mut nötig, als dazu, einen Sturmangriff zu machen oder für Beleidigung der Uniform zum Duell herauszufordern, – was zu tun ihr, als Militärs, immer bereit seid, und was ihr tut.

Doch wenn ihr auch nicht imstande seid, so zu verfahren, so könnt ihr immer, habt ihr einmal das Verbrecherische des Kriegsdienstes begriffen, aus ihm austreten und ihm jede andere, wenn auch weniger vorteilhafte Tätigkeit vorziehen.

Ich weiß, es gibt noch viele Offiziere vom höchsten bis zum niedrigsten Rang, die so unwissend oder hypnotisiert sind, daß sie keine zwingende Notwendigkeit in jenem oder im zweiten oder im dritten Schlusse sehen und ruhig weiter dienen und unter den jetzigen Bedingungen bereit sind, auf ihre Brüder zu schießen, und sich dessen sogar rühmen; doch zum Glück straft die öffentliche Meinung solche Leute immer mehr mit Abkehr und Verachtung, und ihre Zahl wird immer geringer.

In unserer Zeit also, wo die brudermörderische Bedeutung des Heeres augenscheinlich geworden ist, ist es für die Offiziere schon nicht möglich, nicht nur die alten Überlieferungen der kriegerischen, selbstzufriedenen Verwegenheit fortzusetzen, sondern es ist schon nicht möglich, ohne das Bewußtsein um ihre menschliche Erniedrigung und Schande das verbrecherische Werk fortzuführen, einfache, ihnen vertrauende Leute den Mord zu lehren und sich selbst zur Teilnahme am Morde unbewaffneter Bewohner vorzubereiten.

Das ist es, was jeder denkende und gewissenhafte Offizier unserer Zeit begreifen und bedenken muß.

Gaspra, den 7./20. Dezember 1901
Lew Tolstoj

XV.
Das Licht leuchtet in der Finsternis

(I svet vo t'me svetit: 1896-1897, 1900, 1902)

Auszüge aus einem unvollendeten Drama Tolstois
über Christsein, den ungerechten Besitz
und Militärverweigerung

Übersetzt von Adolf Heß

Zum Inhalt des Dramas

Sehr bald nach Leo N. Tolstois Tod wurde ein unvollendetes – auf
Schritt und Tritt autobiographisch angelegtes Drama aus seinem
Nachlass veröffentlicht, an dem er wohl ab 1902 nicht mehr weiter
gearbeitet hatte. Den Hauptstrang gibt Adolf Heß in der Einleitung
zu seiner 1912 veröffentlichten Übersetzung folgendermaßen wieder: „Das Drama umfaßt fünf Aufzüge, deren letzter nur skizziert,
nicht ausgeführt ist. Die gründlichste Bearbeitung hat der erste Auf-
zug erfahren. Begonnen wurde das Werk in den achtziger Jahren;
weitergeführt wurde es in den neunziger. [...] Tolstoi behandelt in
diesem Werk – und das erklärt vieles – in bisweilen autobiographi-
scher Form die Kämpfe, die er in seiner Familie durchzufechten
hatte; die Zweifel, die ihn überkamen, als er die Wirkung seiner Gedanken auf seine Umgebung beobachtete; den Widerstand, dem er
beim Umsetzen der Gedanken in die Tat begegnete, und die Konflikte, die zwischen idealen Bestrebungen und dem realen Leben
überall zutage treten. – Der wohlhabende russische Gutsbesitzer
[NIKOLAI Iwanowitsch] Sarynzew, der nach dem Evangelium leben,
seine Habe an die Armen verteilen, seine Nächsten wie sich selbst
lieben will; der das Christentum nicht als schöne Gedankenrichtung,
sondern als praktische Lebensweisheit auffaßt; der die Kirche als
schadenbringende Institution verwirft und der Obrigkeit den Gehorsam kündigt – dieser Sarynzew ist Tolstoi selbst. Wir wissen, wie
Tolstoi sich bemüht hat, als echter Christ zu leben, wie er gleich Sarynzew seine Habe den Armen geben wollte und, als ihm das nicht

gelang, die Besitzung auf den Namen seiner Frau überschreiben ließ; wie er auf dem Felde und in der Werkstatt arbeitete; wie junge, den Militärdienst verweigernde und dafür grausam bestrafte Bauern mit ihm in Briefwechsel standen; wie er Bauern aus dem Gefängnis befreite, und anderes mehr. Über diese Beziehungen zwischen den Vorgängen im Drama und in Tolstois Leben ließe sich noch manches sagen. Wir haben es hier in erster Linie mit dem Drama zu tun. Da fällt zunächst auf, daß Tolstoi in diesem Werk ein Problem behandelt, das gerade unserer Zeit so recht den Stempel aufdrückt. Es ist der Kampf und Ausgleich zwischen arm und reich, in dem sich alle idealen Bestrebungen der Gegenwart vereinen. Tolstoi sucht den Frieden dadurch herbeizuführen, daß er den Reichen auf Grund eigener Erkenntnis freiwillig auf sein Gut verzichten läßt. Aber dieser Verzicht gelingt Sarynzew nur zum Teil, nur für seine Person, nicht für Weib [MARIA Iwanowna Sarynzewa] und Kinder. Daraus entstehen neue, unlösbare Konflikte. Hinzu kommen die heftigen Vorwürfe einer Mutter [FÜRSTIN Tscheremschanowa], deren Sohn [BORIS] [als Militärdienstverweiger] angeblich durch Sarynzews Lehren ins Verderben gestürzt ist. Bekehrungsversuche eines Bischofs, den die besorgte Schwägerin verschrieben hat. Abfall eines jungen Geistlichen von der Landeskirche mit baldigem reumütigem Zurückkehren in ihren Schoß usw. Die Katastrophe tritt, nach dem Szenarium, dadurch ein, daß die Mutter des verführten jungen Mannes, als eine Audienz beim Zaren ergebnislos verlaufen ist, Sarynzew ersticht. Diese Katastrophe wirkt, als Faktum, ohne Worte, nach dem sehr auf Innerlichkeit und tiefreichenden Gedankenaustausch gestellten übrigen Teil des Dramas stark theatralisch."

Fürst BORIS, der Militärverweigerer aus der herrschenden Klasse, ist mit LJUBA, einer Tochter von NIKOLAI Sarynzew, liiert. Sein ‚interessanter Fall' wird im Drama von einem Adjutanten dem Oberarzt des Militärlazaretts folgendermaßen vorgetragen: „Fürst Tscheremschanow, der seiner Militärpflicht genügen soll, weigert sich auf Grund der Bibel. Zunächst wurde er zur Gendarmerie geschafft; die erklärt sich für inkompetent und findet ihn nicht verdächtig. Dann hat der Pope ihn ins Gebet genommen – ebenfalls umsonst." Es erfolgt – gemäß verbreiteter Methode – eine Psychiatrisierung des Verweigerers durch die Staatsorgane.

Leo N. Tolstoi

Das Licht leuchtet in der Finsternis

(Auszug)[1]

DRITTER AUFZUG.

In Moskau. Großes Zimmer. Darin eine Hobelbank, Tisch mit Papieren, Bücherschrank, Spiegel und ein durch Bretter verstelltes Bild.

Erster Auftritt.

NIKOLAI IWANOWITSCH *und ein* TISCHLER.

Nikolai Iwanowitsch arbeitet mit vorgebundener Schürze an der Hobelbank. Der Tischler hobelt.

NIKOLAI *(nimmt ein Brett aus der Hobelbank)*. Ist es so gut?

TISCHLER *(stellt seinen Schlichthobel)*. Nicht besonders. Sie müssen stärker drücken; sehen Sie, so!

NIKOLAI. Sie haben gut reden. Es wird doch nichts.

TISCHLER. Wozu geben Ew. Gnaden sich auch mit der Tischlerei ab? Gibt heutzutage so viele Tischler, daß man nicht mehr sein Auskommen findet.

NIKOLAI *(wieder bei der Arbeit)*. Man schämt sich, zu faulenzen.

TISCHLER. Sie haben es doch nicht nötig. Ihnen hat ja Gott Vermögen gegeben.

NIKOLAI. Ich bin eben der Meinung, Gott hat den Menschen nichts gegeben, sondern sie haben es sich genommen, ihren Brüdern abgenommen.

TISCHLER *(verwundert)*. Das ist schon richtig. Aber für Sie hat es doch keinen Zweck.

NIKOLAI. Ich verstehe, daß Ihnen das wunderbar vorkommt. In diesem Hause, wo so viel Überfluß herrscht will jemand arbeiten.

TISCHLER *(lachend)*. Nein, das nicht gerade. Die Herrschaften sind mal so; die machen alles. Jetzt fahren Sie mal mit dem Schrupphobel darüber hin.

---

[1] Textquelle der dargebotenen Aufzüge | | Leo N. TOLSTOI: Das Licht leuchtet in der Finsternis. Drama in vier Aufzügen. Aus dem Russischen übertragen und eingeleitet von Adolf Heß. (= Reclams Universalbibliothek Nr 5434). Leipzig: Reclam 1912. [96 Seiten].

NIKOLAI. Sie werden es nicht glauben, werden wieder lachen – und doch sage ich Ihnen, daß ich früher ebenso gelebt und mich nicht geschämt habe. Jetzt glaube ich aber an Christi Lehre, daß wir alle Brüder sind, und geniere mich, so zu leben.

TISCHLER. Wenn es Sie geniert, verschenken Sie doch Ihr Vermögen.

NIKOLAI. Das wollte ich; es ist mir aber nicht geglückt. Ich hab' es meiner Frau übergeben.

TISCHLER. Sie können ja auch nicht; haben sich daran gewöhnt.

LJUBA *(hinter der Tür)*. Papa, darf ich herein?

NIKOLAI. Gewiß, gewiß, du darfst immer.

Zweiter Auftritt.

Die VORIGEN *und* LJUBA.

LJUBA *(eintretend)*. Guten Tag, Jakob.

TISCHLER. Wünsche guten Tag, gnädiges Fräulein.

LJUBA. Boris ist zum Regiment abgereist. Ich fürchte, er richtet da etwas an oder sagt etwas Ungehöriges. Was glaubst du?

NIKOLAI. Was kann ich glauben? Er wird tun, was sein Inneres ihm befiehlt.

LJUBA. Aber das ist schrecklich. Er hat nur noch so kurze Zeit zu dienen und richtet sich nun plötzlich zugrunde.

NIKOLAI. Nur gut, daß er nicht zu mir gekommen ist; er weiß, daß ich ihm nichts anderes sagen kann, als was ihm bereits bekannt ist. Hat mir selbst gesagt, daß er deswegen seinen Abschied nähme, weil er einsieht, daß es keine gesetzwidrigere, tierisch grausamere Tätigkeit gibt als diese einzig auf Mord gerichtete, und daß nichts erniedrigender und gemeiner ist, als sich dem ersten besten rangälteren Beamten bedingungslos zu unterwerfen – er weiß das auch alles.

LJUBA. Das fürchte ich ja gerade, daß er es weiß und nun danach handeln will.

NIKOLAI. Darüber entscheidet sein Gewissen, der Gott, der in ihm ist. Wenn er zu mir käme, würde ich ihm den einen Rat geben: nie aus Berechnung handeln, sondern nur, wenn sein ganzes Wesen es fordert. Es gibt nichts Schlimmeres. So wollte ich dem Gebot Christi gemäß Weib und Kinder verlassen und Ihm nachfolgen und war schon im Begriff, das auszuführen. Aber was war das Ende? Das Ende war, daß ich zurückkehrte und mit euch in der Stadt von

Luxus umgeben lebe. Weil ich etwas tun wollte, was über meine Kräfte ging, geriet ich in diese erniedrigende Lage ohne Sinn und Verstand. Ich will einfach leben und arbeiten; dabei in dieser Umgebung mit Türhütern und Bedienten – da muß ja eine Komödie herauskommen. Eben diesen Augenblick sehe ich, wie Jakob Nikanorowitsch mich auslacht ...

TISCHLER. Wie werde ich! Sie bezahlen mich, geben mir schönen Tee. Dafür danke ich Ihnen.

LJUBA. Ich denke, ob ich nicht zu ihm fahren soll.

NIKOLAI. Mein Liebling, Täubchen, ich weiß, daß dir das alles schwer, ja schrecklich vorkommt, obwohl es anders sein müßte. Ich bin jetzt so weit, daß ich das Leben verstehe. Und ich sage dir: es kann nichts Schlimmes geben. Alles was uns schlimm erscheint, ist für das Herz eine Freude und Stärkung. Du mußt aber begreifen, daß jemand, der diesen Weg geht, zunächst vor eine Wahl gestellt ist. Und es gibt Lagen, wo das Göttliche und Teuflische sich das Gleichgewicht halten, wo die Wage schwankt. Gerade dann geht Gottes Werk im Menschen vor sich und gerade dann ist jede Einmischung äußerst gefährlich und verhängnisvoll. Wie soll ich sagen, es ist, als ob jemand schreckliche Anstrengungen macht, um eine Last zu schleppen – dabei kann eine Berührung mit den Fingerspitzen ihm das Kreuz brechen.

LJUBA. Wozu muß man denn aber leiden?

NIKOLAI. Das ist gerade, wie wenn eine Mutter sagt: Wozu die Wehen? Es gibt keine Geburt ohne Wehen. Dasselbe ist im geistigen Leben der Fall. Eins will ich dir sagen: Boris ist ein wahrer Christ und deswegen im Innern frei. Und wenn du noch nicht so sein kannst wie er, nicht wie er von selbst an Gott glauben kannst, so glaub durch ihn an den Höchsten, an Gott.

MARIA (hinter der Tür). Darf ich herein?

NIKOLAI. Immer herein. Das ist ja heute der reine Empfangstag.

Dritter Auftritt.
Die VORIGEN und MARIA IWANOWNA.

MARIA. Unser Priester, Wassili Nikanorowitsch, ist da. Er fährt zum Bischof, hat sein Amt niedergelegt.

NIKOLAI. Nicht möglich!

MARIA. Hier ist er. Ljuba, ruf ihn. Er will dich sprechen.

LJUBA (*geht*).

Vierter Auftritt.
Die VORIGEN ohne Ljuba.
MARIA. Ich möchte auch noch über Wanja mit dir sprechen. Er ist schrecklich ungezogen und lernt so schlecht, daß er sicher nicht versetzt wird. Wenn ich es ihm sage, wird er frech.
NIKOLAI. Mascha, du weißt doch, daß ich mit seiner ganzen Lebensweise und mit der Erziehung nicht einverstanden bin. Immer wieder quält mich die Frage: Darf ich ruhig zusehen, wie vor meinen Augen Wesen zugrunde gehen ...?
MARIA. Dann muß man eben andere bestimmte Maßregeln treffen. Was schlägst du vor?
NIKOLAI. Ich kann nicht sagen, was. Ich will nur eins sagen: erstens, man muß sich von diesem verderblichen Luxus befreien.
MARIA. Damit die Kinder verbauern? Dazu kann ich meine Einwilligung nicht geben.
NIKOLAI. Nun, dann frag mich nicht. Dann ist dir eben nicht zu helfen.
Der PRIESTER und LJUBA (kommen).

Fünfter Auftritt.
Die VORIGEN. Der PRIESTER und LJUBA.
Der PRIESTER und NIKOLAI (*küssen sich*).
NIKOLAI. Haben Sie wirklich ein Ende gemacht?
PRIESTER. Ich konnte nicht länger.
NIKOLAI. So schnell hatte ich das nicht erwartet.
PRIESTER. Es ging nicht anders. In unserem Beruf kann man nicht indifferent sein. Man soll die Beichte abnehmen, das Abendmahl reichen – und wenn man erkannt hat, daß das alles nicht die Wahrheit ist ...
NIKOLAI. Und was wird jetzt?
PRIESTER. Jetzt fahre ich zum Bischof, zum Examen. Ich fürchte, man schickt mich ins Kloster Solowezk. Anfangs dachte ich daran, ins Ausland zu fliehen. Wollte Sie um Ihre Unterstützung bitten. Dann kam ich zur Besinnung: es wäre Kleinmut. Das einzige ist: meine Frau.
NIKOLAI. Wo ist sie?

PRIESTER. Zu ihrem Vater gereist. Ihre Mutter war bei uns und hat das Söhnchen mitgenommen. Das tat weh. Ich hätte ihn gern ... (*Er stockt, drängt die Tränen zurück.*)

NIKOLAI. Helf Gott Ihnen. Werden Sie bei uns bleiben?

Die FÜRSTIN (*kommt ins Zimmer gelaufen*).

Sechster Auftritt.

Die VORIGEN und die FÜRSTIN.

FÜRSTIN. Das war zu erwarten. Er hat den Gehorsam verweigert und sitzt im Arrest. Ich war dort, man hat mich nicht zu ihm gelassen. Nikolai Iwanowitsch, fahren Sie hin.

LJUBA. Wieso den Gehorsam verweigert? Woher wissen Sie das?

FÜRSTIN. Ich war selbst dort. Wassili Andrejewitsch hat mir alles erzählt, ein Mitglied der Untersuchungskommission. Er kam einfach herein und erklärte, er würde nicht dienen, den Fahneneid nicht leisten – kurz alles, was Nikolai Iwanowitsch ihm beigebracht hat.

NIKOLAI. Fürstin! Wie kann man das jemandem beibringen?

FÜRSTIN. Das weiß ich nicht. Jedenfalls ist das kein Christentum. Wie wäre das möglich? Sagen Sie doch ein Wort, Batjuschka.

PRIESTER. Ich bin kein Batjuschka mehr.

FÜRSTIN. Ganz egal. Sie sind ja ebenso. Freilich, Sie haben es gut. Aber ich lasse die Dinge nicht so gehen. Und was ist das für ein schändliches Christentum, durch das die Menschen leiden und zugrunde gehen. Ich hasse dieses euer Christentum. Ihr habt es gut, da ihr wißt, daß es euch nicht an den Kragen geht. Ich habe aber nur diesen einen Sohn, und ihr habt ihn ins Verderben gestürzt.

NIKOLAI. So beruhigen Sie sich doch, Fürstin.

FÜRSTIN. Sie, Sie haben das fertig gebracht. Sie haben ihn unglücklich gemacht, Sie müssen ihn auch retten. Fahren Sie hin, reden Sie ihm zu, daß er diese Dummheiten unterläßt. Reiche Leute können sich das leisten, nicht aber wir.

LJUBA (*weint*). Papa, was soll nun werden?

NIKOLAI. Ich fahre hin. Vielleicht kann ich helfen. (*Er nimmt die Schürze ab.*)

FÜRSTIN (*hilft ihm beim Ankleiden*). Mich hat man nicht zu ihm gelassen; wir fahren zusammen, dann erreiche ich mein Ziel. (*Sie geht ab.*)

——

Verwandlung.
Militärkanzlei.
Ein Schreiber sitzt am Tisch; vor der Tür gegenüber geht ein Posten auf und ab. Ein General mit seinem Adjutanten tritt ein. Der Schreiber springt auf, der Posten präsentiert.

Erster Auftritt.
GENERAL. ADJUTANT. SCHREIBER.
GENERAL. Wo ist der Herr Oberst?
SCHREIBER. Bei dem Rekruten, Ew. Exzellenz.
GENERAL. Schön. Ich lasse ihn hierher bitten.
SCHREIBER. Zu Befehl, Ew. Exzellenz.
GENERAL. Was schreiben Sie da ab? Wohl die Aussagen des Rekruten?
SCHREIBER. Zu Befehl, jawohl, Ew. Exzellenz.
GENERAL. Geben Sie doch mal her.
SCHREIBER (*übergibt das Schriftstück und geht ab*).

Zweiter Auftritt.
Die VORIGEN *ohne Schreiber.*
GENERAL (*gibt das Schriftstück dem Adjutanten*). Lesen Sie bitte vor.
ADJUTANT (*liest*). „Auf die mir vorgelegten Fragen: 1) Warum ich den Fahneneid nicht leiste, 2) warum ich mich weigere, die Befehle der Vorgesetzten zu erfüllen, und 3) was mich dazu veranlaßt hat, nicht nur gegen das Militär, sondern auch gegen die höchste Macht im Staate kränkende Äußerungen zu tun – erwidere ich zu 1) ich leiste den Eid deswegen nicht, weil ich mich zum Christentum bekenne. Das Christentum aber verbietet klar und deutlich den Eid, sowohl im Evangelium Matthäi V, 33–37 wie auch in der Epistel des Jakobus V, 12.“
GENERAL. Schwadroneur. Der legt die Bibel auf seine Weise aus.
ADJUTANT (fortfahrend). „Im Evangelium heißt es: ‚Ihr sollt überhaupt nicht schwören. Eure Rede sei: Ja, ja, oder nein, nein; was darüber hinausgeht, ist vom Bösen.‘ In der Epistel des Jakobus: ‚Vor allem, meine Brüder, schwört nicht; weder beim Himmel, noch bei der Erde, noch sonst einen Schwur. Euer Ja sei Ja, euer Nein – Nein,

damit ihr nicht unter das Gericht fallt.' Aber ich will von dieser ganz klaren Vorschrift im Evangelium, daß man nicht schwören darf, ganz absehen; selbst wenn diese Vorschrift nicht existierte, könnte ich nicht schwören, die Befehle von Menschen auszuführen, da ich nach christlichem Gebot stets den Willen Gottes tun muß, der dem der Menschen widersprechen kann."

GENERAL. Schwadroneur. Wenn es nach mir ginge, gäbe es das nicht.

ADJUTANT (liest). „Ich weigere mich aber, die Befehle von Leuten auszuführen, die sich Vorgesetzte nennen, weil ..."

GENERAL. Diese Frechheit!

ADJUTANT. ... „weil diese Befehle verbrecherisch, schlecht sind. Man verlangt von mir, ich soll in die Armee treten, mich zum Morde vorbereiten und ihn erlernen. Das ist im Alten wie im Neuen Testament verboten, und hauptsächlich verbietet es mir mein Gewissen. Auf die dritte Frage ..."

Der OBERST (kommt mit dem Schreiber).

Der GENERAL (gibt ihm die Hand).

Dritter Auftritt.

Die VORIGEN und der OBERST mit dem SCHREIBER.

OBERST. Sie lesen das Protokoll?

GENERAL. Ja. Unverzeihliche Frechheiten. Nun, fahren Sie fort.

ADJUTANT (liest). „Auf die dritte Frage: was mich veranlaßt hat, in der Verhandlung beleidigende Worte zu gebrauchen, erwidere ich, daß mich dazu der Wunsch veranlaßt hat, Gott zu dienen und den Betrug aufzudecken, der in Seinem Namen geschieht. Diesem Wunsch hoffe ich bis zu meinem Tode zu willfahren. Und deshalb ..."

GENERAL. Nun, genug davon. Das Geschwätz nimmt ja gar kein Ende. Es handelt sich darum, hier gründlich Remedur zu schaffen, damit die Mannschaften nicht angesteckt werden. (Zum Oberst.) Haben Sie mit ihm gesprochen?

OBERST. Jawohl, die ganze Zeit. Habe mich bemüht, ihm ins Gewissen zu reden, ihn zu überzeugen, daß er damit gar nichts ausrichtet, daß es das schlimmste ist, was er tun kann. Habe seine Familie erwähnt. Das regte ihn sehr auf; trotzdem blieb er bei seinem Standpunkt.

GENERAL. Das viele Reden hat gar keinen Zweck. Wir sind Soldaten, nicht um zu reden, sondern um zu handeln. Lassen Sie ihn mal vorführen.

ADJUTANT und SCHREIBER (*gehen ab*).

Vierter Auftritt.

GENERAL und OBERST.

GENERAL (*setzt sich*). Nein, Herr Oberst, das ist nicht das richtige. Mit solchen Burschen muß man anders umspringen. Da heißt es energisch eingreifen, das kranke Glied schleunigst entfernen. Ein räudiges Schaf steckt die ganze Herde an. Zarte Rücksichten sind hier nicht angebracht; daß er Fürst ist, und eine Mutter und Braut hat, geht uns gar nichts an. Für uns ist er Soldat, und wir haben den Willen unseres allerhöchsten Vorgesetzten zu erfüllen.

OBERST. Ich bin der Meinung, daß man ihn durch Zureden leichter schwankend macht.

GENERAL. Ganz und gar nicht. Bestimmtheit, nur Bestimmtheit. Habe mit solchen Burschen schon zu tun gehabt. Der Mann muß fühlen, daß er ein Nichts, ein Sandkorn unter einem Wagen ist, der dadurch nicht aufgehalten wird.

OBERST. Ja, man muß die Sache untersuchen.

GENERAL (*gerät allmählich in Wallung*). Ach was, untersuchen. Ich habe nichts zu untersuchen. Ich diene meinem Kaiser seit vierundvierzig Jahren, bin diesem Dienst mit Leib und Seele ergeben, und nun kommt plötzlich so ein Bürschchen und will mich belehren und mir den Bibeltext lesen. Mag er sich mit Pfaffen darüber zanken, für mich ist er Soldat oder Arrestant. Damit basta.

BORIS (*erscheint, von zwei Soldaten eskortiert*).

ADJUTANT und SCHREIBER (*hinter ihm*).

Fünfter Auftritt.

Die VORIGEN. BORIS mit zwei ESKORTESOLDATEN, ADJUTANT und SCHREIBER.

GENERAL (*mit dem Finger zeigend*). Da stellt ihn hin.

BORIS. Mich braucht man nicht hinzustellen. Ich stehe oder sitze, wo ich will; Ihre Macht über mich kann ich nicht …

GENERAL. Maul halten! Du erkennst keine Macht an? Ich werd' dich schon lehren!

BORIS (*setzt sich auf einen Stuhl*). Wie unvernünftig, so zu schreien.

GENERAL. Aufrichten, hinstellen den Mann.

Die SOLDATEN (*ziehen Boris in die Höhe*).

BORIS. Das können Sie, Sie können mich sogar töten, aber mich nicht zwingen, Ihnen zu gehorchen ...

GENERAL. Maul halten, hab' ich befohlen. Hör' zu, was ich dir sage.

BORIS. Ich will gar nicht hören, was *du, du* sagst.

GENERAL. Der Mann ist übergeschnappt. Muß ins Lazarett, auf seinen Geisteszustand untersucht werden. Weiter ist da nichts zu machen.

OBERST. Wir haben Befehl, ihn auch von der Gendarmerie vernehmen zu lassen.

GENERAL. Na also, schaffen Sie ihn hin. Aber vorher: einkleiden.

OBERST. Er weigert sich.

GENERAL. Dann wird er gefesselt. (*Zu Boris.*) Hören Sie also, was ich Ihnen sage. Mir ist es egal, was aus Ihnen wird. In Ihrem eigenen Interesse aber rate ich Ihnen: kommen Sie zur Vernunft. Sie werden in der Festung ja verfaulen. Und richten nicht das mindeste aus. Also lassen Sie das. Haben sich ereifert und ich ebenfalls. (*Klopft ihn auf die Schulter.*) Gehen Sie hin, leisten den Eid und unterlassen in Zukunft solche Sachen. (*Zum Adjutanten.*) Ist der Priester da? (*Zu Boris.*) Na, wie ist's? (*Boris schweigt.*) Weshalb antworten Sie nicht? Es ist wirklich besser so. Man kann doch nicht mit dem Kopf durch die Wand rennen! Ihre Gedanken behalten Sie hübsch für sich. Dienen Ihr Jahr ab – wir werden Sie nicht zwiebeln. Na, wie ist's?

BORIS. Ich habe nichts weiter zu sagen.

GENERAL. Sie erwähnen da in Ihrer Aussage einen Bibelvers. Darüber wissen die Popen besser Bescheid. Sprechen Sie mit Batjuschka und überlegen sich die Sache. Es ist wirklich besser so. Also leben Sie wohl; ich hoffe auf Wiedersehen, wenn Sie des Kaisers Rock tragen. Schicken Sie den Geistlichen her. (*Er geht ab.*)

OBERST und ADJUTANT (*folgen ihm*).

Sechster Auftritt.

BORIS. Der SCHREIBER und die SOLDATEN.

BORIS (*zum Schreiber und den Soldaten*). Da seht ihr, wie die Leute reden. Sie wissen selbst, daß sie euch betrügen. Gehorcht ihnen nicht! Legt die Waffen nieder! Geht auf und davon! Selbst wenn sie euch ins Strafbataillon stecken und halbtot prügeln – ist immer noch leichter als diesen Betrügern gehorchen.

SCHREIBER. Wie kann man ohne Militär leben? Nein, das geht nicht.

BORIS. Das ist nicht unsere Sache. Wir haben nur daran zu denken, was Gott von uns will. Gott aber will, daß wir ...

SOLDAT. Es heißt doch aber immer: das christliche Heer?

BORIS. Das steht nirgends. Das haben die Betrüger sich ausgedacht.

SOLDAT. Wie ist das möglich? Die Bischöfe müssen das doch wissen.

GENDARMERIEOFFIZIER mit SCHREIBER *(tritt ein).*

Siebenter Auftritt.

Die VORIGEN. *GENDARMERIEOFFIZIER und SCHREIBER.*

GENDARMERIEOFFIZIER *(zum Schreiber).* Ist hier der Rekrut Fürst Tscheremschanow?

SCHREIBER. Zu Befehl. Da ist er.

GENDARMERIEOFFIZIER. Bitte sich hierher zu verfügen. Sind Sie Fürst Boris Semjonowitsch Tscheremschanow, der den Fahneneid nicht leisten will?

BORIS. Ja.

GENDARMERIEOFFIZIER *(setzt sich und deutet auf einen Platz gegenüber).* Bitte, setzen Sie sich.

BORIS. Ich glaube, unsere Unterhaltung ist vollkommen überflüssig.

GENDARMERIEOFFIZIER. Das glaube ich nicht. Für Sie wenigstens durchaus nicht, wie Sie sich sofort überzeugen werden. Mir ist mitgeteilt, Sie weigern sich, zu dienen und den Eid zu leisten; es besteht daher Verdacht, daß Sie zur revolutionären Partei gehören. Das habe ich zu untersuchen. Wenn es richtig ist, müssen wir Sie vom Militär fortnehmen und einsperren oder verbannen, je nach dem Grade Ihrer Beteiligung an der Revolution. Anderenfalls überlassen wir Sie der Militärbehörde. Sie sehen, daß ich offen mit Ihnen spreche und hoffe, daß Sie uns ebensolches Vertrauen entgegenbringen.

BORIS. Vertrauen kann ich zu Leuten, die das da tragen, *(er deutet auf die Uniform)* nicht haben. Außerdem ist Ihre Tätigkeit derart, daß ich sie durchaus nicht respektiere, sondern auf das gründlichste verabscheue. Ihre Fragen aber werde ich beantworten. Was wünschen Sie zu wissen?

GENDARMERIEOFFIZIER. Gestatten Sie zunächst: Ihr Name, Beruf, Konfession?

BORIS. Das wissen Sie alles; darauf antworte ich nicht. Für mich ist nur eins wichtig: ich gehöre nicht zur griechisch-katholischen Kirche, bin kein sogenannter Rechtgläubiger.

GENDARMERIEOFFIZIER. Welchen Glauben haben Sie denn?

BORIS. Das läßt sich nicht so schnell sagen.

GENDARMERIEOFFIZIER. Nun, Sie werden doch irgendeine Antwort geben?

BORIS. Also ich bin Christ, nach der Lehre der Bergpredigt.

GENDARMERIEOFFIZIER. Schreiben Sie.

SCHREIBER (*tut es*).

GENDARMERIEOFFIZIER (*zu Boris*). Sie betrachten sich doch aber als Angehörigen eines bestimmten Staates und Standes?

BORIS. Nein. Ich bezeichne mich als Mensch, Diener Gottes.

GENDARMERIEOFFIZIER. Warum bezeichnen Sie sich nicht als russischen Staatsangehörigen?

BORIS. Weil ich keinen Staat anerkenne.

GENDARMERIEOFFIZIER. Was heißt das? Wünschen Sie sein Aufhören?

BORIS. Ohne Frage. Darauf arbeite ich ja hin.

GENDARMERIEOFFIZIER (*zum Schreiber*). Schreiben Sie. (*Zu Boris.*) Mit welchen Mitteln arbeiten Sie darauf hin?

BORIS. Indem ich den Betrug, die Lüge aufdecke und die Wahrheit verbreite. Gerade als Sie eintraten, sagte ich zu diesen Soldaten, sie sollten nicht an den Betrug glauben, den man an ihnen verübt.

GENDARMERIEOFFIZIER. Außer diesen Mitteln der Überredung gebrauchen Sie doch noch andere?

BORIS. Nein. Jede Gewalttat halte ich für die größte Sünde. Nicht nur jede Gewalt, sondern sogar jede Heimlichkeit, jede List …

GENDARMERIEOFFIZIER. Schreiben Sie. Es ist gut. Jetzt gestatten Sie, daß ich mich nach Ihrem Umgang erkundige. Kennen Sie Iwaschenkow?

BORIS. Nein.

GENDARMERIEOFFIZIER. Klein?

BORIS. Ich habe von ihm gehört, ihn aber nie gesehen.

Ein BEJAHRTER GEISTLICHER (mit Kreuz und Bibel tritt ein).

SCHREIBER (*läßt sich von ihm segnen*).

Achter Auftritt.
Die VORIGEN und der GEISTLICHE.
GENDARMERIEOFFIZIER. Ich denke, ich kann hier Schluß machen. Ich halte Sie nicht für gefährlich und nicht zu unserem Ressort gehörig. Wünsche Ihnen, daß Sie bald freikommen. Grüße Sie. *(Gibt ihm die Hand.)*
BORIS. Ich möchte Ihnen noch eins sagen. Verzeihen Sie mir, aber ich kann nicht anders. Warum haben Sie diese schlimme, böse Tätigkeit gewählt? Ich möchte Ihnen raten, sie aufzugeben.
GENDARMERIEOFFIZIER *(lächelnd)*. Ich danke Ihnen für Ihren Rat. Das hat seine Gründe. Also, ich empfehle mich. Batjuschka, ich trete Ihnen meinen Platz ab. *(Er geht mit dem Schreiber ab.)*

Neunter Auftritt.
Die VORIGEN ohne Gendarmerieoffizier und Schreiber.
PRIESTER. Wie können Sie nur der Obrigkeit solchen Kummer machen? Ihre Christenpflicht nicht erfüllen, dem Zaren und Vaterlande nicht dienen?
BORIS *(lächelnd)*. Gerade weil ich meine Christenpflicht erfüllen will, kann ich nicht Soldat sein.
PRIESTER. Warum nicht? Es heißt doch: „Wer sein Leben hingibt für seine Freunde, der ist ein wahrer Christ ..."
BORIS. Jawohl, sein Leben hingibt, aber nicht fremde vernichtet. Mein Leben hingeben, das will ich ja gerade.
PRIESTER. Sie urteilen nicht richtig, junger Mann. Johannes der Täufer sagte zu den Kriegsknechten: „... Lasset euch genügen an eurem Solde ..."
BORIS *(lächelnd)*. Das beweist nur, daß schon damals die Soldaten plünderten, was er ihnen verbot.
PRIESTER. Aber warum wollen Sie nicht schwören?
BORIS. Sie wissen, daß das im Evangelium verboten ist.
PRIESTER. Ganz und gar nicht. Als Pilatus sagte: „Ich beschwöre dich beim lebendigen Gotte, bist du Christus?" antwortete Herr Jesus Christus: „Du sagst es." Das heißt, der Eid ist nicht verboten.
BORIS. Schämen Sie sich wirklich nicht? Sie alter Mann ...
PRIESTER. Legen Sie Ihren Trotz ab, rate ich Ihnen! Wir können die Welt nicht ändern. Leisten Sie den Eid und alles geht gut. Was Sünde ist und was nicht, das zu entscheiden überlassen Sie der Kirche.

BORIS. Ihnen? Haben Sie denn keine Angst, so viel Sünde auf sich zu nehmen?

PRIESTER. Welche Sünde? Wer wie ich fest im Glauben erzogen ist und dreißig Jahre lang das Priesteramt versehen hat, der ist nicht voll Sünde.

BORIS. Auf wen fällt denn die Sünde, daß ihr so viele Menschen betrügt? Was steckt denn in all den Köpfen? (*Er deutet auf den Posten.*)

PRIESTER. Das wollen wir lieber nicht untersuchen, junger Mann. Dagegen würde uns Respekt vor dem Alter nicht übel anstehen.

BORIS. Lassen Sie mich. Sie tun mir leid und sind mir gleichzeitig widerwärtig. Wenn Sie noch wie jener General wären – so aber kommen Sie mit Kreuz und Bibel und wollen mich im Namen Christi bereden, von Christus abzufallen. Gehen Sie fort. (*Erregt.*) Gehen Sie, lassen Sie mich! Führt mich fort, daß ich niemand mehr sehe. Ich bin müde, schrecklich müde.

PRIESTER. Also dann leben Sie wohl.

ADJUTANT (*tritt ein*).

Zehnter Auftritt.

Die VORIGEN und der ADJUTANT. BORIS sitzt im Hintergrund.

ADJUTANT. Nun, wie ist's?

PRIESTER. Schrecklicher Trotz und Eigensinn.

ADJUTANT. Er will also weder den Eid leisten noch dienen?

PRIESTER. Unter keinen Umständen.

ADJUTANT. Dann muß er ins Lazarett.

PRIESTER. Ach so, Sie wollen ihn für krank erklären? Das ist allerdings bequemer. Solches Beispiel wirkt leicht ansteckend.

ADJUTANT. Er soll auf seinen Geisteszustand untersucht werden. Das ist so befohlen.

PRIESTER. Gewiß, gewiß. Ich habe die Ehre. (*Er geht ab.*)

Elfter Auftritt.

Die VORIGEN ohne Priester.

ADJUTANT (*auf Boris zutretend*). Bitte. Ich habe Befehl, Sie fortzuführen.

BORIS. Wohin?

ADJUTANT. Zunächst ins Hospital, wo Sie mehr Ruhe haben und Zeit zum Nachdenken …

BORIS. Ich habe längst alles überlegt. Also fahren wir. (*Er geht ab.*)

Verwandlung.
Empfangszimmer im Lazarett.
Ober- und Unterarzt, ein kranker Offizier im Kittel, Wärter in Blusen.

Erster Auftritt.
Ein KRANKER OFFIZIER. OBERARZT. UNTERARZT. WÄRTER.
KRANKER. Ich sage Ihnen, Sie machen mich hier krank. Habe mich mehrfach schon ganz gesund gefühlt.
OBERARZT. Regen Sie sich nur nicht auf. Ich bin durchaus einverstanden, Sie zu entlassen; aber Sie wissen selbst, daß die Freiheit für Sie gefährlich ist. Wenn ich wüßte, daß Sie gute Pflege haben ...
KRANKER. Sie denken, ich würde wieder trinken? Nein, ich hab' meinen Denkzettel weg. Dagegen wirkt jeder Tag, den ich hier noch verbringe, höchst schädlich auf mich. Sie tun das gerade Gegenteil von dem – (*erregt*) was Sie müßten. Sie sind grausam. Sie haben es freilich gut ...
OBERARZT. Beruhigen Sie sich. (*Er gibt den Wärtern ein Zeichen.*)
WÄRTER (*treten von hinten heran*).
KRANKER. Sie haben gut von Freiheit reden; was wird aber aus unsereins zwischen all den Verrückten? (*Zu den Wärtern.*) Was schleichst du da heran, Kerl! Scher dich fort!
OBERARZT. Ich bitte Sie, beruhigen Sie sich.
KRANKER. Und ich bitte Sie und fordere Sie auf, mich zu entlassen. (*Er kreischt laut auf und stürzt vorwärts.*)
WÄRTER (*packen ihn*).
(*Kampf; der Kranke wird abgeführt.*)

Zweiter Auftritt.
OBERARZT. UNTERARZT.
UNTERARZT. Geht die Sache wieder los? Beinah' hätte er Sie gepackt.
OBERARZT. Säufer und ... nichts zu machen. Kleine Besserung ist allerdings zu konstatieren.
ADJUTANT (*tritt ein*).

Dritter Auftritt.
Die VORIGEN und der ADJUTANT.

ADJUTANT. Guten Tag.

OBERARZT. Guten Morgen.

ADJUTANT. Ich bringe Ihnen einen interessanten Fall. Fürst Tscheremschanow, der seiner Militärpflicht genügen soll, weigert sich auf Grund der Bibel. Zunächst wurde er zur Gendarmerie geschafft; die erklärt sich für inkompetent und findet ihn nicht verdächtig. Dann hat der Pope ihn ins Gebet genommen – ebenfalls umsonst.

OBERARZT (lacht). Und nun kommen Sie, wie stets, zu uns als letzter Instanz. Na, schaffen Sie den Herrn mal her.

UNTERARZT (geht hinaus).

Vierter Auftritt.

Die VORIGEN ohne Unterarzt.

ADJUTANT. Soll ein sehr gebildeter junger Mensch sein. Dabei eine reiche Braut. Höchst merkwürdig. Ich glaube wirklich, daß er hier am besten aufgehoben ist.

OBERARZT. Na ja, mania simplex ...

BORIS (wird hereingeführt).

Fünfter Auftritt.

Die VORIGEN und BORIS.

OBERARZT. Treten Sie näher. Setzen Sie sich, bitte. Wir wollen uns etwas unterhalten. (Zum Adjutanten.) Lassen Sie uns allein.

ADJUTANT (geht ab).

Sechster Auftritt.

Die VORIGEN ohne Adjutant.

BORIS. Wenn es sich einrichten läßt, möchte ich Sie bitten, falls Sie mich einsperren wollen, dieses recht bald zu tun, damit ich zur Ruhe komme.

OBERARZT. Entschuldigen Sie, wir müssen unbedingt die bestehenden Vorschriften befolgen. Nur ein paar Fragen. Was empfinden Sie? Welches Leiden haben Sie?

BORIS. Gar keins. Ich bin vollkommen gesund.

OBERARZT. Gewiß; Sie handeln aber nicht so wie alle anderen Menschen.

BORIS. Ich handle so, wie mein Gewissen mir befiehlt.

OBERARZT. Sie haben sich geweigert, Ihrer Militärpflicht zu genügen. Wie motivieren Sie das?

BORIS. Ich bin Christ und kann deswegen nicht töten.

OBERARZT. Man muß doch aber sein Vaterland gegen äußere Feinde verteidigen, muß den Feind im Innern, den Feind der öffentlichen Ordnung im Zaum halten.

BORIS. Das Vaterland greift niemand an; Feinde der öffentlichen Ordnung sind in den Kreisen der Regierenden weit häufiger als unter denen, die von der Regierung vergewaltigt werden.

OBERARZT. Das heißt – wie meinen Sie das?

BORIS. Eine der Hauptursachen alles Elends bei uns in Rußland ist der Branntwein. Er wird von der Regierung verkauft. Falsche Religionen, die zu Lug und Trug verleiten, werden von der Regierung verbreitet. Der Militärdienst, dessen Ableistung man von mir verlangt und der die Sittlichkeit am meisten untergräbt – wird von der Regierung verlangt.

OBERARZT. Ihrer Ansicht nach sind also Regierung und Staat überflüssig?

BORIS. Das weiß ich nicht. Dagegen weiß ich bestimmt, daß ich an dem Bösen nicht teilnehmen darf.

OBERARZT. Was wird dann aber aus der Welt? Wir haben doch unsere Vernunft bekommen, um sie auch für Zukünftiges zu gebrauchen.

BORIS. Und ebenso, um einzusehen, daß die soziale Ordnung nicht mittels Gewalt, sondern auf gütlichem Wege aufrechterhalten wird, und daß die Weigerung eines einzelnen, am Bösen teilzunehmen, keine Gefahr bedeutet.

OBERARZT. Jetzt möchte ich Sie ein wenig untersuchen. Bitte, legen Sie sich hin. (*Er beginnt ihn zu betasten.*) Fühlen Sie hier Schmerz?

BORIS. Nein.

OBERARZT. Und hier?

BORIS. Nein.

OBERARZT. Holen Sie tief Atem. Halten Sie den Atem an. Ich danke. Jetzt gestatten Sie. (*Er holt ein Maß hervor und mißt Boris' Stirn und Nase.*) Jetzt seien Sie so gut, schließen Sie die Augen und gehen ein paar Schritte.

BORIS. Schämen Sie sich nicht, solche Sachen zu machen?

OBERARZT. Was heißt, wie meinen Sie das?

Boris. All diese Dummheiten? Sie wissen doch, daß ich gesund bin; daß man mich hierher geschickt hat, weil ich mich weigere, an den Verbrechen der anderen teilzunehmen; daß man auf die Wahrheit nichts zu erwidern weiß und daß man sich deswegen stellt, als hielte man mich für anormal! Und dazu leisten Sie Beistand! Das ist häßlich, schändlich. Lassen Sie das.

Oberarzt. Also, Sie wollen die paar Schritte nicht gehen?

Boris. Nein, ich will nicht. Sie können mich quälen, wie Sie wollen – aber ich werde Ihnen dabei nicht behilflich sein. (*Erregt.*) Lassen Sie das!

Der Oberarzt (*drückt auf die Klingel*).

Zwei Wärter (*treten ein*).

Siebenter Auftritt.

Die Vorigen *und die* Wärter.

Oberarzt. Beruhigen Sie sich. Ich begreife vollkommen, daß Ihre Nerven aufgeregt sind. Wollen Sie nicht in Ihr Zimmer gehen?

Unterarzt (*tritt ein*).

Achter Auftritt.

Die Vorigen *und der* Unterarzt.

Unterarzt. Da ist Besuch für Tscheremschanow.

Boris. Wer denn?

Unterarzt. Sarynzew nebst Tochter.

Boris. Ich möchte sie gern sehen.

Oberarzt. Lassen Sie sie nur kommen. Sie können sie hier empfangen. (*Er geht ab.*)

Unterarzt und die Wärter (*folgen ihm*).

Nikolai Iwanowitsch und Ljuba (*treten ein*).

Die Fürstin (*blickt zur Tür hinein*). Geht vorauf, ich komme später.

Neunter Auftritt.

Boris, Nikolai Iwanowitsch *und* Ljuba. *Dann* Kranker *und* Wärter.

Ljuba (*eilt auf Boris zu, faßt ihn am Kopf und küßt ihn*). Armer Boris.

Boris. Nein, bedaure mich nicht. Mir ist so gut, so froh, so leicht. Ich grüße Sie herzlich! (*Er küßt Nikolai Iwanowitsch.*)

Nikolai. Ich bin gekommen, um dir vor allen Dingen eins zu sagen: in solcher Lage, wie du dich jetzt befindest, ist es weit schlimmer, sein Vorhaben zu ändern, als es nicht vollständig auszuführen. Zweitens muß man in solchen Fällen handeln, wie es im Evangelium heißt, nicht fortwährend daran denken, was man tun und was man sagen wird: „Wenn man euch vor die Obrigkeit und vor die Gewaltigen führt, so macht euch keine Sorge, was ihr sagen werdet, denn der Geist Gottes wird aus euch sprechen." Das heißt, man muß nicht dann handeln, wenn die Überlegung es einem befiehlt, sondern wenn man mit seinem ganzen Wesen fühlt, daß man nicht anders kann.

BORIS. Das habe ich auch getan. Ich habe nicht die Absicht gehabt, den Dienst zu verweigern. Als ich aber diese ganze Verlogenheit sah, diese dicken Folianten[2], die Akten, Polizisten, Kommissionsmitglieder mit der Zigarette im Munde – *konnte* ich nicht anders: ich *mußte* das sagen, was ich sagte. Es war schrecklich, aber nur so lange, bis ich begonnen hatte. Dann war alles einfach, froh und leicht.

LJUBA (*sitzt da und weint*).

NIKOLAI. Die Hauptsache ist: tu nichts um Menschenruhm, um den Beifall derer zu erringen, auf deren Meinung du Wert legst. Von mir kann ich sagen, daß wenn du jetzt den Eid leistest und dienst, daß ich dich dann nicht weniger liebe und verehre, ja noch mehr als früher, weil nicht das Wert hat, was in der äußeren Welt, sondern was in der Seele geschieht.

BORIS. Gewiß, denn was im Inneren geschehen ist, bewirkt auch in der äußeren Welt Veränderungen.

NIKOLAI. Ja, das möchte ich dir ans Herz legen. Deine Mutter ist hier. Sie ist schrecklich niedergeschlagen. Was du der tun kannst, um was sie dich bittet, tu es. Das wollte ich dir sagen.

(*Im Korridor ertönt wahnsinniges Geheul.*)

Ein KRANKER (*kommt hereingestürzt*).

WÄRTER (*hinter ihm, die ihn fortschleppen*).

LJUBA. Das ist fürchterlich. Und in solcher Umgebung sollst du bleiben? (*Sie weint.*)

---

[2] Russisch: *Serzalo*, etwa: Gerichtsspiegel. Es ist ein dreiteiliges mit dem Adler geschmücktes Gestell mit drei Ukasen Peters I. das in keinem Amtslokal fehlen darf. D. Ü.

BORIS. Es schreckt mich nicht. Mir ist jetzt nichts mehr schrecklich. Mir ist so gut. Nur eins macht mir Sorge: wie du das alles aufnimmst. Du mußt mir helfen. Ich bin überzeugt, du wirst mir helfen.
LJUBA. Soll ich etwa vergnügt sein?
NIKOLAI. Nicht vergnügt. Das kann man nicht, das bin ich auch nicht. Ich leide um ihn und würde von Herzen gern an seine Stelle treten; trotzdem leide ich und weiß, daß das gut ist.
LJUBA. Schön. Wann wird er aber entlassen?
BORIS. Das weiß niemand. Ich denke nicht an die Zukunft. Die Gegenwart ist so schön. Und du kannst sie mir noch schöner machen.
Die FÜRSTIN (*tritt ein*).

Zehnter Auftritt.
Die VORIGEN und die FÜRSTIN.
FÜRSTIN. Nein, ich kann nicht länger warten. (*Zu Nikolai Iwanowitsch.*) Nun, haben Sie ihm zugeredet? Gibt er nach? Boris, mein Liebling, begreif doch, was ich ausstehe. Fast dreißig Jahre habe ich nur für dich gelebt, dich aufgezogen, meine Freude an dir gehabt. Und jetzt, wo alles fertig, wo das Werk vollendet ist, soll ich plötzlich allem entsagen! Ins Gefängnis – diese Schande ... Nein, das ertrage ich nicht. Boris ...
BORIS. Mama, so hör doch.
FÜRSTIN. Weshalb reden Sie denn keinen Ton? Sie haben ihn ins Verderben gestürzt, Sie müssen ihn zur Vernunft bringen. Ljuba, sprich du doch mit ihm.
LJUBA. Was kann ich ausrichten!
BORIS. Mama, begreif doch endlich, daß es Dinge gibt, die man nicht fertig bringt, ebensowenig fertig bringt wie das Fliegen. Dazu gehört für mich das Dienen.
FÜRSTIN. Ach, das bildest du dir ein. Unsinn, alle haben gedient und dienen noch. Du und Nikolai Iwanowitsch, ihr habt euch da ein Christentum ausgedacht, das gar keins ist. Eine Satanslehre, die nichts als Leiden schafft.
BORIS. Es steht so im Evangelium.
FÜRSTIN. Gar nichts steht da, und wenn es so dasteht, ist das sehr dumm ausgedrückt. Boris, mein Herzensjunge, hab doch Mitleid. (*Sie fällt ihm um den Hals und weint.*) Mein ganzes Leben war nichts als Kummer. Der einzige Sonnenstrahl warst du, und nun machst

auch du mir diese Schmerzen. Boris, hab doch Erbarmen.

BORIS. Mama, es wird mir schrecklich schwer, aber ich kann dir nichts sagen.

FÜRSTIN. Schlag es mir nicht ab, versprich, daß du dienen wirst.

NIKOLAI. Sag, du würdest es dir überlegen, und tu das.

BORIS. Also schön. Aber hab auch du mit mir Mitleid, Mama. Ich hab' es auch nicht leicht. (*Man hört wieder Geschrei im Korridor.*) Ich bin hier im Irrenhause und kann leicht selbst den Verstand verlieren.

Elfter Auftritt.
Die VORIGEN *und der* OBERARZT.

OBERARZT (*eintretend*). Durchlaucht, Ihr Besuch kann schädliche Folgen haben. Ihr Sohn ist sehr aufgeregt. Ich glaube, es ist angebracht, den Besuch zu beenden. Donnerstags und Sonntags ist Empfang, da kommen Sie bitte um zwölf Uhr.

FÜRSTIN. Schön, schön; also ich gehe. Leb wohl, Boris. Überleg es dir, hab Mitleid mit deiner Mutter, die sich freut, dich Donnerstag wiederzusehen. (Sie küßt ihn.)

NIKOLAI (*reicht ihm die Hand*). Überleg mit Gott, als ob du morgen sterben müßtest. Nur dann triffst du das Richtige. Leb wohl.

BORIS (*tritt zu Ljuba*). Und was wirst du mir sagen?

LJUBA. Ich kann nicht lügen. Ich verstehe nicht, warum du dich und andere quälst. Ich verstehe es nicht und kann dir nichts sagen. (*Sie geht weinend ab. Hinter ihr alle übrigen, außer Boris.*)

Zwölfter Auftritt.
BORIS allein.

BORIS. Ach, wie ist das schwer. Ach, wie schwer! Herrgott, hilf mir. (*Er betet.*)

WÄRTER (*treten mit dem Anstaltskittel ein*).

Dreizehnter Auftritt.
BORIS und die WÄRTER.

EIN WÄRTER. Kleiden Sie sich gefälligst um.

BORIS (*gehorcht*).

VIERTER AUFZUG

[...]

NIKOLAI IWANOWITSCH und die FÜRSTIN.

FÜRSTIN. Also man würdigt mich wirklich, empfangen zu werden. Alle Achtung! Die Hand gebe ich Ihnen nicht, weil ich Sie hasse und verachte.

NIKOLAI. Was ist denn geschehen?

FÜRSTIN. Ins Strafbataillon wird er gesteckt. Und das haben Sie fertig gebracht.

NIKOLAI. Fürstin, wenn Sie etwas von mir wünschen, so sagen Sie es; wenn Sie mich aber nur schelten wollen, schaden Sie sich selbst. Kränken können Sie mich nicht, weil ich Sie von ganzem Herzen bedaure und Mitleid mit Ihnen habe.

FÜRSTIN. Schöne Mitleid, dieses Pharisäertum! Nein, Herr Sarynzew, mich betrügen Sie nicht. Wir kennen Sie jetzt. Meinen Sohn haben Sie zugrunde gerichtet[3], das macht Ihnen nichts aus – aber Sie selbst geben Bälle, und die Braut meines Sohnes, Ihre Tochter, heiratet einen anderen, macht eine Partie, die Ihnen gefällt. Dabei predigen Sie Einfachheit, Rückkehr zur Natur, machen Tischlerarbeit. O, wie ich Sie verabscheue in Ihrem neuen Pharisäertum!

NIKOLAI. Fürstin, beruhigen Sie sich. Sagen Sie, was Sie von mir wünschen. Sie sind doch nicht nur hergekommen, um mich zu beschimpfen.

---

[3] NIKOLAI IWANOWITSCH hat im 5. Auftritt des Vierten Aufzugs selbst geklagt: „Heute zum Beispiel. Ich bin morgens im Asyl für Obdachlose, sehe, wie da ein Kind direkt vor Hunger stirbt, wie ein Knabe Alkoholiker geworden ist, wie eine schwindsüchtige Wäscherin Wäsche spült. Dann komme ich nach Hause, ein Diener in weißer Binde öffnet mir die Tür; ich sehe, wie mein Herr Sohn sich von dem Diener Wasser bringen läßt, sehe diese Armee von Bedienten, die für uns arbeiten. Darauf fahre ich zu Boris, einem Menschen, der für die Wahrheit sein Leben läßt, sehe, wie man den gesunden, kräftigen, entschlossenen Mann mit Vorbedacht dem Wahnsinn und Verderben in die Arme jagt, um ihn los zu werden. Die Leute wissen, daß er einen Herzfehler hat, und erregen und reizen ihn, schleppen ihn ins Irrenhaus. Nein, das ist fürchterlich, fürchterlich."

FÜRSTIN. Deshalb auch. Ich muß meinen Schmerz auslassen. Und ich wünsche von Ihnen folgendes. Er wird ins Strafbataillon gesteckt. Das ertrage ich nicht. Sie haben es dahin gebracht. Sie, Sie, Sie!

NIKOLAI. Nicht ich, sondern Gott. Und Gott sieht, wie sehr Sie mir leid tun. Widersetzen Sie sich Gottes Willen nicht. Er will Sie prüfen. Ertragen Sie diese Prüfung.

FÜRSTIN. Das kann ich nicht. Mein Sohn war mein ganzes Leben; Sie haben ihn mir genommen und ins Verderben gestürzt. Da kann ich nicht ruhig sein. Ich bin zu Ihnen gekommen, um Ihnen das zu sagen. Es ist mein letzter Versuch. Sie haben ihn unglücklich gemacht, Sie müssen ihn retten. Fahren Sie hin, bewirken Sie, daß er freigelassen wird. Fahren Sie zu den Vorgesetzten, zum Zaren, zu wem Sie wollen. Sie sind dazu verpflichtet. Wenn Sie sich weigern, weiß ich, was ich tue. Sie sind für ihn verantwortlich.

NIKOLAI. Sagen Sie mir, was ich tun soll. Ich bin zu allem bereit.

FÜRSTIN. Ich wiederhole nochmals: Sie müssen ihn retten. Wenn Sie es nicht tun, sollen Sie es büßen. Ich gehe. (*Sie geht ab.*)

[...]

[NACHLASS-SKIZZE ZU EINEM FÜNFTEN AUSZUG]

[*Im Strafbataillon*]
Strafbataillon. Arrestantenzelle. Arrestanten sitzen und liegen ringsum. Boris liest aus dem Evangelium vor und legt es aus.
Ein Arrestant, an dem die Prügelstrafe vollzogen ist, wird hereingeführt. „Ach, daß kein Pugatschew über euch kommt!" Die Fürstin stürzt herein und wird hinausgetrieben. Zusammenstoß mit einem Offizier. Kommando: „Zum Gebet!" Boris wird in eine Einzelzelle geschafft, soll gepeitscht werden.

[...]

[*Das Lebensende von Nikolai Iwanowitsch*]
Maria Iwanowna spricht mit dem Arzt über die Krankheit Nikolai Iwanowitschs. Er hat sich verändert, ist milder geworden, aber gleichzeitig mutloser.

Nikolai Iwanowitsch tritt ein, spricht mit dem Arzt. Alle Medizin sei unnütz; der „Geist" sei wertvoller. Seiner Gattin zuliebe gibt er nach. Es treten ein Tonja mit Stefan, Ljuba mit Starkowski. Unterhaltung über den Landbesitz, Nikolai Iwanowitsch bemüht sich, die anderen nicht zu kränken. Alle ab. Er bleibt mit Lisa. „Ich bin fortwährend im Zweifel, ob ich recht gehandelt habe. Ausgerichtet habe ich nichts; im Gegenteil: habe Boris ins Unglück gestürzt; Wassili Nikanorowitsch ist zur Kirche zurückgekehrt. Ich bin ein Beispiel der Schwäche. Offenbar will Gott nicht, daß ich Sein Diener sei. Er hat viele andere Diener, erreicht Sein Ziel auch ohne mich. Wenn ich mir das deutlich vorhalte, bin ich ruhig." Lisa ab. Er betet. Die Fürstin stürzt herein, tötet ihn. Alle kommen herbeigeeilt; er sagt, er hätte sich aus Versehen selbst die tödliche Wunde beigebracht. Schreibt noch ein Bittgesuch an den Zaren. Der junge Priester kommt mit Duchoborzen. Er stirbt, froh darüber, daß der Betrug, den die Kirche verübt, enthüllt ist und daß sein Leben einen Sinn bekommen hat.

XVI.

Aus dem Lesezyklus für alle Tage

(Krug čtenija, 1904-1906)

Von Leo Tolstoi ausgewählte
und selbst verfasste Texte

A.

JEDEN MONAT ZU LESEN

„Er weigerte sich, Soldat zu sein und Waffen zu tragen"[1]

Am 27. Januar starb im Gefängnishospital zu Woronesch infolge einer Lungenentzündung ein gewisser Droschin, früherer Dorfschullehrer aus dem Kursker Gouvernement. Sein Leichnam wurde auf dem Gefängnisfriedhofe verscharrt, ebenso wie man es mit den Leichen aller Verbrecher tut, welche im Gefängnisse sterben. Und doch war dieser Mann einer der heiligsten, reinsten und wahrheitsliebenden Menschen, deren es überhaupt im Leben gibt. Im August 1891 wurde er zum Militärdienst einberufen. Da er jedoch alle Menschen als Brüder ansah, und sowohl Mord wie Gewalt als große Sünden betrachtete, die dem Gewissen und dem Willen Gottes zuwider sind, weigerte er sich, Soldat zu sein und Waffen zu tragen. Auch verweigerte er den Eid, weil er es für eine Sünde hielt, seinen Willen dem anderer Menschen unterzuordnen, die von ihm die bösesten Taten fordern konnten. Menschen, deren Leben auf Gewalt und Mordtaten beruht, verurteilten ihn zunächst zu einem Jahre Einzelgefängnis in Charkow, später brachten sie ihn in das Strafbataillon, wo sie ihn fünfzehn Monate lang durch Hunger, Kälte und Einzelhaft quälten. Als sich endlich bei ihm infolge fortwährender Leiden und Entbehrungen die Lungenschwindsucht einstellte, und er als zum Militärdienst untauglich befunden wurde,

---

[1] Textquelle | Leo TOLSTOI: Für alle Tage. Ein Lebensbuch. Band I. Erste vollständig autorisierte Übersetzung. Hrsg. von Dr. E[ugen]. H[einrich]. Schmitt und Dr. A[lbert]. Škarvan. Dresden: Verlag von Carl Reißner 1906, S. 567-568. – Untertitel redaktionell hinzugefügt, *pb*.

ward beschlossen, ihn in ein Zivilgefängnis zu stecken, wo er weitere neun Jahre sitzen sollte. Beim Transport aus dem Bataillon ins Gefängnis hatte man ihn jedoch durch Nachlässigkeit der Polizei, bei strengstem Frostwetter, ohne warme Kleidung gelassen; und da man ihn lange Zeit vor dem Polizeigebäude auf offener Straße stehen ließ, erkältete er sich derartig, daß er eine Lungenentzündung bekam und binnen dreiundzwanzig Tagen starb.

Am Tage vor seinem Tode sagte Droschin zum Arzte: „Zwar habe ich nicht lange gelebt, doch sterbe ich mit dem Bewußtsein, daß ich im Einklang mit meiner Überzeugung und meinem Gewissen gehandelt habe. Andere werden das natürlich besser beurteilen können. Möglich ... nein, ich denke, ich habe recht," sagte er bestimmt. Am Tage darauf starb er.

Aus: „Leben und Tod Droschins". von E. J. Popoff. (Verlag des „Freien Wortes", Christchurch, England. Deutsch erschienen bei Otto Janke, Berlin.)

B.

BRIEF DES MILITÄRARZTES ALBERT ŠKARVAN,
welcher im Jahre 1894 in Kaschau
den Militärdienst verweigerte[2]

„Herr Oberstabsarzt!

Ich sollte Ihnen mündlich das mitteilen, was ich jetzt schreibe, bediene mich jedoch lieber der Feder, weil ich befürchte, es persönlich nicht genügend ruhig und klar tun zu können.

Ich habe beschlossen, von nun an meinen militärischen Pflichten nicht mehr nachzugehen, habe beschlossen, nicht mehr Soldat zu sein, und so will ich künftig weder Militärkleidung tragen, noch Spitaldienst, welcher Art immer, verrichten, der ja auch eigentlich nur ein Militärdienst ist.

Ich verweigere all dieses deshalb, weil es meiner Überzeugung, meiner Denkart, meinen Kenntnissen und meinem religiösen Gefühl widerspricht. Ich bin ein Christ und kann als solcher dem Militaris-

---

[2] Textquelle I Leo TOLSTOI: Für alle Tage. Ein Lebensbuch. Band I. Hrsg. von Dr. E[ugen]. H[einrich]. Schmitt und Dr. A[lbert]. Škarvan. Dresden 1906, S. 568-569.

mus weder mit Worten noch mit Taten huldigen. Bis jetzt tat ich es, weil ich zu wenig Geisteskraft besaß, um mich allein einer so gewaltigen Macht, wie es die Militärorganisation ist, entgegenzustellen.

Jetzt aber ist in mir der Entschluß reif geworden, und zwar nicht etwa unter dem Einflüsse eines pathetischen Augenblickes, sondern als folgerichtiges Ergebnis jahrelangen Denkens und Strebens. Es ist mir ganz klar, wie töricht und sündhaft mein Vorhaben den militärischen Behörden erscheinen muß; auch das weiß ich, daß ich schwer dafür büßen werde, daß man mich beliebig lange einkerkern wird.

Ich stehe aber unter dem Schutze einer Macht, die gewaltiger ist denn alle Großmächte Europas. Mein Leben will ich einzig und allein den Forderungen der Wahrheit unterordnen, und zwar der ewigen, einzigen, göttlichen Wahrheit. Diese Wahrheit gebietet mir, den Nacken nicht mehr unter das allgemeine Sklavenjoch des Militarismus zu beugen, welches alle Regierungen von heute der Menschheit auferlegen. Daß der Militärarzt etwa edle und humane Ziele verfolge, wie man darüber redet und schreibt, halte ich für unwahr, weil er ebenso wie alle anderen Militärpersonen weiter nichts als ein willenloses Werkzeug ist, dazu dienlich, folgsam und richtig das zu tun, was das Reglement verlangt, nämlich Sorge dafür zu tragen, daß der Koloß (Militarismus), seine inhumane und rohe Arbeit ungestört weiter verrichten könne.

Das ist alles, was ich zu sagen habe. Bitte diesen Brief zu bewahren, auf daß derselbe auch dem Gericht übergeben werden könne, da ich auch dort kaum mehr zu sagen hätte als hierin enthalten ist.

Ich werde auf meinem Zimmer, in der Kronenkaserne, warten, bis Sie Ihre Verfügungen getroffen haben.

Dr. A. Škarvan.

―――

Außer in diesem Briefe hat Skarvan noch im folgenden Aufsatze die Ursachen angegeben, welche ihm den Dienst als Militärarzt unmöglich machten:

C.

WARUM DARF MAN KEIN MILITÄRARZT SEIN?[3]

Albert Škarvan

[1869-1926]

Viele sind betroffen durch den Umstand, daß ich in der Stellung eines Arztes den Militärdienst verweigert habe, viele sind der Meinung, daß eine Verweigerung des Frontdienstes noch begreiflich sei, weil ja der Zweck des Frontsoldaten unstreitbar im Erlernen, und wenn es die Vorgesetzten fordern, auch in der Ausführung des Mordes besteht.

„Wie aber", – fragen die Leute, – „kann ein Militärarzt den Dienst verweigern, dessen Pflicht und Beruf doch keineswegs im Töten von Menschen besteht, sondern im Gegenteil darin, daß er Kranken und Leidenden Hilfe gewähre, also humane und barmherzige Werke verrichte?"

„Die Tätigkeit eines Arztes", – sagen noch die Leute, – „ist ja an sich selbst schon eine christliche Tätigkeit, und deshalb verdient derjenige, welcher sich von dieser Tätigkeit eigenwillig trennt, eher getadelt, denn gelobt zu werden."

Und bei der allgemeinen Neigung der Menschen, nicht tiefer die Geschehnisse zu ergründen, werden solcherlei Erwägungen gerne angenommen, und die Frage wird als gelöst beiseite geschoben, um über sie nicht mehr nachdenken zu müssen. Derlei Erwägungen wurden mir nicht nur von Soldaten, sondern auch von andern, und zwar nicht nur materialistisch Denkenden, sondern auch zweifellos religiösen Menschen, entgegengestellt. Dasselbe sagten mir auch Nazarener, Menschen, die die Sündhaftigkeit des Militärdienstes wohl begriffen haben, denselben zu tun sich weigern, and für diese ihre Überzeugung nicht selten ihre ganze Jugend in Gefängnissen zuzubringen, ja sogar den Tod dort zu finden bereit sind.

Es entsteht nun die Frage, warum die Meinung der Nazarener in dieser Sache dieselbe ist, wie die der ganzen übrigen Welt? Und noch die andere Frage: ob solche Meinung gerechtfertigt ist?

---

[3] Textquelle I Leo TOLSTOI: Für alle Tage. Ein Lebensbuch. Band I. Dresden 1906, S. 570-572. Dort mit dem Zusatz: „Vergleiche hier die Anmerkung des Herausgebers zum 22. Januar (Seite 51) und 8. April (S. 285)."

Für mich unterliegt es keinem Zweifel, daß die Nazarener, indem sie unter sich beschlossen hatten, den Sanitätsdienst beim Heere als nichts Christenwidriges zu betrachten, hiemit ebenfalls einem, wenn auch weniger groben Selbstbetrug unterliegen.

Aber zu behaupten, daß der Dienst eines Militärarztes und mit diesem auch der Dienst eines Sanitätssoldaten dem Geiste Christi nicht zuwider sei, ja sogar, daß ein solcher Dienst etwas Wohltätiges sei, – heißt gar zu grob sich irren. Ein Irrtum ist es darum, weil jeder Beruf und jede Tätigkeit in ein Werk des Teufels umgewandelt werden kann (wie dies die Praxis so mancher Ärzte hinlänglich bestätigt); alles hängt nur davon ab, welches Verhältnis der Betreffende zu seinem Berufe einnimmt. Darum ist die Behauptung ganz und gar unrichtig, daß die Tätigkeit des Arztes *eo ipso* eine verdienstliche sei. Auch wird dieser Gegenstand durch den Umstand noch komplizierter gestaltet, daß die überwiegende Mehrzahl der Menschen heutzutage noch abergläubisch an die Medizin glaubt, ohne zu ahnen, in welchem Maße die Worte Fausts richtig und wahr sind: „Der Sinn der Medizin ist leicht zu fassen: Du durchstudierst die große und die kleine Welt, um es am Ende gehen zu lassen, wie's Gott gefällt."

Was aber hauptsächlich den Dienst des Militärarztes verbrecherisch macht, ist jener enge Zusammenhang, welcher zwischen seiner Tätigkeit und dem Menschenmord, der eigentlichen Bestimmung der Heere, besteht. Dieser Zusammenhang ist heuchlerisch in einen Humanitätsmantel gehüllt und darum weniger sichtbar, besteht aber dessenungeachtet, und jeder, der ihn sehen will, kann ihn sehen, braucht nur den Mantel etwas zu heben, um darunter den nämlichen Mörder zu erblicken.

Der Militärarzt assentiert die Soldaten, d. h. er bestimmt, wer von den jungen Männern fürs Kanonenfutter paßt, wer nicht; er untersucht die zu verschiedenen Strafen verurteilten Soldaten, d. h. er entscheidet, wie lange einer im Gefängnis gehalten werden kann, wer kurzzuschließen ist, wer zu fasten hat usw.; mit einem Worte, er ist immerwährende Helfershelfer aller unmenschlichen, bestialischen Gewalttaten bei dem Heere.

Aber sogar zugegeben, daß er dies alles nicht zu tun haben wird, und daß all sein Tun ausschließlich in der gewissenhaften Behandlung kranker Soldaten bestehen wird, – auch in diesem Fall wird seine Tätigkeit ebenso sündhaft bleiben, weil er nicht umhin kann, zu sehen, und sich zu fragen, welche Zwecke seine ärztliche Behandlung verfolgt. Der Militärarzt ist in jedem Falle ein besoldeter Mensch, von einer organisierten Räuberbande einzig zu dem Zwecke gedungen, um über den Gesundheitszustand von Menschen zu wachen, welche zum Morden und Gemordetwerden bestimmt sind.

Und alle sind doch darin einverstanden, daß es schändlich und erniedrigend ist, die Helfersrolle bei irgendeiner unmoralischen Institution zu bekleiden, mögen noch so klingende Titel, prunkende Uniformen und goldene Auszeichnungen für solche Dienste verliehen werden. Sicherlich wird keine ehrliche Frau, um keinen Preis, die Küchendienste bei einer Räubergesellschaft annehmen, obzwar ja die Speisebereitung als solche nicht nur nicht sündhaft, sondern nützlich und unumgänglich notwendig ist. Und worin besteht der Unterschied zwischen Räuberbanden und dem Heere? Doch nur im Umfange ihrer Missetaten.

Es ist höchste Zeit, zu begreifen, wie schändlich und erniedrigend es ist, seine Kenntnisse denjenigen zu verkaufen, welche sie benötigen, um desto leichter ihre bösen Absichten zu erreichen!

Es ist höchste Zeit, zu begreifen, daß die geringste Hilfeleistung bei den Taten der Regierungen, die alle auf Gewalt aufgebaut sind, für jeden Menschen, der nach seinem und seiner Nächsten Wohle trachtet, – eine Erniedrigung der eigenen Menschenwürde darstellt, ein Vergehen gegen die elementarsten Forderungen, nicht nur der Liebe, sondern auch der allereinfachsten Humanität.

D.

ÜBER DIE SEKTE DEN NASARENER, DIE IN UNGARN,
SERBIEN AND KROATIEN VERBREITET IST

(Nach den Mitteilungen von
Dr. Dusan Makovicky und Dr. A. Škarvan.

Aus den russischen Monatsheften „Obrasovanie",
Juni und Juli 1904)[4]

Das Wesen der Lehre der Nasarener [sic] besteht in der Befolgung
der Lehre des Neuen Testaments, namentlich der Bergpredigt. Die
Nasarener kennen keine Hierarchie, keine geschriebene Lehre und
überhaupt keinerlei Organisation an, sie haben keine bestimmte
Lehre, diese ändert sich und ist in dogmatischer Beziehung in verschiedenen Gemeinden verschieden, – ja selbst die nämliche Gemeinde weist Mitglieder auf, deren jedes nach seiner Art glaubt.
Aber alle bekennen sie ein und dieselbe Moral. Alle führen sie ein
streng moralisches und enthaltsames Leben. Als Hauptregeln des
Lebens betrachten sie: Arbeitsamkeit, Milde im Umgang mit Menschen, ein geduldiges Ertragen aller Kränkungen und Beleidigungen und die Weigerung der Teilnahme an Gewaltakten. Sie erkennen keine Gerichte an und zahlen nur unfreiwillig die Steuern,
schwören nicht, weigern den Militärdienst und verhalten sich überhaupt zum Staate, wie einer Institution, deren sie nicht bedürftig
sind.

In ihren Gemeinden, die hauptsächlich aus arbeitendem Volke
bestehen, nehmen die Nasarener nur diejenigen auf, die „geistig
wiedergeboren sind", Buße taten und ein neues Leben beginnen.
Deshalb werden die Kinder der Nasarener nicht als solche betrachtet, so lange sie nicht in ein geistig bewußtes Alter getreten sind und
selbst den Wunsch äußern, einer Glaubensgemeinde beizutreten.

Mit ihren Weigerungen, der Militärpflicht nachzugehen, beschwören die Nasarener Verfolgungen seitens der österreichischen
Regierung auf sich, jedoch die Nasarener halten fest an der Überzeugung, daß der Militärdienst mit dem Christentum unvereinbar

---

[4] Textquelle I Leo TOLSTOI: Für alle Tage. Ein Lebensbuch. Band II. Erste vollständig autorisierte Übersetzung. Hrsg. von Dr. E[ugen]. H[einrich]. Schmitt und Dr.
A[lbert]. Škarvan. Dresden: Verlag von Carl Reißner 1907, S. 106-110.

sei und ertragen geduldig alle ihnen auferlegten Strafen, ohne dem Gesetz Christi abtrünnig zu werden.

Ihre Weigerungen des Militärdienstes begründen die Nasarener mit den Worten Christi: „Ich aber sage euch ihr sollt dem Bösen nicht Widerstand leisten" (Matth. V, 39) und: „Liebet eure Feinde; segnet, die euch fluchen; tut wohl denen, die euch hassen; bittet für die, so euch beleidigen und verfolgen" (Matth. V, 44).

Einfache Bauernsöhne, wie sie sind, wecken die Nasarener oft die Bewunderung bei ihren Verfolgern mit der Geistesstärke, die sie bei allerlei Peinigungen bezeugen, und nicht nur Rekruten verfahren so, sondern auch Reservisten, d. h. diejenigen, die schon nach Beendigung ihrer wirklichen Dienstfrist Nasarener geworden sind. Sie weigern sich bei der Einberufung zur Waffenübung, zu den Waffen zu greifen. Und da sie wissen, daß sie deswegen zu lebenslänglicher Kerkerhaft verurteilt werden können, verfügen sie rechtzeitig über ihre wirtschaftlichen Angelegenheiten, damit sich die allein gebliebene Frau Rat zu schaffen wisse, und verabschieden sich von ihren Familien, als wäre es für immer. Ihre Familien hegen zumeist Sympathie für ihr Martyrium.

So hatte sich im Jahre 1892 der Serbe Joca Radovanov aus Verbás (Bácska), der zur sechsten Kompagnie des sechsten Regiments in Budapest zugeteilt war, sich geweigert, die Waffen in Empfang zu nehmen, indem er sagte, dies verbiete ihm sein Glaube. Er wurde von den Richtern zu einer zweijährigen Gefängnisstrafe verurteilt. Sein älterer Bruder saß damals wegen desselben Vergehens bereits das zehnte Jahr im Gefängnis. Die Mutter dieser zwei Brüder kam, um den Jüngeren zu besuchen. Der Besuch wurde ihr jedoch von den Vorgesetzten verweigert. Sie stand im Gefängnishofe und weinte. Plötzlich erblickte sie im Fenster das Antlitz des Sohnes und sie rief ihm sofort zu: „Mein liebes Kind, nehme ja um Gottes willen kein Gewehr!"

Ende August 1895 wurden die Reservisten des Szegediner Reserve-Regiments einberufen. Als ihnen die Gewehre verabfolgt wurden, wollten zwei der Reservisten kein Gewehr annehmen, weil ihnen dies, wie sie sagten, der Nasarenerglaube verbiete. Hauptmann Olcsváry sprach zu ihnen, Gott selbst liebe das Militär, ferner, daß sie doch jetzt nicht in den Krieg zu ziehen, sondern nur an den Manövern teilzunehmen haben, wo kein Blut vergossen werde. Die

Nasarener aber antworteten ihm: „wir werden aber zu den Manövern geführt, damit wir den Menschenmord lernen."

Der Hauptmann wollte ihnen Furcht einjagen und sagte ihnen, im vorigen Herbst hätte sich ein Nasarener ebenso verhalten, wurde einige male gestraft bis er endlich zu siebzehnjähriger Festungshaft verurteilt ward.

„Man möge uns erschießen lassen," – antworteten gelassen die Nasarener, – „wir können uns dem Gesetz Gottes nicht widersetzen."

Andere Reservisten gingen zu den Angehörigen dieser Nasarener, und ihre Frauen, – die noch nicht der Sekte angehörten, – flehten weinend ihre Männer an, sie möchten sich der Obrigkeit unterwerfen, aber sie gingen darauf nicht ein. Der Hauptmann gab ihnen vorläufig zehn Tage strengen Arrest. Als man sie später fortführte, nahmen sie weinend von ihren Familien Abschied.

„Gott behüte euch," – riefen sie, „man wird uns Gottes, der heiligen Einfältigkeit und Seelenreinheit halber lebendig begraben, denn die Menschen müssen so sein wie die Lämmlein Gottes."

Der Tischlergeselle Franz Novák sollte seinen Militärdienst in Temesvár verrichten. Als er das erste Mal mit den anderen Rekruten auf den Exerzierplatz geführt wurde, weigerte er sich, die Waffen zu empfangen. Als der am Exerzierplatz anwesende General des Andranges um Novák gewahr wurde, ritt er heran und fragte, was geschehen wäre. Über den Vorfall wurde ihm Meldung erstattet. Da wandte sich der General mit gütigem Tone zu Novák mit der Frage, warum er kein Gewehr nehmen wolle. Novák zog aus seiner Tasche ein kleines Evangelium und sprach: „Die hohe Regierung gestattet, dieses Buch zu drucken, auch verbietet sie nicht, die darin enthaltenen Gebote zu befolgen. In diesem Buch aber steht es: ‚Liebe deinen Nächsten, wie dich selbst.' Ich nehme kein Gewehr, weil ich die Gebote des Herrn befolgen will."

Der General hörte die Worte Nováks ruhig zu Ende, dann aber sagte er ihm: „In diesem Buche steht aber auch geschrieben: ‚Gebet dem Kaiser, was des Kaisers ist', und Gott, was Gottes ist'."

Novák blieb anfangs befangen und schwieg, bald aber besann er sich, nahm seine Soldatenmütze vom Kopf, legte seine Blouse ab, legte alles zum Gewehr auf einen Haufen und sprach: „Dies alles gehört seiner Majestät dem Kaiser, und ich gebe es dem Kaiser."

Der magyarische Schriftsteller Tömörkényi erzählt:

„Im Jahre 1897 kam zum städtischen Notar in Groß-Kikinda ein hinfälliger Greis mit einem Stück Papier – den Pensionsbogen für die achtundvierziger Honvéds in seinen Händen.

„Ich bitte, Herr Notar, schreiben Sie's ein, daß ich von meiner Pension Abstand nehme," sagte der Greis.

Der verwunderte Notar fragte den Alten: „was ist denn geschehen, habt ihr etwa einen Schatz gefunden?"

„Richtig, ganz richtig, Herr Notar, ich habe wirklich einen Schatz gefunden," sagte der Greis. „Meinen Herrn habe ich gefunden, der mir teurer ist, als alle Schätze der Welt und dem es nicht wohlgefällig ist, daß sein Diener ein Brot esse, das er sich mit der Waffe errungen."

Trotz den strengsten Maßregeln, welche die Regierung gegen die Nasarener anwendet, bleiben diese ihrem Glauben treu.

E.

AUS DEN BRIEFEN DES LANDMANNES OLCHOVIK,
der den Militärdienst verweigert hat[5]

„Am 15. Oktober 1895 ward ich zur Ausübung des Militärdienstes einberufen. Als die Reihe an mich kam, das Los zu ziehen, sagte ich, ich würde kein Los ziehen. Die Beamten stierten mich an, dann besprachen sie irgend etwas unter einander und fragten mich, warum ich kein Los ziehen wolle.

Ich antwortete, ich tue es, weil ich weder schwören, noch Waffen berühren wolle.

Sie sagten, dies käme nachher, das Los aber müsse gezogen werden.

Ich versagte es abermals. Darauf befahlen sie dem Dorfvorsteher, ein Los für mich zu ziehen. Es war die Zahl 674. Sie protokollierten sie.

Da trat der Militärchef ein, rief mich in die Kanzlei und fragte:

---

[5] Textquelle | Leo TOLSTOI: Für alle Tage. Ein Lebensbuch. Band II. Dresden 1907, S. 110-113,

„Wer hat dir das alles beigebracht, daß du nicht schwören willst?"
Ich antwortete: „Ich selbst lernte es, indem ich die Evangelien las."

Er sagte: „Ich bezweifle es, daß du allein die Evangelien so verstanden hättest; dort ist doch alles so unklar; um das zu verstehen, muß man viel studiert haben."
Darauf erwiderte ich, Christus habe keine unbegreiflichen Weisheiten gelehrt, weil ihn die einfachsten, ungeschulten Menschen verstanden haben.

———

Darauf sagte er zu einem Soldaten, er möge mich zum Regimentskommando bringen. Mit diesem Soldaten gingen wir in die Küche und aßen dort zu Mittag.
Nach dem Essen fragten mich die Leute, warum ich nicht geschworen habe.
Ich antwortete: „Darum, weil es im Evangelium heißt: ‚Ihr sollt überhaupt nicht schwören'."
Sie wunderten sich darüber; dann fragten sie: „Steht denn das wirklich so im Evangelium? Nimm, zeige uns die Stelle."
Ich fand sie, las sie ihnen vor und sie lauschten.
„Mag's auch im Evangelium stehen, man muß dennoch schwören, denn sonst martern sie einen zu Tode."
Darauf antwortete ich: „Wer das irdische Leben verliert, der erbt das ewige Leben."

———

Am 20. desselben Monats stellte man mich in die Front mit den übrigen Rekruten und verlas uns das Reglement. Ich sagte ihnen, daß ich nichts von alledem tun würde. Sie frugen: Weshalb?
„Weil ich ein Christ bin, deshalb werde ich keine Waffen tragen, werde mich vor den Feinden nicht wehren, denn Christus hat geboten, die Feinde zu lieben."
Sie sagten: „Ja, bist denn du allein ein Christ? Wir alle sind ja Christen." Ich sagte: „Bezüglich der anderen ist mir nichts bekannt, bezüglich meiner aber weiß ich, daß mir Christus das zu tun befahl,

was ich tue." Der Militärchef sagte: „Wenn du keine Übungen mitmachen willst, so lasse ich dich im Kerker verfaulen."

Darauf antwortete ich: „Tuen Sie mit mir, was Sie wollen, dienen werde ich dennoch nicht."

———

Heute wurde ich vor die Oberprüfungskommission geführt. Der General sagte zu den Offizieren: „Welches sind eigentlich die Überzeugungen dieses Gelbschnabels, daß er den Militärdienst verweigert? Millionen anderer Menschen dienen, und er allein will es nicht tun. Eine gute Tracht Prügel sollte er bekommen, dann würde er seine Überzeugung lassen."

———

Olchovik wurde nach dem Amur gebracht. Auf dem Dampfer bereiteten sich alle zur Kommunion, nur er tat es nicht. Als ihn die Soldaten nach dem Grund dessen befragten, bezeichnete er ihn. Ins Gespräch mischte sich ein Soldat Namens Sereda. Er schlug das Evangelium auf und las aus dem fünften Kapitel Matthäi. Nach dem er gelesen, sagte er: „Sehet, Christus hat den Eid, die Gerichte und den Krieg verboten, bei uns aber geschehen diese Dinge unaufhörlich und werden für gesetzlich angesehen." In Haufen gedrängt, umstanden ihn die Soldaten und merkten dabei, daß Sereda kein Kreuz am Halse trug. Sie fragten ihn: „wo hast du dein Kreuz?"

„Im Koffer," sagte er.

Und wiederum fragten sie ihn: „warum trägst du es denn nicht am Halse?"

Und er antwortete: „Weil ich Christus lieb habe, darum kann ich das Gerät nicht tragen, worauf er gekreuzigt war."

Dann kamen zwei Gefreite ins Zimmer und sprachen mit Sereda. Sie sagten ihm: „Warum hast du dich neulich zur Kommunion vorbereitet und jetzt hast du das Kreuz abgelegt?"

Er antwortete: „Damals war ich ein Blinder und kannte nicht das Licht, jetzt aber habe ich angefangen, das Evangelium zu lesen und habe erkannt, daß all' die Sachen für Christen nicht notwendig sind."

Wiederum frugen sie ihn: „Also auch dienen wirst du nicht, ganz so wie Olchovik?"

Er sagte, er wolle es nicht tun.

„Warum denn?" frugen sie.

Er antwortete: „Darum, weil ich ein Christ bin und die Christen sich gegen die Menschen nicht waffnen dürfen."

―――

Sereda wurde eingesperrt und zusammen mit Olchovik nach dem Jakutenlande verbannt, woselbst sie sich auch jetzt noch befinden.

F.

FÜR DEN MONAT ZU LESEN
„Das Übel der Obrigkeiten besteht darin,
daß sie gewalttätig sind"[6]

Von Buka[7]

Neulich kommt zu mir der Polizeiaufseher mit einem Schutzmanne und zwei Ortsbewohnern, die er als Zeugen mitnahm, und sagte: „Der Herr Kreishauptmann aus der Kommission mit dem Militärchef haben mich geschickt, um Sie in die Polizeikanzlei zu rufen, weil *Sie* der Kontrollversammlung nicht beigewohnt haben." – Ich wurde etwas verlegen und konnte keine Antwort finden, und er sprach weiter: „Sie warten auf Sie in der Polizeikanzlei." Erst da sagte ich: „Ja, warum warten sie denn, ich habe doch nicht versprochen zu kommen."

„Sie werden aber gebeten, – verstehen Sie: der Kreishauptmann und der Militärchef haben mich geschickt."

„So," sagte ich. „Ich aber bedarf ihrer ganz und gar nicht."

―――――――――――――

[6] Textquelle I Leo TOLSTOI: Für alle Tage. Ein Lebensbuch. Band II. Dresden 1907, S. 193-195. – Untertitel redaktionell hinzugefügt, *pb.*

[7] „Buka", russisch „Schreckgespenst, Misanthrop = Pseudonym des Veterinärgehilfen und Publizisten Alexander Iwanowitsch Archangelski (1857-1906). – Hinweis aus der von Christiane Körner betreuten erweiterten Neuauflage des Lesewerks (L. Tolstoi: Für alle Tage, Verlag C. H. Beck München 2010). – ‚Buka' (‚Butzemann') war mit Tolstoi befreundet: FALKNER 2021*, S. 151.

„Also Sie kommen nicht?"

„Ja! Ich komme nicht."

„Das will heißen, Sie wollen keine Obrigkeit anerkennen, widersetzen sich ihr?"

„Der Obrigkeit widersetze ich mich nicht, meinetwegen soll die Obrigkeit bestehen, möglicherweise hat sie sogar jemand notwendig. Sie betonen so strenge: ‚Kreishauptmann, Militärchef' und ‚gegen die Obrigkeit', ich aber bin der Meinung, daß dies eben solche Menschen sind, wie ich, aus dem Mutterleibe geboren, welche essen, trinken, sündigen, sterben, genau so, wie alle übrigen Menschenkinder. Und habe ich etwa nicht recht, wozu soll ich zu einem Menschen gehen, den ich absolut nicht brauche, ich müßte wahrlich, wenn ich das wollte, den Verstand verloren haben, wenn sie mich jedoch brauchen, nun so mögen sie selbst zu mir kommen, – so wird die Sache natürlich und verständlich und ganz in Ordnung sein."

„Ja, ja," sagte der Schutzmann, „wollte man so etwas aber zulassen, dann käme keiner und die Obrigkeit würde dadurch vernichtet werden, – also Sie widersetzen sich der Obrigkeit?"

„Verstehen Sie mich doch, was ich sage: ich brauche sie nicht. Vollbringe ich irgend eine Sache, die man nicht braucht, wie kann ich da die Menschen zwingen, daß sie meine Sache benützen? Ganz so verhält es sich auch mit der Obrigkeit. Ich brauche sie einfach nicht. Ihr könnt mich töten, aber es machen, daß ich die Obrigkeit nötig habe, könnt ihr nicht, wenn ich mich aber irre, so wird keineswegs deshalb die Obrigkeit zerstört werden, weil ich, armseliger Mensch, einen Irrtum begangen habe, wenn aber, wie Sie befürchten, auf diese Art die Obrigkeit für alle unnötig wird und dadurch ihr Ende nimmt, was kann man da tun; das will doch sagen, es ist der Wille Gottes."

„Also, Sie kommen nicht?"

„Natürlich, komme ich nicht."

„Nun denn auf Wiedersehen!"

„Leben Sie wohl."

Das Übel der Obrigkeiten besteht darin, daß sie gewalttätig sind. Auf daß wir uns von der Gewalt befreien, müssen wir lernen, auf freundschaftlichem Fuße mit einander zu leben, ohne die Gewalt nötig zu haben. Dies aber können wir einzig durch den bewußten Glauben, durch die Erkenntnis des Lebens, durch die Erfüllung des

Willens unseres Vaters, der im Himmel ist, d. h. durch die Erfüllung des ewigen Gesetzes erreichen. Jedermann soll vorerst jede ihm bevorstehende Tat mit seiner Vernunft prüfen, ob sie mit dem Willen Gottes übereinstimmt oder nicht. Falls sie übereinstimmt, möge er sie tun, falls nicht, so soll er sie nicht nur nicht tun, sondern soll keinen Finger rühren, keinen Laut hörbar werden lassen zugunsten solcher Tat. Und dann wird das, was nicht nötig ist, von selbst zerstört werden nach dem Willen Gottes. Was auf Erden gelöst wird, wird auch im Himmel gelöst sein. Die Lebensweisheit besteht darin, daß wir den Willen Gottes erfüllen, daß wir Böses mit Gutem vergelten, daß wir begreifen lernen und dem Bösen nicht mit Gewalt uns widersetzen.

G.

FÜR DEN MONAT ZU LESEN

„Ihr Herren, begreift, daß eure Gewalt
widersinnig und empörend ist"[8]

A. Buka (*Alexander Iwanowitsch Archangelski*)

Die Schrecken sämtlicher religiösen Verfolgungen vor und nach Christi Zeiten, die uns die Geschichte enthüllt, von den Neronischen Fackeln bis zur Inquisition, bis zur Bartholomäischen Nacht und dem zweischneidigen Schwerte Islams, sowie den Verfolgungen, Quälereien und Hinmordungen, die heutzutage an unseren russischen Sektierern[9] verübt werden – alle diese Schrecken geben ein so klares Zeugnis ab von der Unsinnigkeit der Gewalt und des Widerstandes zu Zwecken geistiger Einigung, daß man zu diesen schrecklichen Zeugnissen kaum noch etwas hinzuzufügen braucht.

Aber die hauptsächliche und höchste Einsicht, die alle anderen Erwägungen überflüssig macht, besteht darin, daß der Mensch auf Erden nicht dazu da ist, auf daß er seinen Willen tue, sondern auf daß er den Willen Gottes erfülle, der nicht nur in der von uns für

---

[8] Textquelle I Leo TOLSTOI: Für alle Tage. Ein Lebensbuch. Band II. Dresden 1907, S. 421-422. – Untertitel redaktionell hinzugefügt, *pb*.

[9] *Anmerkung d. Herausg*. Oder auch an den Nazarenern in Ungarn und Serbien.

heilig anerkannten Tradition ausgedrückt ist, sondern auch in der Vernunft und im Herzen eines jeden von uns wurzelt. Sämtliche Königreiche, Regierungen, Gerichte, Polizei und Gesetze sind ein Ausdruck des trügerischen menschlichen Willens, daß alle Menschen so zu leben haben, wie dies manche Leute für wünschenswert finden; aber immer geschieht es im Endresultat anders, nicht wie es die menschliche Vorschrift wollte, sondern, wie es Gott gefiel. Inwieferne menschliche Einrichtungen die Menschen den Willen Gottes zu erfüllen nicht hindern, insoferne gibt es Glück und Ordnung im Menschenleben, und die herrschenden Banden bilden sich ein, daß, wenn es gut im Leben geht, dies ihnen zu verdanken sei. Inwieferne menschliche Einrichtungen dem Willen Gottes zuwiderlaufen, insoferne bringen sie Übel, Unglück und Unordnung ins Menschenleben und da tritt die Dummheit und Gottlosigkeit der herrschenden Kliken zu Tage; wäre es nicht besser und einfacher, nur um eins zu sorgen, nämlich, daß der Wille Gottes selbst zum Gegenstand allgemeiner Erforschung, Erläuterung und Erhebung werde, statt all der zahlreichen, künstlichen und oft noch unverständlichen und unsinnigen menschlichen Einrichtungen und Gesetze? Menschen, die ihre Gesetze für alle verpflichtend machen wollen, verwirren damit nur das menschliche Leben und hindern die Menschen an der Erfüllung des Willen Gottes. „Sucht zuerst nach dem Reich Gottes und nach der Gerechtigkeit, dann wird euch alles andere zu teil werden," hat Christus gesagt. Es war Moses, der seinem trotzigen Volke gesagt hatte, Gott selbst habe mit seinem Finger Gesetze auf steinernen Tafeln geschrieben und auch unsere Pfaffen streuen noch den Schuljungen Sand in die Augen, indem sie ihnen von ihrem heiligen Geiste erzählen. Wir aber glauben schon lange nicht mehr daran; und was unsere Gesetzgeber anbetrifft, so wissen wir es sicher, daß sie auf keinen Sinaiberg steigen und nicht weiter her als aus ihren Kabinetten, Departementen und Gasthäusern ihre Inspirationen holen. Und wenn dem so ist, von was also werden sie geleitet, wenn sie ihre Gesetze fabrizieren? Im besten Falle doch von nichts anderem, als von der Vernunft, die jedem Menschen eigen ist. Wäre es also nicht besser, statt diesen sehr verwickelten Erfindungen verschiedenartiger gesellschaftlicher Einrichtungen als Mittel zur Erlangung jeglicher sozialer Wohlfahrt, unmittelbar die Vernunft selbst zu gebrauchen? Nicht dazu ist uns die Vernunft von Gott gegeben, daß sie uns irreführe, sondern einzig dazu, daß sie uns aus der Verirrung heraushelfe und der Erkenntnis des Willen Gottes zuführe, Ihr Herren Regenten und Gesetzgeber, seid doch so gütig und begreift, daß wir alle von Gott abhängig, daß wir alle gleiche Menschen sind und alle Vernunft haben, und daß euere Gewalt gar nicht notwendig, ja sogar widersinnig und empörend ist, und vor allen Dingen, durch das herrschende Beispiel auf uns ansteckend und verderblich wirkt!

H.
29. Dezember
„Wenn die Soldaten anfingen, zu denken ..."[10]

So lange es Gewalt gibt, wird es auch Krieg geben. Gewalt kann aber nicht mit Gewalt überwunden werden, sondern nur durch den Nichtwiderstand gegen sie, durch die Nichtteilnahme an ihr.

1.
Wenn meine Soldaten anfingen zu denken, bliebe nicht einer in den Reihen.
Friedrich II.

2.
Der rohe Instinkt kriegerischer Mörderei wurde jahrtausendelang so sorgfältig gepflegt und ermuntert, daß er tiefe Wurzeln im Menschenhirn gefaßt hat. Hoffentlich wird aber ein besseres Menschengeschlecht als das unsrige es verstehen, sich von diesen entsetzlichen Verbrechen zu befreien. Was wird aber dann dieses bessere Menschengeschlecht von unserer sogenannten verfeinerten Zivilisation, auf die wir so stolz sind, halten? Nun, ungefähr dasselbe, was wir von den Urmexikanern und ihrem Kannibalismus halten, der zugleich kriegerisch, fromm und bestialisch war.
Letourneau.

---

[10] Textquelle | Leo TOLSTOI: Für alle Tage. Ein Lebensbuch. Band II. Dresden 1907, S. 657-658. – Untertitel redaktionell hinzugefügt, *pb.*

3.

Und ich habe die Disziplin begriffen, daß nämlich der Korporal immer recht hat, wenn er zu dem Soldaten spricht, der Sergeant, wenn er zum Korporal spricht, der Leutnant, wenn er zum Sergeant spricht u.s.w. bis zum Feldmarschall hinauf, mögen sie auch sagen, daß zwei mal zwei – fünf sei! Anfangs ist dies schwer zu begreifen, diesem Verständnis kommt aber zu Hilfe ein Täflein, das in jeder Kaserne ausgehängt ist, und oft gelesen wird, um deine Sinne zu klären. Auf diesem Täflein steht alles geschrieben, was einem Soldaten gelüsten könnte zu tun, z. B. in sein Heimatsdorf zurückkehren, den Dienst zu tun sich weigern, seinen Vorgesetzten nicht zu gehorchen und so weiter, und für alles das sind Strafen bestimmt: die Todesstrafe oder fünf Jahre Zuchthaus.

Erckmann-Chatrian.

4.

Ich habe einen Neger gekauft, er ist mein. Er arbeitet wie ein Pferd; ich nähre und kleide ihn schlecht, prügle ihn, wenn er mir nicht gehorcht. Was ist daran zu verwundern? Behandeln wir unsere Soldaten besser? Sind sie nicht ebenso ihrer Freiheit beraubt wie dieser Neger? Ein Unterschied besteht nur darin, daß der Soldat viel billiger zu stehen kommt. Ein kräftiger Neger kostet jetzt mindestens 500 Taler; ein guter Soldat kaum 50. Weder der eine, noch der andere darf sich von dem Ort entfernen, wo sie gehalten werden; der eine wie der andere wird wegen des kleinsten Fehlers geschlagen; ihr Gehalt ist beinah das gleiche; nur hat der Neger den Vorteil vor den Soldaten, daß er sein Leben keiner Gefahr auszusetzen braucht, und sein Leben mit seiner Frau und seinen Kindern verbringt.

Anatole France.

Der Krieg wird nur dann vernichtet sein, wenn die Menschen keinen Anteil an der Gewalt nehmen und bereit sein werden, alle die Verfolgungen zu tragen, denen sie dafür ausgesetzt werden. Dies ist das einzige Mittel zur Vernichtung des Krieges.

DREI DARSTELLUNGEN ZUR GESCHICHTE DER KRIEGSVERWEIGERUNG IN RUSSLAND

Fähnrich Leo N. Tolstoi (1828-1910)
in Militäruniform, Daguerreotypie: Moskau 1854

XVII.
Leo Tolstoj und die Schicksale des russischen Antimilitarismus

Valentin Bulgakov[1]
(1928)

Obwohl historisch die ersten Militärdienstverweigerungen in die Mitte des 18. Jahrhunderts fallen (Duchoborzen, Mennoniten), ist als Begründer und Inspirator der russischen antimilitaristischen Bewegung niemand anderer anzusehen als Leo Nikolajewitsch Tolstoj, der in seinen religionsphilosophischen Schriften unter anderen Fragen des menschlichen Gewissens auch die des Krieges und des Tötens im Kriege in tiefsinniger Weise behandelte.

Tolstoj kam zur Verneinung des Krieges von den allgemeinen Voraussetzungen seiner religiösen Weltanschauung aus. Nach dieser Weltanschauung erscheint die Seele eines jeden Menschen als Teilchen der Gottheit, die als durch den Verstand nicht erfassbarer geistiger Anfang, als Ursache und zugleich als Ziel des ganzen Seins begriffen wird. Tolstoj nimmt mit den Evangelien die Gleichsetzung Gottes mit dem Vater und des Menschen mit seinem Sohn an. Daraus folgt die Annahme der geistigen Bruderschaft aller Menschen, als einer unzweifelhaften und unzerstörbaren ontologischen Kategorie für jede gläubige Seele. Aus der Annahme der Brüderlichkeit ergibt sich jedoch mit einer notwendigen logischen Folgerichtigkeit die unbedingte Anerkennung der Gleichheit aller Menschen, nicht nach ihren individuellen Eigenschaften oder Fähigkeiten, die ganz verschieden sein können, sondern nach ihrer inneren geistigen Würde als Kinder Gott-Vaters.

---

[1] Textquelle I Valentin BULGAKOFF: Leo Tolstoj und die Schicksale des russischen Antimilitarismus. In: Gewalt und Gewaltlosigkeit. Handbuch des aktiven Pazifismus. Im Auftrage der Internationale der Kriegsdienstgegner herausgegeben von Franz Kobler. Zürich und Leipzig: Rotapfel-Verlag 1928, S. 233-244. (Aus dem Russischen übersetzt von Dora Kobler.)

Da nun die Menschen nach der Lehre Christi alle Brüder sind, wie können sie dann einander töten, einer dem anderen das höchste Geschenk Gottes rauben, das Leben, das niemand dem Menschen zurückzugeben vermag?

Diese Anschauung hat neben der Verurteilung durch bestimmte gesellschaftliche Kreise ein starkes Verständnis bei einem Teil der Intelligenz und insbesondere inmitten des einfachen Volkes, der Bauernschaft, gefunden. Die altrussische Bauernsekte der Duchoborzen, die ebenfalls den Militärdienst aus religiösen Bedenken verweigerte, kam in Verbindung mit Tolstoj, der einen bedeutenden Einfluss sowohl auf die Entwicklung ihrer Weltanschauung wie auch auf ihre praktischen Wege ausübte. Die Duchoborzen waren, nachdem sie im Jahre 1895 feierlich auf einem Scheiterhaufen die Reste der bei ihnen aufbewahrten alten Waffen verbrannt und endgültig den Weg zur Verweigerung der Militärpflicht beschritten hatten, den grausamsten Verfolgungen von seiten der zaristischen Regierung ausgesetzt, bis endlich Tolstoj und seine Freunde die Aufmerksamkeit auf diese Verfolgungen lenkten und bei der Regierung eine Bewilligung für die ganze Gemeinschaft der Duchoborzen erwirkten, Russland zu verlassen. Im Jahre 1898 ist diese Gemeinschaft in der Anzahl von ungefähr 7000 Menschen auf drei Ozeandampfern nach Nordamerika ausgewandert, wo sie bis zum heutigen Tage geblieben sind.

Die Duchoborzen sind in Amerika ohne jegliche Mittel angekommen, alles wurde für die Übersiedlung ausgegeben. Ihre Weiber spannten sich zu zwanzig vor die Pflüge und ackerten die Erde, bis die Männer durch schwere Lohnarbeit die Mittel für die erste häusliche und Wirtschaftseinrichtung verdient hatten. Seither vergingen 30 Jahre. Jetzt stellen die Duchoborzen eine reiche, blühende, aus einigen Dörfern bestehende Gemeinde dar. Sie liefern für den amerikanischen Markt in grosser Menge die Erzeugnisse ihrer Wirtschaft, haben grosse Fabriken begründet, und wenn sie materiell leiden, so eher durch Überfluss als durch Mangel. Sie leben als Kommune und haben kein Privateigentum. Den Militärdienst verweigern sie wie früher.

Ungefähr um dieselbe Zeit, als Tolstoj die ersten Beziehungen zu den Duchoborzen anknüpfte, begannen sich in Russland (im Anfang der neunziger Jahre des vorigen [19.] Jahrhunderts) vereinzelte

Fälle der Verweigerung des Kriegsdienstes wegen religiöser Überzeugung zu ereignen, die jedoch keine Beziehung zu den Duchoborzen mehr hatten. Das waren unmittelbare Nachfolger des Lehrers von Jasnaja Poljana.

Diese Fälle waren in dem autokratischen Russland in einem solchen Grade neu und ungewöhnlich, dass die Repräsentanten der militärischen wie der bürgerlichen Autorität sich mit ihnen nichts anzufangen wussten und für sie keinerlei Verständnis aufzubringen vermochten. Es erschien ihnen ganz unzulässig und verkehrt, dass ein Mensch unter Berufung auf Christus und seine Lehre hartnäckig seine Weigerung, in der „christlichen Kriegerschaft" zu dienen, verkündete und sich sogar bereit erklärte, für seine Weigerung welche Strafe immer, sogar den Tod auf sich zu nehmen. Solche Menschen wurden oft einfach als wahnsinnig erklärt und auf unbestimmte Zeit ins Irrenhaus gesetzt. So ist man mit einem Jüngling namens Sullerżytzki, dem späteren bekannten Regisseur des Moskauer Künstlertheaters, verfahren.

Später jedoch, als man sich schon zurecht kannte, begann man die Kriegsdienstverweigerer in die Disziplinarbataillone einzuziehen, wo diese Märtyrer der Friedensidee und der Brüderlichkeit einer systematischen Verspottung nicht nur für ihre Tat im allgemeinen, sondern für jedes kleinliche Vergehen gegen die Militärdisziplin ausgesetzt waren.

Nach dem Tode Tolstojs im Jahre 1910 nahm die Kriegsdienstverweigerung in Russland ihren Fortgang. Ihre Zahl wuchs langsam, aber bedeutend an. Es scheint, dass im Jahre 1911 oder 1912 die Freunde Tolstojs die Frage der Änderung oder Ergänzung der Gesetzgebung in der Richtung eines Schutzes unschuldiger Menschen, welche für ihre Überzeugung litten, in der Reichsduma aufgeworfen haben. Gegen alle Erwartung waren es die Abgeordneten des Zentrums, die sogenannten „Oktobristen" und nicht die Liberalen (Kadetten), die für diese Frage ein Interesse an den Tag legten und ein meist mitleidsvolles Verhältnis zu den Dienstverweigerern bekundeten. Wahrscheinlich aus dem Grunde, weil die ersteren der Mehrzahl nach religiöser waren als die letzteren. Die Führer der Oktobristen Tutschkow und Kamensky traten in der Plenarversammlung der Duma für die Kriegsdienstverweigerer aus religiöser Überzeugung ein. Trotzdem hat die rechte Majorität der Duma alle diese Vorschläge abgelehnt. Als Stein des Anstosses erschien den Volksvertretern die Frage: was soll man denn mit den Simulanten anfangen, wenn man zulassen würde, dass das Schicksal der wahren Verweigerer erleichtert wird. Die Weisheit der Abgeordneten wusste keinen Ausweg, und unschuldige Menschen wurden weiter verurteilt.

So ging es bis zum Anfang der Weltkriegsepoche. Der Anfang des Weltkrieges wurde in Russland durch die von Anhängern Tolstojs in verschiedenen Städten veranstaltete Herausgabe einiger Aufrufe gegen den Krieg gekennzeichnet. Einer von diesen Aufrufen unter dem Titel „Kommt zu Euch, Menschenbrüder" wurde besonders verbreitet sowohl in Russland wie auch später im Ausland. Er war von 42 Anhängern Tolstojs, darunter auch von einigen seiner nächsten Freunde unterzeichnet, und kam unmittelbar aus Jasnaja Poljana wie vom Grabe des Lehrers.

Die Regierung entdeckte diese Affäre schon in der Periode der Sammlung der für den Aufruf bestimmten Unterschriften, sie liess 27 Personen aus der Zahl der Teilnehmer am Aufruf verhaften (die Persönlichkeiten der anderen gelang es nicht festzustellen) und veranstaltete in Moskau im Jahre 1916 den berühmten „Prozess der Tolstojaner", der durch das Kriegsgericht im Kreml geführt wurde. Dieser Prozess hatte aber ein ganz unerwartetes Ergebnis. Den Autoren des Aufrufes, ihren Zeugen (Verwandten und Freunden Tolstojs) und den Verteidigern gelang es mit einer unwiderstehlichen Klarheit, die christlich-religiösen Motive des Aufrufes und ebenso die Tatsache aufzuhellen, dass der Aufruf sich nicht ausschliesslich an das russische Volk, sondern an alle kriegführenden Länder, insbesondere auch an die feindlichen wandte. Das Kriegsgericht, das im zaristischen Russland strenger, aber unabhängiger war als die bürgerliche Strafjustiz, konnte nicht anders, als sich vor der Richtigkeit der ihm vorgeführten Beweise und vor der persönlichen Lauterkeit der Angeklagten beugen. Alle Auseinandersetzungen in der Gerichtsverhandlung hielten sich auf einer solchen Höhe vorurteilsloser, geistiger und wahrhaft christlicher Beleuchtung der Frage des Krieges und der Gewalt, dass die Richter, ein General und zwei Beisitzer, von dieser Atmosphäre der Liebe und Brüderlichkeit, die durch die Angeklagten im Saale geschaffen wurde, selbst bezaubert schienen. Als Ergebnis der achttägigen Verhandlung verkündete das Gericht den Freispruch der Verfasser des Aufrufes und der an seiner Verbreitung Beteiligten. Das Urteil wurde von der ganzen russischen Gesellschaft und der gesamten Presse zustimmend aufgenommen, ungeachtet dessen, dass zu dieser Zeit Gesellschaft wie Presse ganz dem Militärdienst und der Kriegspropaganda ergeben waren.

Noch ein besonders charakteristisches Detail der Geschichte dieses Prozesses sei hervorgehoben: als die Februarrevolution ausbrach und sich in Moskau nun schon auf legalem Wege ein Kreis von Personen bildete, die die Weltanschauung Tolstojs bejahten, schrieb sich jener General, der im Prozess der Tolstojaner den Vorsitz geführt hatte, als Mitglied dieses Kreises ein.

Die Teilnehmer an anderen, weniger bekannt gewordenen Aufrufen der Tolstojaner hatten mehr zu leiden. So wurde ein Jüngling, der im Städtchen Krapiwno, Tulsko-Gouvernement, einen scharfen Aufruf gegen den Krieg veröffentlichte, nach einer langen Gefängnisstrafe „für immer" nach Sibirien verschickt. (Die Februarrevolution befreite ihn.)

Aber noch mehr litten, wie es ja zu erwarten war, jene Tolstojaner und andere russische Sektierer, die, als sie in den Krieg einberufen wurden, Krieg zu führen sich weigerten. Das waren nicht einzelne, sondern *Hunderte*. Ein offizielles, nach der Revolution vom Ministerium des Innern veröffentlichtes Dokument zählte 837 Fälle der Kriegsdienstverweigerung wegen religiöser Überzeugung in Russland während des Krieges.[2] Es ist einleuchtend, dass diese Ziffern nicht vollständig sind.

Im Verlaufe der Kriegszeit wurden die Strafen der Kriegsdienstverweigerer erhöht. Im Anfang verhängte man Strafen bis zu acht Jahren, später bis zu zwölf Jahren Katorga. Aber auch diese Massnahme schreckte die Verweigerer nicht ab. Schliesslich begannen die Kriegsgerichte, die Verweigerer bis zu fünfzehn und zwanzig Jahren Katorga zu verurteilen. Aber diese Männer blieben standhaft.

Alle Bemühungen, das Schicksal der Kriegsdienstverweigerer zu erleichtern, eine Umwandlung des Kriegsdienstes mit Waffe in einen solchen ohne Waffe durchzusetzen und dergleichen, waren nur auf privatem Wege möglich. Zuweilen gelang es auf diesem Wege

---

[2] Anmerkung des Herausgebers Franz Kobler: Diese 837 Fälle verteilen sich laut der statistischen Feststellung folgendermassen: 144 Baptisten, 16 Duchoborzen, 246 evangelische Christen, 22 Molokianer, 70 Adventisten und 339 Tolstojaner, Quäker und andere freie Christen.

etwas zu erreichen. Auch in diesem Zusammenhange muss in der Geschichte des russischen Antimiltarismus mit besonderer Dankbarkeit der Name des intimsten Freundes Tolstojs W. G. Tschertkow genannt werden, der seine alten Beziehungen zu den militärischen Kreisen ausnützte und es derart in einzelnen Fällen erreichte, das Schicksal dieses oder jenes Verweigerers zu lindern.

Aber dann kam der Februar 1917. Die Revolution brach aus. Das zaristische Regime wurde gestürzt, die provisorische Regierung gelangte zur Macht.

Hat sich das Schicksal der Verweigerer nun gebessert? Ja. Die Verurteilten fielen unter die allgemeine, zugunsten der Opfer des alten Regimes erlassene Amnestie und wurden aus den Gefängnissen befreit. Aber die allgemeine Frage der Stellungnahme zu den Kriegsdienstverweigerern war damit noch nicht entschieden. Die provisorische Regierung verkündete von allem Anfang an, dass sie den Krieg auf den bisherigen Grundlagen fortsetzen werde und sogar mit verdoppelter Energie. Das heisst: neue Einberufungen sollten folgen und folgten tatsächlich und mit ihnen auch neue Verweigerungen. Wie sollte man nun mit diesen neuen Verweigerungen verfahren? Mit Verweigerungen von Menschen, welche ebensowenig im Namen des Zaren, wie im Namen einer revolutionären Regierung töten wollten? Sollte man sie wieder in Gefängnisse setzen? Die provisorische Regierung ging daran, diese Frage zu beantworten. Aber noch vor der Entscheidung kam es zum bolschewistischen Umsturz. Die Regierung Kerenskys wollte den Kriegsdienstgegnern aus religiöser Überzeugung nicht schaden. Aber da das russische Gesetz keine Ausnahmebestimmungen für Kriegsdienstgegner kannte, stand es den Zivil- und Militärbehörden frei, auch solche Männer zu verhaften. W. G. Tschertkow und andere Freunde Tolstojs traten damals in Verhandlungen mit Kerensky und den anderen Mitgliedern der provisorischen Regierung wegen der Schaffung eines besonderen Büros der religiösen Expertise von Fällen der Kriegsdienstverweigerung, damit aufrichtig überzeugten Menschen die Freiheit, ihre Überzeugung zu äussern, gesichert werde und sie vom Kriegsdienst befreit oder zumindest nur zu einem Dienste ohne Waffe verwendet werden. Die Regierung versprach diesen Antrag zu unterstützen, aber ihre Tage waren schon gezählt. Der bolschewistische „Oktober" (1917) brach herein. Alle Überreste des alten

226

Regimes und mit ihnen auch die Anfänge des neuen wurden weggefegt. Die Beendigung des Weltkrieges und die Errichtung der Arbeiter- und Bauernregierung wurden verkündet.

Nachdem jedoch die Bolschewisten die alte Armee aufgelöst hatten, wurden sie bald vor die Notwendigkeit gestellt, die Organisation einer neuen „roten" Garde und später Armee ins Werk zu setzen, um die eigene Macht zu stützen. Die allgemeine Wehrpflicht wurde wieder eingeführt.

Aber wie unter den beiden früheren Regierungen antworteten die überzeugten Antimilitaristen auf den Ruf der Arbeiter- und Bauernregierung mit einer Weigerung, diesem Rufe zu folgen. Und nicht bloss einzelne, die ganze Bauernjugend zog in die Wälder und schuf dort die sogenannten „Grünen", die sich am Bürgerkriege weder auf der einen noch auf der anderen Seite beteiligen wollten.

Die Antwort der Arbeiter- und Bauernregierung auf diese Weigerungen war die Erschiessung von mehr als hundert Männern, fast ausnahmslos junger Bauern.

Die Mehrzahl dieser jungen Märtyrer starben als Helden. Ihre Briefe vor dem Tode, ihr Verhalten vor dem Erschiessen und endlich ihr ganzes früheres, allzu kurzes Leben, alles zeugt davon, dass sie in Wahrheit Heilige, merkwürdige Heilige waren. Im Wladimir-Gouvernement wurde wegen Kriegsdienstverweigerung aus religiöser Überzeugung ein 22jähriger Jüngling, Wasili Tarakin, erschossen, der im ganzen Dorfe durch seine tief-sittliche, reine und der Arbeit ergebene Lebensweise bekannt war.

Die Soldaten erheben die Gewehre und zielen … aber in diesem Augenblick, unmittelbar vor dem Tode, ruft ihnen Wasili Tarakin zu: „Brüder, wisset, dass Ihr, indem Ihr meinen Leib durchschiesset, Eure eigene Seele tötet!". …

Nichts anderes: weder Worte des Fluches, noch Bitten um Nachsicht. … Einzig und allein ein Erinnern an die Bruderschaft, an die Seelen der Schiessenden – Seelen, die auch getötet werden können. … Und was geschieht? Das ist nicht ersonnen, kein Märchen, das ist Tatsache: das heilige Wort erreichte die Seelen der Rotgardisten, die Gewehre senken sich, sie weigern sich zu schiessen. … Da geht auf Tarakin der Vollstrecker der Strafe, Mitglied der ausserordentlichen Kommission, Gromow, zu und tötet ihn auf der Stelle mit einem Revolverschuss in die Schläfe.

Von diesem erschütternden Vorfall wissen wir aus der Erzählung eines zur Vollstreckung der Strafe bestimmten Rotgardisten, der aus demselben Dorfe stammte wie Tarakin. Wir können aus ihm auf die Vorgänge schliessen, die sich bei den übrigen 99 oder mehr Bestrafungen der anderen jungen Männer ereignet haben. Ihr Tod erwies der Sache des Krieges dem Kriege in Russland einen grossen Dienst. Die Sowjetmacht hatte sich endgültig durch das Beispiel dieser hundert Märtyrer überzeugt, dass sie mit Gewalt diese Menschen nicht besiegen wird. Als Folge dieser Überzeugung erliess die Sowjetregierung am 4. Januar 1919 ein Dekret, auf Grund dessen denjenigen Kriegsdienstverweigerern aus religiöser Überzeugung, deren Aufrichtigkeit und Folgerichtigkeit bei Gericht bewiesen werden sollte, der Kriegsdienst in eine andere „der Allgemeinheit nützliche bürgerliche Arbeit" umgewandelt werden dürfe. Zugleich wurde durch dieses Dekret die Begutachtung der Kriegsdienstverweigerer bei den Gerichten einer besonderen, der Regierung nicht angehörenden Körperschaft, dem „Vereinigten Rat religiöser Gemeinschaften und Gruppen", übertragen. Vorsitzender war W. G. Tschertkow. Er und sein Kamerad, K. S. Schochor-Trotzkij, haben in der Folge die Hauptlast der Arbeit des Rates getragen.

Mit dem Erscheinen des Dekrets vom 4. Januar 1919 hörten die Erschiessungen und Verfolgungen auf.[3] Aber zugleich wuchs die Zahl jener Personen, die sich an die Gerichte mit Gesuchen wegen Kriegsdienstbefreiung wandten, immer mehr an. Der „Vereinigte Rat", der verpflichtet war, seine Gutachten bei den Gerichten abzugeben, erweiterte sich durch neue Mitglieder zu einer grossen Körperschaft mit einem umfassenden Betrieb und einer bedeutungsvollen Tätigkeit. Während der Dauer seines Bestandes (1 ½ - 2 Jahre) registrierte der Rat rund 30.000 Gesuche von Kriegsdienstverweige-

---

[3] Anmerkung des Herausgebers Franz Kobler: Nach einem von der Darstellung Bulgakoffs zum Teil abweichenden Bericht (siehe Bulletin No. 4 des Nachrichtenblattes der I.d.K.) ist das Dekret von einzelnen lokalen Sowjets nicht beachtet worden. Im Gouvernement Smolensk sollen noch im Jahre 1921 sieben Militärdienstverweigerer erschossen werden sein. Auch die Erschiessung Tarakins und der übrigen von Bulgakoff erwähnten Dienstverweigerer fällt nach dieser Darstellung in die Zeit nach dem Inkrafttreten des Dekretes, das diesem Berichte zufolge über Initiative Tschertkoffs und des von ihm noch vor dem Dekret ins Leben gerufenen „Vereinigten Rates" erlassen wurde.

rern, die sich an ihn mit der Bitte gewendet hatten, über sie ein Gutachten bei Gericht abzugeben.

Die Ideen der Gewaltlosigkeit hatten sich damals in Russland sehr stark verbreitet, sie waren an manchen Orten förmlich ins Blut und in die Seele des Volkes übergegangen. Als Beispiel hierfür sei das Schicksal eines Dorfes im Orenburger Gouvernement, Rajewskoje, während des Bürgerkrieges erzählt.

Fast die ganze Bevölkerung dieses Dorfes besteht aus Sektierern – Evangelisten, Dobrulobowcen usw. – sowie aus Anhängern Leo Tolstojs. Unter den Bauern gibt es viele Kriegsdienstverweigerer aus religiöser Überzeugung, die schon unter dem Zarenregime dafür gelitten hatten. Es herrschte eine allgemeine Stimmung gegen jede Gewalt und jede Herrschaft. Als einmal der „Vereinigte Rat" einigen Bauern aus Rajewskoje, die sich wegen Militärdienstverweigerung vor Gericht zu verantworten hatten, vorwarf, dass sie nicht folgerichtig handeln, und darauf hinwies, dass wenn sie gegen jede Gewalt auftreten, sie auch keinen Dorfsowjet brauchen, nahmen die Bauern von Rajewskoje diesen Vorwurf zur Kenntnis und weigerten sich fortan, einen Sowjet und sogar einen Vorsitzenden bei ihren Dorfversammlungen zu wählen. Man redete ihnen lange zu, eine Wahl vorzunehmen, aber sie bestanden auf ihrem Entschluss und behalfen sich vorzüglich ohne Sowjet. Bald wurde ihre Überzeugung auf eine neue Probe gestellt. Rings um sie erhoben sich die Bauern gegen die Sowjetmacht. Die Aufständischen kamen nach Rajewskoje und forderten von den Einwohnern, sich dem Aufstande anzuschliessen. Diese jedoch, wiewohl keine Anhänger der Bolschewiken, weigerten sich, indem sie erklärten, dass sie eine Waffe gegen wen immer nicht in die Hand nehmen können und dass sie vom bewaffneten Kampfe nichts anderes als Böses erwarten. Danach forderten die Aufständischen – es waren Russen und Baschkiren -, man möge ihnen die im Dorfe versteckte bolschewistische Abteilung – zwanzig Mann – ausliefern. Aber die Leute von Rajewskoje verweigerten auch dies: „Ihr fordert sie von uns, um ihnen Böses anzutun, vielleicht sogar, um sie zu töten" erklärten sie. Als der Aufstand in der Folge unterdrückt wurde und die Sowjetregierung zurückkehrte, waren ihre Vertreter ob der Handlungsweise der Leute von Rajewskoje verblüfft. Sie dankten ihnen aufrichtig für die Rettung von zwanzig Menschen. Die Bauern von Rajewskoje nahmen den Dank entgegen, aber sie veränderten nicht ihre Lebensweise und fuhren fort zu leben wie früher ohne Sowjet. – Zweifellos wirkte die Tätigkeit des „Vereinigten Rates der religiösen Gemeinschaften und Gruppen" zugunsten der Verbreitung des Geistes der Gewaltlosigkeit. Aber es wäre unrichtig anzunehmen, dass vom Rat in dieser Richtung eine absichtliche Propaganda ausgegangen ist. Innerhalb der ihm gestellten engbegrenzten Aufgabe der Erstattung von Gutachten verhielt sich der Sowjet im höchsten Masse gewissenhaft. Und trotz alledem entgingen selbst diese lauteren Männer nicht dem Verdacht. Man begann ihre Loyalität und Gewissenhaftigkeit anzuzweifeln, man heftete sich an einen Fall einer angeblich unrichtigen Begutachtung und bereitete dem Rat ein plötzliches Ende: seine Arbeitsräume wurden versiegelt, Archiv und Vermögen weggenommen und ein Teil der Mitglieder den Gerichten übergeben. Die gerichtliche Untersuchung brachte keine Rechtfertigung des Vorgehens der Regierung. Die völlige Schuldlosigkeit der Angeklagten und die Gewissenhaftigkeit des Vereinigten Rates in seiner Gesamtheit kamen an den Tag. Das Gericht, das ganz nach den Weisungen der Regierung handelte, musste zu einer ganz sonderbaren Entscheidung Zuflucht nehmen: es erkannte die Angeklagten schuldig, erklärte jedoch, von der Verhängung einer Strafe abzusehen.

Der vereinigte Rat hat seine Tätigkeit in seinem früheren Umfange nie wieder aufgenommen. Er versuchte zwar tätig zu sein, aber die Regierung versagte ihm die Anerkennung. Zugleich mit der Vernichtung des Rates änderte die Regierung auch das bis dahin geltende Dekret ab, indem sie am 14. Dezember 1920 ein neues Dekret erliess, in dem der „Vereinigte Rat der religiösen Gemeinschaften und Gruppen" überhaupt nicht erwähnt wurde. Im Sinne des neuen Dekretes durften die Fälle der Militärdienstverweigerung nicht mehr vor den Volksrichtern, sondern in einer „besonderen Sitzung des Sowjets der Volksrichter" (zweite Gerichtsinstanz) verhandelt werden. Die Fälle der Anerkennung von Verweigerungen wurden seltener und seltener. Diejenigen unter den jungen Männern, welchen das Gericht die Befreiung vom Militärdienst versagte, wurden als Deserteure erklärt und bestraft. Immerhin stellt das Dekret vom 14.Dezember 1920 eine Regelung des Schicksals der Kriegsdienstverweigerer aus religiöser Überzeugung dar. Wenn auch un-

genügend, sind die Kriegsdienstverweigerer in Russland dennoch durch das Gesetz geschützt.[4] Wie willkürlich allerdings dieses Gesetz ausgelegt und angewendet wird, sei an dem Falle des Tolstojaners Nikolajew dargetan. In der ersten Instanz (Sowjet der Volksrichter) wurde die Bitte Nikolajews um Befreiung vom Militärdienst als begründet und der Stattgebung würdig befunden. Aber die oberste Gerichtsinstanz der Republik erkannte nach Überprüfung des Urteiles der ersten Instanz dieses als unrichtig, mit der Begründung, „dass die Anhänger der Lehre Tolstojs nicht als Angehörige einer religiösen Sekte, die einen bestimmten religiösen Kult ausübt, sondern als eine freidenkerische ethische Gruppe erscheinen, welche antimilitaristischen Charakter trägt und die Grundsätze des *sich dem Bösen durch Gewalt nicht Widersetzens* in das Leben einführt."
„Mit Rücksicht darauf" – erklärt weiter die Entscheidung des obersten Gerichtshofes – „erachtet das oberste Kollegium das Dekret vom 14. Dezember 1920, das sich eben nur auf Angehörige bestimmter religiöser Sekten bezieht, als auf die Tolstojaner nicht anwendbar und erklärt das Urteil der ersten Instanz in der Sache des vom Militärdienst befreiten Nikolajew als unrichtig."

Diese Entscheidung ist für die Tolstojaner von höchster Bedeutung. Zweifellos bezog sich das erste Dekret auf sie und auf sie, die die Mehrzahl der Dienstverweigerer bilden, wurde es auch angewendet. Und nun erklärt plötzlich das oberste Gericht nach einigen Jahren der Anwendung des Dekretes, dass die Anhänger Tolstojs von ihm ausgenommen sind. Die ganze Welt versagt der Lehre Tolstojs nicht die Anerkennung, dass sie als religiöse Lehre anzusehen sei. Nur das oberste Gericht der atheistischen USSR erklärt die Anhänger dieser Lehre als eine unbestimmt freidenkerische ethische Gruppe.

Auch in dieser Entscheidung drückt sich in charakteristischer Weise der Gegensatz der Sowjetmacht zu Leo Nikolajewitsch Tolstoj aus, dem Begründer des russischen Antimilitarismus.

---

[4] Anmerkung des Herausgebers Franz Kobler: Über den gegenwärtigen Rechtszustand vergleiche die Darstellung von Devaldès [in: Gewalt und Gewaltlosigkeit. Handbuch des aktiven Pazifismus. Zürich/Leipzig 1928] Seite 271.

Der prominente Duchoborze Peter Verigin (1859-1924),
Aufnahme von E. J. Campbell, 1922: commons.wikimedia.org

XVIII.
Märtyrer der neuen Ordnung

Aus der Leidensgeschichte der Duchoborzen
(Kurzer Auszug)

Aufzeichnungen[1]
(1929)

VORWORT

Unsere Zeit ist – wie man sie auch deuten mag – doch die Zeit einer neuen gewaltigen Wende des inneren und äußeren Lebens in der Geschichte der Menschheit.

Solche Ereignisse wie der Weltkrieg und die vielen blutigen Revolutionen in den verschiedenen Ländern zogen nicht vergeblich an uns vorüber. Wenn sie uns auch äußerlich nichts gaben, sondern die allgemeine Lage nur verschlimmerten, so scheint es doch, daß die Geschehnisse auf die Menschheit einen ernüchternden Eindruck machten und die Welt vor dem, was sie angerichtet hatte, tatsächlich erschrecken ließen. Und – ohne ein großer Optimist zu sein – kann man wohl sagen, dass die Welt erwacht; sie erwacht nach Jahrhunderte langem Schlafe und Verirrungen. Neue Wege werden gesucht zur Erreichung wahrhaft christlicher Ideale, gegenseitigen Verstehens, allumfassender Einheit und echter sozialer Gerechtigkeit.

Der Gott der Gewalt, der gierige Moloch, der vorher noch unumschränkt herrschte im Leben aller Menschen, wird spürbar schwächer und verliert mit jedem Tage mehr seine bezaubernde Macht. Die Menschen, obwohl ihm noch unterworfen, haben ihn doch erkannt und fangen an, ihn zu hassen.

---

[1] Textquelle I *Märtyrer der neuen Ordnung. Aus der Leidensgeschichte der Duchoborzen. Aufzeichnungen von Leo Tolstoi und Paul Birjukoff*. Heppenheim an der Bergstraße: Verlag der Neu-Sonnefelder Jugend 1929, S. 1-4 und 43-55. [Gesamtumfang 56 Seiten; hier fortgelassene Inhalte sind nachzulesen unter →VI.] – Die in Kapitälchen gesetzten Überschriften: redaktionell hinzugefügt.

Freundschaftliche Beziehungen der Völker zueinander sowie erfreuliche internationale Einrichtungen lehren uns, daß dieser Moloch nicht unsterblich ist, sondern auch für ihn das Ende kommt und die geistig reif gewordene Menschheit leben wird und leben kann – ohne ihre Hände fernerhin mit Bruderblut zu beflecken.

In solcher Übergangszeit, einer Zeit der Wende der inneren Erkenntnis, sind die nachstehenden Dokumente, die uns von den Pionieren der Freiheit einer neuen Ära berichten, von besonderer Wichtigkeit. Jene Pioniere, die im Denken und Handeln ihrer Zeit weit voraus eilten, waren frei von alten Vorurteilen und bahnten neue Wege in der Entwicklung der religiösen, politischen und sozialen Vorstellungen.

Ähnlich den englischen Quäkern gingen diese Handvoll russische Bauern ihren heldenhaften Weg ganz selbständig von innen heraus, viele Jahre vor Tolstoi und ohne jede Hilfe einzelner geistig befähigter Führer aus der Intelligenz, immer in dem Bestreben, zu den Grundlagen des Evangeliums und zu dem Gebot der Liebe zurückzukehren; nicht als zu einem unbestimmten mystischen Postulat, sondern als zur praktischen Forderung des täglichen Lebens.

Die Duchoborzen strebten zum Frieden und zur sozialen Gleichheit, lehnten Eigentum, Krieg und Gericht ab und gründeten ihr Leben auf den freiwilligen Anfängen des christlichen Kommunismus.

Die harten Verfolgungen von seiten der alten russischen Regierung drängten die Duchoborzengemeinde in einer Anzahl von 7000 Gliedern zur Übersiedlung aus dem Kaukasus nach Britisch-Kolumbien in Kanada.

Sie blühen wirtschaftlich auf und besitzen noch immer dieselbe geistige Unabhängigkeit, die sie früher auszeichnete, so daß die kanadische Regierung sich schwere Sorge um sie macht. Die Duchoborzen weigern sich, ihre Kinder in die staatlichen kanadischen Schulen zu schicken, da sie dort, wie sie sagen, „zum Töten" erzogen werden.

Besonders einige radikale Gruppen der Duchoborzen werden von der liberalen kanadischen Regierung sehr hart verfolgt, fast ebenso hart wie damals von der despotischen russischen Regierung. Es ist beschämend für die gegenwärtige Zivilisation, die so etwas zuläßt!

Es besteht allerdings kein Zweifel, daß die Zeit *für* die Ducho-borzen arbeitet und nicht für die vorübergehende kanadische Regierung, denn schon wird ja auch der Krieg in der öffentlichen Meinung nicht mehr verherrlicht, sondern als Verbrechen angesehen – auch von den Regierungen.

Tolstoi und sein Freund Birjukoff erfuhren zuerst im Jahre 1895 etwas von den Verfolgungen und Leiden der Duchoborzen. Birjukoff schildert nun in Folgendem, was er selbst an Ort und Stelle gesehen und gehört hat. [Bericht nachzulesen in diesem Band unter →VI.] Er nahm großen Anteil an dem Schicksal der Duchoborzen und seine Liebe zu ihnen betätigt sich noch heute nach 34 Jahren.

Schon mehrmals reiste er nach Kanada und erwies sich ihnen hilfreich in der neuen Heimat.

Wie wir hören, ist Birjukoff an der Arbeit, ein größeres Werk über die Geschichte der Duchoborzen herauszugeben.

Ganz gewiß leiden und litten die Duchoborzen nicht vergeblich, und ich bin tief davon überzeugt, daß man gerade in Deutschland, wo es durch tiefgehende geistige Krisen zu ehrlichem Suchen nach fruchtbaren Wegen der geistigen Entwicklung geht, die Geschichte dieser Vorläufer Leo Tolstois recht werten wird.

Wenn es auch nur einfache russische Bauern sind, dieses Häuflein Duchoborzen – Sektierer, so liegt doch auf den Offenbarungen ihres geistigen Lebens ein Glanz aus der Ewigkeit.

Prag, im Sommer 1929.
Valentin Bulgakov,
ehem. Privatsekretär L. Tolstois.

[*Im Heft folgen hier die Texte „Wie man mich verfolgt hat, wird man auch euch verfolgen" von Pavel Birjukov und „Mein Reich ist nicht von dieser Welt" von Leo N. Tolstoi. Sie können an dieser Stelle entfallen, weil diese beiden Darstellungen in einer nur leicht abweichenden Übersetzung schon in Kapitel →VI. des vorliegenden Sammelbandes nachzulesen sind.*]

Im Jahre 1897 schrieb Tolstoi an die kaukasischen Duchoborzen u. a. nachstehenden Brief:

„Liebe Brüder, die Ihr für die Lehre Christi leidet! Unser Bruder J. P. N. kam auf seiner Rückreise bei mir an und es erwachte in mir der Wunsch, Euch zu schreiben, daß nicht nur ich allein, sondern sehr viele bei uns und im Auslande von Euch wissen, an Euch denken und um Euch Sorge tragen. So Gott will, werden wir Euch, Eure Kinder, Frauen, Greise und Kranke nach Möglichkeit unterstützen. Wir erhalten geistige Hilfe hier und im Auslande von Euch und wir bitten Euch, uns diese Hilfe auch fernerhin zuteil werden zu lassen. Sie besteht darin, daß Ihr zuerst das Beispiel gabt, wie man den Weg Christi geht; Ihr geht voraus und viele sind Euch dafür dankbar. Christus sagte: Man hat mich verfolgt und man wird euch verfolgen. So ist er in der Tat. Es tut einem leid um die Kinder und um die Greise, aber noch mehr um die Verfolger: Sie wissen ja jetzt schon, daß sie nicht Euch verfolgen, sondern Christus, der gekommen ist, sie zu erretten. Sie erkennen ihre Sünde, sie sind nur derart verstrickt in sie, daß sie von ihr nicht lassen können. Gott helfe ihnen, zur Besinnung zu kommen und sich uns anzuschließen. I. P. erzählte mir, wie Eure Brüder, die dafür litten, daß sie sich weigerten, Anteil zu nehmen am Werke des Teufels, am Morden, mit denjenigen verfuhren, die den Verfolgungen nicht gewachsen waren und sich bereit erklärten, Soldatendienst zu verrichten.

Wenn diejenigen, die selber leiden um Christi Werk, die anderen um Verzeihung baten, die die Verfolgungen nicht ertragen konnten, weil sie den Leiden nicht gewachsen waren, die sie nach dem Beispiel ihrer Brüder zu ertragen hatten – wie sollte dann ich, der ich garnicht gewürdigt ward, zu leiden für Christi Sache, nicht Euch alle um Verzeihung bitten, die meine Worte und meine Schriften zu diesen Leiden hinführten?

Ich möchte Euch noch vieles sagen und noch vieles von Euch erfahren. – So Gott will, werden wir uns wiedersehen. Bis dahin lebt wohl, meine lieben Brüder. Ich küsse Euch. Euer schwacher, aber Euch liebender Bruder."

DIE AUSWANDERUNG DER DUCHOBORZEN

Die russische Regierung machte es den Duchoborzen ganz unmöglich, unter ihrem Leitwort „Arbeit und friedliches Leben" in der Heimat zu bleiben. So mußten sie notgedrungen an Auswanderung denken.

Tolstoi gewann durch einen Aufruf in der ganzen Welt Freunde für die so Schwerverfolgten, so daß endlich im Jahre 1899 die Erlaubnis zur Auswanderung für sie erwirkt wurde. – Noch schmachteten viele der Besten, darunter auch ihr Führer Werigin, in sibirischer Gefangenschaft. Da machten sie sich auf und wanderten nach Cypern aus. Ungeheure Opfer kostete es und eine außerordentlich hohe Garantiesumme für die Einwanderung. Dort angekommen, stellte sich aber heraus, daß sie das Klima nicht ertragen konnten und nun richteten sie ihren Blick auf Kanada.

Mit Hilfe der „Freunde" und des Grafen Tolstoi konnten sie endlich nach Kanada übersiedeln.

Im Jahre 1902 wurde ihr geliebter, überaus begabter Führer Werigin aus der sibirischen Gefangenschaft entlassen und folgte ihnen nach Kanada. Von der Zeit an blühten ihre Ansiedlungen sichtlich auf.

Ein ganzes Volk von Vegetariern wohnte in denkbar schlichtester, arbeitsamer Lebensweise zusammen in Gütergemeinschaft, auf genossenschaftlicher Grundlage. Trotz der ungewohnten Klima- und Bodenverhältnisse war aus dem öden Land in wenigen Jahren ein blühender Garten geworden. Aber schon im Jahre 1907 wurde ihnen auch diese so mühsam aufgebaute neue Heimat durch eine Regierungsmaßnahme genommen. Die kanadische Regierung in Saskatchewan gab den Duchoborzen, die keine einzelnen Heimstättenurkunden erworben hatten, bekannt, daß, wenn sie dies nicht täten, ihr Land anderen Siedlern zur Verfügung gestellt würde. Zugleich sollten sie eine Art Untertaneneid leisten. Aber die Duchoborzen verzichteten lieber auf diese Millionen-Dollarwerte ihrer Heimstätten, als daß sie ihren christlichen Kommunismus verleugneten und den Eid leisteten. Unter der Führung P. Werigins nahmen sie nochmals das Schicksal der Vertriebenen auf sich und wanderten aus nach Britisch-Kolumbien, wo sie hochwertiges Land auf lange Pachtfrist erhielten. Einige von ihnen blieben in Saskatschewan zurück, andere gingen nach Alberta.

Kampf und Schwierigkeiten um ihrer Überzeugung willen sind auch dort nicht ausgeblieben. Bald handelte es sich um die Schulfrage oder sonstige Zwangsmaßnahmen der Behörde, die sie nicht anerkennen konnten, bald erhoben Verwandte von Mitgliedern Anspruch auf deren Besitz, aber dennoch hat sich die Ansiedlung in der großartigsten Weise entwickelt.

Adolf Schwenk, welcher die Duchoborzenansiedlungen dort besuchte, legt in seinem Tagebuch[2] seine Eindrücke in folgendem nieder:

„Viel Siedlungen und Farmen sah ich – aber hier zeigt sich etwas ganz Neues, Außerordentliches! Eine leicht geschwungene Ebene unter mir, die ein einziger großer Garten zu sein scheint; gut kultivierte Felder, Obstpflanzungen, Gärten, das alles ist nichts Besonderes – aber da, diese großen zweistöckigen Häuser, immer zwei nebeneinander, verbunden zu einer Art Hof oder kleinen Dorfgemeinschaft – und diese Gemeinschaften verstreut über das ganze Land, soweit die Augen reichen; das deutet in seiner Planmäßigkeit und Großzügigkeit schon auf etwas Besonderes hin. Und nun sehe ich auch dicht unter mir am Bahngeleise die große Marmeladenfabrik, das Verwaltungsgebäude und Hospital, den großen Getreide – Elevator – all diese Gebäude aus Ziegelstein! Die ersten Ziegelbauten, die ich in Kanada außerhalb von Städten sehe.

Ich habe vor, ein unvoreingenommenes Bild von allem in mich aufzunehmen, aber auch rückhaltlos kritisch zu sein.

Was habe ich nicht schon alles gehört über dieses Volk von Vegetariern, das hier ein so ideales Dasein führen soll unter seinem Wahlspruch: „Arbeit und friedliches Leben". – Und wieviel gehässiges Aburteilen hörte ich auch schon von seiten der zivilisierten Kanadier überall.

Wir steigen hinab ins Tal – überall laufen malerische bunte Gruppen von Mädchen und Frauen einher in leuchtenden weißen und farbigen Kleidern, Schürzen und Kopftüchern. Es ist ja Sonntag

---

[2] „Die Duchoborzen" aus der Schrift „Am Neubruch", Verlag Neu-Sonnefelder Jugend. Preis 1,50 RM.

heute! – Nun sind wir in dem großen Lagerraum, wo eine Versammlung stattfindet, die mit einer Art Gottesdienst eingeleitet wird.

Rechts die Frauen, meist breite, kerngesunde Bauern – Mütter, liebevoll kleinere Mädels und Jungens bei sich haltend – und dickbäckige, naiv und simpel in die Welt schauende Bauerndirnen. Links die Männer. Schon ihre Trachtlosigkeit unterscheidet sie wenig vom üblichen Durchschnitts-Menschentum. Besondere Schönheit oder Gesundheit kann man auch kaum sehen – *verarbeitet* wohl?! Man sieht sogar viel gebeugte, engbrüstige Männer mit bleichen Sklavengesichtern. Natürlich einige ganz stramme, gesunde Kerle, aber sehr wenige! Man könnte jedenfalls keinen äußeren Erfolg der vegetarischen Lebensweise feststellen. – Doch halt! da fällt mir ja ein: die allermeisten der Älteren hier, das sind ja noch diejenigen, die die furchtbaren Zeiten ihrer russischen Verfolgungen durchmachten, das sind ja die Märtyrer ihres Glaubens! Das sind ja alles die Menschen, die, so lange sie leben, noch kaum einmal zur Ruhe kamen; denn nach ihrer Ankunft in Saskatschewan haben sie ja Ungeheures geleistet an Pionierarbeit unter schwierigen Verhältnissen – und kaltblütig beraubte sie eine kapitalistische Regierung der reifenden Frucht dieser sieben Jahre. Man nahm ihnen ihre Heimstätten weg, da diese ehrlichen Menschen als „Untertanen Christi" es für unmöglich erachteten, auch noch Untertanen eines weltlichen Königs zu werden. Und abermals begannen sie hier in Britisch-Kolumbien Urwald zu roden und ihr Heim zu gründen. 3400 Acres Gartenland schufen sie in 15 Jahren aus einer Urwaldwildnis. 21 Dorfgemeinschaften bauten sie auf, Sägemühle, Fabrik, Wasserleitung usw. – und das in *kommunistischem* Betriebe! Ich will doch die Augen recht offen halten, um zu sehen, wie das möglich ist, wie dieser Kommunismus in Wahrheit arbeitet; denn vorläufig habe ich noch nie kommunistisch gefühlt.

Man spricht zur Feier des Sonntags und der Zusammenkunft allerlei Psalmen – Frauen, Kinder, Männer – immer einzeln einer, so eine Art zwangloser Gottesdienst ohne Pfaffen. Dann ertönt eine gute männliche Sopranstimme, und in immer melodischem Auf- und Abwogen fällt mehr und mehr die ganze Kommune ein – gerade wie ein Orgelspiel menschlicher Stimmen.

Ich schaue und höre – und kann mich eines tiefen Eindrucks nicht erwehren. – Wie steht es doch mit dem üblichen Amerikaner am Sonntag? Gutes Essen – Autofahren – Radio – und hier – mitten unter dem oberflächlichen Kanadiertum diese Gemeinde!

Gegen Abend gehe ich mit meinem Gastgeber hinaus durch die Siedlung, nach seinem zwei Meilen entfernten Dorfe. Wir unterhalten uns viel. Er ist ein junger Mann mit einem lebhaften Geiste und tiefem Gemüte, das zeigen schon die Augen, die so prüfend und liebevoll dreinschauen. Er ist einer von den 17 ‚Direktoren‘, die aber keine besonderen Gehälter für besonders wenig Arbeit bekommen, sondern die geradeso ihre tägliche Arbeit haben wie alle anderen, nur daß sie zusammenkommen und beraten, wenn es gerade notwendig ist.

Wir kommen an einem einzelnen großen Gebäude vorüber, das von Blumenbeeten umgeben ist und an dessen herumlaufender Veranda Wein und Hopfen in dicken, grünen Vorhängen rankt. Ein freundlicher Alter begießt die leuchtenden Lilien, und mein Führer fragt ihn, ob ich mir das Versammlungshaus besehen dürfe. Mit ein wenig Stolz führte man mich in den großen Versammlungsraum, in dem bei schlechtem Wetter die Nachbardörfer sich vereinen zu gemeinsamem Singen und Beten. Die Fülle des Lichts durch hohe Fenster – das ist alles, was den großen Raum schmückt – und an der Tür rechts und links ein Strauß von schönen Getreidehalmen und schweren Ähren.

Und dann sind wir in seinem ‚Dorf‘: eine hofartig verbundene Gruppe von zwei großen Häusern, in denen je drei bis vier Familien wohnen.

Im Untergeschoß ist die große Küche mit zwei langen Tischen, an denen die gemeinsamen Mahlzeiten stattfinden. Eine Frau kocht immer abwechselnd eine Woche lang. Mehl, Zucker, Salz und Butter wird von der Kommune für jedes Haus geliefert; alles andere, Obst, Gemüse, baut jede Hausgemeinde für sich selbst. Übrigens – und gottlob – gibt es keinerlei Hausvieh. Der Duchoborze will frei sein von der Sklaverei, die ihm das Vieh bringt, vor allem aber will auch er es nicht versklaven. – Zu jedem ‚Dorf‘ gehören zwei Gespann Pferde, mit denen die gröberen Feldarbeiten und alles Fahren getan wird, während Frauen und größere Kinder gemeinsam alle Gartenarbeiten schaffen. Alle übrigen Männer arbeiten entweder im Dienst der Gemeinschaft: Sägemühle, Handwerk, Landroden, Pflanzungen usw. oder außerhalb in anderen kapitalistischen Betrieben wie

Eisenbahn, Holzfällerkamps, um Bargeld zu erwerben. Das erworbene Geld wird an die Kommune abgeliefert und jeder bekommt jährlich eine gewisse Summe Geldes (zurzeit etwa 25 Dollars) zur Bestreitung seiner Bekleidungsbedürfnisse.

Nun führt mich mein Freund in sein[en] Bereich. Eine große, sehr saubere Schlafstube, in der eine Ecke mit Tisch und Bücherbrett eingerichtet ist. Seine junge, kräftige Frau mit zwei gesunden Blondköpfen begrüßt mich – und dann ruft man uns zum Abendessen, das mit einem gemeinsamen Gebet begonnen und mit Gesang beendet wird. Zwei bis vier sich Gegenübersitzende essen immer gemeinsam aus einer Schüssel: Gemüsesuppe, Salat, Schwarzbrot, Kartoffeln, Dunstobst. Dann ein Gang durch den gepflegten Garten mit schönen Obstbäumen. Nur ein Übelstand: der Sand und die noch ungenügende Bewässerung.

Abends wird man sich noch lange unterhalten, der junge George ist sehr interessiert an allem, besonders was Deutschland anbetrifft – auch der ältere bärtige spricht genug Englisch, um uns zu verständigen. Wir fühlen gemeinsam das uns Verbindende, was durchaus *nicht* nur mit der nebensächlichen Tatsache unseres Vegetarismus zusammenhängt. Diese simplen russischen Bauernnaturen, die einem äußerlich zunächst etwas fremdartig vorkommen, sind meiner Ansicht nach überhaupt die *ersten* wirklichen *Christen!* Und wahrhaftig! Menschen, hört es! Fühlen wir nicht alle in unserer Zeit, daß die Reformation Luthers uns heute nicht mehr genügt – daß wir warten auf die ‚neue‘ Religion, der wir folgen können und wollen – und hier! Hier wird sie neu geboren! Mit welch wundervoller Selbstverständlichkeit diese einfachen Menschen allen religiösen Hokuspokus über den Haufen warfen und aus all den engen Bibelhüllen und Dogmen herausschälten etwas Köstliches: das reine einfache Ur-Christentum! Wie unbedingt ihnen eine Folgeschaft Christi jede Gewalttat gegen Mensch und Tier verbietet, jede irdische Völkerumgrenzung, jede äußere Staatsangehörigkeit ausschließt! Was diese Menschen in ihrem felsenfesten Bekennermut schon ausgestanden haben!

Der Kommunismus ist für sie ja kein vorgefaßtes Programm aus wirtschaftlichen Erwägungen – etwa marxistischer Art – sondern eine ganz reine *Folge* des Glaubens, ihrer Religion der Liebe und Brüderschaft.

Am anderen Tage sitze ich auf einem Felsen unterhalb Peter Werigins Grabstätte. Da drüben dehnt sich das weite sandige Siedlungsland aus. Auf Straßen, Feldern, Sägemühle sieht man viel tätige schöne Pferdegespanne. Und in der Nähe der ‚Dörfer', – zwischen den Obstbäumen, bewegen sich bunt gekleidete Gestalten von gartenarbeitenden Frauen und Kindern. Frühstück um 7 Uhr. Nun macht sich alles Volk, Männer und Frauen, an die Arbeit. Da ertönt kein Kommandieren, es ist wie in einem Ameisen- oder Bienenstaat, jeder geht an seine Arbeit, alles ist tätig, alles scheint nach einem Plan zu ‚funktionieren'.

Ich habe in einem mir dort geschenkten Buche gelesen und nun erst einen wirklichen Begriff von den Duchoborzen bekommen. Vor allem von ihrem wundervollen, einfachen Christentum. Es beginnt mir einzuleuchten, daß wir hier vor der Quelle der neuen *Menschheits-Religion* und Ordnung stehen. Dabei ist der Kommunismus nicht unbedingt Zwang und könnte wohl einmal durch freie Wirtschaft ersetzt werden, gerade so, wie er ja auch nur Folge ihres Glaubens war. Allerdings: hier ist der Kommunismus ja gerade das gewesen, was all das hervorbrachte, was wir jetzt als ihr Werk bewundern – und vielleicht werden wir uns alle mit dem Kommunismus als *Religion* noch einmal besonders befassen und auseinandersetzen müssen.

Soll ich nun noch versuchen, die Schulfrage zu erfassen? – Ich will nur die sichtbaren Tatsachen gegenüberstellen. Hier ist der naive Erdbebauer mit seinem Wahlspruche: ‚Arbeit und friedliches Leben', der ungeschult ein arbeitsreiches, aber auch an einfachen inneren Freuden reiches Leben führt, mit von Mund zu Mund überbrachten Psalmen, Liedern und Worten Christi die Tiefen einer einfachen, klaren Religion der Liebe erlebt und in Frieden mit Mensch, Tier und Pflanzen schafft und lebt: – Und *schafft*, das zeigt diese Siedlung hier, die an Größe und Tätigkeit alles übertrifft, was ich bisher in Canada sah.

Ist es nicht geradezu überwältigend, wie diese einfachen Menschen den Wahnsinn der Völkerkriege erkannten und mit solchem Mut die Pazifisten der Tat wurden? Ist das nicht wahrhaftig ein neues Aufleuchten? Fühlen wir nicht alle längst schon, daß wir an der Schwelle einer neuen Zeit stehen und diese neue Zeit wird nicht kommen unter Kanonendonner und neuem Menschengemetzel, sondern aus dem Geist, der den Duchoborzen das Verbrennen ihrer eigenen Waffen gebot, der als Selbstverständlichkeit im Gefolge hatte: ‚Natürliches Leben und allumfassende Brüderlichkeit.'"

———

Noch 17 Jahre hatte Peter Werigin seine treue Schar zur Höhe führen können. Dann kam er im Jahre 1924 bei einem Eisenbahnunglück ums Leben. Seine Familie, darunter auch sein Sohn Peter Petrowitsch Werigin war noch in Russland geblieben. Bis zum Herbst 1927 mußten die kanadischen Siedler auf Werigins Sohn Peter warten. Eine ebenso geniale Führernatur wie sein Vater, hatte er in Rußland 4000 Duchoborzen, die noch in verstreuten Heimstätten im Kaukasus wohnten, am Don gesammelt. Die neue russische Regierung drohte, ihn nach Turkestan zu verbannen, aber ganz unerwartet und plötzlich erhielt er die Erlaubnis, nach Canada zu reisen.

Seit seiner Ankunft vollzieht sich ein großer geistiger Aufstieg: Die Duchoborzen suchen Fühlung mit ihren Brüdern in der ganzen Welt und beabsichtigen, aus ihrer Reserve herauszutreten, wie uns ein Freund schreibt:

[„]Hieß der Leitspruch des alten Werigin ‚Arbeit und friedliches Leben', so klingt aus der Devise des jungen ‚Die Söhne der Freiheit können nicht Sklaven der Verwesung sein', schon die Fanfare des Angriffs auf die verrottete Welt durch, und seine Reden tragen etwas Feuriges, Begeisterndes, Siegreiches. Sein Volk ist der Vortrupp und trägt uns die weiße, vom Unschuldsblut gereinigte Fahne voran, ein Banner, das sie unentwegt seit fast 300 Jahren nicht haben sinken lassen. An ihrem heroischen Beispiel werden wir unsere Ideale revidieren müssen, aber sie lechzen auch nach unserem Verständnis und suchen nach Menschen, die sie in ihrem unsäglichen Kampf verstehen können.

Der junge Werigin, der offenbar tiefe Einsicht in die verschiedenen Formen des Geistes hat und sich der großen Mission der Vereinigung aller Duchoborzen in eine große Familie der Weltbruderschaft gewachsen fühlt, ruft jetzt die in Kanada verstreuten Farmer-

Duchoborzen auf, sich mit der großen Gemeinschaft in Britisch-Kolumbien zu vereinigen. Und nicht nur an diese ergeht der Ruf, sondern an alle, die Duchoborzen dem Geiste nach sind, in der übrigen Welt, sich zu sammeln und für die kommenden geistigen Kämpfe vorzubereiten. – Niemand ist zur Führerschaft auf diesem Wege berufener, als die Brüder-Märtyrer in Kanada, die bereits viermal in der Geschichte alles Hab und Gut verloren haben und aus deren Herzen Ströme von Blut und aus deren Augen Meere heißer Tränen geflossen sind für die Neuordnung der Menschheit nach dem Worte unseres Herrn und Meisters Jesus Christus.["]

XIX.
Sie starben um des Glaubens willen

Valentin Bulgakov,
ehemaliger Privatsekretär L. N. Tolstojs[1]
(1929)

Als Kranz auf das Grab des Dichters
„Ich kann nicht schweigen"
zu seinem 100. Geburtstage.

V. Bulgakov.

VORWORT

Von einfachen und sanften Menschen, von edlen, arbeitsfreudigen und liebeerfüllten Menschen, von Menschen mit tiefem Innenleben und zartem Gewissen; von Menschen, die es nicht nur nicht fertig brachten, jemandem Schaden zuzufügen, und dem Gebote ihres göttlichen Lehrers folgend, nicht imstande waren, „das zerstoßene Rohr zu zerbrechen und den glimmenden Docht auszulöschen" und die doch mit der Welt unausgesöhnt blieben; von den religiösen Gegnern des Krieges und des Menschenmordens, von bescheidenen russischen Bauern, die, ihrer Überzeugung treu, ihr Leben hingaben – von solchen Menschen kündet diese Schrift.

Ich will die zahllosen Fälle von Leiden der Kriegsdienstgegner in Gefängnissen, Strafbataillonen und Konzentrationslagern der Sowjetregierung übergehen und die Aufmerksamkeit des Lesers hier ausschließlich auf einige jener Vertreter der russischen freireligiösen Bewegung richten, die ihre Treue zu den Idealen des Friedens und der Brüderlichkeit mit dem Märtyrertode bezahlten.

Nach einer ungefähren Berechnung wurden von den Bolschewisten etwa 100 Mann wegen Kriegsdienstverweigerung aus religi-

---

[1] Textquelle | Valentin BULGAKOV (ehem. Privatsekr. L.N. Tolstojs): Sie starben um des Glaubens willen. Heppenheim an der Bergstraße: Verlag Neu-Sonnefelder Jugend 1929. [55 Seiten]

ösen Gründen erschossen. Die meisten der Verurteilten starben gleich Helden. Das, was hier nur von einigen erzählt wird, ist typisch und charakteristisch für alle anderen. Das Blut dieser Gerechten schreit zum Himmel. Schreit nicht nach Rache, sondern danach, daß alle Menschenbrüder den gegenseitigen Haß begraben und ihre Knie nicht mehr vor dem Götzen der Gewalt beugen; schreit nach der Anerkennung des höheren, unbedingten Wertes jedes Menschenlebens, und sei es auch das geringste, schreit nach dem für alle Menschen gemeinsamen Gesetz der Brüderlichkeit, der Freiheit und der Gleichheit und danach, daß dieses Gesetz auf keinen Fall mit roher Gewalt durchgeführt wird, sondern auf dem Wege gegenseitiger Duldsamkeit, des Allverzeihens und der Liebe!

V. Bulgakov.

SIE STARBEN UM DES GLAUBENS WILLEN

Ein gewaltiges Beispiel von mannhaftem Einstehen für seinen Glauben bietet die Tat des Bauern Nikifor Saweljitsch Logunow aus dem Dorfe Birjutschewa (Moskauer Bezirk, Woronesher Gouvernement), der für sein furchtloses, rechtes Wort den Märtyrertod erlitt.

Dieses trug sich im Juni des Jahres 1919 folgendermaßen zu.

Der 32jährige Bauer Nikifor Saweljitsch Logunow lebte mit Frau und Kindern friedlich in seinem Dorf. Alle wußten, daß Logunow ein Gesinnungsgenosse L. N. Tolstojs war und den großen Dichter sogar in Jasnaja Poliana aufgesucht hatte, aber sie verziehen ihm diese „Abtrünnigkeit" und ließen ihn in Ruhe, da sie seinen aufrechten, großmütigen Charakter, seine gute Seele und seine hohe sittliche Haltung schätzten. Allgemein bekannt war die Liebe Nikifor Logunows zu Kindern. „Meist war er von einer Kinderschar umgeben, die sich in seiner Werkstatt zu schaffen machten. Nikifor war Schuhmacher, und wenn etwas von seinem Werktisch abhanden kam, dachte er nicht daran, wie das jeder andere an seiner Stelle getan hätte, seine kleinen Freunde zu beschuldigen und von ihnen den fehlenden Gegenstand zu verlangen, sondern er kramte geduldig herum, blickte in alle Ecken – und schau, da hat er das Verlorene schon gefunden ….

Nikifor plauderte gerne von ganzer Seele mit seinen Dorfgenossen, entwickelte ihnen gegenüber seine Ansichten und wies sie auf das Böse und die Lüge im Leben hin. Der Dorfpriester warf ihm vor, daß er nicht in die Kirche gehe und mit seinen Gesprächen das Volk „auf Abwege führe". Tatsächlich ging Logunow nicht in die Kirche, aber er war auch nicht bemüht, jemand „auf Abwege zu führen". Er sprach einfach aus, wie seiner Meinung nach ein Christenmensch leben solle: nicht streiten, nicht Krieg führen, nicht ausschweifend leben, niemand beleidigen, sondern stets des Gesetzes der Liebe eingedenk sein! Das Familienleben Nikifors war makellos.

Während des Weltkrieges wurde Logunow zur aktiven Armee einberufen, verweigerte jedoch aus Gewissensgründen den Kriegsdienst, dafür wurde er verhaftet und ins Gefängnis geworfen, aus dem er erst nach einem Jahr während der „Februarrevolution" befreit wurde.

Als Logunow aus dem Gefängnis nach Hause zurückkehrte, waren die Bauern eben im Begriff, das dem Gutsbesitzer, Grafen Orlow – Dawydow, abgenommene Land unter sich aufzuteilen. Bei der Zusammenkunft der Dorfbewohner wurde erklärt, daß Logunow keinen Anspruch auf Land besitze, da er an der Revolution nicht teilgenommen habe. „Wir," sagten die Bauern, „haben die Erde mit unserem Blut errungen, du warst aber nicht dabei."

Die Ablehnung jeglicher Gewalt gab sich deutlich in der Antwort Logunows kund.

„Die Erde ist nicht euer, die Erde ist Gottes," sagte er, „und jeder Mensch hat das Recht, sie zu nutzen. Doch da ihr sie mit Blut errungen habt, brauche ich sie nicht!"

Und er verzichtete auf das Land.

Im Juni 1919, als die Bolschewisten bereits die Macht hatten, näherten sich ihre Truppen dem Dorfe Birjutschewa. Die Abteilungen der „Weißen Armee" drangen gegen Woronesh vor. Birjutschewa war kaum 10 Kilometer von der Frontlinie entfernt.

Eines Tages wurde im Dorfe eine Kompagnie Rotgardisten einquartiert. Eine an und für sich geringfügige Begebenheit sollte Logunow zum Verhängnis werden. Ein Rotgardist kam zu Logunow und erbat eine Sense, um Gras für die Militärpferde zu mähen. Aber er bekam zu seinem größten Erstaunen ein festes Nein zur Antwort. Denn Logunow betrachtete jegliche Hilfeleistung an eine Militärabteilung als eine Teilnahme an der Gewalt.

„Ich habe nur eine Sense," erklärte er dem Rotgardisten, „und die ist zerbrochen. Ich kann sie dir nicht geben. Ich brauche sie für meine Wirtschaft, ihr aber benötigt sie, um mit Hilfe der requirierten Pferde Krieg zu führen und die Menschen zu Grunde zu richten."

Der verblüffte Rotgardist ging weg und erzählte seinen Kameraden von dem störrischen Bauern. Darauf begaben sich sofort einige Soldaten zu Logunow.

„Warum gibst du die Sense nicht her?"

Logunow setzte ihnen den Grund auseinander.

„So, so, du bist also ein Saboteur?[2] Du bist gegen die Sowjetmacht! Du bist also für den Zaren? Du brauchst den Zaren? Du bist ein Konterrevolutionär!"

„Es ist nicht recht, daß ihr mir den Zaren vorwerft: ich habe zu seiner Zeit auch im Gefängnis gesessen," sagte Logunow.

„Nein, du bist ein Anhänger des Zaren! ..."

„Was redet ihr da vom Zaren?" entgegnete, scheinbar erregt und aus der Fassung gebracht, Logunow. „Es handelt sich hier ja gar nicht um den Zaren, sondern um euch selbst! Früher hat der Zar mit eurer Hilfe über die Menschen Gewalt ausgeübt und Krieg geführt, und jetzt tun dasselbe die Kommissäre, deren Befehle ihr befolgt. Sie üben ebenso Gewalt aus, führen Krieg, plündern und vergießen Blut! ..."

Die unglückliche Frau Logunows, die fühlte, daß ihr Mann zu weit gegangen war und die Sache für ihn schlecht ausgehen könnte, versuchte Nikifor am Ärmel zurückzuziehen und ihn zum Schweigen zu bringen, aber er hörte auf keine Einwände mehr und fuhr fort, den Rotgardisten Vorhaltungen zu machen.

Noch an demselben Tage wurde Nikifor verhaftet und am nächsten Morgen zu dem Stab des Bogutscharsky – Regiment gebracht, der sich in dem benachbarten Dankowskybezirk befand.

---

[2] Im russischen Volk seit der Revolution sehr geläufig gewordenes Wort.

Einem Verhör folgten allerlei Schikanen und Drohungen, ihn niederzustechen.

„So stecht doch!" sagte Nikifor und entblößte seine Brust. „Ich fürchte den Tod nicht! ..."

Der Tod aber schwebte schon über seinem Haupte.

Ohne ihm etwas zu essen zu geben, brachte man ihn aus dem Regimentsstab in das Dorf Epifanowka zur Verfügung des Kommandeurs eines Bataillons des Bogutscharsky-Regiments, namens Iwanow, der wegen seiner Grausamkeit berüchtigt war.

Iwanow unterzog den standhaften Bauern einem strengen Verhör und mißhandelte ihn schwer.

„Wirst du dich der Sowjetmacht unterwerfen?"

„Ich erkenne keine Macht an, denn jegliche Macht, außer der Macht Gottes, ist ein Übel."

Da schlug der Bataillonskommandeur mit der Peitsche auf Logunow ein und zwar so lange, bis die Peitsche zerriß. Der eine Arm Nikifors war von den Schlägen in dem Ellenbogengelenk ausgerenkt. Das geschah gerade an einem Festtag und das Volk schaute diesem Auftritt zu.

An demselben Abend beauftragte der Kommandeur zwei Rotgardisten, Loganow abzuholen und eine Schaufel mitzunehmen; dann fuhr er selbst mit ihnen auf einem Wagen ins Feld hinaus. Etwa einen halben Kilometer vom Dorfe entfernt wurde Logunow vom Kommandeur erschossen.

Einen Tag später wurde das Bogutscharsky-Regiment zum Angriff gegen die „Weißen" eingesetzt. Als das Regiment durch das Dorf marschierte, rief einer der Rotgardisten einige zuschauende Bauern an:

„Seht, dort im Grabe liegt ein füsilierter Tolstojaner!"

Unter denen, die diese Worte hörten, befand sich der Schwager Logunows. Er trottete hinter den Soldaten drein und begann sie ausführlich auszufragen, was sich mit dem armen Nikifor zugetragen hätte. Und die beiden Soldaten, die das Henkeramt ausgeführt hatten, erzählten ihm folgendes:

„Wir empfanden Mitleid mit Logunow. Vor der Hinrichtung wurde er vor die Entscheidung gestellt, die Sowjetmacht anzuerkennen und gemeinsam mit ihr gegen die ‚Weißen' zu ziehen. Logunow lehnte diese Aufforderung ab.

Da befahl ihm der Kommandeur, sich ein Grab zu schaufeln. Logunow gehorchte. Aber der ausgerenkte Arm hinderte ihn an der Arbeit. Einer der Rotgardisten bemerkte das und sagte zu Logunow: ‚Nun genug, Väterchen! Gib die Schaufel her, wir wollen schon zu Ende schaufeln!' ‚Nein!' antwortete Nikifor mit einem sanften Lächeln. ‚Ich will es schon selbst tun. Ihr werdet es mir doch nicht recht machen.' Das Grab war fertig. Iwanow gab Befehl, zu schießen. Die aufgeregten Soldaten schossen vorbei und Nikifor blieb am Leben. Da holte Iwanow den Revolver heraus und gab einen Schuß nach dem anderen auf Logunow ab. Aber seine Hand zitterte, die Verwundungen waren nicht tödlich und Nikifor stand noch immer da in derselben Haltung, die Hände zum Gebet gefaltet, wie ein Kind, indem er immer wieder ausrief: ‚O, Gott! ...' Endlich traf ihn der Kommandeur in die Brust und Logunow fiel ...".

———

Am 10. Juli 1919 erschien in den „Nachrichten der Wladimirschen Sowjets der Arbeiterdelegierten" (Nr. 149) folgende Mitteilung:

Das Revolutionstribunal des Wladimirschen Gouvernements hat am 30. Juni d. J. die Sache des Bürgers Wassily Egorowitsch Tarakin, der den Militärdienst aus religiöser Überzeugung verweigerte, untersucht. Diese religiösen Überzeugungen sollen nach den eigenen Worten Tarakins ihm vor drei Monaten gekommen sein, das heißt also gerade zu der Zeit, als er mobilisiert werden sollte. Das Revolutionstribunal verurteilte den Bürger Tarakin wegen Militärdienstverweigerung zu dem höchsten Strafausmaß, dem Tode durch Erschießen, gab ihm aber eine Frist von 48 Stunden, um seine Lage zu bedenken und stellte ihm das Recht anheim, innerhalb dieser Frist seine Bereitschaft zum Frontdienst zu erklären und seine Schuld vor der Arbeiter- und Bauernrepublik gut zu machen. Der Bürger Tarakin weigerte sich kategorisch, an die Front zu gehen. Am 2. Juli wurde er in die Gouvernementstscheka zur Vollziehung des Todesurteils gebracht. Die Tscheka schlug dem Bürger Tarakin noch einmal vor, an die Front zu gehen. Tarakin antwortete wieder mit einer entschiedenen Ablehnung und am gleichen Tage (am 2. Juli) wurde er um 6 Uhr 31 Minuten nachmittags als Deserteur erschossen.

Obiges teilt das Präsidium der Wladimirschen Gouvernementstscheka als Ergänzung zu der Notiz mit, die in diesem Blatte am 4. Juli (Nr. 144) erschien.

Der Vorsitzende der Kommission:
P. Gromow.
Der Sekretär des Präsidiums:
N. Rosogin.

So lautet das offizielle Dokument.

Aber hinter dem kalten und gleichgültigen Dokument steht das warme, mannigfaltige und bunte Leben – die Wirklichkeit. Was teilt sie uns mit?

Eine große Tragödie hat sich in Wladimir abgespielt! Und der Held dieser Tragödie ist wahrhaftig ein heiliger Märtyrer für Christus.

... In dem kleinen Dorfe Ralitsch (Bezirk Wsegoditschewsk, Kreis Kowrowsk, Gouvernement Wladimir) lebte eine Mutter mit sechs Kindern – sechs Waisen –, die Bäuerin Awdotja Tarakina. Ihr ältester Sohn, Wassja, war erst 14 Jahre alt, als vor sechs Jahren Gott ihren Mann, Jegor Jesimitsch, zu sich nahm. Wassja war nun der Älteste und er verstand es, die ganze Familie zu ernähren und zu erhalten. Er pflügte den Acker, tat alle Landarbeit, erlernte außerdem das Schneiderhandwerk und übte es im Winter aus.

Er war ein besonderer Jüngling und nicht wie die anderen. Diese Eigenart machte sich schon von Kind auf bei ihm bemerkbar. Schon damals – so pflegte sich sein altes Mütterchen später zu erinnern – überschüttete er die Erwachsenen mit Fragen: „Woher kommt alles und wozu ist es?" – In der Schule las Wassja gierig alles, was ihm in die Hände kam, lieh sich Bücher vom Lehrer und noch als Erwachsener ließ er nicht von dieser Gewohnheit. Jede freie Minute, jede ersparte Kopeke, erzählte seine Mutter, opferte er für Bücher und konnte deren nicht genug bekommen. Die anderen Burschen hatten andere Vergnügen, sie spielten Harmonika und waren stets dabei, wenn es galt, sich fein herauszuputzen; Wassja kannte aber nur ein Vergnügen, nur eine Beschäftigung: die Bücher ... Er war auch mit den Werken L. N. Tolstojs gut vertraut. Nun begann der Weltkrieg. Wassja nahm sich diese Zeit des Schreckens sehr zu Herzen. „Warum töten die Menschen einander? Kann denn das gut sein? Wenn ich erwachsen bin und die Reihe an mich kommt – um keinen Preis gehe ich in den Krieg! Ich gehe einfach nicht, und damit Schluß!" ... Der Krieg zog sich in die Länge. Die Revolution brach aus und danach der Bürgerkrieg.

Da kam halt auch die Reihe an Wassja, so hören wir weiter die arglose Erzählung dieser Mutter, die so viel gelitten hatte. „Er sprach zu mir:

,Nun, Mutter, ich gehe, um für die Lehre Christi zu leiden ...'.

,Tue es, mein Söhnchen, freilich, sie sind streng und werden dich womöglich noch erschießen!'

,Was soll ich tun, Mütterchen? Vielleicht werde ich auch sterben müssen. Das eine aber vergiß nicht. Wenn du hörst, daß ich erschossen worden bin, so wisse, daß ich für den Glauben Christi gestorben bin ... niemand wird mich davon zurückhalten können.'"

Wie er gesagt hatte, so geschah es auch.

„Nun, und ich," so fuhr das Mütterchen fort, „was konnte ich da tun. Ich kenne seinen Charakter: kein Wasser wird er trüben, kein böses Wort jemandem sagen, was er aber beschlossen hat, das steht fest. Und ich glaubte ihm, denn er war ein besonderer Jüngling, nicht wie die anderen. Mein Ältester jetzt, der ist schon ganz anders, der ist wie alle übrigen. Wassja war aber so, daß mein Herz sich nur an ihm freuen konnte: sein dunkles Haar war gelockt, seine Augen dunkel, die Augenbrauen schwarz, er hatte ein längliches, weißes Gesicht mit einigen Sommersprossen und eine stattliche Gestalt. Wie fleißig war er und so sorgsam in allem! Wie ergeben und ehrerbietig war er zu mir – solche Menschen gibt es nicht mehr! Wenn er von der Arbeit heimkehrte und ich noch nicht zu Hause war, hätte er sich ohne mich nie an den Tisch gesetzt. Die Kinder baten um Milch, er aber sagte dann: Wartet, die Mutter wird kommen, ohne sie geht es nicht. Und selbst, wenn ich kam, fragte er noch: ,Mütterchen, dürfen wir von der Milch nehmen?' Ja, so war er! ...'

Der noch nicht 20jährige Jüngling Wassja Tarakin erschien in dem Armeekommissariat von Kowrowsk und erklärte, daß er aus religiöser Überzeugung den Militärdienst verweigere. Der Armeekommissar verhaftete ihn und ließ ihn auf der Hauptwache einsperren. Dann wurde Tarakin in die Gouvernementsstadt Wladimir abtransportiert, wo er sieben Wochen auf der Hauptwache des 215. Regiments zusammen mit Deserteuren festgehalten wurde. Selbst dort verstand er es, alle Herzen zu gewinnen. Anfangs versuchten seine Mithäftlinge, sich über den Jüngling und seine Überzeugung lustig zu machen, seine Sanftmut und sein Ernst veranlaßten sie aber bald, ihn mit ganz anderen Augen anzusehen. Die ganze Haftzeit verbrachte Wassja bei der Lektüre religiöser Schriften, wodurch seine Weltanschauung – die Weltanschauung eines Nachfolgers Christi – immer mehr befestigt und der Entschluß, niemals zu töten noch den Brudermord im Kriege vorzubereiten, in ihm gestärkt wurde.

Wassja wußte, daß er auf alles gefaßt sein müsse und wollte daher seine Verwandten auf das Äußerste vorbereiten.

Am 27. Juni 1919 schreibt er aus der Haft nach seinem Heimatdorf:

„Ich grüße Euch, meine Teuren: meine Mutter, meine Schwestern Melanie, Marie, Klaudia und Helena, und meinen Bruder Michael!

Ich teile Euch mit, daß ich nach dem Willen des himmlischen Vaters lebe und gesund bin, und ich wünsche Euch dasselbe von ganzem Herzen, von ganzer Seele.

Meine Lieben! Ihr erwartet mich wahrscheinlich zu Hause. Ich weiß, daß Ihr es sehr schwer habt, daß jetzt bald die große Arbeitszeit beginnt, ich aber muß jetzt die ganze Zeit müßig sein.

Wahrscheinlich werde ich mit meinem Leibe für den Namen Jesu Christi leiden müssen. Denn es ist ja gesagt: ‚Von allen Völkern werdet ihr verfolgt werden um meines Namens willen, der aber bis ans Ende ausharrt, wird gerettet werden.‘

Und ich, als Nachfolger seiner Lehre, bin zu allem bereit.

Auf Wiedersehen! Ich wünsche Euch alles Gute von dem Vater unseres Lebens.

Euer Bruder W. Tarakin."

Entgegen dem Inhalte und dem Sinne des Dekrets des Rates der Volkskommissäre vom 4. Januar 1919 [3], leitete der Armeekommissär von Kowrowsk die Sache Tarakins zwecks Prüfung nicht an das Volksgericht weiter, sondern an das Revolutionstribunal des Wladimirschen Gouvernements, das heißt, an ein außerordentliches Militärgericht. Und dieses Gericht verurteilte Wassily Tarakin am 30. Juni 1919 zum Tode durch Erschießen.

Es wurde übrigens Tarakin von dem Tribunal das Recht eingeräumt, innerhalb zwei Tagen seine Lage zu überdenken, seine Weigerung zu widerrufen und mit der „Roten Armee" an die Front zu gehen, „um seine Schuld (!) vor der Arbeiter- und Bauernrepublik zu sühnen." Wie konnten jene Menschen, die dieses Urteil fällten, noch hoffen, diesen Jüngling zum Kriege zu bekehren!

„Wenn du dir also," wurde Tarakin nach der Urteilsverkündung gesagt, „die Sache binnen 48 Stunden nicht überlegt hast, wirst du erschossen!"

„Ich habe es mir schon längst überlegt und werde mich nicht zum Morde an meinen Brüdern hergeben, die gleich Menschen sind, wie ich," antwortete Tarakin.

Am 1. Juli, einen Tag nach der Urteilsverkündung und einen Tag vor seinem Märtyrertode schreibt Wassja einen Abschiedsbrief nach Hause.

„Ich begrüße Euch, meine teuren Anverwandten!
Ich wünsche Euch das Allerbeste von Gott, dem Vater, der uns das Leben gegeben hat. Und wir müssen unsere Abhängigkeit von ihm anerkennen und ihm allein dienen, und zwar wollen wir ihm so dienen, wie es im Evangelium von Jesus Christus gesagt und ausgedrückt ist: daß wir jeden Menschen lieben, besonders auch unsere Feinde, jene, die das Leben nicht verstehen, und uns verfolgen. Christus hat gesagt, daß wir um seines Namens willen verfolgt werden, wer aber bis ans Ende beharrt, wird gerettet.
Ich habe mich jetzt dem Willen Gottes hingegeben und lausche

---

[3] Am 4. Januar 1919 wurde von der Regierung das bekannte Dekret ausgegeben, das die Befreiung vom Militärdienst für Dienstverweigerer aus Gewissensgründen vorsah.

ihm, was er von mir verlangt, mit meinem Verstande und meinem Gewissen. Und ich erfülle das, was die innere Stimme mir gebietet. Vielleicht werde ich für den Glauben an Jesus Christus sterben müssen, aber das ist der Wille meines himmlischen Vaters. So will er es, so muß es sein.

Ich weiß nicht, ob ich noch mit Euch zusammen sein werde, aber ich bitte Euch, in die Lehre Jesu Christi einzudringen. Das, was Ihr glaubt, das ist kein Glaube. Christus hat uns so nicht gelehrt. Die Kirche hat uns irre geführt und wir haben uns in dem Glauben an sie von dem wahren Leben entfernt. Glaubet doch, daß das wahre Leben in der Gegenwart liegt und wir es durch die Liebe allein erkennen. Wenn wir einander und alles, was da lebt, lieben und unsere Abhängigkeit nur von dem Vater unseres Lebens, dem Gott der Liebe anerkennen werden, so wird er sich uns offenbaren.

Lebet nur in der Liebe!

Auf Wiedersehen!

Wisset, daß mein Glaube mich retten wird, nichts anderes, als der Glaube an das Leben.

Auf Wiedersehen! Ich grüße Euch und küsse Euch. Ich bitte Euch, liebet einander.

Wassily Tarakin."

Am 2. Juli 1919, um 6 ½ Uhr nachmittags, wurde Wassily Tarakin zur Hinrichtung geführt. Und als die Soldaten bereits daran waren, auf ihn zu schießen, wandte sich Tarakin an sie und rief aus:

„Wisset Brüder, und merkt es euch für immer: Indem ihr meinen Leib erschießt, tötet ihr eure Seele! Ich sterbe körperlich, aber meine Seele bleibt leben, denn ich sterbe für die Liebe und die Brüderlichkeit!"

Diese Worte machten auf die Rotgardisten einen so erschütternden Eindruck, daß sie sich weigerten, auf Tarakin zu schießen.

Da stürzte der Kommandant, der Vorsitzende der Gouvernementstscheka, Gromow, zu Tarakin hin, riß ihm die Kleider vom Leib und wollte ihm die Augen verbinden, aber Tarakin ließ dies nicht zu.

Dann richtete Gromow den Lauf seines Revolvers auf die Brust Tarakins und drückte ab. Blutüberströmt stürzte der Jüngling nieder ...

Nach Berichten von Augenzeugen weinten alle, die bei dieser Szene zugegen waren. Selbst für die Tscheka war das zu viel!

―――

Der 29iährige Bauer Nikolai Alexejewitsch Saitschikow aus dem Dorf Baranichi (Kreis Schuisk, Gouvernement Iwanowo-Wosnesensk), war während des Krieges an der deutschen Front. Nach der „Februarrevolution" fügte es sich, daß er mit den Ansichten L. N. Tolstojs bekannt wurde (die früher verbotenen Bücher von Leo Nikolajewitsch fanden eben damals eine weite Verbreitung im Volke) und in seinem Innern vollzog sich eine große Wandlung. Er wurde ein Anhänger der christlichen Weltauffassung im Geiste L. N. Tolstojs. Dadurch änderte sich auch seine Ansicht über den Krieg und die Teilnahme an demselben. Beides erkannte Nikolai Saitschikow als unvereinbar mit seinen christlichen Überzeugungen.

Aber es war damals eine unruhige Zeit, die Zeit des Bürgerkrieges. Sie stellte ihre harten und grausamen Forderungen an jedermann, und obwohl Saitschikow seine Ansichten bereits geändert hatte, fand er anfangs nicht die Kraft in sich, diesen Forderungen energisch entgegenzutreten: er erfüllte die unumgänglichen Formalitäten, ließ sich in die Armeelisten eintragen. Im Frühjahr 1919 bekam er eine Vorladung, sich zu Registrationszwecken zu melden. Saitschikow fühlte, daß er geistig herangereift war und daß er nicht imstande sein werde, alles zu erfüllen, was die Militärbehörden von ihm verlangten.

„Jetzt bin ich bereit," sagte er zu seinem Freunde, einem Bauer, ebenfalls Tolstojaner: „Ich fühle, daß ich die Kraft habe, alles auf mich zu nehmen. Es sind jetzt keine Widersprüche mehr in mir."

Er begab sich in die Kreisstadt Schui und erklärte in dem Armeekommissariat, daß er sich weigerte, irgendwelchen direkten oder indirekten Anteil am Kriege zu nehmen. Man verlangte von ihm eine schriftliche Erklärung. Saitschikow versprach, diese einzusenden.

Dann kehrte er nach Hause zurück, brachte seinen Entschluß zu Papier und sandte ihn ein.

„Warum sendest du aber nicht eine Kopie an den Vereinigten Rat nach Moskau!" wurde Nikolai von seinem Freunde gefragt. Eine Kopie der Militärdienstverweigerung mußte nach dem Sinne des Erlasses vom 4. Januar 1919 an den Vereinigten Rat der religiösen Gemeinschaften und Gruppen in Moskau gesandt werden, damit der Vereinigte Rat rechtzeitig notwendige Maßnahmen zum Schutze des Kriegsdienstverweigerers ergreifen konnte, im Falle er sich über die Aufrichtigkeit des Betreffenden im Klaren war. Saitschikow wußte natürlich sehr gut von diesen Dingen. Auf die Frage des Freundes aber antwortete er gleichmütig: „Wozu denn?"

„Was heißt wozu? Du kannst von dort eine Bestätigung bekommen, daß deine Weigerung wirklich auf religiöser Grundlage beruht!"

„Aber wie sollen denn jene wissen, daß meine religiöse Überzeugung mich zu der Weigerung zwingt?"

„Nun, du kannst ihnen das beweisen. Lege deine Lebensauffassung dar. Weise auf den Grund der Weigerung hin!"

„Nun, und was wird weiter sein?" fragte Nikolai mit einem leisen Lächeln. „Trotzdem werden sie nichts über meine Aufrichtigkeit erfahren können. Kann denn ein Mensch nicht das eine schreiben und das andere denken? Wenn ich tatsächlich ein religiöser Mensch bin, dann brauche ich keinerlei Papiere, die meine Ansichten bestätigen. Falls ich aber das nicht bin, wäre es ein um so größeres Verbrechen, sie zu benutzen."

„Aber das wird doch im Widerspruch mit deinem Gewissen stehen?" fuhr der Freund fort. „Warum sollst du dir selbst schaden? Indem du dich mit diesem Schreiben verteidigst, verstößt du nicht gegen deine Überzeugungen, sondern wirst nur vielen unnützen Leiden entgehen."

Der Freund war noch lange bemüht, Nikolai zu überzeugen und berief sich schließlich sogar auf die Autorität Epiktets. Die von Tschertkow gesammelten und in dem Verlag ‚Der Vermittler' herausgegebenen Gedanken Epiktets waren den Bauern durchaus zugänglich.

„Auch ich bin damit nicht einverstanden, mich wegen einer Nuß zu bücken," führte er den Ausspruch des römischen Weisen an, „aber warum soll ich die Nuß nicht zerbeißen, wenn sie mir in den Mund geraten ist?"

Nichts konnte Saitschikow von seiner Überzeugung abbringen. „Nein," antwortete er fest und bestimmt, „diese toten Papiere sind nicht imstande, die lebendige Seele des Menschen zu retten und zu befreien. Das ist mein tiefer Glaube."

Der Freund hatte guten Grund, so hartnäckig Nikolai Saitschikow überreden zu wollen. Die Bestätigung des Vereinigten Rates der religiösen Gemeinschaften und Gruppen hatte tatsächlich in der Praxis oft, wenn auch nicht immer, eine entscheidende Bedeutung und umgekehrt konnte das Fehlen dieser Bestätigung für den Kriegsdienstverweigerer verhängnisvoll werden. Und nichtsdestoweniger weigerte sich nicht nur Saitschikow, sondern weigerten sich auch viele der religiösen Kriegsdienstgegner oft kategorisch, ihre Zuflucht zu der Hilfe des Vereinigten Rates zu nehmen, da sie ein solches Anliegen für den Ausdruck einer Inkonsequenz und einer unverzeihlichen Schwäche hielten. Die Bemerkung Saitschikows, daß es unmöglich sei, die „Aufrichtigkeit" der religiösen Überzeugung dieser oder jener Person auf dem Papier zu bestätigen, bekamen die Mitglieder des Rats gerade von den überzeugtesten Kriegsdienstverweigerern oft zu hören.

Es versteht sich von selbst, daß immer mit einer peinlichen Gewissenhaftigkeit vorgegangen wurde (in zweifelhaften Fällen wurden überhaupt keine „Bestätigungen" ausgegeben), da es sich meist doch buchstäblich um Leben oder Tod eines Menschen handelte.

Nikolai Saitschikow blieb ruhig in seinem Dorfe bis zum 23. August 1919. An diesem Tage kam eine „Strafabteilung zum Kampf gegen das Deserteurunwesen" nach Baranichi und verhaftete Saitschikow und dessen Freund, der mit ihm die Diskussion geführt hatte.

Fünf Tage blieben die Freunde in der Stadt Schui auf der Hauptwache in Haft. Der Freund erzählte später, daß Nikolai Saitchikow dort sehr gelitten habe, als ob er den Tod vorausgesehen. Er bat, daß man ihn in eine Einzelzelle sperre: „Ich muß noch an mir arbeiten," sagte er.

Am 29. August wurden die Häftlinge nach der Stadt Wladimir abtransportiert und Saitschikow, der nicht zu bewegen war, sich freiwillig in eine Kompagnie zu melden, wurde wieder auf die Hauptwache geführt. Dann wurde er dem Gericht des Revolutionstribunals im Wladimirovschen Gouvernement überliefert; dasselbe hatte im Juli den Wassily Tarakin zum Tode durch Erschießen verurteilt.

Vor Gericht erklärte Nikolai Saitschikow, daß er sich weigere, irgendwelche Obliegenheiten, die den Militärdienst ersetzen, zwangsweise zu erfüllen. Ebenso weigerte er sich, seine Zugehörigkeit zu dieser oder jener religiösen Bewegung nachzuweisen, was laut Beschluß des Volksgerichtes erforderlich war. Er sagte, daß er das nicht für nötig halte.

Das Gericht verurteilte Saitschikow zum Tode durch Erschießen. „Nun, den Leib werden sie wohl töten, der Geist ist aber nicht in ihrer Hand!" sagte Nikolai im Gespräch mit seinen Freunden nach der Urteilsverkündung.

Am 8. September 1919 wurde er erschossen.

Im Dezember des Jahres 1919 wurden in verschiedenen Dörfern des Kreises Duchowschtschinsk im Gouvernement Smolensk 18 junge Leute verhaftet, alles „Tolstojaner", die dem Einrückungsbefehl Folge leisten sollten. Viele der Verhafteten hatten vorher alle Formalitäten erfüllt, die im Zusammenhang mit einer legalen Kriegsdienstverweigerung aus Gründen religiöser Überzeugung gefordert wurden (d. h. auf Grund des Erlasses des Rates der Volkskommissäre vom 4. Januar 1919): Sie reichten eine diesbezügliche Erklärung bei dem Armeekommissariat ein, suchten bei dem Volksgericht um eine Befreiung vom Militärdienst nach (über die Erledigung der letzteren Formalität besaßen sie Belege) und erhielten von dem „Vereinigten Rat der Religiösen Gemeinschaften und Gruppen" eine Bestätigung über ihre Aufrichtigkeit. Gemäß dem Zirkulartelegramm des Vizepräsidenten des Revolutionären Kriegsrates Skliansky genügte aber der Hinweis auf die Eingabe an das Volksgericht, um den Betreffenden bis zur Erledigung der gerichtlichen Untersuchung auf freiem Fuße zu belassen. Somit widersprach die Verhaftung der Vertreter der religiösen Jugend von Duchowschtschinsk dem Gesetz. Aber die Behörden von Duchowschtschinsk fragten nicht danach, ob das Gesetz beachtet würde. Ja, die widergesetzlich Verhafteten wurden sogar dem Gericht des Revolutionstribunals des Smolensker Gouvernements übergeben. Der Urteilsspruch des „Gerichtes" war grauenvoll: Von 18 Angeklagten wurden acht, die die größte Standhaftigkeit zeigten, zum Tode verurteilt. Weitere sieben Mann wurden zur Einreihung in die „Strafkompagnie", einer zur Ausweisung in das Gebiet der antibolschewistischen Armee des Generals Denikin – „um den Konterrevolutionären die Ideen des Nichtwiderstrebens zu predigen" – verurteilt, und zwei wurden als Invaliden schließlich freigesprochen.

Ein Smolensker Bauer schrieb hierüber nach Moskau: „Dies alles wurde im Namen der Russischen Republik getan. In demselben Namen wurde auch der Erlaß über die Freiheit des Gewissens herausgegeben und daß niemand wegen dieses freien Gewissens erschossen werden soll. Soll das nicht eine Falle sein? Eine Falle, die für Menschen, nicht für wilde und blutgierige, sondern für sanfte, arbeitsliebende und niemandem Böses wünschende Menschen gestellt worden ist. Ich kenne sie alle als meine geistigen Brüder; einige kenne ich schon länger und ihre Lebensweise ist mir als musterhaft bekannt. Abgeurteilt wurden sie aber nicht als solche, die den Kriegsdienst aus religiöser Überzeugung verweigert hatten, sondern als Helfershelfer der Armeen Denikins und Roltschaks. Aber diese Menschen hatten keineswegs die Absicht, sich in diesem Sinne zu betätigen, vielmehr hatte das Tribunal eine gemeine Verleumdung gegen sie erhoben, und auf Grund dieser Verleumdung wurden sie verurteilt. Dem Tribunal lag nichts daran, der Wahrheit gemäß zu richten."

Die Einzelheiten des Prozesses waren erschütternd. „Nach meinen Beobachtungen" – schreibt einer der Angeklagten, der nicht zum Tode verurteilt wurde – „spielte sich das alles gleichsam so ab, wie auch bei Christus vor dem Hohen Rat: die einen bedauerten uns, die anderen weinten, andere wieder spuckten uns an und beschimpften uns. Besonders war dies mit den zum Tode Verurteilten der Fall: man zog ihnen die Kleider vom Leibe, fesselte sie dann und verteilte die Kleider unter sich. Der eine nahm die Mütze, der andere die Filzstiefel, ein dritter den Halbpelz und was eben jeder erhaschen konnte. Bei allen Verurteilten war die Stimmung, Gott sei Dank, gut. So wollen auch wir alles Schwere und Widerwärtige auf unserem Wege ertragen und bereit sein, eher zu sterben als die Hand gegen den eigenen Bruder zu erheben."

Am 24. Dezember 1919, also am Vorabend des Tages, den die Hälfte der Menschheit zum Gedenken an das Kommen des Sohnes Gottes, des Retters der Welt, feiert, der das Gesetz der allgemeinen Liebe und Brüderlichkeit verkündete, wurden alle acht um der Liebe und der Brüderlichkeit willen zum Tode Verurteilten vor die Stadt hinausgeführt. Vorher trug man ihnen die Begnadigung unter der Bedingung an, daß sie sich von ihren Ansichten lossagen und „freiwillig" in die Rote Armee eintreten sollten. Doch alle acht lehnten dies ab wie ein Mann.

Nacht ... Frost. ... Die jungen Leute gänzlich entkleidet (wie ihre Freunde nach Aussagen von Augenzeugen bestätigen), treten an. Sie stehen im Angesichte des Todes!

Aber es folgt ein erneuter anmaßender Vorschlag: „Sagt euch von euch selbst und von eurem Gott los – greift zu den Waffen!" – Ebenso wie der erste Vorschlag hat auch dieser einen Mißerfolg.

Die Henker sind daran, ihres Amtes zu walten, die Gewehre werden schon gerichtet. Nackt und bloß stehen die Märtyrer da und erwarten von Augenblick zu Augenblick den Tod. Bescheidene Bauern sind sie ihrem Äußeren nach, aber Propheten und Apostel der neuen Ordnung, – eines neuen, wahrhaft brüderlichen und gemeinschaftlichen Lebens, wenn man die innere Bedeutung ihrer Tat bedenkt. Treuherzig und ohne Groll, wie es die alte Volkssitte und der tiefe Glaube von allen verlangt, die für lange Zeit oder für immer scheiden, verbeugen sie sich vor den Soldaten der „Arbeiter- und Bauernrepublik" und sagen:

„Verzeiht uns, liebe Brüder! Auch wir verzeihen Euch."

Diese Worte dringen zu den Herzen zweier Soldaten des Füsilierungskommandos: sie wissen, daß sie selbst eine schwere Strafe auf sich nehmen, aber dennoch weigern sie sich, auf ihre Brüder zu schießen. Sie wollten nicht deren Leib erschießen, und damit ihre eigene Seele töten.

Die übrigen aber legten an! –

Eine Salve – und acht junge Menschen, voll Kraft, Gesundheit und Seelengröße, acht der besten Vertreter des russischen arbeitenden Volkes sinken zur Erde, um sich nie wieder zu erheben. Einer

von ihnen war nicht zu Tode getroffen: Als er in die Grube stürzte,
wand er sich in Schmerzen und stöhnte. ...

Er wurde lebendig begraben. ...

Als alles schon zu Ende war, und die Kunde von dieser Tragödie
bis Moskau drang, entsandten die Gesinnungsgenossen der Hingerichteten ihre Vertreterin nach Duchowschtschinsk, eine Frau voll
Opfermut, die sich in der schweren Zeit ganz dem Samariter-
Dienste jener geweiht hatte, die in dem Kampf für die Freiheit des
Gewissens litten. Man hoffte, daß es ihr gelingen werde, Einzelheiten über das schreckliche Ereignis zu erfahren und vor allem Aufklärung zu bringen, wie es hatte geschehen können, daß man so gesetzwidrig gegen die Brüder von Duchowschtschinsk vorgegangen
war.

Die Moskauer Vertreterin und Freundin der Hingerichteten
wurde überall empfangen und angehört, wobei man ihr auch das
Schreckenskabinett der Tscheka von Duchowschtschinsk öffnete.
Aber was konnte diese Frau in den Höhlen der Tiere ausrichten? –
Dort war man der Meinung, daß alles rechtmäßig zugegangen war!
Ja, man spottete sogar darüber. Einer aus der Tscheka, der sich
als einer der Richter ausgab, die das Todesurteil gefällt hatten, sagte
der Vertreterin der Moskauer „Tolstojaner":

„Das waren ja richtige Idioten: Sie lächelten, als ich ihnen das
Todesurteil las!"

Welcher Art diese „Idioten" waren, zeigen folgende Angaben
über einige der Hingerichteten in Duchowschtschinsk.

Der Jüngling Semjon Abramowitsch Dragunowsky, ein
Bauer des Dorfes Dolgomostje, Kreis Duchowschtschinsk, war erst
19 Jahre alt, als er wegen Kriegsdienstverweigerung erschossen
wurde. Er war ein Anhänger der freien, christlichen Lebensauffassung im Sinne L. N. Tolstojs und zählte zu den Mitgliedern der dor-
tigen „Gesellschaft der wahren Freiheit zum Gedenken L. N.
Tolstojs".

Als er mit seinen Genossen bereits von dem Revolutionstribunal
des Smolenskschen Gouvernements zum Tode verurteilt war,
schrieb Semjon Dragunowsky an seine Verwandten:

„Meine teuren Eltern – das Kriegstribunal hat uns bereits zum
Tode durch Erschießen verurteilt, und man hat uns nur eine Frist

von 24 Stunden gewährt: vielleicht wird man uns befreien, vielleicht aber auch erschießen ..."

Dann läßt der Jüngling, nach ländlicher Sitte die Namen aller Verwandten folgen, die er mit einem Gruß bedenkt, – aber seinem Herzen wurde es zu schwer:

„Wie ich nur anhub, Grüße an meine Schwestern und Neffen zu schreiben, wurde mir sehr weh ums Herz, und ich brach in Tränen aus. Ein solches Leid ist in mir, daß ich nicht weiterschreiben kann ..."

Aber schließlich faßte er sich doch.

„Ich fürchte nicht den Tod, aber leid tut es mir. Meine teuren Anverwandten, verzeiht mir, wenn ich Euch einmal gekränkt habe. Ich bitte Euch, meine teuren Eltern, sorgt und grämt Euch nicht um mich, denn ich habe mir selbst diesen Weg Christi erwählt. Als man Christus zum Tode führte, sagte Er: Vater, vergib ihnen, denn sie wissen nicht, was sie tun! So auch ich: was sie wollen, sollen sie mit mir tun, ich werde ihnen verzeihen, und um des Namens Christi willen leiden. Ja, ich baue darauf, was Christus gesagt hat: fürchtet nicht die, so den Leib töten, sondern fürchtet die, so die Seele und den Leib zu Grunde richten. Denn der Leib ist Staub, und kann von selbst zu Grunde gehen. Wie er aus der Erde genommen ist, so wird er auch zur Erde zurückkehren. Aber die Seele, wie sie von Gott gegeben ist, so wird sie zu Gott zurückkehren, sie wird nicht ohne den Willen Gottes zu Grunde gehen".

Vor der Hinrichtung von Semjon Dragunowsky gelang es seinem Vater, ihn zu sehen. Abraham Dragunowsky war nicht einverstanden mit den Ansichten seines Sohnes und war voll Groll gegen jene, die, seiner Meinung nach, dem Sohne diese Ansichten eingeimpft hatten, so vor allem gegen den leiblichen Bruder Jakob. Aber die letzte Zusammenkunft mit dem Sohne stellte die Seele Abrahams um und fortan suchte er ihn zu verstehen.

Semjon war sehr gütig und zart und bat, nach den Worten des

Vaters, diesen unausgesetzt, wegen des Todesurteils auf niemand böse zu sein, da er selbst diesen Weg erwählt habe. – „Christus hat doch", sagte der Jüngling, „seine Jünger nicht betrogen, sondern sie sogar auf den Weg vorbereitet; er sagte: mich verfolgen sie, und auch Euch werden sie verfolgen!"

Am Ende des Gespräches begann der Sohn den Vater zum Abschied zu drängen.

„Fahr nach Hause, nun wird es dir leichter sein!"

Der Vater wußte nicht, daß die Stunde der Hinrichtung nicht mehr fern war.

„Diese Worte, die seine letzten waren, werde ich nie vergessen!" pflegte Abraham Dragunowsky später zu sagen, wenn er sich an sein Abschiedsgespräch mit dem 19jährigen Sohne erinnerte. „Diese Worte gaben mir damals eine besondere Kraft der Seele und auch heute ist es noch so!"

———

Der 32jährige Bauer Sidor Philippowitsch Koljanow, Familienvater, aus dem Dorfe Novo-Diwo im Kreise Duchowschtschinsk, war ein überzeugter und konsequenter Anhänger der freien christlichen Weltanschauung und Mitglied der „Gesellschaft für wahre Freiheit zum Gedenken L. N. Tolstojs".

Die Eltern Sidor Koljanows teilten die Ansichten ihres Sohnes nicht, gerieten aber ebenso wie die jüngeren Brüder Sidors doch bald unter seinen starken Einfluß.

So erzählte man sich folgenden Fall. Der Vater, Philipp Koljanow, ein 70jähriger Greis, hatte sich für sein mühsam erspartes Geld eine Waldparzelle gekauft, die seinem Herzen sehr teuer war. Inzwischen hatte aber der bolschewistische Bezirksexekutivkommissar ohne irgendwelche Bedenken dem Nachbarn Koljanows eine Erlaubnis, in diesem Walde Holz zu hacken, ausgestellt. Der Alte war wegen dieser Eigenmacht und Ungerechtigkeit außer sich. Aber was sollte er tun? – Es war eben Staatsgewalt!

Da macht sich der Nachbar mit einer Hacke und Säge auch schon an die Arbeit. In dem alten Koljanow kocht es. Er ruft die Söhne; er will, daß sie ihm helfen, den Holzdieb aus dem Walde zu vertreiben.

Aber die Söhne, die unter dem geistigen Einflusse Sidors stehen, weigern sich.

Der wütende Alte begibt sich selbst in den Wald, um für seine Rechte einzutreten, aber er kann nichts anderes tun, als dem Nachbarn die unflätigsten Schimpfworte zuzurufen, deren er sich noch rühmt, als er in die Hütte zurückkehrt.

Die Söhne schämen sich, daß ihr Vater so wenig Selbstbeherrschung übte. Sidor Philppowitsch wartet, bis die Wut des Alten sich ein wenig abgekühlt hat und reicht ihm dann die *Kurze Darlegung des Evangeliums*" von L. N. Tolstoj, indem er ihn auf eine Reihe von Stellen hinweist, die Bezug auf sein Verhalten hatten. „Nimm das Buch und lies es!" bat er.

Der Alte gehorchte. Er nahm das Evangelium Tolstojs, ging in die leere Hütte und blieb lange dort. Dann kam er heraus, kleidete sich an, ging zum Nachbarn und bat ihn reumütig um Verzeihung, daß er sich nicht hatte beherrschen können und ihn mit bösen Worten beleidigt hatte. Jener ward gerührt, umarmte den Alten, und beide küßten sich weinend ... Die Söhne aber freuten sich über diesen geistigen Sieg des Vaters.

Am 1. Januar 1919, also noch vor der Herausgabe des Dekrets, erklärte Sidor Koljanow der Behörde, daß er den Militärdienst verweigere. Da er bereit war, für seine Tat einzustehen vor der ganzen Welt und mit ganzer Offenheit vorzugehen, sandte er aus eigenem Antrieb seine Erklärung an alle Behörden im weiten Umkreis, in die höheren Staatsämter, in das Altrussische Zentral Exekutivkomitee der Sowjets und an den Rat der Volkskommissare, an die Führer der Revolution, an die Genossen Lenin und Trotzky, aber auch in jene lokalen Regierungsämter, die Beziehung zu seiner Weigerung haben konnten, und zwar in das Kreis- und in das Bezirksexekutivkomitee der Sowjets und in die Kreis- und Bezirksarmeekommissariate.

Es ist möglich, daß Koljanow, der reinen Herzens war, zu jenen naiven Leuten gehörte, die noch glaubten, daß die Genossen Lenin und Trotzky echte Antimilitaristen waren und deshalb wohl einen Menschen verstehen könnten, der sich aufrichtig weigert, seine Brüder im Kriege zu töten. In Wirklichkeit aber kümmerten sich alle diejenigen, an die sich Koljanow mit seiner Erklärung wandte, nicht im Geringsten um die „Splitter, die in Fülle herumfliegen, wenn der Wald geschlagen wird!"[4]

Im Dezember des Jahres 1919 wurde Sidor Koljanow verhaftet, vor das Revolutionstribunal des Gouvernements Smolensk gebracht und zu dem „höchsten Strafausmaß" verurteilt.

Als die Rotgardisten die acht Bauern des Kreises von Duchowschtschinsk umringten, um sie zur Hinrichtung zu führen, bemerkte Sidor Koljanow unter den Soldaten einen Bekannten, einen Bauern der Umgegend, dem er des öfteren Gutes erwiesen hatte. „Bist wirklich auch du imstande, die Hand gegen mich zu erheben?" wandte sich Koljanow an ihn. „Was habe ich dir Böses getan? Sollte ich dir aber doch etwas angetan haben, so verzeih es mir!"

Diese Worte beschämten den roten Soldaten, der, wie die meisten seiner Kameraden, gewaltsam mobilisiert worden war, dermaßen, daß er hinter seinen Kameraden zurückblieb und sich an der Erschießung der Kriegsdienstverweigerer nicht beteiligte. Dann erzählte er der Frau des Getöteten unter Tränen von seiner letzten Begegnung mit Koljanow.

Vor dem Tode gelang es Sidor Koljanow, einige Abschiedsworte zu schreiben:

„Ich grüße Euch alle, meine liebe Frau und Kinder, Bruder und Schwestern, Vater und Mutter! Und die ganze Christenheit! Verzeiht mir, Brüder! Liebet einander! Auch die Feinde wie Euch selbst. Die Stunde des Scheidens von Euch, meine Freunde und Brüder, ist gekommen. Ihr wißt, warum man uns tötet. Lebt wohl, Brüder!
Sidor Koljanow."

———

Efim Pawlowitsch Leonow, ein Bauer aus dem Dorfe Degtiari im Kreise von Duchowschtschinsk, 29 Jahre alt, stand ursprünglich im Dienste der Miliz. Noch während seiner Dienstzeit lernt er die religiös-philosophischen Schriften Tolstojs kennen. Unter dem Einfluß Tolstojs geht in seiner Seele eine tiefe Umwälzung vor. Er

---

[4] Geläufiges russisches Sprichwort.

gewinnt eine ganz neue Ansicht über die Frage der Gewaltanwendung.

Obwohl der Dienst in der Miliz Efim Leonow von der Militärdienstpflicht befreite, kam er doch zu der Überzeugung, daß er mit seiner neuen Auffassung nicht mehr in der Miliz dienen könne, da er in diesem Dienste oft gezwungen ist, einzelnen Menschen gegenüber Gewalt anzuwenden.·So quittiert Leonow den Dienst in der Miliz und reicht gleichzeitig beim Volksrichter ein Gesuch ein, ihn vom Militärdienst zu befreien.

Im Dezember 1919 wurde Leonow mit einigen anderen verhaftet, dem Revolutionstribunal des Gouvernements Smolensk übergeben und zum Tode durch Erschießen verurteilt.

Hier der letzte Brief dieses Märtyrers an seine Frau:

„Teure Gattin, Maria Timofejewna, ich bitte Dich, weine nicht um mich.

Hier ist mein Vermächtnis: Liebe alle Deine Nächsten, wünsche niemandem Böses, lebe mit allen Verwandten in Eintracht und lehre Deine und meine Kinder, dasselbe zu tun!

Am heutigen Tage, dem 24. Dezember, schmachtet meine Seele, denn es sind die letzten Stunden meines Erdenlebens. Aber meine Seele ist voll Mut, denn ich weiß, daß ich für die Wahrheit sterbe.

Ich segne meine Kinder; möge Gott ihnen inneres Glück zuteil werden lassen!

Trage mir nichts nach aus dem vergangenen Leben!

Lebt wohl auf ewig! Ich küsse Euch alle!

Efim Leonow."

———

Einen ganz außerordentlichen und tief tragischen Fall bildet das Schicksal des Kriegsdienstverweigerers Ustinow.

Matwej Sergejewitsch Ustinow war Bauer im Dorfe Gorodischtsche, im Kreise Tschistopolsk, Gouvernement Kasan und Mitglied der russischen kommunistischen Partei. Trotz seiner Jugend, er war damals erst 27 Jahre alt, hatte er sich während des Welt- und Bürgerkrieges sehr hervorgetan. Er war zweifellos einer jener seltenen Kommunisten, die unter dem Einfluß der idealsten Beweggründe in die Partei eintraten. Die Partei war aber niemals von solchen Personen und ihrer Tätigkeit begeistert, da diese, wie unerfahrene Kinder, ständige Aufsicht brauchten. Wie sollte man denn bei der nicht immer notwendigen Konsequenz dieser Idealisten mit der Revolution weiterkommen! Und doch wurde „Genosse Ustinow" in der Partei geschätzt und besaß ihr volles Vertrauen. In dem Augenblick, als seine innere Loslösung von der Partei für ihn und für seine Umgebung klar wurde, bekleidete er die Stellung eines politischen Führers. Und da geschah es, daß dieser „Kämpfer" ganz unerwartet zusammenbrach. Ein tiefes inneres Unbefriedigtsein neben einer nicht weniger tiefen seelischen Umwälzung zwangen ihn, aus der einzig anerkannten regierenden Partei auszutreten und jede fernere Mitwirkung am Kriegshandwerk zu verweigern.

Am 28. Mai 1920 reichte Ustinow eine diesbezügliche Erklärung an das Präsidium des 23. Reserveschützenregiments ein, in der er unter anderem schrieb:

„Nach zehnjährigem Suchen und langer Gedankenarbeit bin ich zu der religiösen Überzeugung gelangt, daß ich jede Mitwirkung an Gewalttaten und am Mord für unvereinbar halte mit meiner sittlichen Überzeugung. Von dieser geleitet, erkläre ich, daß es mir unmöglich ist, irgendeiner politischen Partei anzugehören, wenn diese Parteien Gewalt und Mord zulassen. Das Gebot Christi: dem Übel nicht zu widerstreben, habe ich als einzige Möglichkeit zur Beseitigung alles Bösen erkannt. Und deshalb stelle ich dies Gesetz Gottes über alle menschlichen Gesetze."

„... Das Gebot Christi: dem Übel nicht zu widerstreben, habe ich als einzige Möglichkeit zur Beseitigung alles Bösen erkannt." Diese Worte zeigen die merkwürdige Entwicklung eines Mitglieds der gewalttätigen revolutionären Partei!

Als ehemaliges Mitglied dieser Partei konnte für Matwej Sergejewitsch Ustinow kein Zweifel darüber bestehen, welcher Gefahr er sich mit der Abgabe seiner Erklärung aussetzte: wurde doch die „Fahnenflucht" aus der roten Armee durch den Austritt aus der Partei verschärft! Die Erklärung Ustinows überraschte seine Kameraden aufs höchste.

Am 8. Juni 1920 wurde Matwej Ustinow verhaftet und am 24.

Juni laut dem Urteilsspruch des Tschekakollegiums des Gouvernements Simbirsk erschossen.

Die Partei war gerächt.

Ein selbstloser, von Idealismus beseelter Mensch schied aus dem Leben.

———

Die Namen zweier Bauern, Kostiuk und Tazochin, die wegen Kriegsdienstverweigerung erschossen wurden, wecken die Erinnerung an eine Aufsehen erregende Organisation, die ebenfalls von Bauern während der Revolutionsjahre in ihrer Heimat, im Dorf Semjonowka, Kreis Nowosybkowsk, Gouvernement Tschernigow, gegründet wurde. Das war „Die internationale religiöse Gemeinschaft für wahre Lebensführung".

Kostjuk und Tazochin waren Mitglieder dieser Gemeinschaft, deren Gründer und Vorsitzender ein Bauer desselben Dorfes war, Iwan Miroschnikow, ein Philosoph und Dichter. Ich kannte ihn persönlich. Er war ein hochgewachsener, blasser junger Mann mit feurigen schwarzen Augen.

Diese Gemeinschaft sollte, nach dem Gedanken ihres Gründers, vor allem jene Menschen vereinen, die die ganze Erde als ihre Heimat ansahen und keinerlei nationale und territoriale Trennungen zwischen den Menschen anerkannten. Die Mitgliederzahl war nicht hoch: es waren etwa fünfzehn bis zwanzig Personen. Aber welch weitgehende Aufgaben hatten sie sich gestellt.

Es ist wohl angebracht, aus den langen „philosophischen" Statuten der Gemeinschaft zwei bis drei kurze Zitate anzuführen, die die Weltanschauung der Bauern Kostjuk und Tazochin, der beiden Märtyrer für den Glauben, charakterisieren:

„Wir wissen, daß die Wahrheit ihren Ursprung in dem unendlichen Gott hat. Gott, der sich ewig in jenen mannigfaltigen Dingen offenbart, die die Grundlage der für uns sichtbaren und unsichtbaren Welt bilden. Eines von diesen ist das Leben der Menschen, welches durch zahlreiche verschiedenartige Gesetze regiert wird. Die Erforschung dieser Gesetze ist eins der Hauptziele der ‚internationalen religiösen Gemeinschaft für wahre Lebensführung'. Die Ergebnisse all dieser Bestrebungen und die Erforschung der gegenwärtigen Lebensbedingungen berechtigen uns zu dem Glauben, daß wir nahe vor dem Anbruch einer neuen Wiedergeburt der Menschheit stehen, daß die Sonne dieser Wiedergeburt bereits im Aufgehen ist, daß mit ihren Strahlen der Wahrheit, der Gerechtigkeit und der Liebe den Leidenden Erlösung, den Gequälten Befreiung, den Gefallenen Stärkung und den Zerschlagenen innerer Frieden kommen wird.

Wir erkennen, daß alle Menschen Brüder sind und wollen nach dem Gesetze leben: ‚dem Nächsten nicht zufügen, was man sich selbst nicht wünscht.' Damit dieses Gesetz auch praktisch im Leben verwirklicht werde, lehnen wir Mord, Gewalt und trennende Klassenunterschiede unter Menschen ab.

Wir lehnen jeglichen Mord ab, aus welchem Beweggründe er auch begangen werde; ferner Massenrüstungen, zum Zwecke eines Krieges und die Ausbeutung der Menschen sowie nationalen Haß.

Wein, Tabak, Fleischgenuß, Luxus, Stolz, Egoismus, Haß, Erniedrigung anderer und sogar seiner selbst vor anderen ist unvereinbar mit den Grundlagen einer wahren Lebensführung. Die Menschen sollen sich zu einer einzigen Menschheitsfamilie vereinigen und alle für einen und einer für alle schaffen und leben."

In der Gründungsversammlung der Gemeinschaft wurde beschlossen, als Mitglieder nur jene aufzunehmen, in denen Vernunft und Gewissen die Herrschaft über die niedrigeren Instinkte erlangt haben.

Dazu gehörten auch die beiden Bauern Kostjuk und Tazochin.

Als der Einrückungsbefehl an sie erging, verweigerten beide den Militärdienst. Das Revolutionstribunal des Gouvernements Gomel erwies sich nicht – das kann man ohne eine Spur von Ironie behaupten – als auf der Höhe der Weltanschauung der bäuerlichen Philosophen von Nowosykowsk. Was bedeutet für einen Bolschewisten – Mitglied eines Revolutionstribunals – wahre Lebensführung?!

Kostjuk und Tazochin wurden zum Tode durch Erschießen verurteilt. Der erste wurde am 29. Juli, der zweite am 1. August 1920 erschossen im Dorf Semionowka, dem Sitz der ‚Internationalen Religiösen Gemeinschaft für wahre Lebensführung'.

„Die Standhaftigkeit Tazochins war erschütternd," – schrieb aus Semjonowka ein Freund des Ermordeten. – „Man schlug ihm vor, das Gewehr zu nehmen. Er lehnte es ab. Er sei zu allen Arbeiten

270

bereit, sagte er, aber ein Mörder könne er nicht sein. Man gab ihm eine Bedenkfrist von 24 Stunden, in der seine Frau ihn unter Tränen anflehte, doch an die Front zu gehen. Am 1. August wurde ihm dies Anerbieten zum letzten Mal vorgeschlagen. Er lehnte endgültig ab. Da band man ihm die Hände zusammen, so fest, daß sich das Blut staute. In diesem qualvollen Zustand lebte er noch einen Tag und fiel dann unter den Kugeln der Rotgardisten."

————

Eine noch schrecklichere Tragödie als in Duchowschtschinsk – was die Zahl der Opfer anbetrifft – spielte sich im August 1920 in dem Kreis Kalatschewsk, Gouvernement Woronesh, ab. Auch diesmal erhob sich der „rächende Arm" der russischen Revolution ausschließlich gegen Vertreter der russischen Bauernbevölkerung, die aber in diesem Falle nicht zu den „Tolstojanern", sondern zu den Baptisten und der Bauernsekte der Molokanen gehörten. Vierunddreißig Anhänger dieser Gemeinschaften wurden von den Behörden an verschiedenen Stellen des Kreises Kalatschewsk verhaftet. Der „humane" Sowjeterlaß vom 4. Januar 1919, der von diesen unwissenden Leuten für ein giltiges Gesetz gehalten wurde, hatte sich wieder einmal als eine Falle erwiesen. Obwohl alle Verhafteten es bestätigen konnten, daß sie um ihre Befreiung vom Militärdienst bei dem Volksgerichte nachgesucht hatten, ging man ihnen gegenüber ganz gesetzwidrig vor. Ohne die Erledigung der Gesuche durch das Volksgericht abzuwarten, wurden sie alle verhaftet und dem Revolutionstribunal der 40. Division in der Stadt Kalatsch eingeliefert.

Über das Urteil war sich niemand im Zweifel. War doch die Sowjetmacht dabei, mit dem passiven Widerstand im Volke gründlich aufzuräumen.

Alle vierunddreißig Mann wurden von den Trägern der „neuen Ideen" zum Tode durch Erschießen verurteilt.

Doch das Todesurteil zu vollstrecken war schwieriger als es zu fällen! In der ersten Nacht wurden zunächst z w a n z i g erschossen – die Henker waren zu müde, die ganze Arbeit auf einmal zu bewältigen – und in der nächsten Nacht die übrigen v i e r z e h n.

Wer kann solche Greuel fassen? Welche Schreckensszenen mögen sich in den Revolutionsgefängnissen der Stadt Kalatsch und auf dem Felde außerhalb der Stadt in diesen beiden warmen Augustnächten abgespielt haben?

———

Der 22jährige Bauer Jakob Ignatjewitsch Strokalow aus dem Dorfe Komjagino, Kreis Wjasemsk, Gouvernement Smolensk, gehörte zu den Anhängern L. N. Tolstojs und war Mitglied der Moskauer „Gesellschaft für wahre Freiheit".

Am 12. Juni 1919 gab Strokalow bei dem Armeekommissariat des Bezirkes von Novolesk eine Erklärung ab, in der er den Militärdienst aus religiöser Überzeugung verweigert. In der Erklärung führte er aus:

„Ich werde keinen Militärdienst leisten noch das Kriegshandwerk erlernen, da ich dieses für Mord an den Menschenbrüdern halte, die gleich mir Kinder des einen Gott-Vaters sind. Dem Menschenmorde zu dienen ist nicht nur eine Sünde, sondern auch ein Verbrechen und unwürdig eines Menschen, der das Gebot Christi kennt."

Eine Kopie dieser Erklärung sandte Strokalow an den „Vereinigten Rat der Religiösen Gemeinschaften und Gruppen in Moskau" und bekam bald darauf, nachdem der Rat Erkundigungen über ihn eingezogen hatte, eine Bestätigung über seine Aufrichtigkeit.

Sommer, Herbst und Winter vergingen. Strokalow blieb noch immer zu Hause. Man konnte glauben, daß die Behörden ihn vergessen oder beschlossen hatten, ihn in Ruhe zu lassen.

Plötzlich, am 29. März 1920, wurde der Jüngling verhaftet und von der Smolensker „Kommission zur Bekämpfung des Desserteurunwesens", ohne irgendeinem Gericht oder der Kommission selbst vorgeführt zu werden, zu sieben Jahren Gefängnis mit Zwangsarbeit verurteilt.

Als der „Vereinigte Rat der Religiösen Gemeinschaften und Gruppen" von diesem „Urteil" erfuhr, wandte er sich an die Kommission mit der Bitte, Strokalow unter Bürgschaft des Rates zu

befreien und seine Sache, gemäß dem Erlaß des Rates der Volkskommissäre vom 4. Januar 1919, an das Volksgericht weiterzuleiten.

Aber die Kommission lehnte die Bitte ab und berief sich dabei auf
das Zirkular der Zentralregierung, das soeben zur Information und
Anleitung für die Provinzbehörden erlassen worden war, und das
durch mannigfache Winkelzüge die Wirkung des Erlasses vom 4.
Januar 1919 stark beschränkte. Der geistige Urheber dieses Zirkulars
war der damals bekannte Agent der Sowjetinquisition, Spitzberg. Es
wurde im Namen der achten Abteilung des Volkskommissariats für
Justiz verfaßt, die die Trennung von Kirche und Staat durchführen
mußte, und sollte in Zukunft vielen Kriegsdienstverweigerern die
Freiheit und sogar das Leben kosten.

Inzwischen verweigerte der im Gefängnis sitzende Strokalow
die Leistung von Zwangsarbeiten. Das war unter den religiösen
Kriegsdienstverweigerern, die zu Zwangsarbeit, anstelle von Militärdienst, verurteilt wurden, kein seltener Fall. Solche jungen Leute,
wie Strokalow, hielten nicht nur den Militärdienst, sondern jede Unterordnung unter eine Gewalt für unvereinbar mit ihrer religiösen
Überzeugung. Das waren die „Extremen" unter den Kriegsdienstverweigerern. Der Erlaß vom 4. Januar 1919 (der, wie bereits gesagt,
unter Mitwirkung von Menschen, die mit der Psychologie des Sek-
tentums vertraut waren, zustande gekommen war) sah solche Fälle
voraus und Punkt 3 des Erlasses lautete deshalb dahin, daß solche
Personen von der Dienstpflicht völlig befreit werden könnten, wenn
auch in jedem Falle die Genehmigung des Altrussischen Zentralexe-
kutivkomitees, also der höchsten Regierungsinstanz, eingeholt werden mußte. Doch die Tscheka und die Tribunale in der Provinz, die
im Grunde genommen über dem Gesetze standen, waren immer bemüht, diesen Punkt zu umgehen. Das war auch der Fall bei der Smolensker Kommission zur Bekämpfung des Deserteurunwesens, die
sich nun wieder weigerte, Punkt 3 des Erlasses auf Jakob Strokalow
anzuwenden.

So ergab sich zunächst eine zweifelhafte Situation.

Strokalow schrieb an seine Freunde aus dem Gefängnis:

„Man hat mir noch keine Arbeit zugewiesen. Aber auf jeden Fall
werde ich jegliche Arbeit ablehnen, denn ich will nicht das Joch
und die Last der Gewalt tragen, sondern nur das Joch Christi. Ich

will nicht wie ein Sklave des Herrn sein, sondern wie ein Sohn im Hause des Vaters. Ich bin ruhig und froh. Ich gräme mich nicht darum, daß ich hinter Schloß und Riegel sitze. Christus sagte den Menschen, daß, wer seine Lehre befolgt, von der Welt gehaßt, verfolgt und getötet werden wird. Mögen sie mit mir machen, was sie wollen. Ich verzeihe ihnen alles."

Die Smolensker Kommission bestand auf die Durchführung ihres Urteils.

Der tragische Ausgang ließ nicht lange auf sich warten. Nachdem die Kommission die erneute Weigerung Strokalows zum Gegenstand ihrer Untersuchung gemacht hatte, übergab sie die Angelegenheit dem Smolensker Revolutionstribunal, das heißt, sie überlieferte Strokalow von vornherein dem Tode. Der Prozeß fand am 11. August 1920 in Anwesenheit des Angeklagten statt. Strokalow blieb beharrlich bei seinem Entschluß und bezeichnete es als sein Recht, Zwangsarbeiten zu verweigern. Das Todesurteil war die Antwort auf diese Standhaftigkeit.

Am 12. August, zwei Tage vor der Hinrichtung, schreibt Jakob Strokalow aus dem Gefängnis folgenden Brief nach Hause:

„Teure Anverwandte! Ich und Alexej[5] wurden am 11. August dem Gerichte vorgeführt. Wir lehnten alle seine Vorschläge ab, die unserem Gewissen und dem Gesetze Gottes zuwider waren. Aber die Menschen, unsere irregegangenen Brüder, haben uns nicht verstanden und uns zum Tode durch Erschießen verurteilt. Ich befinde mich, meine Lieben, augenblicklich in Einzelhaft. So auch Alexej. Wir erwarten jene Stunde, jene Minute, da der Leib sich von der Seele trennen muß. Doch, meine teueren Anverwandten, es ist ein Gefühl der Ruhe in mir, nicht jener weltlichen Ruhe, die von weltlichen Menschen gesucht wird, sondern ein Gefühl der Stille, wie sie Gott nur geben kann. Ich bitte Euch, grämt Euch nicht über meinen leiblichen Tod, denn man kann den Leiden und dem Tode nicht entgehen, sie sind unser Los. Das Böse liegt nicht in dem Tod und nicht in den

---

[5] *Alexej Fomin*, ein Freund Strokalows, dessen Tod weiter unten beschrieben ist.

Leiden, sondern darin, daß wir verzagt und ohne das große Vertrauen sind.

Meine Lieben, auch die ersten Christen wurden unterdrückt und getötet, aber sie waren überzeugt, daß sie den Weg der Wahrheit gehen und ein neues, ewiges Gesetz der verblendeten Welt bringen. Sie fühlten keinerlei Lasten. Alle Hindernisse, die Menschen ihnen in den Weg legten, wurden von ihnen leicht überwunden. Sie wußten, daß es kein höheres Gesetz gibt, als das: ‚Liebe deinen Nächsten wie dich selbst'. Deshalb gingen sie ihren Weg und schreckten auch nicht zurück, wenn man sie unterdrückte. Zürnten auch nicht ihren Feinden, sondern sprachen: Unglückliche Brüder! Es wird kommen der Tag, da Ihr eure Taten bereuen werdet!

Auch ich verzeihe ihnen! Meine innere Stimme gebietet mir, auch diesen mit der gleichen Liebe zu begegnen.

Den Brief habe ich am Morgen des 12. August geschrieben.

Auf Wiedersehen! Zählt mich nicht mehr zu den Lebenden dieser Welt.

Ich verbleibe in Liebe zu Euch

Jakob Strokalow.

Ich werde den Tod am 12. August empfangen. Das Todesurteil ist binnen 24 Stunden zu vollstrecken."

Am 14. August 1920 wurde Jakob Strokalow erschossen.

———

Ein Freund und Dorfgenosse Jakob Strokalows, der 32jährige Alexej Fomin gehörte ebenfalls zu den Gesinnungsgenossen L. N. Tolstojs und war Mitglied der „Moskauer Gesellschaft für wahre Freiheit".

Bereits im Jahre 1918 weigerte sich Alexej Fomin, der damals im Eisenbahndienste stand, an den allgemeinen Militärkursen teilzunehmen. 1919, als alle Eisenbahner unter 40 Jahren mobilisiert wurden, bestätigte Fomin vor der Einrückungskommission seine religiöse Überzeugung, und daß es ihm unmöglich sei, Militärdienst zu tun. Diese Erklärung wurde mit offenkundigem Mißtrauen aufgenommen. Es wurde Fomin erklärt, daß die Einreihung in die rote Armee noch keine unbedingte Teilnahme an den unmittelbaren Kriegshandlungen bedeute und so wurde er seinem Reservebataillon zugeteilt.

Bis zum Frühjahr 1920 erging kein Einrückungsbefehl an Fomin. Diese Zeit lebte er zu Hause und erklärte bei jeder Gelegenheit offen, daß es ihm unmöglich sei, Militärdienst zu tun.

Ende März wurde er vor die Kreiskommission zur Bekämpfung des Deserteurunwesens geladen und verhört. Das Protokoll des Verhörs wurde der Smolensker Kommission zugeschickt. Diese verurteilte am 16. April 1920 Fomin in dessen Abwesenheit „als einen böswilligen Deserteur" zu 3 Jahren Gefängnis mit Zwangsarbeit. Fomin wurde verhaftet und in das zweite Gefängnis der Stadt Smolensk eingeliefert.

Als der „Vereinigte Rat der Religiösen Gemeinschaften und Gruppen" von dem Vorfall erfuhr, trug er, da er die Gefahr für Fomin erkannte, der Zentralkommission zur Bekämpfung des Deserteurunwesens seine Bürgschaft für den Verhafteten an und ersuchte um eine Überprüfung der Angelegenheit durch das Volksgericht. Dieses Ersuchen wurde abgelehnt mit dem Hinweis auf das wohlbekannte Zirkular der achten Abteilung des Volkskommissärs für Justiz.

Im Gefängnis wurde Alexej Fomin schwer krank, sein Geist blieb aber frisch und aufrecht.

Er pflegte freiwillig die Kranken in dem Gefängnishospital, lehnte aber jede Zwangsarbeit auf das Bestimmteste ab.

Von seiner Stimmung zeugt folgender Brief, den er seinen Verwandten aus dem Gefängnis schrieb:

„Ich hatte den Wunsch, das Leben wahrhaft zu verstehen und suchte den lebendigen Gott. Der Aberglaube der Kirche und der toten Götter genügen mir nicht mehr; ein Aberglaube, den wir von Kind auf von unseren Vätern übernommen hatten. Sie versicherten uns, daß, wer im Kriege am Leben bleibt, ein treuer Sohn des Glaubens und des Vaterlandes sei, wer aber fällt, das himmlische Reich erlangen werde. Ich weigere mich aber und will nicht nur dem Namen nach ein Christ sein, sondern ein wahrer Mensch; ich will den lebendigen Gott erkennen und der

Lehre Christi folgen. Wenn ein Mensch seine Brüder liebt, gute Taten vollbringt, immer von Sanftmut erfüllt ist und Gott den Vater in allen Dingen erkennt, so ist er ein wahrer Sohn Gottes.

Ich habe, nachdem ich Bücher von Tolstoj las, gewünscht, aus der Finsternis in das Licht zu kommen und ich gehe jetzt zum Licht. Ich will alle Qualen und den Tod für die Wahrheit erleiden, aber ich weigere mich, den toten Götzen zu dienen, mich am Morde zu beteiligen und selbst ein Sklave zu sein. Ich will weder Knecht noch Herr sein, sondern in Gleichheit und Brüderlichkeit leben. Ich bekämpfe das Böse, aber ich widersetze mich nicht dem Bösen mit Gewalt."

In Anbetracht der „Hartnäckigkeit" Alexej Fomins wurde seine Sache dem Revolutionstribunal des Smolensker Gouvernements übergeben. Im Tribunal wurde diese Angelegenheit am 11. August 1920, zusammen mit der Sache Strokalows, behandelt. Alexej Fomin wurde ebenfalls zum Tode durch Erschießen verurteilt.

Am Tage nach der Urteilsverkündung wendet sich Fomin in Erwartung der Vollstreckung in einem ausführlichen Brief an seine Verwandten und Bekannten. Der Inhalt dieses Briefes, der durch die Kraft der Überzeugung und die Tiefe der Gedanken auffällt, lautet:

„Meine teuren Freunde, ich schreibe Euch aus der Einzelzelle, in den letzten Stunden meines Lebens, um Abschied von Euch zu nehmen!

Teure Freunde, Jascha und ich sind zum Tode verurteilt, nachdem unsere Sache vor dem Smolensker Revolutionstribunal noch einmal verhandelt wurde. Wir gaben unsere innerste Überzeugung nicht auf, da wir uns nicht entschließen können, in den Krieg zu ziehen. Das Tribunal bestimmte, daß wir binnen 24 Stunden erschossen werden sollen und verweigerte uns das Recht der Berufung. Das Urteil wurde am 11. August gefällt, und wir erwarten nun den Tod. Wir werden um der Wahrheit willen verfolgt, auf die unser ganzes Leben gegründet ist. Das ist uns seliger Trost! Teure Freunde, ich freue mich, daß ich dieser Verfolgungen und Leiden gewürdigt bin, auch des Todes, denn ich weiß, daß mein Glaube nicht untergehen kann, und daß die Wahrheit einmal die Herrschaft über die Welt erlangen wird. Ich kann jetzt niemandem böse sein. Ich fühle und weiß genau, wofür ich alles mit Freuden erdulde, denn je näher man dem Himmel kommt, desto schwerer ist der Weg, das heißt, je höher ein Mensch im geistigen Leben steigt, desto mehr muß er leiden. Aber in diesem Leiden darf man nicht vergessen, daß niemand imstande ist, der Seele zu schaden, sondern nur dem Leibe. Der Leib aber ist die Schale, die, wenn nicht heute, so doch morgen, vergeht. Trägt doch jeglicher Baum nicht im Frühjahr und Sommer, nicht in der prächtigen und dufterfüllten Jahreszeit seine Frucht, sondern im Herbst, wo die Schönheit stirbt. – So ist es auch mit dem Leben des Menschen: Damit sein Streben Früchte bringen soll, muß er für dieses Streben leiden und er darf darüber nicht traurig sein. Wir müssen wissen, daß wir nicht allein stehen, sondern um uns und neben uns viele Brüder sind. – Kämpfer gleich uns für ein besseres Leben und für die Wahrheit der Lehre Christi von der Liebe und Brüderlichkeit.

Lebt wohl auf ewig!

Wir gehen hinüber in das unsterbliche Leben, wo keine Krankheit und kein Weh mehr ist, sondern ewige Freude.

Lebt wohl, Brüder!

Es liebt Euch im Geiste

Euer Bruder A. Fomin.

Verzeiht uns um Christi willen! Wir haben allen verziehen!

Tröstet unsere Familien und tröstet Euch selbst. Zweifelt nicht, ich bitte Euch, seid groß im Glauben! Bauet fest auf die Wahrheit der Offenbarung Gottes, auf das reine Gewissen und auf die Liebe der Menschheit.

Lebt wohl auf ewig!

Fomin."

In einem zweiten Brief finden wir noch folgende Zeilen:

„Ich glaube, wie Christus gesagt hat, daß ich nicht sterben werde, sondern hingehe zu meinem Vater und zu Eurem Vater, zu meinem Gott und zu Eurem Gott. Ich bin erfüllt von hoher Freude, daß ich um der Wahrheit willen den Tod erleide, und voll Seligkeit folge ich Christum nach, denn ich werde nicht sterben, weil ewiges Leben in mir ist."

Am 14. August 1920 wurde der Schreiber dieser Zeilen erschossen.

Anhang

Gesamtübersicht und Anmerkungen
zu den ausgewählten Texten

Dieser Band erscheint in der Reihe B des Editionsprojekts ‚Tolstoi-Friedensbibliothek' (thematische Sammelbände und Lesebücher, Editionen von Selbstzeugnissen) zur nichtkommerziellen (Neu-)Erschließung *gemeinfreier Übersetzungen* von Schriften Leo N. Tolstois. Zu den Angeboten sowie zum Kreis der Beteiligten (Konzeption und Herausgeberschaft, Bearbeitung, Beratung, Kooperationspartner*innen) vgl. die Projektseite: www.tolstoi-friedensbibliothek.de Bei Angaben zur russischen bzw. ehedem sowjetischen Werkausgabe (PSS) folgen wir i. d. R. den bibliographischen Verzeichnissen von Christian MÜNCH in: Martin George / Jens Herth / Christian Münch / Ulrich Schmid (Hg.): Tolstoj als theologischer Denker und Kirchenkritiker. (Übersetzung der Tolstoj-Texte von Olga Radetzkaja und Dorothea Trottenberg, Kommentierung von Daniel Riniker). Zweite Auflage. Göttingen: Vandenhoeck & Ruprecht 2015, S. 731-746.

I. DER EINFÄLTIGE IWAN UND DIE SOLDATEN.
AUSZUG AUS DEM „MÄRCHEN VON IWAN DEM DUMMKOPF" (1885/86)
Übersetzung von Raphael Löwenfeld

Russischer Text | Leo N. TOLSTOI: Сказка об Иване-дураке – Skaska ob Iwanedurake (Das Märchen von Iwan dem Narren, 1885). Zuerst 1886 in Russland veröffentlicht. – *Gemeinfreie Edition.* Das Märchen von Iwan dem Narren und seinen beiden Brüdern. In: Leo TOLSTOI: Gesammelte Werke in 22 Bänden. Teil 10. Moskau: Literarische Künste 1982. [https://ru.wikisource.org/wiki] *Textquelle des Auszugs* | Das Mährchen vom einfältigen Iwan. In: L. N. TOLSTOI: Volkserzählungen. Von dem Verfasser genehmigte Ausgabe von Raphael Löwenfeld. Mit Buchausstattung von J. W. Ciffarz. Jena: Eugen Diederichs Verlag 1907. (Geringfügige Texteingriffe, pb) *Weitere Übersetzungen (Auswahl)* | Ein Märchen von Iwan dem Narren und seinen zwei Brüdern. In: Leo TOLSTOI: Für alle Tage. Ein Lebensbuch. Band II. Erste vollständig autorisierte Übersetzung. Herausgegeben von Dr. E. H. Schmitt und Dr. A[lbert]. Skarvan. Dresden: Verlag von Carl Reißner 1907, S. 671-701. (Lew TOLSTOI: Für alle Tage. Ein Lebensbuch. Mit einem Geleitwort von Volker Schlöndorf und einem Nachwort von Ulrich Schmid. Auf Grundlage der russischen Ausgabe letzter Hand von Christiane Körner revidierte und ergänzte Übersetzung von E. Schmitt und A. Škarvan [2010]. Lizenzausgabe. Berlin: Fröhlich & Kaufmann Verlag 2018, S. 713-726.) – Das Märchen von Iwan dem Dummkopf und seinen beiden Brüdern, dem Krieger Semjon und dem Dickwanst Taras, ihrer stummen Schwester Malanja sowie einem alten Satan und drei kleinen Teufeln (1886). In: Lew TOLSTOI: Wieviel Erde braucht der Mensch? Volkserzählungen, Legenden und Gleichnisse. (= Gesammelte Werke in 20 Bänden. Hg. von Eberhard Dieckmann und Gerhard Dudek, Band 9). Berlin: Rütten & Loening 1986, S. 133-169.

Hintergrund I Der Text ist ‚eine ätzende politische Satire auf Monarchie, Militarismus und Kapitalismus'. Als Tolstoi in einem Brief vom Oktober 1885 G. Tschertkow von dem nur scheinbar harmlosen Märchen berichtet, befürchtet er von Anfang an, dass es einem Verbot der staatlichen Zensur zum Opfer fallen wird. Es gelingt jedoch – im Rahmen eines klugen Vorgehens – den Text im Jahr 1886 durch die Zensur zu bringen und zunächst im 12. Band der in Russland erscheinenden Werkausgabe zu veröffentlichen. Die populären, leutenahen Schriften Tolstois bleiben aber in der Folgezeit namentlich den klerikalen Zensoren ein Dorn im Auge. Im Jahr 1892 hält es das Innenministerium für notwendig, den Vertrieb von Restbeständen einer Ausgabe von ‚Iwan dem Narren' zu stoppen und den Verkauf der Broschüre mit dem Titel ‚Das Märchen von Iwan dem Narren und den beiden Brüdern' auf Straßen, Plätzen und anderen öffentlichen Plätzen sowie durch ambulante Händler zu verbieten. (Vgl. http://tolstoy-lit.ru/ tolstoy/public/brejtburg-skazki-ob-ivane-durake.htm, abgerufen am 15.03.2023 – übersetzt mit https://www.deepl.com/translator)

II. DU SOLLST NICHT TÖTEN !
AUS ANLAß DER ERMORDUNG DES KÖNIGS HUMBERT VON ITALIEN 1900
Übersetzung von L. Albert Hauff

Russischer Text I Leo N. TOLSTOI: НЕ УБИЙ – Ne ubij (Du sollst nicht töten, 1900). In: PSS [Russische Gesamtausgabe in 90 Bänden, Moskau 1928-1957ff: Polnoe sobranije sočinenij] – Band 34, S. 200-205. [Internet: https://tolstoy.ru/creativity /90-volume-collection-of-the-works/]
Textquelle der Übersetzung I Du sollst nicht töten. / Der Christ und das Verhältnis zum Staat. / Christenverfolgung in Rußland 1895. Neue Schriften von Graf Leo N. Tolstoi. Aus dem Russischen übersetzt von L. A[lbert]. Hauff. Berlin: Verlag von Otto Janke [1901], S. 1-17. [Gesamtumfang des Bandes: 133 Seiten]
Weitere Übersetzungen I Leo TOLSTOI: Du sollst nicht töten. Aus dem Russischen. (= Propaganda des individualistischen Anarchismus in deutscher Sprache. Begründet und geleitet von John Henry Mackay. Neuntes Heft). Erstes bis drittes Tausend. Treptow bei Berlin: Bernhard Zack's Verlag 1919. [10 Seiten] [Ab 1968 auch abgedruckt in einem Insel-Taschenbuch; eingesehen: Leo N. TOLSTOJ, Rede gegen den Krieg. Politische Flugschriften. Herausgegeben von Peter Urban. Frankfurt a. M.: insel taschenbuch 1983, S. 39-46.] – Lew TOLSTOI: Du sollst nicht töten (8. August 1900), übersetzt von Günter Dalitz. In: Lew Tolstoi: Philosophische und sozialkritische Schriften. (= Gesammelte Werke in zwanzig Bänden, herausgegeben von Eberhard Dieckmann und Gerhard Dudek, Band 15). Berlin: Rütten & Loening 1974, S. 604-611. (Ebd., S. 794 zum Hintergrund: „Den Anlaß zu diesem Pamphlet gab die Ermordung des italienischen Königs Umberto I.

durch den Anarchisten Gaetano Bressi am 17. Juli 1900. Tolstoi wandte sich gegen die Beschimpfungen des italienischen Anarchisten sowie aller Gegner der zaristischen Selbstherrschaft durch die offiziösen Zeitungen. Der Artikel erschien erstmals im Jahre 1900 in den ‚Blättern' des Verlages ‚Freies Wort' in London. Er rief eine so große Entrüstung unter den herrschenden Kreisen hervor, daß Tolstoi mit Repressalien rechnete. In Rußland konnte das Werk erst 1917 veröffentlicht werden.")

III. DAS REICH GOTTES IN UNS (1893)
Frühe Übersetzung eines Auszugs durch Wilhelm Henckel

Russischer Text des Gesamtwerks | Leo N. TOLSTOJ: Carstvo Božie vnutri vas, ili christianstvo ne kak mističeskoe učenie, a kak novoe žizneponimanie | Царство Божие внутри вас (*Das Reich Gottes ist in euch*, entstanden 1890-1893). In: PSS [Russische Gesamtausgabe in 90 Bänden, Moskau 1928-1957ff: Polnoe sobranije sočinenij] – Band 28, S. 1-306. [https://tolstoy.ru/creativity/90-volume-collection-of-the-works/]

Textquelle der Übersetzung (kleiner Auszug) | Leo TOLSTOJ: ‚Das Reich Gottes in uns (I.) / Eine russische Rekrutenaushebung / Das Nichtsthun.' Aus dem Russischen übersetzt von W. Henckel. Nebst einer Rede von Emile Zola und einem Brief von Alex. Dumas. München: Verlag von Dr. E. Albert & Co. 1894, S. 1-42.

Hintergrund | Zum Hintergrund des Werkes „Das Reich Gottes ist in euch" (1890-93) vgl. die Einleitung zu unserer Neuedition: Leo N. TOLSTOI, Das Reich Gottes ist in Euch, oder Das Christentum als eine neue Lebensauffassung, nicht als mystische Lehre (Christi Lehre und die Allgemeine Wehrpflicht). Vom Verfasser autorisierte Übersetzung von Raphael Löwenfeld. (= Tolstoi-Friedensbibliothek Reihe A, Band 9). Norderstedt: BoD 2023, S. 7-15. [Mit Bibliographie]
Im Jahrgang 1894 bringt das Blatt „Der Sozialist. Organ aller Revolutionäre" vorab einen Auszug des XII. Kapitels aus der Übersetzung Löwenfelds. Zur Einleitung der fünfteiligen Darbietung heißt es: „Der durch seine ganz besondere Eigenart und durch seine fleckenlose Lebensauffassung vor vielen Anderen hervorragende Dichter und Denker *Graf Leo Tolstoj* hat sich in seinem neuen Werke ‚*Das Reich Gottes ist in Euch*' über das Soldatenhandwerk, wie überhaupt über das Wesen der Gewaltherrschaft, in umfassender Weise ausgesprochen. Er, der selbst Offizier war und das Soldatenleben in Krieg und Frieden gründlich kennen lernte, fällt über den Gewaltstaat und den Militarismus ein vernichtendes Urtheil. Das Werk erscheint demnächst in der vorzüglichen Uebersetzung des Herrn *Dr. Rafael Löwenfeld* bei der ‚*Deutschen Verlagsanstalt*' (Stuttgart, Neckarstraße). Durch das dankenswerte Entgegenkommen des Uebersetzers wie der Verlagsanstalt sind wir in die Lage gesetzt, aus diesem mit Herzblut und mit Thränen geschriebenen Werke unseren Lesern das XII. Kapitel vorzulegen. Es bedarf keiner Erläuterungen, wir lassen also Tolstoi das Wort über ‚*Christi Lehre und die allgemeine Wehrpflicht*'. Die Redaktion." (Tolstoi über das Soldatenhandwerk. In: Der Sozialist. Organ aller Revolutionäre. Berlin. 4. Jahrgang, Nr. 20 vom

12. Mai 1894; Nr. 21 vom 19. Mai 1894; Nr. 22 vom 26. Mai 1894; Nr. 23 vom 2. Juni 1894; Nr. 24 vom 9. Juni 1894. – Eingesehen: Digitalisat im Archiv der Gustav Landauer-Initiative.)

IV. EINE RUSSISCHE REKRUTENAUSHEBUNG (1893)

Russischer Text des Gesamtwerks I Leo N. TOLSTOJ: Carstvo Božie vnutri vas, ili christianstvo ne kak mističeskoe učenie, a kak novoe žizneponimanie I Царство Божие внутри вас (*Das Reich Gottes ist in euch*, entstanden 1890-1893). In: PSS [Russische Gesamtausgabe in 90 Bänden, Moskau 1928-1957ff: Polnoe sobranije sočinenij] – Band 28, S. 1-306. [https://tolstoy.ru/creativity/90-volume-collection-of-the-works/]
Textquelle der Übersetzung (kleiner Auszug) I Leo TOLSTOJ: ‚Das Reich Gottes in uns I. / Eine russische Rekrutenaushebung / Das Nichtsthun.' Aus dem Russischen übersetzt von W[ilhelm]. Henckel. Nebst einer Rede von Emile Zola und einem Brief von Alex. Dumas. München: Verlag von Dr. E. Albert & Co. 1894, S. 43-50. (Zusatz zur dargebotenen Übersetzung: „Dieser Aufsatz scheint in russischer Sprache nicht veröffentlicht worden zu sein, er wurde daher aus dem Französischen übersetzt.") – Dem Übersetzer ist offenkundig nicht bekannt, dass die Schilderung aus Tolstois Werk „Das Reich Gottes ist in euch" stammt.
Hintergrund I Zum Hintergrund des Werkes „Das Reich Gottes ist in euch" (1890-93) vgl. die Einleitung zu unserer Neuedition: Leo N. TOLSTOI, Das Reich Gottes ist in Euch, oder Das Christentum als eine neue Lebensauffassung, nicht als mystische Lehre (Christi Lehre und die Allgemeine Wehrpflicht). Übersetzung von Raphael Löwenfeld. (= Tolstoi-Friedensbibliothek Reihe A, Band 9). Norderstedt: BoD 2023, S. 7-15.

V. SOLDATENPFLICHT (1895)

Russischer Text I Leo N. TOLSTOI: Posleslowije k knige E. I. Popowa „Zhisn i smert Jewdokima Nikitschitscha Droshshina 1866-1894 [Nachwort zum Buch „Leben und Tod von Jewdokim Nikitschitch Droschin (1866-1894)" von E. I. Popow = Поповъ Жизнь и смерть Дрожжина съ предисловіемъ Л. Н. Толстого]. In: PSS [Russische Gesamtausgabe in 90 Bänden, Moskau 1928-1957ff: Polnoe sobranije sočinenij] – Band 39. Moskau 1956, S. 81-98. [https://tolstoy.ru/creativity/90-volume-collection-of-the-works/]
Textquelle der Übersetzung I Graf Leo TOLSTOI: Soldatenpflicht. Nach dem russischen Manuskript übersetzt. Leipzig und Zürich: Verlag von Theodor Schröter 1896. [79 Seiten; Vorwort]. zur nachfolgend aufgeführten Biographie des Militärverweigerers E. N. Droschin.]
Weitere Ausgabe/Übersetzung I Leo N. TOLSTOI: Soldatenpflicht. Berlin: Franckh'sche Verlagshandlung [1896]. [Nicht eingesehen; bibliographiert nach Edith HANKE, Prophet des Unmodernen 1993.]
Das Gesamtwerk als Übersetzung I Evgenij Ivanovič POPOV: Das Leben und Sterben [J]. N. Droschin's 1866-1894. Mit einem Vorwort von Leo Tolstoi. Ins Deutsche

übertragen von A. v. H. Berlin: Verlag von Friedrich Gottheiner 1895. [152 Seiten; auch als Internetressource: books.google.com] – E. I. POPOW: Leben und Tod von Jewdokim Nikititsch Droschin 1866-1894. Mit einem Vorwort von Graf L. N. Tolstoi. Mit Genehmigung des Verfassers aus dem Russischen übersetzt von L. A. Hauff. Berlin: Verlag Otto Janke 1895. *Sekundärliteratur* | B. S.: Tolstoi und Spielhagen In: Die Waffen nieder! 5. Band (Jahrgang), Nr. 1 (1896), S. 17-20. https://www.jstor.org/stable/23791050 [Thema: Über den Vorwurf, Tolstoi sei schuld am Tod Droschins.]

VI. CHRISTENVERFOLGUNGEN IN RUßLAND IM JAHRE 1895

Russischer Text | Leo N. TOLSTOI: ГОНЕНИЕ НА ХРИСТИАН В РОССИИ В 1895 – Gonenie na christian v Rossii (Christenverfolgung in Russland, 1895). In: PSS [Russische Gesamtausgabe in 90 Bänden, Moskau 1928-1957ff: Polnoe sobranije sočinenij] – Band 39, S. 99-105. – [Frühe Ausgaben in russischer Sprache | L. TOLSTOI: Gonenie na christijan v. Rossii. Carouge-Genève: Elpidine 1896; S. Peterburg: Kušnerev 1906.]
Textquelle der Übersetzung | ‚Du sollst nicht töten / Der Christ und das Verhältnis zum Staat / Christenverfolgung in Rußland 1895.' Neue Schriften von Graf Leo N. Tolstoi. Aus dem Russischen übersetzt von L. A[lbert]. Hauff. Berlin: Verlag von Otto Janke [1901], S. 59-130. [133 Seiten]. Vgl. →XVIII.
Weitere nicht eingesehene Editionen | Leo N. TOLSTOI: Christenverfolgung in Russland im Jahre 1895. Übersetzt von M. v. O. Berlin: Verlag von Friedrich Gottheiner 1896. [40 Seiten] – Christenverfolgung in Russland. Ein Aufruf von P. Birukoff [Birjukov], J. Treguboff [Tregubov] und W. Tschertkoff [Vladimir Čertkov] mit einem Nachwort von Leo Tolstoj. München: Schupp [1898]. [12 Seiten]

VII.

AN DEN KOMMANDEUR EINES STRAFBATAILLONS (1896)
Ein Schreiben wegen der Militärdienstverweigerer
Peter Olchowik und Kyrill Sereda

Textquelle der Übersetzung | Leo TOLSTOI: Briefe 1848-1910. Gesammelt und herausgegeben von P. A. Sergejenko. Autorisierte vollständige Ausgabe. Berlin: Verlag J. Ladyschnikow 1911, S. 388-391: „Nr. 362. An den Kommandeur eines Strafbataillons, 1.11.1896". [Der gesamte Briefband wird von Ingrid von Heiseler für die Tolstoi-Friedensbibliothek neu ediert.]

VIII. KRIEG UND VERNUNFT (1896)

Russischer Text | Leo N. TOLSTOI: Približenie konca (Das Nahen des Endes, 1896). In: PSS [Russische Gesamtausgabe in 90 Bänden, Moskau 1928-1957ff: Polnoe sobranije sočinenij] – Band 31, S. 78-86.
[https://tolstoy.ru/creativity/90-volume-collection-of-the-works/]

[Anlass der Schrift: Weigerung des Holländers Van der Ver im Jahr 1896, der Aufforderung zum Eintritt in die Nationalgarde nachzukommen.] *Textquelle der Übersetzung* I Graf Leo TOLSTOI: Krieg und Vernunft. Autorisierte deutsche Ausgabe von Dr. Alexis Markow. Berlin: Stuhr'sche Buchhandlung (Johannes Räde) 1897. [20 Seiten] – [Ab 1968 auch abgedruckt in einem Insel-Taschenbuch; eingesehen: Leo N. Tolstoj, Rede gegen den Krieg. Politische Flugschriften. Herausgegeben von Peter Urban. Frankfurt a. M.: insel taschenbuch 1983, S. 29-38.] *Weitere Übersetzungen* I Leo N. TOLSTOI: Das Ende naht. Aus dem Russischen übersetzt von Wilhelm Henckel. Zürich: Henckell 1897. [17 Seiten; Folgeauflagen] – Leo TOLSTOI: Das Ende naht. In: L. Tolstoi: An die jungen Leute. Übersetzt von Otto Bueck. Zweite Auflage. Steglitz b. Berlin: Verlag Leon Hirsch 1910, S. 6-12. [16 Seiten; die verbotene Erstauflage erschien schon 1905, unter dem Titel „An die Soldaten und die jungen Leute": Verlag Johannes Holzmann, Berlin-Charlottenburg] [Digitalisat: Archiv der Gustav Landauer Initiative].

IX. ZWEI KRIEGE (1898)

Russischer Text I Leo N. TOLSTOI: ДВЕ ВОЙНЫ – Dve vojny (Zwei Kriege, 1898). In: PSS [Russische Gesamtausgabe in 90 Bänden, Moskau 1928-1957ff: Polnoe sobranije sočinenij], Band 31, S. 97-101. [http://tolstoy.ru/creativity/90-volume-colection-of-the-works] [Nicht überprüft]. – Leo TOLSTOI: Sämtliche Werke in 90 Bänden, Akademische Jubiläumsausgabe, Band 29, Moskau 1954. [http://tolstoy-lit.ru/tolstoy/publicistika/publicistika-6.htm]
Textquelle der Übersetzung I Leo TOLSTOJ: Zwei Kriege. Übersetzt von Ilse Frapan. (Zuerst abgedruckt im „Neuen Jahrhundert"). In: Der Sozialist. Organ für Anarchismus-Sozialismus. VIII. Jahrgang, Nr. 44 vom 29. Oktober 1898, S. 226-227.
Textvarianten I Tolstois Text bezieht sich auf den amerikanisch-spanischen Krieg (1898). In einer Online-Darbietung des russischen Textes von „Zwei Kriege" [http://tolstoy-lit.ru/tolstoy/publicistika/publicistika-6.htm] werden noch folgende zwei abweichende Textvarianten aus unveröffentlichten Manuskripten angeführt (provisorisch übersetzt mit https://www.deepl.com/translator): Nr. 1. „Der Spanisch-Amerikanische Krieg füllt seit Monaten alle Spalten der Zeitungen. Auf beiden Seiten haben sich Männer hervorgetan, die als Helden bewundert und gelobt werden, weil sie viele Menschen getötet haben, und alle bewaffneten Nationen schauen und hören zu und ziehen aus den Ereignissen dieses Krieges Anweisungen und Lehren, wie sie anhand dieser Beispiele erfolgreicher und sicherer Menschen töten können … Ich werde nicht wiederholen, was jeder über die Massaker weiß, die die Amerikaner verübt haben, wie sie Sprengladungen mit Unmengen von explodierendem Dynamit und Menschen schickten, wie Tiere erschossen wurden, um ihr Leben zu retten, Menschen, die wegsegelten … Manchmal hat man das Gefühl, dass das alles nicht sein kann, dass es nur ein Traum ist, aus dem man aufwachen muss. Es ist alles zu schrecklich, um es zu wiederholen. Aber am schrecklichsten ist die Dunkelheit, in die sich Menschen begeben haben. Und wer sind diese Menschen? Die jüngste, fortschrittlichste

Nation – die Amerikaner. – Ganz zu schweigen von den etwa hundert Helden, d. h. den Mördern, die sie preisen. Sie alle (mit wenigen Ausnahmen) haben irgendeine Art von geistigem Schaden." – Nr. 2. „(Das ist also schrecklich und steht im Widerspruch zu allem, was wir bekennen. Aber das Schrecklichste ist, dass die Hauptbeteiligten an diesem Krieg die Menschen dieser sehr jungen, fortschrittlichen Nation sind, die sich zu Recht rühmte, vernünftig und frei von den blutrünstigen Instinkten der europäischen Nationen zu sein. Und nun? Niemals scheint ein Volk ein solches Maß an Brutalität und Dummheit erreicht zu haben, wie jetzt die Masse des amerikanischen Volkes. – Alle ihre Zeitungen quellen über vor Selbstlob und dem Lob ihrer Helden, die, nachdem sie so viele Menschen besiegt haben, fast alle überlebt und sich sehr glücklich gemacht haben)."

X. Brief an einen Feldwebel (Pis'mo k fel'dfebelju, 1899)

Russischer Text | Leo N. Tolstoi: ПИСЬМО К ФЕЛЬДФЕБЕЛЮ – Pis'mo k fel'dfebelju (Brief an einen Feldweibel, 1899). In: PSS [Russische Gesamtausgabe in 90 Bänden, Moskau 1928-1957ff: Polnoe sobranije sočinenij] – Band 90, S. 54-59. [https://tolstoy.ru/online/90/90/#h000011005]
Textquelle der Übersetzung | Leo Tolstoi: Briefe 1848-1910. Gesammelt und herausgegeben von P. A. Sergejenko. Autorisierte vollständige Ausgabe. Berlin: Verlag J. Ladyschnikow 1911, S. 399-406: „Nr. 375. An einen Feldwebel, 1899". [Der gesamte Band wird in der Tolstoi-Friedensbibliothek neu ediert.]
Weitere Übersetzung des Textes (Kurzfassung) | Leo N. Tolstoi: Militarismus und Religion (Brief an einen Unteroffizier). In: L. Tolstoi: Die Friedenskonferenz. Ins Deutsche übertragen und mit einem Nachwort versehen von Josef Kalmer. (= Bibliothek für die Internationale des Geistes – Phalanx, Band II). Leipzig/Wien: Verlag der Wiener Graphische Werkstätte 1920, S. 23-40. [Gesamtumfang der Publikation 52 Seiten] – Zugänglich im Lesesaal der Tolstoi-Friedensbibliothek: https://www.tolstoi-friedensbibliothek.de/2023/03/16/militarismus-und-religion

XI. Antwort auf den Brief einer schwedischen Gesellschaft über die Haager Konferenz (1899)

Textquelle der Übersetzung | Leo N. Tolstoj: Antwort auf den Brief einer schwedischen Gesellschaft über die Haager Konferenz, 1899. In: L. N. Tolstoj: Ausgewählte Werke, herausgegeben von W. Lüdtke. Band XII.: Weltanschauung. Auswahl von W. Lüdtke. Wien/Hamburg/Zürich: Gutenberg-Verlag Christensen & Co. 1929, S. 203-209.
Weitere Übersetzung des Textes | Leo N. Tolstoi: Die Friedenskonferenz. (Von Tolstoi als Antwort auf einen Brief geschrieben, den schwedische Parlamentarier an ihn gerichtet hatten.) In: L. Tolstoi: Die Friedenskonferenz. Ins Deutsche übertragen und mit einem Nachwort versehen von Josef Kalmer. (= Bibliothek für die Internationale des Geistes – Phalanx, Band II). Leipzig/Wien: Verlag der Wiener Graphische Werkstätte 1920, S. 7-22. [Gesamtumfang der Publikation 52 Seiten]

XII. WO IST DER AUSWEG ? (1900)

Russischer Text I Leo N. TOLSTOI: Gde vychod? (Wo ist der Ausweg, 1900). In: PSS [Russische Gesamtausgabe in 90 Bänden, Moskau 1928-1957ff: Polnoe sobranije sočinenij] – Band 34, S. 206-215. [https://tolstoy.ru/creativity/90-volume-collec tion-of-the-works/] *Textquelle der Übersetzung* I Graf Leo TOLSTOI: Ein Aufruf an die Menschheit. (Muss es denn wirklich so sein? / Wo ist der Ausweg / Gedanken über Gott). Einzig bevollmächtigte Übersetzung von Wladimir Czumikow. Mit Buchschmuck von John Jack Vrieslander. Leipzig: Eugen Diederichs 1901, S. 50-69. [Gesamtumfang des Bandes: 113 Seiten]

XIII. SOLDATENARTIKEL – DENKZETTEL FÜR SOLDATEN (1901)

Russischer Text I Leo TOLSTOI: СОЛДАТСКАЯ ПАМЯТКА – Soldatskaja pamjatka (Soldatendenkzettel, 1901). In: PSS [Russische Gesamtausgabe in 90 Bänden, Moskau 1928-1957ff: Polnoe sobranije sočinenij], Band 34, S. 280-283. [https://tolstoy.ru/creativity/90-volume-collection-of-the-works/] [http://tolstoy-lit.ru/tolstoy/publicistika/soldatskaya-pamyatka.htm] *Textquelle der Übersetzung* I Leo TOLSTOI: An die jungen Leute (Soldatenartikel / Das Ende naht). Übersetzt von Otto Bueck. Zweite Auflage. Steglitz b. Berlin: Verlag Leon Hirsch 1910, S. 2-5: „Soldatenartikel". [16 Seiten; die verbotene Erstauflage erschien schon 1905, unter dem Titel „An die Soldaten und die jungen Leute": Verlag Johannes Holzmann, Berlin-Charlottenburg.] [Ein Dank für die Bereitstellung der Quelle geht an die Gustav Landauer Initiative.]

XIV. DENKZETTEL FÜR OFFIZIERE (MEMO, 1901)

Russischer Text I L. N. TOLSTOJ: ОФИЦЕРСКАЯ ПАМЯТКА – Oficerskaja pamjatka (Denkzettel für Offiziere, 1901). In: PSS [Russische Gesamtausgabe in 90 Bänden, Moskau 1928-1957ff: Polnoe sobranije sočinenij], Band 34, S. 284-290. [https://tolstoy.ru/online/90/34/#ref21] *Textquelle der Übersetzung* I L. N. TOLSTOJ: „Denkzettel für Offiziere" [1901]. In: L. N. Tolstoj: Ausgewählte Werke, herausgegeben von W. Lüdtke. Band XII.: Weltanschauung. Auswahl von W. Lüdtke. Wien/Hamburg/Zürich: Gutenberg-Verlag Christensen & Co. 1929, S. 196-202.

XV. DAS LICHT LEUCHTET IN DER FINSTERNIS (1896-1897, 1900, 1902)

Russischer Text I L. N. TOLSTOJ: I svět *vo* t'mě světit. Drama. (Pod red. Vladimir Grigor'evič Čertkov). Berlin: Ladyžnikov 1912. [95 Seiten] L. N. TOLSTOJ: I swet wo t'me swetit. In: PSS [Russische Gesamtausgabe in 90 Bänden, Moskau 1928-1957ff: Polnoe sobranije sočinenij], Band 31, S. 113-184. [https://tolstoy.ru/creativity/90-volume-collection-of-the-works/] *Textquelle der Übersetzung* (*Auszug*) I Leo N. TOLSTOI: Das Licht leuchtet in der Finsternis. Drama in vier Aufzügen. Aus dem Russischen übertragen und eingeleitet von Adolf Heß. (= Reclams Universalbibliothek Nr 5434). Leipzig: Reclam 1912. [96 Seiten].

Weitere frühe Übersetzungen I Leo N. TOLSTOI: Das Licht, das im Dunkeln leuchtet (1880er, 1900, 1902). In: Leo Tolstoi. Nachgelassene Werke. Einzige autorisierte Übersetzung, Band 2. Berlin: Ladyschnikow Verlag [1911], S. 79-194. – Leo N. TOLSTOI: Und das Licht scheinet in der Finsternis (1900, 1902). In: Leo N. Tolstoj – Nachlaß Band II: Novellen und Dramen. Übertragen von Ludwig und Dora Berndl. Jena: Eugen Diederichs 1912, S. 187-304. [*Separat.* Leo N. TOLSTOI: Und das Licht scheinet in der Finsternis. Übersetzt von Ludwig und Debora Berndl. Jena: Diederichs 1928. (120 Seiten)] – Leo N. TOLSTOI: Und das Licht leuchtet in der Finsternis. Drama in vier Aufzügen. Deutsche Bühnenbearbeitung von Heinrich Stümcke. Zweite, verbesserte Auflage. München: Georg Müller Verlag 1919. [135 Seiten] – Leo N. TOLSTOI: Und das Licht scheinet in der Finsternis. Drama. Berlin: Schlesische Blindenanstalt 1920. [121 Seiten; bibliographiert nach Katalog, keine Angabe zur Übersetzung] – Leo TOLSTOI: Und das Licht leuchtet in der Finsternis. Drama in vier Aufzügen. Übersetzt von August Scholz. Berlin: Henschel [1946]. [102 Seiten, Folgeauflagen]

Gesamtausgabe der Dramen I Lew TOLSTOI: Macht der Finsternis. Dramen. (= Gesammelte Werke in 20 Bänden, Band 10). Berlin: Rütten & Loening 1976.

Hörspielfassung I Leo TOLSTOI: Und das Licht scheint in der Finsternis. Bearbeitung: Gerhard Ahrens. Dlf 2010. [https://www.hoerspiel undfeature.de/]

Ukrainisch-russisches Filmprojekt 2023 I MAKE ART, NOT WAR (2023). Production: FemArtAct, 2023. [Internet: https://www.youtube.com/watch?v=j8eEkIgeJtg – https://femartact.gr/?p=1761]. – The film was created together with conscientious objectors and pacifists from Ukraine, Russia, Belarus and Finland during the Russian war in Ukraine in 2022, and includes: Belarusian poem by Yanka Kupala, 1914, „Abandoned fields and villages / Songs of War"; Ukrainian poem by Taras Shevchenko, 1844, „Dream"; Russian drama by Leo Tolstoy, 1890, „The light that shines in darkness". – Playing: Elena Popova, Olga Karatch, Ruslan Kotsaba Kateryna Lanko, Yurii Sheliazhenko, Jessica Calonius, Serhii Ustimenko, Alexander Belik. – Direction, Photography and Editing: Alexia Tsouni. Assistant Direction: Georgia Tsouni and Alexander Belik. Color Grading and Sound Desgin: Evangelos Vlachakis. Music: by RealMcCoys, Max Music. – Special Thanks: Russian Movement of Conscientious Objectors to Military Service (Движение сознательных отказчиков от военной службы); Ukrainian Pacifist Movement (Український Рух Пацифістів); Belarusian Nash Dom (НАШ ДОМ); Finnish Union of Conscientious Objectors (Aseistakieltäytyjäliitto AKL); European Bureau for Conscientious Objection (EBCO); #ObjectWarCampaign Solidarity with Conscientious Objectors and Deserters from Russia, Belarus and Ukraine.

XVI. AUS DEM LESEZYKLUS FÜR ALLE TAGE –
VON LEO TOLSTOI AUSGEWÄHLTE UND SELBST VERFASSTE TEXTE (1904-1906)

Russischer Text des Lesewerkes I Lew TOLSTOI (Hg.): Krug čtenija [Lesezyklus, 1904ff]. = PSS [Russische Gesamtausgabe in 90 Bänden, Moskau 1928-1958ff:

Polnoe sobranije sočinenij], Band 41/42. [Als Internet-Ressource: http://tolstoy.ru/creativity/90-volume-colection-of-the-works]
Textquellen der gebotenen Übersetzungen | Leo TOLSTOI: Für alle Tage. Ein Lebensbuch. Band I. Erste vollständig autorisierte Übersetzung. Herausgegeben von Dr. E[ugen]. H[einrich]. Schmitt und Dr. A[lbert]. Škarvan. Dresden: Verlag von Carl Reißner 1906. [572 Seiten] – Leo TOLSTOI: Für alle Tage. Ein Lebensbuch. Band II. Erste vollständig autorisierte Übersetzung. Herausgegeben von Dr. E[ugen]. H[einrich]. Schmitt und Dr. A[lbert]. Škarvan. Dresden: Verlag von Carl Reißner 1907. [712 Seiten]
Alternative Übersetzung des Lesewerks für alle Tage (letzte Gesamtausgabe, erweitert) | Lew TOLSTOI: Für alle Tage. Ein Lebensbuch. Mit einem Geleitwort von Volker Schlöndorf und einem Nachwort von Ulrich Schmid. Auf Grundlage der russischen Ausgabe letzter Hand von Christiane Körner revidierte und ergänzte Übersetzung von E. Schmitt und A. Škarvan. München: C. H. Beck 2010. [Sowie Lizenzausgabe, Berlin: Fröhlich & Kaufmann Verlag 2018.]

XVII. LEO TOLSTOJ UND DIE SCHICKSALE DES RUSSISCHEN ANTIMILITARISMUS
Valentin Bulgakoff (1928)

Textquelle der Übersetzung | Valentin BULGAKOFF: Leo Tolstoj und die Schicksale des russischen Antimilitarismus. In: Gewalt und Gewaltlosigkeit. Handbuch des aktiven Pazifismus. Im Auftrage der Internationale der Kriegsdienstgegner herausgegeben von Franz Kobler. Zürich und Leipzig: Rotapfel-Verlag 1928, S. 233-244. (Aus dem Russischen übersetzt von Dora Kobler.)

XVIII. MÄRTYRER DER NEUEN ORDNUNG.
AUS DER LEIDENSGESCHICHTE DER DUCHOBORZEN | 1929 (Kurzer Auszug)

Textquelle der Übersetzung | Märtyrer der neuen Ordnung. Aus der Leidensgeschichte der Duchoborzen. Aufzeichnungen von Leo Tolstoi und Paul Birjukoff. Heppenheim an der Bergstraße: Verlag der Neu-Sonnefelder Jugend 1929, S. 1-4 und 43-55. [Gesamtumfang des Heftes: 56 Seiten] – In der Darbietung für diesen Band wurden jene beiden Anteile fortgelassen, die mit nur leicht abweichender Übersetzung schon in Kapitel →VI. unser Publikation enthalten sind.
Zeitschriftenbeitrag | Leo TOLSTOI: Die Verfolgungen der Duchoboren (Geisteskämpfer) in Rußland. In: Religion des Geistes. Hg. von E. H. Schmidt. Leipzig. 3. Jg. (1896), S. 26-27, 51-61, 72-79, 157-162.

XIX. SIE STARBEN UM DES GLAUBENS WILLEN
Valentin Bulgakov (1929)

Textquelle der Übersetzung | Valentin BULGAKOV (ehem. Privatsekr. L.N. Tolstojs): Sie starben um des Glaubens willen. Heppenheim an der Bergstraße: Verlag Neu-Sonnefelder Jugend 1929. [55 Seiten]

Ausgewählte Literatur zu
L. N. Tolstoi, nonkonformen Christengemeinschaften, Antimilitarismus und Kriegsverweigerung

ACKERET 2007 = Markus Ackeret: In der Welt der Katorga. Die Zwangsarbeitsstrafe für politische Delinquenten im ausgehenden Zarenreich (Ostsibirien und Sachalin). München: Osteuropa-Institut München 2007.

ANONYM 1901 = Anonym: Pobjedonostzew, Tolstoi und Stundismus. In: Deutsche evangelische Kirchenzeitung. Berlin. Jg. 1901, Nr. 32, S. 274-275; Nr. 33, S. 278-280; Nr. 34, S. 286-287.

BARTOLF 2006 = Christian Bartolf: Ursprung der Lehre vom Nicht-Widerstehen. Über Sozialethik und Vergeltungskritik bei Leo Tolstoi. Berlin: Selbstverlag des Gandhi-Informations-Zentrum 2006.

BARTOLF/MIETHING 2020 = Christian Bartolf / Dominique Miething: Das Manifest gegen die Wehrpflicht [mit Dominique Miething]. In: FriedensForum. Zeitschrift der Friedensbewegung, 33. Jg. (September/Oktober 2020), Nr. 5, S. 20-21. [https://www.bartolf.info/Manifest.pdf]

BIRJUKOFF/TOLSTOI 1929 = Märtyrer der neuen Ordnung. Aus der Leidensgeschichte der Duchoborzen. Aufzeichnungen von Leo Tolstoi und Paul Birjukoff. Heppenheim an der Bergstraße: Verlag Neu-Sonnefelder Jugend 1929.

BIRUKOF 1906 = Leo N. Tolstois Biographie und Memoiren. Autobiographische Memoiren, Briefe und biographisches Material. Herausgegeben von Paul Birukof und durchgesehen von Leo Tolstoi. I. Band: Kindheit und frühes Mannesalter. Wien/Leipzig: Moritz Perthes (k. u. k. Buchhandlung) 1906.

BIRUKOF 1909 = Leo N. Tolstois Biographie und Memoiren. Autobiographische Memoiren, Briefe und biographisches Material. Herausgegeben von Paul Birukof und durchgesehen von Leo Tolstoi. II. Band: Reifes Mannesalter. Wien/Leipzig: Moritz Perthes (k. u. k. Buchhandlung) 1909. [Ein dritter Band angekündigt, aber nicht erschienen.]

BIRUKOFF 1925 = Paul Birukoff (Hg.): Tolstoi und der Orient. Briefe und sonstige Zeugnisse über Tolstois Beziehungen zu den Vertretern orientalischer Religionen. (Reihe: Tolstoi Dokumente, herausgegeben von Paul Birukoff). Zürich und Leipzig: Rotapfel-Verlag 1925.

BULGAKOW 1928 = Valentin BULGAKOFF: Leo Tolstoj und die Schicksale des russischen Antimilitarismus. In: Gewalt und Gewaltlosigkeit. Handbuch des aktiven Pazifismus. Im Auftrage der Internationale der Kriegsdienstgegner herausgegeben von Franz Kobler. Zürich/Leipzig: Rotapfel 1928, S. 233-244.

BULGAKOW 1929 = Valentin BULGAKOV (ehem. Privatsekr. L. N. Tolstojs): Sie starben um des Glaubens willen. Heppenheim an der Bergstraße: Verlag Neu-Sonnefelder Jugend 1929.

CASPERS 2015a = Olga Caspers: Marxismus. In: Martin George / Jens Herth / Christian Münch / Ulrich Schmid (Hg.): Tolstoj als theologischer Denker und Kirchenkritiker. Zweite Auflage. Göttingen: Vandenhoeck & Ruprecht 2015, S. 628-637.

CASPERS 2015b = Olga Caspers: Sozialismus. In: Martin George / Jens Herth / Christian Münch / Ulrich Schmid (Hg.): Tolstoj als theologischer Denker und Kirchenkritiker. Zweite Auflage. Göttingen: V&R 2015, S. 521-527.

DE LANGE 2016 = Dennis de Lange: „Die Revolution bist Du!" Der Tolstojanismus als soziale Bewegung in den Niederlanden. Heidelberg: Verlag Graswurzelrevolution Heidelberg 2016.

DONSKOV 2015 = Andrew Donskov: Die Duchoborzen in Kanada. In: Martin George / Jens Herth / Christian Münch / Ulrich Schmid (Hg.): Tolstoj als theologischer Denker und Kirchenkritiker. Zweite Auflage. Göttingen: Vandenhoeck & Ruprecht 2015, S. 719-730.

DREWERMANN 2023 = Eugen Drewermann: Zum Geleit. In: Leo N. Tolstoi: Texte gegen die Todesstrafe. Über die Unmöglichkeit des Gerichtes und der Bestrafung der Menschen untereinander. (= Tolstoi-Friedensbibliothek: Reihe B, Band 1). Norderstedt: BoD 2023, S. 9-15.

FALKNER 2021 = Dirk Falkner: Straftheorie von Leo Tolstoi. (= Juristische Zeitgeschichte – Abteilung 6, Band 57). Berlin/Boston: Walter de Gruyter 2021.

GEORGE u.a. 2015 = Martin George / Jens Herth / Christian Münch / Ulrich Schmid (Hg.): Tolstoj als theologischer Denker und Kirchenkritiker. (Übersetzung der Tolstoj-Texte von Olga Radetzkaja und Dorothea Trottenberg, Kommentierung von Daniel Riniker.) Zweite Auflage. Göttingen: Vandenhoeck & Ruprecht 2015. [Mit einer gründlichen bibliographische Orientierung zu den sozialethischen und theologischen Schriften; Erstauflage 2014.]

GRASS 1907/1966 = Karl Konrad Grass: Die russischen Sekten. Band 1: Die Gottesleute oder Chlüsten nebst Skakunen, Maljowanzü, Panijaschkowzü u. a. Leipzig: J. C. Hinrichs'sche Buchhandlung 1907. [Nachdruck Leipzig: Hinrichs 1966] [https:// archive.org]

GRASS 1914/1966 = Karl Konrad Grass: Die russischen Sekten. Band 2: Die weissen Tauben oder Skopzen nebst geistlichen Skopzen, Neuskopzen u. a. Leipzig: J. C. Hinrichs'sche Buchhandlung 1914. [Nachdruck Leipzig: Hinrichs 1966] [https://archive.org]

HAHN 2020 = Ullrich Hahn: Krieg und Frieden – von Leo Tolstoi bis in unsere Zeit. In: Ullrich Hahn: Vom Lassen der Gewalt. Thesen, Texte, Theorien zu Gewaltfreiem Handeln heute. Herausgegeben von Annette und Thomas Nauerth. (= edition pace, Bd. 10). Norderstedt: BoD 2020, S. 23-37.

HANKE 1993 = Edith Hanke: Prophet des Unmodernen. Leo N. Tolstoi als Kulturkritiker in der deutschen Diskussion der Jahrhundertwende. (= Studien und Texte zur Sozialgeschichte der Literatur, Band 38). Tübingen: Max Niemeyer Verlag 1993. [Reprint De Gruyter 2015] [Mit einer gründlichen Gesamtbibliographie des deutschsprachigen Schrifttums zu Tolstoi.]

KALICHA 2013 = Sebastian Kalicha (Hg.): Christlicher Anarchismus. Facetten einer libertären Strömung. Heidelberg: Verlag Graswurzelrevolution 2013.

KALICHA 2017 = Sebastian Kalicha: Gewaltfreier Anarchismus & anarchistischer Pazifismus. Auf den Spuren einer revolutionären Theorie und Bewegung. Heidelberg: Verlag Graswurzelrevolution 2017.

KESSLER 1987 = Wolfgang Kessler: Lew N. Tolstoj (1828-1910). Sittlicher Anarchismus und Gewaltlosigkeit. In: Christiane Rajewski/Dieter Riesenberger (Hg.): Wider den Krieg. Große Pazifisten von Immanuel Kant bis Heinrich Böll. München: C. H. Beck 1987, S. 96-102.

KJETSAA 2001 = Geir Kjetsaa: Lew Tolstoj. Dichter und Religionsphilosoph. Gernsbach: Casimir Katz Verlag 2001.

KLEMM 2008 = Ulrich Klemm: Leo Tolstoi. Dichter, Christ, Anarchist. Hilterfingen: Edition Anares 2008.

MÜNCH 2015 = Christian Münch: Religiöser Sozialismus in der Schweiz. In: Martin George / Jens Herth / Christian Münch / Ulrich SCHMID (Hg.): Tolstoj als theologischer Denker und Kirchenkritiker. Zweite Auflage. Göttingen: Vandenhoeck & Ruprecht 2015, S. 638-652.

NÖTZEL 1923 = Leo Tolstoi: Religiöse Briefe. Übersetzt und herausgegeben von Karl Nötzel. Sannerz und Leipzig: Gemeinschafts-Verlag E. Arnold [1923].

SANDFUCHS 1995 = Wolfgang Sandfuchs: Dichter – Moralist – Anarchist. Die deutsche Tolstojkritik 1880 – 1900. Stuttgart: M & P Verlag für Wissenschaft und Forschung 1995.

SCHKLOWSKI 1984 = Viktor Schklowski: Leo Tolstoi. Eine Biographie. Übersetzung aus dem Russischen von Elena Panzig [1980]. Berlin: Suhrkamp Taschenbuch Verlag 1984.

SCHMID 2010 = Ulrich Schmid: Lew Tolstoi. München: C.H. Beck 2010.

SCHMID 2015 = Ulrich Schmid: Anarchismus. In: Martin George / Jens Herth / Christian Münch / Ulrich Schmid (Hg.): Tolstoj als theologischer Denker und Kirchenkritiker. Zweite Auflage. Göttingen: V&R 2015, S. 516-520.

TOLSTOI-BRIEFAUSWAHL 1848-1910 = Leo Tolstoi: Briefe 1848-1910. Gesammelt und herausgegeben von P. A. Sergejenko. Autorisierte vollständige Ausgabe. Berlin: Verlag J. Ladyschnikow 1911.

TOLSTOI-BRIEFE 1844-1885 = Lew Tolstoi: Briefe. Erster Band: 1844-1885. Übersetzt von Günter Dalitz aus dem Russischen. (= Gesammelte Werke in zwanzig Bänden. Herausgegeben von Eberhard Dieckmann und Gerhard Dudek, Band 16). Berlin: Rütten & Loening 1971.

TOLSTOI-BRIEFE 1881-1910 = Lew Tolstoi: Briefe. Zweiter Band: 1881-1910. Übersetzt von Günter Dalitz aus dem Russischen. (= Gesammelte Werke in zwanzig Bänden. Herausgegeben von Eberhard Dieckmann und Gerhard Dudek, Band 17). Berlin: Rütten & Loening 1971.

TOLSTOI-TAGEBÜCHER 1847-1919 = Leo N Tolstoi: Tagebücher 1847-1910. Aus dem Russischen übersetzt von Günter Dalitz. München: Winkler 1979.

UDOLP 2015 = Ludger Udolph: Mahatma Gandhi. In: Martin George / Jens Herth / Christian Münch / Ulrich Schmid (Hg.): Tolstoj als theologischer Denker und Kirchenkritiker. Zweite Auflage. Göttingen: Vandenhoeck & Ruprecht 2015, S. 683-691.

ZHUK 2015 = Sergei Zhuk: Die Stundisten in der Ukraine. In: Martin George / Jens Herth / Christian Münch / Ulrich Schmid (Hg.): Tolstoj als theologischer Denker und Kirchenkritiker. Zweite Auflage. Göttingen: Vandenhoeck & Ruprecht 2015, S. 707-718.

Die Herausgabe dieser Publikation ist gewidmet den Freund:innen von connection e.V. – Internationale Arbeit für Kriegsdienstverweigerer und Deserteure https://de.connection-ev.org/

Der Band erscheint in der Reihe B des Editionsprojekts ‚Tolstoi-Friedensbibliothek' zur (Neu-)Erschließung gemeinfreier Übersetzungen von ‚religionsphilosophischen (theologischen) und sozialethischen Schriften' Leo N. Tolstois. Über weiterführende Literatur, zu unseren Angeboten sowie zum Kreis der Beteiligten (Konzeption und Herausgeberschaft, Bearbeitung, Beratung, Kooperationspartner*innen) informiert die Projektseite: www.tolstoi-friedensbibliothek.de